Basiskenntnis Bibliothek

Bibliothek und Gesellschaft

Basiskenntnis Bibliothek

Fachkunde für Assistentinnen und Assistenten an Bibliotheken

Die theoretischen und praktischen Grundlagen eines Bibliotheksberufes

Günter Röttcher, Klaus-Peter Böttger, Ursula Ankerstein
Redaktion: Günter Röttcher

3., überarbeitete und aktualisierte Auflage

1995

BOCK + HERCHEN

Die Deutsche Bibliothek – CIP-Einheitsaufnahme

Röttcher, Günter:
Basiskenntnis Bibliothek : Fachkunde für Assistentinnen und Assistenten an Bibliotheken ; die theoretischen und praktischen Grundlagen eines Bibliotheksberufes / Günter Röttcher ; Klaus-Peter Böttger ; Ursula Ankerstein. - 3., überarb. und aktualisierte Aufl. - Bad Honnef : Bock und Herchen, 1995
(Bibliothek und Gesellschaft)
ISBN 3-88347-177-1
NE: Böttger, Klaus-Peter:; Ankerstein, Ursula:

ISBN 3-88347-177-1

Druck: FINIDR spol. s. r. o., Český Těšín
Gedruckt in der Tschechischen Republik

Inhalt

Die Verfasser

Dr. Günter Röttcher, 1963-1984 Leiter der Stadtbücherei Bonn, arbeitete seit 1965 in der Ausbildungskommission ÖB des Verbandes der Bibliotheken des Landes Nordrhein-Westfalen mit an dem Berufsbild des 1975 geschaffenen Ausbildungsberufes Assistent an Bibliotheken. Von 1977 bis 1986 Mitglied der Lehrplankommission bei der Zuständigen Stelle Nordrhein-Westfalen für diesen Ausbildungsberuf, veröffentlichte er 1979 *Der lernzielorientierte Lehrplan für den Fachkundeunterricht Bibliothekswesen innerhalb der Ausbildung zum Assistenten an Bibliotheken in berufsbildenden Schulen von Nordrhein-Westfalen.* Er ist Mitverfasser der 1984 neuaufgelegten Berufsdarstellung *Assistent an Bibliotheken/Assistentin an Bibliotheken* innerhalb der *Blätter zur Berufskunde.*

Klaus-Peter Böttger, Diplom-Bibliothekar, ist Leiter der Stadtbücherei Mülheim an der Ruhr. Darüber hinaus ist er nebenamtlich als Fachkundelehrer für Assistenten an Bibliotheken tätig an der Kaufmännischen Schule Essen und an der Rheinisch-Westfälischen Berufsschule für Hörgeschädigte Essen.

Ursula Ankerstein, Diplom-Bibliothekarin, ist Leiterin der Bezirksbücherei Köln-Chorweiler. Außerdem betreut sie die Erfassung und Vorverarbeitung der EDV-Zweigstellenverbuchung bei der Stadtbücherei Köln. Sie ist nebenamtliche Dozentin für das Fach "EDV für Bibliothekare" an der Fachhochschule für das öffentliche Bibliothekswesen Bonn.

Es verfaßten

Günter Röttcher	die Teile A und C	
	sowie die Abschnitte	B 1.1 bis B 1.3
		B 2.4 bis B 2.7
		B 3.4 und B 3.5
Klaus-Peter Böttger	die Abschnitte	B 2.1 bis B 2.3
		B 3.1 bis B 3.3
	sowie	B 3.6
Ursula Ankerstein	die Abschnitte	B 4.1 bis B 4.8

Vorwort

An diesem Buch sind drei Verfasser beteiligt. Sie waren sich von vornherein über Zielsetzung und Inhalt einig.
Zur Entstehung der einzelnen Beiträge ist zu sagen: die Wahl der Themenbearbeitung wurde von jedem Beteiligten selbst getroffen; jeder verantwortet insofern seinen Text selbst. Geringe Textüberschneidungen ergaben sich zwangsläufig. Sie schaden dem Ganzen weniger, als sie der Einprägung des Inhalts dienlich sind.

Um dem Konzept einer praxisorientierten Fachkunde gerecht zu bleiben, haben die Verfasser auf Berücksichtigung historischer und bibliotheksgeschichtlicher Vorgänge oder Entwicklungen weitestgehend verzichtet, ebenso auf Informationen über das ausländische Bibliothekswesen.

Zukunftsperspektiven sind mit gebotener Vorsicht eingebracht worden; Prognosen oder gar Hoffnungen zum Ausdruck zu bringen, kann nicht Aufgabe einer Fachkunde sein - sie stellt dar, was in der Gegenwart ist.

Ich bin den beiden Mitarbeitern Ursula Ankerstein und Klaus-Peter Böttger sehr zu Dank verpflichtet. Das aus zweierlei Gründen: einmal für unser harmonisches, durch Teamgeist ausgezeichnetes und vertrauensvolles Zusammenarbeiten; zum andern dafür, daß sie nicht nur ihre Stoffgebiete, wie ich meine, mit Sachwissen und jedermann verständlich dargestellt haben, sondern daß sie auch trotz starker beruflicher und nebenamtlicher Inanspruchnahme ohne Einschränkungen mitgeholfen haben, das Unternehmen plan- und termingerecht fertigzustellen.

Unser gemeinsamer Dank gilt dem Verband der Bibliotheken des Landes Nordrhein-Westfalen für die Ermöglichung von Dienstreisen zu den, auf das Nötigste beschränkten Arbeitssitzungen; der Stadtbücherei Köln und ihrer Stadtteilbücherei Braunsfeld für die Bereitstellung eines Sitzungsraumes; der Stadtbücherei Bonn für technische Unterstützung und dem BOCK + HERCHEN Verlag für Herstellung und Veröffentlichung dieser Fachkunde.

Bonn, Dezember 1989 — Günter Röttcher

Vorwort zur zweiten Auflage

Die Herstellung der Einheit Deutschlands nach Inkrafttreten des *Einigungsvertrages* vom 31. August 1990 und auch die lebhafte Nachfrage machten eine Neuauflage der Fachkunde notwendig, die nun in aktualisierter und überarbeiteter Form vorliegt. Es versteht sich, daß manche Aufgaben in den neuen Bundesländern, wo sie noch nicht begonnen bzw. abgeschlossen wurden, als zukünftig zu betrachten sind.

Bonn, 1. Juli 1991 — Günter Röttcher

Vorwort zur dritten Auflage

Die Fachkunde erfreut sich weiterhin sehr großer Beliebtheit – auch bei Praktikanten, Studierenden und Berufsanfängern im Bibliothekswesen. Neuerlich eingetretene Veränderungen und Entwicklungen auf manchen Gebieten machten zudem eine an vielen Stellen überarbeitete Auflage erforderlich.

Bonn, Januar 1995 Günter Röttcher

Einleitung

Für den seit 1975 staatlich anerkannten Ausbildungsberuf des Assistenten an Bibliotheken fehlt bis heute eine grundlegende, allgemein verwendbare und verständliche Fachkunde. Das verwundert insofern, als die vom Assistenzdienst geforderten Kenntnisse und Fertigkeiten überall und auch weiterhin an nahezu jedem Bibliotheksvorgang nicht unerheblich beteiligt sind. Vorhandene Bibliothekslehrbücher nehmen darauf wenig Rücksicht; sie wenden sich durchweg an andere Zielgruppen.

Daß es bislang keine ausschließliche Darstellung gerade der Assistenzfunktionen und der dazugehörigen theoretischen Grundlagen gibt, wird seit Jahren und in zunehmendem Maße nicht nur von Auszubildenden und Lehrkräften, sondern ebenso auch und besonders von der Berufspraxis beklagt.

Das vorliegende Buch versucht, diesem Mangel abzuhelfen. Seine Zielsetzung ist dabei nicht das den Unterricht begleitende Lehrbuch, geordnet nach Unterrichtseinheiten, Lernzielen und prüfungsrelevanten Themenkreisen. Wie sollte das auch bundeseinheitlich Zustimmung und Anwendung finden! Noch weniger ist beabsichtigt, abfragbare, kurzlebige Kenntnisse zu vermitteln.

Vor dem Hintergrund der Vielfalt, Vielschichtigkeit und Vielseitigkeit unseres Bibliothekswesens und der darin wahrzunehmenden Tätigkeiten wird der Assistenzberuf umfassend vorgestellt und verständlich gemacht. Unter der Perspektive bundesweiter Geltung allerdings verbietet sich eine Rücksichtnahme auf allzu regional- bzw. lokalbedingte Eigenheiten.

Dem Berufsanfänger will die Fachkunde (Teil A) vor Augen führen, welche Bedeutung das Bibliothekswesen der Bundesrepublik und damit auch die persönliche Arbeit des Assistenten/der Assistentin für die Gesellschaft hat. Sie sucht also den Beruf von seiner Aufgabe und Verantwortung gegenüber der Gemeinschaft her zu begründen.

Zum andern (Teil B) stellt sie die sich daraus ergebenden Arbeitspraktiken, deren Abläufe sowie die dazu nötigen Hilfs- und Arbeitsmittel ausführlich dar. Hier beschreibt sie also Tätigkeiten, geordnet nach dem Zweck ihrer Ausführung. Die Anwendung elektronischer Datenverarbeitung wird für alle Bereiche geschlossen abgehandelt (Kap. 4).

Schließlich werden (Teil C) die Assistenzfunktionen in Abgrenzung zu den (diplom-)bibliothekarischen Aufgaben zusammenfassend aufgeführt.

Abkürzungs- und Fremdwörterverzeichnis sowie ein ausführliches Register (Teil D) erleichtern das Arbeiten mit dem Buch und seine Handhabung in Bedarfsfällen. Das Literaturverzeichnis berücksichtigt vor allem Titel, die zu weiterführender Nutzung geeignet sind.

Trotz bewußter Abstandnahme vom schulischen Gebrauch des Buches orientiert sich sein Inhalt natürlich an dem Fächerkanon (nicht aber dessen Abfolge), wie er vorgegeben ist in der am 20. Juni 1975 vom Bundesminister für Bildung und Wissenschaft erlassenen *Verordnung über die Berufsausbildung des Assistenten an Bibliotheken* und deren *Ausbildungsrahmenplan;* ferner an dem *Rahmenlehrplan für den Ausbildungsberuf Assistent an Bibliotheken/ Assistentin an Bibliotheken* (Beschluß der Kultusministerkonferenz vom 10. Mai 1984.) Schließlich wurde auch im Interesse einer Verwendung für beide Sparten bibliothekarischer Assistenten/innen inhaltlich berücksichtigt der *Stoffverteilungsplan für die Ausbildung des Mittleren Dienstes* (Theoretische Ausbildung) der Fachhochschule für Bibliotheks- und Dokumentationswesen in Köln.

Von den Lerngebieten und Lernabschnitten des länderübergreifenden *Rahmenlehrplans* wurden inhaltlich ausgewählt die Bibliotheksbetriebslehre mit Rechtskunde, die Organisationslehre mit ADV sowie die Bibliotheksfachkunde. Anstelle der kaum bibliotheksrelevanten Allgemeinen Wirtschaftslehre und des Rechnungswesens (mit Ausnahme der Statistik) wurde Wert gelegt auf ausführlichere Darstellung der öffentlichen Verwaltung in Bezug zur Bibliotheksarbeit und des Verwaltungsdienstes in der Bibliothek; ferner auf Einführung in Information und Dokumentation, auf Grundlagenvermittlung von Wissenschaft und Forschung in der Bundesrepublik und von Bibliothekspolitik.

Aus alledem ergibt sich, was das Inhaltsverzeichnis geordnet aufzählt.

Teil A

Die Bibliothek in unserer Gesellschaft

1 Was ist und was will eine Bibliothek

Überall dort, wo wir einer Sammlung von Büchern begegnen, sprechen wir von *Bibliothek*. Sie beginnt im Hausgebrauch auf dem privaten Bücherbord und reicht bis zu Einrichtungen von internationaler Bedeutung mit Millionenbeständen. Im Deutschen verwenden wir auch das Wort *Bücherei*. Es meint das gleiche. Eine offizielle Unterscheidung beider gibt es nicht. Häufig erscheint *Bücherei* als die im Umfang kleinere, *Bibliothek* als die größere, vor allem speziellere Büchersammlung. Spricht man in der Mehrzahl, so schließen *Bibliotheken* auch immer *Büchereien* mit ein. Bei der Berufsbezeichnung herrscht das ursprünglich griechische Wort vor. Es gibt die *Bibliothekare*, die *Assistenten an Bibliotheken* usw. und ihre Tätigkeiten sind *bibliothekarisch*.

Das griechische Wort *bibliothéke* bezeichnete schon im Altertum den Bücherbehälter, den Aufbewahrungsort, aber auch die Büchersammlung. Das ist noch heute so. Im allgemeinen Sprachgebrauch meint *Bibliothek* sowohl das Gebäude, den Raum der Unterbringung, als auch den Inhalt, das *Bibliotheksgut*, d.h. die Materialien, die dort gesammelt sind. Dazu zählen nicht allein Bücher, sondern alles, was im weitesten Sinne vermittelbares Wissen enthält, was Information speichert.

Natürlich sind das von alters her und in der überwiegenden Mehrzahl Bücher. Es gehören aber ebenso Zeitungen und Zeitschriften dazu, ferner Landkarten, Bildreproduktionen, auch Notenwerke – überhaupt alles Gedruckte. In neuerer Zeit treten technische *Medien* hinzu: Schallplatten, Tonbänder, Ton- und Videokassetten, CDs, Diasammlungen, (Mikro-)Filme, Mikrofiches u.a.m. Schließlich bewahren Bibliotheken auch Handschriften und Briefe bedeutender, meist nicht mehr lebender Persönlichkeiten auf. Es gibt auch Bibliotheken ausschließlich mit Bildersammlungen (Artotheken, Graphotheken) oder mit Sammlungen technischer Medien (Mediotheken); andere stellen Spiele zur Verfügung (Lusotheken). Die Vielfalt ist also groß.

Bibliotheken sind notwendig, weil nicht jeder, der Bücher oder andere Informationsmittel braucht, sich diese kaufen kann oder auch will, weil er sie nur für einen begrenzten Zeitraum benötigt. Der einzelne aber wie auch unsere Gesellschaft insgesamt brauchen Informationen, brauchen mithin Bibliotheken. Aus diesem Grunde stehen Bibliotheken auch jedermann entsprechend seinem persönlichen Bedarf zur Verfügung; aus diesem Grunde erfolgt ihre Benutzung weitestgehend gegen nur geringe Gebühren.

Weil die Aufgabe der Bibliotheken die Literatur- und Informationsversorgung der gesamten Bevölkerung ist, müssen Bibliotheken vielseitiges Bibliotheksgut sammeln, um den vielseitigen Anforderungen der Benutzer gerecht werden zu können. Da fragen die einen nach Anregungen zur Freizeitgestaltung, nach Anleitungen für Hobby und Heimwerken, andere suchen Lektüre zur Unterhaltung, zur Orientierung, zu eigener Weiterbildung; dritte benötigen Lehr-

und Lernmittel für Schule, berufliche Aus- und Fortbildung, Fachbücher für das Studium; schließlich sind Politik, Wirtschaft, Wissenschaft und Forschung ohne das Instrumentarium Bibliothek gar nicht denkbar. Und wo blieben hilfesuchend Ausländer bei uns, wo Kinder, wo Behinderte, wo Kranke, wo alte Menschen ohne die entsprechenden Dienste der Bibliothek.

2 Was leisten Bibliotheken

Zunächst tun alle Bibliotheken das gleiche: sie sammeln, ordnen, erschließen und vermitteln Bücher und andere Medien. Es werden aber nicht an allen Orten der Bundesrepublik die gleichen Bücher oder gleichartige Literatur bzw. Medien benötigt. Daher setzen die Bibliotheken häufig Sammelschwerpunkte und vermitteln über ein weitverzweigtes Bibliotheksnetz das Gewünschte so, daß es jedermann auf möglichst kurzem Weg erreichen kann.

Für eine gute Literaturversorgung der Allgemeinheit steht innerhalb der Bundesrepublik ein System von Bibliotheken in vier verschiedenen Leistungsstufen bereit, denen vier Bedarfsebenen gegenüberstehen. Den häufig gefragten Büchern bzw. Medien nehmen sich die *Bibliotheken der ersten Stufe* an; sie dienen der Grundversorgung einer gemeindlichen Region. Den spezialisierten höheren Bedarf decken die *Bibliotheken der zweiten Stufe* ab, während Leistungen für Forschung und Wissenschaft den *Bibliotheken der dritten Stufe* vorbehalten bleiben. Diese beiden letztgenannten Bibliotheksstufen erfüllen dabei regionale und z.T. überregionale Aufgaben. Die *Bibliotheken der vierten Stufe* stellen schließlich vorwiegend die überregionale Versorgung sicher, und zwar auf dem Fernleihwege. Sie verfügen außerdem über hochspezialisierte sowie alte und seltene Bibliotheksbestände. Das Verbundnetz einer allgemeinen Literatur- und Informationsversorgung ist so angelegt, daß jeweils die Bibliotheken der höheren Ebene die Leistungen derjenigen der unteren Ebene im Leihverkehr ergänzen.

Bibliotheken lassen sich von ihren Benutzungsmöglichkeiten her einteilen in diejenigen, die der Allgemeinheit dienen, und solche, die für Studium, Lehre, Wissenschaft und Forschung benötigt werden. In diesem Sinne unterscheidet man die Öffentlichen Bibliotheken von den Wissenschaftlichen Bibliotheken.

2.1 Öffentliche Bibliotheken

2.1.1 Bibliotheksgefüge und Öffentlichkeit

Öffentliche Bibliotheken dienen umfassend der Gesamtheit der Bürger, wenngleich auch eine totale Flächendeckung in der Bundesrepublik noch nicht erreicht ist. In kleinen Gemeinden und Landkreisen bilden sie die Bibliotheken der ersten Stufe mit Beständen vielgefragter Literatur, die von Kinder- und Jugendbüchern über aktuelle Belletristik (Romane, Dichtung) und Lebensbeschreibungen bis zu populären Sachbüchern reicht, jeweils orientiert am örtlichen Benutzerbedarf. Dazu gehört auch ein entsprechender Bestand an Medien.

In Mittel- und Großstädten, wo in größerem Umfang eine Spezialisierung der Nachfrage anzutreffen ist, wirkt sich dies entsprechend auf die Bestandszusammensetzung aus: wissenschaftliche Gebrauchsliteratur, berufliche Fachkunden, Lehrbücher für Studienanfänger, dann auch Fachzeitschriften in größerer Anzahl kommen zusätzlich einem höheren Bedarf entgegen. Hier haben wir es mit der Bibliothek der zweiten Stufe zu tun. Wo Einwohnerzahl und Flächenausdehnung es erfordern, verfügen diese als *Zentralbibliotheken* über ein sog. Bibliothekssystem.

Darunter versteht man ein Netz von Stadtteil- und/oder Zweigbibliotheken in der Größenordnung der ersten Stufe, denen auch noch je nach Ortsgröße Bezirksbibliotheken zwischengeordnet sein können. Ihnen entsprechen im ländlichen Bibliothekswesen sog. Mittelpunkt- und Kreisbibliotheken mit übergreifenden Aufgaben. Zentralbibliotheken auf örtlicher Ebene haben innerhalb ihres Systems leitende Funktionen besonders in der Verwaltung aller nachgeordneten Bibliotheken, im gesamten Bestandsaufbau und der Bestandserschließung.

Bibliotheken der zweiten Stufe vermitteln ihre vielseitigen und umfangreichen Bestände auch an die Bibliotheken der ersten Stufe im örtlichen oder im regionalen *Leihverkehr*, d.h. im Bücherversand der Bibliotheken untereinander. Schwerpunktbeschaffung von Literatur bestimmter Fachgebiete, sog. *Sondersammelgebiete* sind dem Fernleihverkehr besonders dienlich.

Die **Öffentlichen Bibliotheken** sind kommunale Einrichtungen, d.h. solche der Städte, Kreise und Gemeinden. Insofern sind sie unter der Bezeichnung *Stadtbibliothek/Stadtbücherei, Kreisbibliothek/Kreisbücherei, Gemeindebibliothek/Gemeindebücherei* anzutreffen oder sie heißen auch *Öffentliche Bibliothek der Stadt XY/Gemeinde XY.* Sie gehören zur kulturellen Grundausstattung einer Kommune wie auch Volkshochschulen, Musikschulen, Museen, Archive, Bild- und Filmstellen etc. Eine gesetzliche Regelung gibt es dafür allerdings noch nicht.

Die Bezeichnung *öffentlich* für eine Bibliothek hat eine doppelte Bedeutung. Sie kann sich beziehen auf die Benutzungsmöglichkeiten seitens der gesamten Öffentlichkeit. Jedermann ohne Einschränkung kann die Öffentliche Bibliothek benutzen. Das trifft für Wissenschaftliche Bibliotheken nicht zu; denn deren Bestände zu nutzen, setzt einen der wissenschaftlichen Literatur angemessenen Kenntnisstand, häufig sogar fachspezifischen Sachverstand voraus, den nicht jedermann mitbringt.

Öffentlich werden andererseits auch jene Bibliotheken genannt, die von der *öffentlichen Hand*, das sind Bund, Land, Kreis, Stadt, Gemeinde finanziert werden. *Öffentlich* bezieht sich dann auf den Träger, auf denjenigen, der die Bibliotheken baut und unterhält. *Öffentlich* steht hier im Gegensatz zu *privat*; denn es gibt in der Bundesrepublik eine ansehnliche Zahl von Bibliotheken in privater Hand wie Kirchen, Firmen, Vereinigungen, Vereinen, auch Instituten, die allgemeine oder auch spezielle Aufgaben erfüllen. Wenn andererseits kirchliche Bibliotheken sich *Öffentliche Bücherei* nennen, wollen sie damit sagen, daß sie für jedermann offen sind, aber nicht in öffentlicher Trägerschaft stehen. Für den Laien kann die Bezeichnung *öffentlich* schon zur Verwirrung führen!

Ein Blick noch auf die **kirchlichen Bibliotheken**: auf der Ebene evangelischer und katholischer Gemeinde- bzw. Pfarrbüchereien werden sie von ihren Kirchen und/oder kirchlichen Verbänden getragen. Wenn sie in kleineren Orten die einzige Bibliothekseinrichtung überhaupt sind und entsprechende Zuschüsse seitens der öffentlichen Hand dafür erhalten, übernehmen sie auch Aufgaben der allgemeinen Literatur- und Informationsversorgung.

Es ist auch eine enge Zusammenarbeit zwischen Öffentlicher Bibliothek und **Schulbibliothek** anzutreffen. Das ist häufig der Fall in Gesamtschulen oder Schulzentren, wo die Anforderungen an die Bibliothek besonders vielseitig und qualifiziert sind. Hier versieht die Öffentliche Bibliothek häufig eine Doppelfunktion als integrierte Schul- und Stadtteilbibliothek.

Den Öffentlichen Bibliotheken in der Zielsetzung verwandt, wenn auch in privater Trägerschaft, sind die **Werkbibliotheken** (Werkbüchereien, Betriebsbibliotheken). Sie werden von Betrieben oder Industrieunternehmen für ihre Belegschaft und deren Angehörige eingerichtet und unterhalten. So nehmen sie, zwar für einen begrenzten Benutzerkreis, teil an der allgemeinen Literaturversorgung mit Funktionen ähnlich denen der ersten Stufe. Sie können mit den Öffentlichen Bibliotheken in Leihverkehr treten.

Zum Bereich des Öffentlichen Bibliothekswesens gehören auch staatliche Einrichtungen, die je nach Bundesland **Staatliche Büchereistellen**, *Staatliche Fachstellen, Staatliche Beratungsstellen, Staatliches Büchereiamt* o.ä. heißen. Darin kommt bereits ihre Zuständigkeit wie auch ihre Aufgabe zum Ausdruck. Sie sind Dienststellen der Bundesländer bzw. Stadtstaaten, haben aber keine unmittelbare Bibliotheksfunktion. Vielmehr dienen sie der Förderung des Öffentlichen Bibliothekswesens und zwar dadurch, daß sie gegenüber den kommunalen Bibliotheksträgern fachliche Beratung leisten bei der Planung und Neugründung, beim Bau und der Einrichtung von Öffentlichen Bibliotheken vor allem in ländlichen Gebieten. Sie erstellen Gutachten in Fachfragen gegenüber den Gemeindeverwaltungen, leisten Hilfestellung beim Bestandsaufbau, bei der Buch- und Medienauwahl sowie bei der Materialbeschaffung dort, wo es an geschultem Fachpersonal fehlt.

Außerdem verteilen sie die Zuschüsse der Bundesländer an die kommunalen Bibliotheken, planen die Zusammenarbeit mehrerer kleiner Bibliotheken, sorgen für die Fortbildung von Bibliothekspersonal und tragen in eigenen Veröffentlichungen (Fachzeitschriften, Statistiken) zur Weiterentwicklung des Bibliothekswesens in ihrem Zuständigkeitsbereich bei. Dieser umfaßt einen oder mehrere Regierungsbezirke bzw. ähnliche Verwaltungsgebiete.

2.1.2 Arbeit mit besonderen Benutzergruppen

Öffentliche Bibliotheken kommen in der Literatur- und Informationsversorgung nicht ohne Sonderdienste oder Einrichtungen für besondere Benutzergruppen aus. Versorgungsprobleme gibt es etwa dort, wo die Siedlungsstruktur eine

Einrichtung ortsfester Bibliotheken unwirtschaftlich erscheinen läßt. Hier in städtischen Randgebieten oder in Streusiedlungen wie häufig auf dem Lande hilft man sich mit dem Einsatz von **Fahrbibliotheken** (Autobüchereien). In regelmäßigem Turnus fährt der Bücherbus bestimmte, zum Einzugsgebiet günstig gelegene Haltepunkte an und steht dort mit einem Bestand von bis zu 5000 Büchern und Medien. Haltepunkte und Haltezeiten sind der Nachfrage angepaßt. Besonders Kinder, ältere und/oder nicht mehr berufstätige Menschen, dann Hausfrauen/männer zählen zu den ständigen Benutzern.

In der Regel gehören Autobüchereien zu einem örtlichen oder ländlichen Bibliothekssystem. In Großstädten und Landkreisen (Kreisfahrbibliotheken) gehören mehrere Fahrzeuge zu einem System. Nicht selten werden in Sondereinsätzen Schulen, Altenheime, Krankenhäuser, Jugendheime, gelegentlich auch Betriebe oder Kasernen angefahren.

Der Typ der Fahrzeuge reicht je nach erforderlichem Fassungsvermögen vom Kleinbus bis zum Gelenkzug. Die in allen Öffentlichen Bibliotheken übliche *Freihandausleihe*, die jedem Benutzer freien Zugang zu den Büchern gestattet wie in einem Selbstbedienungsladen, beginnt schon in der kleinsten Bibliotheksart, der Autobücherei. Das Personal muß im Fahrzeug alle, während der Ausleihzeit anfallenden Arbeiten ohne Rücksicht auf Besucherandrang, räumliche Enge, Witterungsverhältnisse u.a.m. durchführen.

Es gibt in Bibliotheken Benutzer, deren Interesse liegt ausschließlich an einem besonderen, gezielten Bestand. Man nennt diesen Benutzerkreis *Zielgruppe*. Die zahlenmäßig größte Zielgruppe im Öffentlichen Bibliothekswesen stellen die Kinder und Jugendlichen dar. Für die meisten von ihnen füllt das Lesen einen erheblichen Teil ihrer Freizeit, auch der Schul- und Ausbildungszeit aus. Die Bibliothek geht darauf entsprechend ein: ihr Angebot beginnt beim Bilder- und Vorlesebuch, berücksichtigt dann die vielfältigen Leseerwartungen des Kindes ebenso wie später das wachsende Bedürfnis nach eigener Meinungsbildung, nach Vertiefung erlernten Wissens und Bereicherung der Lebenserfahrung durch Lektüre. Auch in der **Kinder- und Jugendbibliothek** gilt das Freihandprinzip ohne Einschränkung. Schon der jüngste Bibliotheksbesucher soll sich selbst aussuchen, was er nutzen will, und er soll das möglichst ungestört tun können. Daher stehen die Kinder- und Jugendbücher bzw. -medien getrennt von den Beständen der älteren Jugendlichen und der Erwachsenen.

Zur Erschließung der Bestände verhilft auch schon den kleinsten Lesern die Ordnung der Buch- und Medienaufstellung. Sie entspricht zunächst den Altersstufen (Lesealter), dann inhaltlichen Gesichtspunkten wie Stoffkreisen bzw. Sachgebieten. Die meisten Kinder- und Jugendbibliotheken ordnen nach der *Systematik für Kinder- und Jugendbibliotheken (SKJB)*, die je nach Größe und Vielfalt der Bestände weitere Feingliederungen zuläßt (vgl. hierzu S. 154). Kinder begreifen ihre Systematik recht schnell; die cleveren gehen auch schon an die Kataloge, von denen mindestens der Alphabetische Verfasserkatalog und der Sachkatalog (Systematische Katalog) überall vorhanden sind. Je nach Bestandsumfang werden sie ergänzt durch einen Schlagwortkatalog, häufig auch noch durch einen Titelkatalog und/oder durch einen Stoffkreisführer.

Kinder- und Jugendliche verweilen gerne länger in der Bibliothek. Sie nutzen hier das oft reiche Angebot an Spielen in der *Lusothek*, dann die AV-Medien. Daher gehören Übertragungsmöglichkeiten für Tonkassetten und Schallplatten zur Standardausstattung ausgebauter Kinder- und Jugendbibliotheken. Mindestens für Veranstaltungen stehen häufig auch Videokassetten und ein -recorder sowie ein Videoempfänger bereit.

Veranstaltungen sind wichtige Begleitaktivitäten der Bibliotheksarbeit. Die sog. Programmarbeit beginnt bereits bei der Einführung geschlossener Gruppen in die Bibliothek (Kindergärten, Schulklassen, Jugendgruppen usw.). Eine Integration ausländischer Kinder und Jugendlicher erfolgt problemlos. Neben den deutschsprachigen Büchern und Medien stehen ihnen solche in ihrer Muttersprache bzw. auch zweisprachige Ausgaben zur Verfügung.

Die Bestände der älteren Jugendlichen weisen wie bei den erwachsenen Lesern ein zunehmendes Sachbuchangebot auf. Dementsprechend ist die Systematik auch differenzierter. Verwendet wird häufig die *Allgemeine Systematik für Öffentliche Bibliotheken (ASB)*, die methodisch auf der SKJB aufbaut (vgl. hierzu S. 148 ff). In vielen Bibliotheken wird bei der Benutzung der Bestände keine Trennung zwischen Erwachsenen und Jugendlichen vorgenommen. Der Übergang in Angebot und Auswahlmöglichkeit soll möglichst fließend sein.

Bücher bzw. Medien, die für Jugendliche besonders geeignet sind, werden dann äußerlich und im Katalog durch eine zusätzliche Markierung gekennzeichnet. Bibliotheken in Jugendhäusern, Jugendheimen oder in Schulzentren wählen ihre Bestände im Hinblick auf die entsprechende Altersstufe (Zielgruppe) aus. Anders verfahren etwa Zweigbibliotheken oder kombinierte Stadtteil- und Schulbibliotheken.

Schulbibliotheken sind in der Mehrzahl Einrichtungen der Schulen. Sie verfügen über getrennte Buch- und Medienbestände für das Lehrpersonal (*Lehrerbücherei*), für die Schüler (*Schülerbücherei*) und für spezielle Unterrichtszwecke (*Klassensätze*). Eine bibliotheksfachliche Leitung ist selten anzutreffen; Lehrer und Schüler führen die nötigsten Arbeiten durch. Anders ist das der Fall vor allem in Schulzentren und in Gesamtschulen. Zwar sind auch hier die Bestände auf die jeweilige Schulform zugeschnitten, aber die Schulbibliothek ist häufig Bestandteil eines örtlichen Öffentlichen Bibliothekssystems oder sie arbeitet als schulinterne Einrichtung eng mit einer Öffentlichen Bibliothek zusammen, indem sie deren Dienstleistungsmöglichkeiten in Anspruch nimmt. Einige Großstädte haben innerhalb ihres Bibliothekssystems sog. *Schulbibliothekarische Arbeitsstellen* geschaffen. Diese leisten schulinternen Bibliotheken fachliche Beratung bei der Durchführung ihrer Arbeiten, bilden Mitarbeiter aus, übernehmen mitunter auch den Bestandsaufbau oder helfen mit bei der Erschließung der Bestände.

Die kombinierte Schul- und Öffentliche Bibliothek ist für die Nutzer die beste Lösung. Sie steht sowohl Schülern und Lehrern wie auch den Bewohnern des Einzugsgebietes zur Verfügung. Ihre Bestände sind entsprechend vielseitiger und umfangreicher. Sie nimmt auch am örtlich internen und am auswärtigen Leihverkehr teil.

Im ländlichen Bereich übernehmen die *Staatlichen Büchereistellen* (Staatl. Fachstellen usw.) ihre beratende Funktion auch für Schulbibliotheken. Schließlich gibt es noch beim *Deutschen Bibliotheksinstitut* (vgl. hierzu S. 21 f) eine Beratungsstelle für Schulbibliotheken.

Eine weitere Form schulischer Bibliotheksarbeit ist die **Schulmediothek**. Darunter ist die Kombination von Schul- und Öffentlicher Bibliothek einerseits sowie Medienzentrum andererseits zu verstehen. Dabei kommt dem letzteren das Sammeln und Bereitstellen von audiovisuellen Materialien (*AV-Materialien*) zu, das sind Informationsträger durch Ton und Bild. Es gehören dazu Tonbänder, Tonkassetten, Schallplatten, CDs, Diapositive, Transparentfolien, Videokassetten, Filme u.a.m. als Lehr- und Lernmaterialien. Die Zahl der Schulmediotheken in der Bundesrepublik ist noch gering.

Wichtig für alle Formen schulisch-bibliothekarischer Zusammenarbeit ist es, die Bibliotheksbenutzung zu einer Unterrichtseinheit zu machen, d.h. sie systematisch in den Schulunterricht einzubeziehen. Nicht selten werden Lehrer am Bestandsaufbau mitbeteiligt, einzeln oder in einem Arbeitskreis. Ebenso werden Schülern auch außerschulische Bildungsmittel und -möglichkeiten angeboten, die zum selbständigen oder auch zum Arbeiten in der Gruppe etwa an Projekten anregen und zu deren Gelingen beitragen.

2.1.3 Soziale Bibliotheksarbeit

Öffentliche Bibliotheken sind für jedermann da. Diese Forderung enthält auch eine soziale Verpflichtung: das Bemühen, niemanden von der Benutzerschaft einer Bibliothek auszuschließen, selbst wenn besondere Umstände ihn daran hindern könnten. Die Tatsache, daß der Anteil behinderter, alter und kranker Menschen in unserer Gesellschaft von Jahr zu Jahr zunimmt, legt der Bibliothek besondere Dienstleistungen ihnen gegenüber nahe. In vielen Städten und Gemeinden wird daher sog. **Aufsuchende Bibliotheksarbeit** geleistet. Diese kommt gehbehinderten Lesern zugute, die nicht mehr in der Lage sind, die Bibliothek selbst aufzusuchen. Sie können auf Wunsch einen Bücherzustelldienst (mobilen *Bücherhausdienst*) in Anspruch nehmen. Mit einem meist bibliothekseigenen Kraftfahrzeug bringen Mitarbeiter der Bibliothek, häufig unterstützt von Zivildienstleistenden, vorbestellte Bücher in die Wohnung der Behinderten bzw. auch in ein Alten- oder Pflegeheim. Ein in der Bibliothek angefertigtes Auswahlverzeichnis oder auch persönliche Wunschlisten erleichtern die Auswahl. Beliebt sind Bücher in Großdruckausgaben, da viele der Aufzusuchenden unter nachlassender Sehtüchtigkeit leiden. Viele Öffentliche Bibliotheken geben jährlich erneuerte bzw. erweiterte *Großdrucklisten* heraus, die natürlich auch von gehfähigen Lesern gerne in Anspruch genommen werden.

Auch über lange Zeit Kranke brauchen auf das gewohnte Bibliotheksbuch nicht zu verzichten. Außer dem Zustelldienst stehen in Krankenhäusern/Kliniken meistens Einrichtungen wie **Patientenbibliotheken** zur Verfügung. Die Bibliotheken gehen hierbei von dem Gedanken aus, daß auch das Lesen zum Heilungsprozeß eines Kranken unterstützend beitragen kann. Es werden Bücher häufig in einem dafür vorgesehenen Bibliotheksraum für gehfähige Patienten aufgestellt. Zudem wird aber auch für die liegenden Patienten mit einem speziellen Bücherwagen ein ausgewähltes Bücherangebot direkt an die Krankenbetten gefahren. Wo Städte und Gemeinden die Krankenhausträger sind, versehen Öffentliche Bibliotheken diese Aufgaben; Patientenbüchereien in größerer Zahl gibt es aber auch in kirchlicher Trägerschaft. Zusätzliche Büchervermittlung über den auswärtigen Leihverkehr üben beide aus.

Für Blinde oder erheblich Sehgeschädigte gibt es ebenfalls besondere Leistungen, die **Blindenbüchereien**. Sie arbeiten als Blindenhörbüchereien und/oder als Blindenschriftbüchereien. Zu ihren Beständen zählen Literatur jeder Art, auch Zeitschriften. Die Hörbücherei stellt sog. Hörbücher auf Tonbändern und auch Tonkassetten für alle Altersstufen und Interessenkreise zur Verfügung; in der Blindenschriftbücherei gibt es Bücher in Blindenpunktschrift (Brailleschrift) und in Großdruck. Die Ausleihform für alle Medienarten ist der Versand; er geschieht portofrei. Die meisten Blindenbüchereien verfügen über ein eigenes Tonstudio, in dem sie durch Besprechen von Tonbändern, durch Vorlesen gedruckter Texte die Hörbücher selbst herstellen. Die *Deutsche Zentralbücherei für Blinde* in Leipzig ist zugleich Verlag für Zeitschriften und Großdruckbücher. Unterhaltsträger von Blindenbüchereien sind vorwiegend Blindenvereine, dann auch kirchliche Vereine, in einigen Fällen die öffentliche Hand.

Eine Zielgruppe, der sich Öffentliche Bibliotheken besonders in industriereichen Gegenden annehmen, sind die **ausländischen Arbeitnehmer** und deren Familien. Ihre Nöte liegen vor allem in der nicht nur räumlichen Entfernung zu ihrer Heimat, sondern auch in der inneren Entfernung von ihrer Kultur. In zweifacher Weise versuchen die Öffentlichen Bibliotheken hier zu helfen: einmal stellen sie vielseitige Bestände an heimatsprachigen Büchern, an Zeitungen und Zeitschriften bereit, dann aber besonders auch Medien, da Lesefähigkeit nicht bei jedem Benutzer gegeben ist. Die Medien enthalten unter anderem Kassettenprogramme mit Volksliedern, mit Volksmusik, auch Lesungen oder Hörspielen, schließlich auch Videoprogramme aus dem Mutterland und fördern so die Erhaltung und Pflege von Kultur und Sprache der Ausländer. Zum anderen bieten die Bibliotheken Bücher und Medien in Form von Sprachkursen, Lernprogrammen und Übungslektüren an zum Vertiefen und Vervollkommnen der deutschen Sprache und Schrift, deren Grundkenntnisse meistens in Volkshochschulkursen oder bei Kindern in der Schule bereits erworben wurden.

Bibliotheken in Justizvollzugsanstalten genießen in beschränktem Umfang die Mitwirkung des Öffentlichen Bibliothekswesens. Da die Dienstaufsicht bei den Justizministern der Bundesländer liegt, ist eine Mitarbeit kommunaler Öffentlicher Bibliotheken nur freiwillig gegeben. Fast jede Vollzugsanstalt verfügt über Bücher- und Medienbestände zur Nutzung durch die Inhaftierten. Häufig ist ein eigener Bibliotheksraum anzutreffen. Die Bibliotheksleitung allerdings liegt meistens in der Hand von Justizbeamten, von nebenamtlich tätigen Lehrern, die in der Anstalt Unterricht geben, oder von Sozialarbeitern, unterstützt gewöhnlich von Inhaftierten. Selten werden Bibliotheksfachkräfte mit der Leitung betraut. Jedoch helfen in einigen Bundesländern *Staatliche oder kirchliche Bücherei-Fachstellen* mit beim Bestandsaufbau, bei der Schulung der Mitarbeiter, bei der Veranstaltung von Autorenlesungen u.ä.m.

2.1.4 Sonderformen Öffentlicher Bibliotheken

Zu den Bibliotheksbenutzern, die spezielle Bestände suchen, gehören z.B. Musikinteressierte, Musikausübende, Musikstudierende und -erzieher, auch Musikwissenschaftler und -kritiker. Für deren Bedarf halten **Musikbibliotheken** oder Musikabteilungen in einer größeren Bibliothek spezielle Sammlungen bereit. Wissenschaftliche Musikbibliotheken sammeln vorwiegend alte Musikhandschriften und historische Notendrucke sowie Fachliteratur. In *Phonotheken* konservieren sie Tonträger zum Zwecke der Dokumentation und der Forschung.

Öffentliche Musikbibliotheken dagegen dienen der Förderung eines breiteren Musikinteresses und Musikverständnisses sowie der Musikpraxis. Insofern gehören zu ihren Beständen in erster Linie Notenwerke (*Musikalien*) für alle Instrumente von der Blockflöte bis zur Orgel, ferner die vielseitige Literatur zu allgemeinen Gebieten der Musikwissenschaft, der Musikgeschichte, Instrumentenkunde usw., dann Musikzeitschriften. Sie verfügen aber auch über umfangreiche Bestände an *Tonträgern* (Schallplatten, Tonkassetten und CDs) mit Aufnahmen musikalischer Werke jeder Art. Über das Kennenlernen von Musikepochen, -stilen und -stücken hinaus ermöglichen sie ein vergleichendes Musikhören. Dabei umfaßt das Tonträgerangebot sowohl klassische Musik (E-Musik) wie auch populäre Musik (U-Musik). Die Benutzungsart ist die *Freihandausleihe* wie in allen Öffentlichen Bibliotheken. Frei aufgestellt werden von den Tonträgern allerdings nur die Leerbehälter, die Inhalte sind erst an der Verbuchungstheke erhältlich.

Zur räumlichen Ausstattung gehören auch *Tonstudios* mit zentraler Abspiel- und Übertragungsmöglichkeit auf Einzelhörplätze bzw. in Kabinen. Der Empfang ist gewöhnlich alternativ über Lautsprecher oder Kopfhörer möglich. Außerdem sind Kassettenrecorder zur Selbstbedienung üblich. Manchmal verfügen Musikbibliotheken auch über einen Konzertflügel oder über andere Musikinstrumente, zumal dann, wenn zu ihrer Programmarbeit auch Konzertveranstaltungen (Kammermusik) gehören. In größeren Bibliotheken stehen auch ein oder mehrere Räume zum individuellen Musizieren bereit; denn die Anregung zur Ausübung von Hausmusik ist ein verpflichtendes Anliegen Öffentlicher Musikbibliotheken. Daher beteiligen sich viele von ihnen auch an der Vermittlung von Musizierpartnern.

Zur systematischen Erschließung ihrer Bestände verwenden sie die *Systematik der Musikliteratur und der Musikalien für Öffentliche Musikbüchereien (SSM)* sowie die *Tonträger-Systematik Musik für Öffentliche Musikbibliotheken (TSM)*, (vgl.hierzu S. 154 f). Außer den bibliotheksüblichen Katalogen stehen den Benutzern ein *Interpretenkatalog* im Bereich der Tonträger sowie häufig ein Nachweis der Zeitschriftenaufsätze zur Verfügung.

Es gibt viele Kunstinteressierte, die nicht nur zur Bilderbetrachtung ins Museum gehen, sondern ein Kunstobjekt gerne einmal für einige Zeit bei sich zu Hause hätten, um sich daran zu erfreuen, vielleicht auch, um sich für einen möglichen Kauf entscheiden zu können. Solchem Anliegen dienen **Artotheken**. Sie sammeln vor allem Druckgrafik, auch Zeichnungen – als Originale oder Reproduktionen – fotographische Kunstwerke, seltener Gemälde oder Skulpturen. In erster Linie wollen sie bekanntmachen mit modernen Werken und Gegenwartskünstlern, die am Ort oder in der Region leben. Artotheken sammeln nicht nur die künstlerischen Objekte, sie machen sie ausleihfertig, stellen sie wechselnd aus und vermitteln auch ihren Verkauf. Sie veranstalten Vorträge, Einführungen, Workshops, Performances (Aktionskunstvorführungen) u.ä.m.

Meistens sind Artotheken Einrichtungen von oder in Bibliotheken; seltener stehen sie in der Trägerschaft von Kunstvereinen, die üblicherweise aber bei der Auswahl der Anschaffungen mitwirken. Bibliotheken eignen sich insofern für die Artotheksarbeit, weil ihre Dienstleistungsmöglichkeiten der Artothek sehr entgegenkommen; das sind regelmäßige Öffnungszeiten, notwendige Ordnungs- und Erschließungsmittel, Registrierung der Entleihungen, dann das begleitende Angebot an Kunstliteratur. Bei der Verzeichnung der Artotheksbestände dienen Dias bzw. verkleinerte Reproduktionen mit entsprechenden Daten über den Künstler und seine Technik als Bestandsnachweis.

Fremdsprachige Bibliotheken enthalten Bestände, die vornehmlich deutschen Lesern Kultur, Geschichte und Sprache eines fremden Landes nahebringen sollen. Ausgebaute fremdsprachige Abteilungen in einer Bibliothek zweiter Stufe oder als selbständiger Teil eines Bibliothekssystems stammen meistens noch aus der Besatzungszeit nach dem Zweiten Weltkrieg und der von den ehemaligen westlichen Besatzungsmächten betriebenen Kulturarbeit. Vor allem Amerikaner, Engländer und Franzosen haben die Bibliotheksbestände ihrer Kulturhäuser häufig an deutsche Öffentliche Bibliotheken übergeben, um so die Pflege kultureller Beziehungen dauerhaft zu machen. Zum Inhalt dieser nunmehr integrierten Bibliotheken gehören neben ausgesuchten Buchbeständen – darunter wichtige Informations- und Nachschlagewerke – auch Zeitungen, Zeitschriften und andere Publikationsformen, ferner Tonträger und Videos, ebenso Kinder- und Jugendbuchbestände.

2.2 Wissenschaftliche Bibliotheken

Die Besonderheit ihrer Bestände wurde bereits angedeutet. Sie dienen vornehmlich den Wissenschaften, dem Studium und der akademischen Lehre sowie der Forschung. Zu unterscheiden sind, je nach Funktionen, vier Typen

- Bibliotheken mit regionalen Aufgaben,
- Bibliotheken mit überregionalen Aufgaben,
- Universitäts- und Hochschulbibliotheken,
- Spezial- und Fachbibliotheken.

Regionalbibliotheken versehen vorwiegend Aufgaben der 3. Stufe. Sie sind zuständig für die allgemeine Literatur- und Informationsversorgung innerhalb eines Bundeslandes oder des Teiles eines Bundeslandes. Je nach ihrer historischen Entwicklung tragen sie unterschiedliche Namen. Einige heißen *Landesbibliothek*, andere *Staatsbibliothek*. Die Bezeichnung *Staats- und Universitätsbibliothek* drückt eine Doppelfunktion aus, ebenso wie Universitäts- und Landesbibliothek, Stadt- und Landesbibliothek. Aufgabe der Regionalbibliotheken oder der Bibliotheken mit regionalbibliothekarischer Funktion ist zunächst das Sammeln von universaler, d.h. alle Wissensgebiete umfassender Literatur für ihr Einzugsgebiet. Ferner die entsprechende Leihverkehrserfüllung gegenüber den Bibliotheken der 2. Stufe, die aus ihren eigenen Beständen spezielle Wünsche nicht abdecken können. Es gehört aber auch dazu das Sammeln und Aufbewahren der gesamten literarischen Produktion aus ihrer Region, zumindest aller *landeskundlichen Literatur*, worunter man alle Veröffentlichungen versteht über das Land, seine Teile, Städte und Gemeinden, gleich ob in Büchern, Aufsätzen oder in Berichten, Gesetzen, gleich ob als Romane, Erinnerungen oder als wissenschaftliche Untersuchung oder amtliche Schriften. Die Vollständigkeit dessen wird sichergestellt dadurch, daß Landesgesetze die Verlage verpflichten, je ein Exemplar der bei ihnen neu erschienenen Veröffentlichungen unentgeltlich an die zuständige Regionalbibliothek zu liefern. Die Bibliothek verfügt über das sogenannte *Pflichtexemplarrecht*.

In einigen wenigen Groß- und Mittelstädten gibt es noch alte **Wissenschaftliche Stadtbibliotheken** mit heimat- bzw. lokalgeschichtlichen Beständen; in der Regel sind diese jedoch in die kommunalen Öffentlichen Bibliotheken integriert worden.

Bibliotheken von überregionaler Bedeutung stellen innerhalb der allgemeinen Literatur- und Informationsversorgung die Bibliotheken der 4. Stufe dar. Die umfassendste Bibliothek wäre bei uns eine deutsche **Nationalbibliothek**. Ihr käme die Aufgabe zu, das gesamte deutsche und deutschsprachige Schrifttum vollständig und ebenso die wichtigste ausländische Literatur aller Sprachen repräsentativ zu sammeln. Wir haben in der Bundesrepublik aber keine derartige

Einrichtung. Es hat in Deutschland im Unterschied zu vielen Staaten der Welt auch noch nie eine Nationalbibliothek gegeben. Infolgedessen werden in der Bundesrepublik ihre Aufgaben auf mehrere Bibliotheken verteilt.

Unter dem Namen **Die Deutsche Bibliothek** übernehmen seit Inkrafttreten des *Einigungsvertrages* drei Einrichtungen als eine Organisation drei wichtige Teilfunktionen einer Nationalbibliothek. Es sind dies die *Deutsche Bibliothek* in Frankfurt am Main, die *Deutsche Bücherei* in Leipzig und das *Deutsche Musikarchiv* in Berlin. Die Aufgabe der Archivierung (das Sammeln zwecks Bewahrung) erfolgt in Frankfurt am Main und in Leipzig. Die Registrierung (das Sammeln zwecks Verzeichnung) übernehmen je nach Herstellungsgebieten (Verlagsorten) Frankfurt am Main bzw. Leipzig. Die laufende Veröffentlichung dessen in der *Deutschen Nationalbibliographie* geschieht zentral in Frankfurt am Main. Notenwerke und Musiktonträger werden im Deutschen Musikarchiv (Berlin) bearbeitet, jedoch in Frankfurt am Main veröffentlicht.

So ist sichergestellt: das Sammeln, Archivieren und bibliographische Verzeichnen aller ab 1913

- in Deutschland verlegten Veröffentlichungen (Druckwerke) und produzierten Tonträger,
- im Ausland verlegten oder hergestellten deutschsprachigen Veröffentlichungen (einschließlich der Publikationen deutschsprachiger Emigranten zwischen 1933 und 1945);

ferner der ab 1941

- im Ausland verlegten oder hergestellten Übersetzungen deutschsprachiger Werke in andere Sprachen,
- im Ausland verlegten oder hergestellten fremdsprachigen Druckwerke über Deutschland (Germanica),
- der Musikalien (Noten) und Musiktonträger aus Deutschland, Österreich und der deutschsprachigen Schweiz.

Diese Bestände sind aber nicht außer Hause entleihbar, sie können lediglich in Lesesälen benutzt werden; Vergleichbares gilt für Tonträger, die nur abgespielt werden können. Das Sammlungsgut muß immer greifbar sein, immer präsent (anwesend); man spricht daher von Präsenzbeständen bzw. *Präsenzbibliotheken.*

Was die Registrierung der Bestände angeht und deren Veröffentlichung in der *Deutschen Nationalbibliographie*, so erfolgt dies durch Verzeichnisse in unterschiedlichen Erscheinungsweisen. Im sog. *Wöchentlichen Verzeichnis* werden sämtliche deutsche Neuerscheinungen und Neuauflagen von Druckwerken und Tonträgern aufgelistet angezeigt. Das Wöchentliche Verzeichnis wird ergänzt zu Halbjahres- und Fünfjahresverzeichnissen. Alle drei Ausgaben sind unabdingbare Hilfsmittel in Bibliotheken und für den Buchhandel. Erleichtert wird die Sammelaufgabe der Deutschen Bibliothek und der Deutschen Bücherei dadurch, daß beide ein gesetzliches *Pflichtexemplarrecht* genießen. Aus der Deutschen Bibliothek kommen noch weitere Publikationen, z.B. laufende Verzeichnisse über deutsche und deutschsprachige Zeitschriften des In- und Auslandes, solche über Musikträger, über Musikalien (Notenwerke) oder über deutsche Hochschulschriften (Dissertationen u.ä.). Verzeichnisse dieser Art nennt man *Bibliographien.* Bibliographische Sucharbeit spielt eine wichtige Rolle in der Bibliotheksarbeit, vor allem im auswärtigen Leihverkehr.

Mit Der Deutschen Bibliothek insgesamt wird aber erst ein Teil der Aufgaben einer Nationalbibliothek abgedeckt. Ebenso wichtig ist das Sammeln fremdsprachiger Veröffentlichungen aller Wissenschaftsgebiete. Das wird im wesentlichen durch zwei weitere überregionale Bibliotheken sichergestellt: die **Staatsbibliothek** zu Berlin – Preußischer Kulturbesitz sowie die **Bayerische Staatsbibliothek** in München. Diese sind nicht etwa nur für Berlin oder nur für Bayern zuständig. Sie verfügen sowohl über umfassende internationale Bestände aus allen Fachrichtungen, verteilt auf bestimmte Schwerpunkte, als ebenso über reichhaltige Sondersammlungen. In ihnen finden sich Schätze wertvoller alter Handschriften, Frühdrucke (Inkunabeln) und historischer Landkarten sowie weitere Zeugnisse von höchstem kulturgeschichtlichen Wert.

Außer diesen universalen Bibliotheken gibt es auch noch fachspezifische Bibliotheken mit überregionalen Funktionen, die ausschließlich über ein bestimmtes, dafür aber breit ausgebautes Sammelgebiet verfügen. Sie heißen *Zentrale Fachbibliotheken.* Zu ihnen gehören die **Technische Informationsbibliothek** (TIB) in Hannover, dann die **Bibliothek des Instituts für Weltwirtschaft** in Kiel sowie die beiden **Zentralbibliotheken** der **Medizin** in Köln und der **Landbauwissenschaft** in Bonn. Ihre Namen sind gleichbedeutend mit ihren Sammelschwerpunkten. Auch sie gehören zum Kreis der Bibliotheken der 4. Stufe, deren Hauptaufgabe im wesentlichen überregional ist. Eine **Zentrale Fachbibliothek Bauwesen** und eine **Landwirtschaftliche Zentralbibliothek** bestehen in den neuen Bundesländern.

Da die Bibliotheken der 3. und 4. Stufe der allgemeinen Literaturversorgung dienen, faßt man sie auch unter dem Begriff *Allgemeinbibliotheken* zusammen. Die sog. *Wissenschaftlichen Allgemeinbibliotheken* der ehemaligen DDR, die auf der Basis der damaligen Bezirke arbeiteten, gehen heute ihrer Veränderung in Öffentliche Stadtbibliotheken (2. Stufe) entgegen.

Universitäts- und Hochschulbibliotheken stehen außerhalb der Einteilung nach Funktionsstufen. Sie arbeiten institutsbezogen, d.h. sie dienen zunächst nicht der allgemeinen Literaturversorgung. Gemäß dem Auftrag an alle Hochschulen, "die Pflege und Entwicklung der Wissenschaften und der Künste durch Forschung, Lehre und Studium zu betreiben", wie es die Hochschulgesetze ausdrücken, halten ihre eigenen Bibliotheken die dazu notwendigen Arbeitsmittel bereit. Benutzer sind hier die Universitäts- und Hochschulangehörigen vom Professor bis zum Studenten, aber auch die Ausübenden akademischer Berufe. Die Bibliotheken sind jene an den traditionellen Universitäten, dann die der

Technischen Hochschulen bzw. Technischen Universitäten, ferner die an den Gesamthochschulen und Fachhochschulen. Alle diese Bibliotheken sammeln in erster Linie Literatur der an ihren Hochschulen vertretenen Fächer.

In den Universitäts- und Gesamthochschulbibliotheken finden sich vielseitigere Bestände; die Technischen Hochschulen und Fachhochschulen dienen einem begrenzteren Lehr- und Forschungsbereich, was sich auch in ihren Bibliotheksbeständen ausdrückt. Einige jahrhundertealte Universitätsbibliotheken verfügen zudem noch über bedeutende, wertvolle Altbestände. Alle diese institutsbezogenen Bibliotheken betreiben außer ihrer Ausleihe am Ort einen regen *Fernleihverkehr* untereinander. Darüber hinaus übernehmen die meisten von ihnen auch Aufgaben des überregionalen, allgemeinen Leihverkehrs im Sinne der 4. Stufe. Sie tun das insbesondere dann, wenn sie ein bestimmtes, mit zusätzlichen Mitteln finanziertes Sondersammelgebiet pflegen. Gerade hier haben sie einen hohen Anteil am Fernleihverkehr, auch mit den Öffentlichen Bibliotheken, auch mit dem Ausland.

Wie die Hochschulen sich in Fachbereiche oder Fakultäten gliedern mit Instituten, Seminaren, Kliniken, Labors usw., so gibt es außer den zentralen Universitäts- bzw. Hochschulbibliotheken noch die kleineren **Institutsbibliotheken** mit fachlich spezielleren Beständen, die vorwiegend der Arbeit an Ort und Stelle dienen (als Präsenzbibliotheken). Sie arbeiten entweder unabhängig von der zentralen Bibliothek oder - so in jüngerer Zeit - organisatorisch als Teilbibliothek (*Fachbereichsbibliothek*) der fächerübergreifenden *Zentralbibliothek*. Man spricht in diesem Fall von einem *einschichtigen* System, bei engerer Zusammenarbeit von einem *kooperativen* oder *koordinierten* System, im Unterschied zu der zweischichtigen Form, der unverbundenen Zweigleisigkeit der Literaturversorgung an Hochschulen.

Es gibt auch regionale *Bibliothekszentren*, die bestimmte Dienstleistungen für mehrere Hochschulbibliotheken zentral übernehmen.

In den neuen Bundesländern befinden sich neben den Universitäts- und Hochschulbibliotheken noch sog. *Akademiebibliotheken.*

Außer diesen Fachbibliotheken als Institutsbibliotheken im Hochschulbereich gibt es noch **Spezialbibliotheken**, die gewöhnlich einer staatlichen oder privaten Institution angehören, z.B. einem selbständigen Forschungsinstitut, einem Industrie- oder Handelsunternehmen, einem Museum etwa oder auch kirchlichen Einrichtungen. Sie heißen in den neuen Bundesländern auch *Wissenschaftliche Fachbibliotheken.* Diesen Bibliotheken ist von der Zielsetzung ihrer Träger her oft ein sehr spezieller Aufgabenkreis zugedacht, der den Benutzerkreis bestimmt. Sie befriedigen in der Regel nur einen internen Literatur- und Informationsbedarf mit fachspezifischen Beständen, die in Universitätsbibliotheken selten anzutreffen sind.

Ausschließlich für die Institution, von der sie eingerichtet sind, arbeiten auch die **Parlaments- und Behördenbibliotheken**. Ihr Kreis reicht von der Biblio-

Tabelle 1

Bibliotheken in der Bundesrepublik Deutschland

Öffentliche Bibliotheken		Wissenschaftliche Bibliotheken			
1. Kommunale Bibliotheken		**Allgemeinbibliotheken**		**Universitäts- und Hochschulbibliotheken**	**Spezialbibliotheken**
(Groß-) Stadtbibliotheken (Kreisfreie Stadt)	Kreisbibliotheken (Landkreis) oder	Bibl. mit regionalen Aufgaben	Bibl. mit überregionalen Aufgaben	mit	
Zentralbibliotheken ← *(2. Stufe)* → mit Erw/Ki/Jgdbibliotheken - Sonderbibliotheken - Sozialer Bibl.arbeit Bezirksbibliotheken Stadtteil-/Zweigbibliotheken ← *(1. Stufe)* → mit Erw/Ki/Jgdbibliotheken - Fahrbibliotheken - Schulbibliotheken	Mittelpunktbibliotheken mit Erw/Ki/Jgdbibliotheken - Schulbibliotheken - Fahrbibliotheken - SozialerBibl.arbeit Stadt-/Gemeindebibliotheken als Erw/Ki/Jgdbibliotheken evtl. mit - Zweigbibliotheken - Fahrbibliotheken - Schulbibliotheken - Sozialer Bibl.arbeit	Landesbibliotheken *(3. Stufe)*	1) Bibliotheken mit Teilfunktionen einer Nationalbibliothek *(4. Stufe)* 2) Zentrale Fachbibliotheken *(4. Stufe)*	Zentralbibliotheken sowie Instituts- bzw. Fachbereichsbibliotheken	1) Bibl. an Forschungsinstituten 2) Parlaments- u. Behördenbibliotheken 3) Firmenbibliotheken 4) Kirchliche Bibliotheken 5) Bibl. an Kulturinstituten 6) Verbandsbibliotheken
2. Bibliotheken privater Träger - Kirchliche Büchereien - Werkbüchereien - Verbands-/Vereinsbibliotheken					

thek des Deutschen Bundestages über die der Länderparlamente, Ministerien usw. bis in die kleinen *Verwaltungsbibliotheken* der kommunalen Gemeinden. Es gehören außerdem die Bibliotheken in Gerichten wie in anderen Einrichtungen dazu, etwa in Industrie- und Handelskammern. Die Öffentlichkeit hat in der Regel zu beiden Bibliothekstypen keinen Zugang oder nur in Ausnahmefällen. An der allgemeinen Literaturversorgung nehmen sie nicht teil. Eine Ausleihe findet in Form der Lieferung an den Arbeitsplatz statt, das Prinzip der Präsenzbibliothek ist durchgängig vorzufinden. Die Bestände entsprechen den Anforderungen am Arbeitsplatz; sie enthalten spezielle Literatur, vor allem auch Zeitschriften, amtliche Druckschriften, Statistiken u.ä., insbesondere zu den Gebieten Recht, Verwaltung, Wirtschaft, Politik, Gesellschaft, Technik.

2.3 Bibliotheken in Zusammenarbeit

In dem Maße, wie die Inanspruchnahme der Bibliotheken durch ihre Benutzer zunimmt, versuchen die Bibliotheken ihrerseits in einer notwendigen Form der Selbsthilfe mitzuhalten. So gibt es verschiedene und verschiedenartige Gemeinschaftsunternehmungen von Bibliotheken mit dem Ziel, die Leistungen für ihre Benutzer nicht nur zu erhalten, sondern auch zu verbessern, dabei aber wirtschaftlich zu verfahren, d.h. in einem möglichst ausgewogenen Verhältnis von Arbeitsaufwand zu Dienstleistung. Voraussetzung dafür ist ein geregeltes Zusammenwirken bestimmter Bibliotheken zur Erreichung eines gemeinsam anzustrebenden Zieles.

Das kann durchgeführt werden unter räumlichen Gesichtspunkten wie unter inhaltlichen. Einmal gibt es die gemeinschaftliche Aufgabenerfüllung auf verschiedenen Ebenen, also im örtlichen, regionalen, bundesweiten und auch im internationalen Bibliotheksverbund; dann inhaltlich bezogen auf bestimmte Dienstleistungsbereiche wie Leihverkehr (einschließlich der Sondersammelgebiete), Erwerbung, Katalogisierung und Benutzung.

Die Verbundarbeit im **Fernleihverkehr** wurde bereits mehrfach angedeutet. Sie vollzieht sich *intern* im Verflechtungsbereich eines örtlichen *Bibliothekssystems*, etwa zwischen der *Zentralbibliothek* einer Stadt (2. Stufe) und deren *Zweigbibliotheken* (1. Stufe) oder zwischen *Mittelpunkt-* bzw. *Kreisbibliotheken* und denen kleinerer und mittlerer Gemeinden, z.B. im Kreisverleihverkehr u.ä. Ferner gibt es den Leihverkehr zwischen Bibliotheken unterschiedlicher Träger, etwa zwischen einer kommunalen Öffentlichen Bibliothek und einer Schulbibliothek, einer kirchlichen Bücherei oder einer Werkbücherei.

Das Netzwerk so planmäßig verbundener Bibliotheken setzt sich fort im Stufensystem. Bibliotheken der zweiten Stufe besorgen für ihre örtlichen Leser oder vermitteln als *Leitbibliotheken* für die Benutzer in Bibliotheken des Umlandes speziellere Literatur über den *Regionalen Leihverkehr.* Dieser vollzieht sich im Rahmen eines Bundeslandes. Ist der Leserwunsch so speziell, daß er auf diesem Weg nicht zu erfüllen ist, dann besteht die Möglichkeit, die Bestellung in den *Überregionalen Leihverkehr* weiterzuleiten. Er umfaßt das gesamte Gebiet der Bundesrepublik. Dabei ist festzuhalten, daß der überregionale Leihverkehr nur solchen Literaturwünschen vorbehalten ist, die im Bereich von Wissenschaft, Forschung, Lehre und Studium liegen. Ist die Lesernachfrage nicht innerhalb der Bundesrepublik zu erfüllen, weil das gesuchte Buch hier nicht vorhanden ist, kann die Bestellung in den *Internationalen Leihverkehr* gegeben werden.

Der *Deutsche Leihverkehr* beruht auf kooperativem Leistungsverbund zwischen Öffentlichen und Wissenschaftlichen Bibliotheken. Seiner Durchführung liegen drei Voraussetzungen zugrunde

- ein schwerpunktmäßiges Sammeln von Literatur in bestimmten Sach- und Fachgebieten, sog. **Sondersammelgebieten** (SSG), verteilt auf entsprechend leistungsfähige Bibliotheken. Sie sind im Leihverkehr auf ihrem Sammelgebiet die Gebenden. Im regionalen Verbund gehören große Öffentliche Bibliotheken zu den SSG-Bibliotheken. Überregional versehen Hochschul-, Regional- und Zentrale Fachbibliotheken bestimmte Sondersammelgebietsaufgaben;
- eine offizielle **Leihverkehrsregelung,** die die Teilnahmebedingungen für die angeschlossenen (nehmenden und gebenden) Bibliotheken verbindlich festlegt. Das erfüllt die *Leihverkehrsordnung der deutschen Bibliotheken (LVO)*; s. hierzu Abschnitt 3.3.1, S. 232 ff);
- ein **Zentralkatalog**, der die Bestände einer Leihverkehrsregion laufend nachweist. Liegen derartige Kataloge gedruckt oder anderweitig vervielfältigt vor, so ermöglichen sie ein Bestellen auf direktem Wege, ohne den sonst vorgeschriebenen Leitweg einhalten zu müssen. Direktbestellungen beschleunigen die Literaturversorgung; sie sind ein Service, der schnellen Zugriff zu gewünschter Literatur ermöglicht.

Verbundarbeit auf dem Gebiet der **Erwerbung** (Bestandsaufbau) geschieht zwischen einzelnen Bibliotheken und der *Deutschen Bibliothek* in Frankfurt am Main. Die dort erstellten Katalogzettel können im sog. *Titelkartendienst* von Bibliotheken bezogen werden und lassen sich z.B. als Bestellunterlagen verwenden. Im Bereich des Öffentlichen Bibliothekswesens gibt es den im Verbund erarbeiteten *Informationsdienst (ID)*. Er wird als Zetteldienst bei der Einkaufszentrale (ekz) hergestellt und bietet nach Sichtung der jeweils neuesten deutschsprachigen Buchproduktion eine ausgesuchte Anzahl von Titelempfehlungen mit *Annotationen* (Kurzbeschreibungen), die einen ausgewogenen Bestandsaufbau für unterschiedliche Bibliotheksgrößen ermöglichen. Durch die Verbundarbeit der *Lektoratskooperation* kommen auch zusammenfassende Buchberichte in Form thematischer Sammelbesprechungen in der Fachzeitschrift *Buch und Bibliothek* zustande. Auch sie sind ein wichtiges Hilfsmittel für den Bestandsaufbau (s. hierzu S. 21 f).

Verbundleistungen unter Nutzung der elektronischen Datenverarbeitung (EDV) dienen z.B. der **Erwerbung**, der **Katalogisierung** (so im *Verbundkatalog* *maschinenlesbarer Katalogdaten deutscher Bibliotheken*) und der **Fernleihe**. Sie erfolgen etwa im Hochschulbibliothekszentrum in Köln für alle Gesamthochschul-, einige Universitäts- und Fachhochschulbibliotheken in Nordrhein-Westfalen. *Regionale Bibliothekszentren* als Datenverbundsysteme gibt es auch in Bayern, Hessen, Niedersachsen, in Südwestdeutschland, in Hamburg und Berlin mit entspr. Zentralkatalogen.

Ein weiteres Gemeinschaftsunternehmen zwischen bestimmten Bibliotheken und dem *Deutschen Bibliotheksinstitut (dbi)* in Berlin stellt z.B. die dort eingerichtete *Zeitschriftendatenbank (ZDB)* dar. Sie führt überregional einen Bestandsnachweis über in- und ausländische Zeitschriften in 3000 Bibliotheken, der gedruckt oder als Mikrofiches zu beziehen oder online abfragbar ist.

Ebenso dem **Benutzungsdienst** zugute kommt z.B. der *Zeitschriftendienst (ZD)*, ein Gemeinschaftswerk Öffentlicher Bibliotheken. Er weist monatlich Aufsätze aus 170 deutschen Zeitschriften nach; ähnlich der zweimonatlich erscheinende *Zeitschriftendienst Musik (ZDM)*. Im *Test-Index (TI)* werden monatlich Warentests in deutschen Zeitschriften angezeigt. Alle diese Publikationen des Deutschen Bibliotheksinstituts dienen den Benutzern vor allem in Öffentlichen Bibliotheken. Ein Ergebnis bibliothekarischer Verbundarbeit ist schließlich auch die *Deutsche Bibliotheksstatistik (DBS)*, an der sich alle Bibliotheken der Bundesrepublik - nicht nur die in öffentlicher Trägerschaft - beteiligen.

Zu den Gemeinschaftsunternehmen der Bibliotheken zählt auch die Überregionale Literaturversorgung. Hier erfährt das Wissenschaftliche Bibliothekswesen finanzielle Förderung durch die Deutsche Forschungsgemeinschaft e.V. (DFG). Vorschläge dazu erarbeitet ein Gremium aus Wissenschaftlern, Bibliothekaren und Dokumentaren, der sog. *Bibliotheksausschuß*, dem bestimmte Unterausschüsse und Arbeitsgruppen Vorschläge zuarbeiten.

Zusammenarbeit im Sinne der Förderung des Bibliothekswesens allgemein oder spezieller Leistungsbereiche vollzieht sich auch in den verschiedenen *Arbeitsgemeinschaften* bzw. Verbänden der Bibliotheken in der Bundesrepublik. Hier sind beispielsweise zu nennen die Arbeitsgemeinschaften der Fachhochschulbibliotheken, der Spezialbibliotheken, der Regionalbibliotheken, der Parlaments- und Behördenbibliotheken, auch der Blindenhörbüchereien u.a.m. Dann regional etwa die Arbeitsgemeinschaft der Bibliotheken im Land Niedersachsen oder die Arbeitsgemeinschaft der Großstadtbibliotheken im Verband der Bibliotheken des Landes Nordrhein-Westfalen.

Zu den wichtigsten *Verbänden* zählen der *Deutsche Bibliotheksverband e.V.* mit seinen Sektionen, die dem Erfahrungsaustausch und Arbeitsanregungen von Bibliotheken oder Institutionen gleicher Größe bzw. Arbeitsweise dienen, und mit seinen Landesverbänden. Seine Mitglieder sind außer Bibliotheken die Staatlichen Büchereistellen usw. sowie sonstige Einrichtungen des Bibliothekswesens, ferner die Rechtsträger von Bibliotheken (Länder, Gemeinden usw.), soweit sie Bibliotheken unterhalten.

Auch bibliothekarische Personalvereine fördern das Bibliothekswesen. Hierzu zählen der *Verein deutscher Bibliothekare e.V. (VDB)* sowie der *Verein der Diplom-Bibliothekare an wissenschaftlichen Bibliotheken e.V. (VdDB)* für die jeweiligen Mitarbeiter/innen im höheren bzw. gehobenen Wissenschaftlichen Bibliotheksdienst; ferner der *Verein der Bibliothekare an Öffentlichen Bibliotheken e.V. (VBB)* für die Mitarbeiter/innen im Öffentlichen Bibliothekswesen. Ihre Arbeit vollzieht sich z.T. in Kommissionen und findet ihren Niederschlag in den beiden Publikationsorganen *Zeitschrift für Bibliothekswesen und Bibliographie (ZfBB)* sowie *Buch und Bibliothek (BuB)*. Der *Bundesverein der Bibliotheksassistenten/innen und anderer Mitarbeiter/innen an Bibliotheken e.V. (BBA)* vertritt die Interessen der im Assistenzdienst Wissenschaftlicher und Öffentlicher Bibliotheken Tätigen; ihre Vereinsmitteilungen werden über Rundschreiben an die Mitglieder verbreitet.

In der *Bundesvereinigung deutscher Bibliotheksverbände (BDB)* sind die Verbände und Vereine zusammengeschlossen. Ihr Publikationsorgan ist der monatlich erscheinende *Bibliotheksdienst.*

Im kirchlichen Bereich sind zu nennen der *Borromäusverein e.V.* zur Förderung katholischer Büchereien in der Bundesrepublik (außer Bayern) und der *St. Michaelsbund e.V.* (in Bayern), desgleichen der *Deutsche Verband Evangelischer Büchereien e.V.*, alle zusammengeschlossen in der *Arbeitsgemeinschaft der kirchlichen Büchereiverbände Deutschlands.*

Im *Verband Deutscher Werkbibliotheken e.V.* finden sich die Werkbibliotheken etc. zusammen.

2.4 Überregionale Bibliotheksleistungen

Außer den in fast jedem Bundesland eingerichteten Zentralkatalogen als bibliothekarischen Dienstleistungszentren müssen zwei überregionale Einrichtungen mit zentralen Funktionen herausgehoben werden, deren Aufgaben und Arbeiten sich auf den gesamten Bereich bundesdeutschen Bibliothekswesens erstrecken. Es sind dies das *Deutsche Bibliotheksinstitut (dbi)* und die *Einkaufszentrale für öffentliche Bibliotheken (ekz).*

Das **Deutsche Bibliotheksinstitut** ist eine rechtsfähige Anstalt des öffentlichen Rechts. Es arbeitet nach Richtlinien eines Kuratoriums, in dem der Bund, die Bundesländer und die Gemeinden sowie der Deutsche Bibliotheksverband und die Deutsche Forschungsgemeinschaft vertreten sind. Das Kuratorium und der Direktor werden durch einen Fachbeirat in allen fachlichen Angelegenheiten unterstützt. Die Tätigkeiten des dbi erstrecken sich unter anderem auf Auskunfts- und Beratungsdienste, etwa über Bibliothekstechnik, EDV-Anwendung u.ä.m.; auf bibliographische Dienste - erwähnt wurden bereits die Zeitschriftendatenbank und der Zeitschriftendienst, dazu gehört noch der Verbundkatalog maschinenlesbarer Katalogdaten deutscher Bibliotheken; ferner auf die Deutsche Bibliotheksstatistik (DBS); dann auf Planung und Durchführung von Fortbildungsveranstaltungen.

Ständige Fachkommissionen befassen sich mit der Weiterentwicklung einzelner bibliothekarischer Arbeitsgebiete wie z.B. Bibliotheksbaufibel oder Marketingkonzeption für Öffentliche Bibliotheken u.a.m. In einer Anzahl von Projekten werden Innovationen für Einzelbereiche des Bibliothekswesens erarbeitet und erprobt. Die Arbeitsergebnisse veröffentlicht das dbi in seiner Publikationsreihe *dbi-materialien.* Es gibt außerdem das *Adreßbuch Deutscher Bibliotheken* (5000 Anschriften gesamtdeutscher Bibliotheken) mit heraus. Berichte und Informationen über aktuelle Ereignisse, über Arbeit und Arbeitshilfen aus dem Bereich der Öffentlichen Bibliotheken publiziert das dbi im *BibliotheksInfo.* Seinen Sitz hat das Deutsche Bibliotheksinstitut in Berlin; an seiner Finanzierung sind Bund und Länder beteiligt.

Die **Einkaufszentrale für öffentliche Bibliotheken** (ekz) in Reutlingen unterstützt und fördert insbesondere die Arbeit der Öffentlichen Bibliotheken. Im Unterschied zum Deutschen Bibliotheksinstitut ist die ekz eine Firma, ein Handelsunternehmen mit der Rechtsform einer GmbH. Eigentümer bzw. Gesellschafter sind die Bundesländer sowie eine Vielzahl von Städten und Landkreisen. Die ekz liefert bzw. vermittelt den Bibliotheken nahezu alles, was sie zur Durchführung ihrer Arbeiten benötigen. Hierzu gehören Bücher (insbesondere mit bibliotheksgeeigneten Spezialeinbänden); Kassetten als Video- und Tonträger, ebenso CDs und Spiele; dazu das gebrauchsfertige Kartei- und Verbuchungsmaterial; ferner maschinenlesbare Katalogisierungs- und Lektoratsdienste auf Magnetband, Diskette oder CD-ROM; schließlich Bibliotheksmöbel und ganze Einrichtungen sowie Bibliotheksmaterialien aller Art. Außerdem verfügt die ekz über eine Buchbinderei und stellt Klarsichtfolie zum Einschlagen von Büchern her.

Als Hilfsmittel für die Titelauswahl der Bibliotheken bei ihrem Bestandsaufbau, bei der Bestandsergänzung und für die Bestandserschließung gibt die ekz zusammen mit dem *Deutschen Bibliotheksverband (DBV)* und dem *Verein der Bibliothekare an Öffentlichen Bibliotheken (VBB)* innerhalb der *Lektoratskooperation* zweckdienliche Publikationen heraus wie den *ekz-Informationsdienst (ID),* als wöchentlich erscheinenden Zetteldienst oder in maschinenlesbarer Form als Magnetband- bzw. Diskettendienst sowie die Monatszeitschrift *Besprechungen, Annotationen (BA).*

Über ihr Lagerangebot an Büchern, Tonträgern, Videofilmen, aktuellen Grundbestandstiteln u.a.m. informiert die ekz in regelmäßig erscheinenden Listen.

3 Wer errichtet und unterhält eine Bibliothek

Bibliotheken lassen sich auch unterscheiden nach ihren Unterhaltsträgern, ihren Besitzern. Sind das Kirchen, Firmen, Vereine u.ä. oder auch Einzelpersonen, spricht man von privaten Trägern. Wird aber eine Bibliothek von Staat, Land oder Gemeinde - also von einer Gebietskörperschaft - finanziert, so ist sie eine Einrichtung der *öffentlichen Hand.* Träger ist dann die öffentliche Verwaltung, was bei sehr vielen Bibliotheken zutrifft. Sie sind dazu bestimmt, einem besonderen öffentlichen Zweck zu dienen. Verwaltungsrechtlich haben sie den Charakter einer *Anstalt des öffentlichen Rechts,* womit sie eingebunden sind in ein Ordnungs- und Rechtsgefüge von Staat und Verwaltung. Will man nun die Stellung der Bibliothek, ihre Zuordnung, ihre Pflichten und Befugnisse im Rahmen von Staatsverfassung und Verwaltungsorganisation verstehen, dann muß man sich deren Strukturen vor Augen halten.

3.1 Die Träger der öffentlichen Hand

Der Staat

Nach dem *Grundgesetz* ist die Bundesrepublik Deutschland der Staatsform nach eine Demokratie (*Volksherrschaft*). In ihr herrscht aber das Volk nicht unbeschränkt und unmittelbar, sondern es wird vertreten durch ein vom Volk selbst gewähltes Parlament. Dieses parlamentarisch-demokratische Prinzip, das bis hinunter in die Stadt- und Gemeindeparlamente Anwendung findet, garantiert eine demokratische Ordnung, in der jeder Bürger an der Willensbildung auch der kleinsten Gemeinschaftsform teilhat.

Nach dem *Einigungsvertrag* vom 31. August 1990 ist das Grundgesetz auch in den neuen Bundesländern Brandenburg, Mecklenburg-Vorpommern, Sachsen-Anhalt, Sachsen und Thüringen sowie dem Ostteil Berlins gültig.

Der Bund

Die oberste demokratische Vertretung des gesamten deutschen Volkes ist der *Bundestag.* Als erstes und wichtigstes Organ der Bundesrepublik Deutschland obliegt ihm vor allem die Gesetzgebung. Nach dem Grundgesetz ist die Bundesrepublik ein föderatives System, d.h. ein Bundesstaat, der aus mehreren Bundesländern gebildet wird. Die Vertreter der Länder beim Bund bilden den *Bundesrat.* Als zweites Bundesorgan hat er ein Mitwirkungsrecht bei der Gesetzgebung und der Verwaltung. Das Grundgesetz verpflichtet den Staat und seine Organe zur Gesetzmäßigkeit der Verwaltung.

Die Verwaltung, sozusagen das "Walten" der öffentlichen Hand, das darauf gerichtet ist, das soziale Leben im Rahmen der Gesetze zu gestalten, geht nicht von einer Zentralgewalt des Staates aus, sondern baut sich entsprechend der föderativen Struktur des Staates von unten nach oben auf, von den Gemeinden über die Länder zum Bund. Das Prinzip des *Föderalismus* wird in gewisser Beziehung noch erweitert durch das Prinzip der *Subsidiarität*, das besagt, der Staat solle bei der Aufgabenerfüllung kleiner Gemeinschaften nur dann ergänzend, helfend eingreifen, wenn die kleinere Gemeinschaft ihre Aufgabe nicht allein erfüllen kann. Vor dem Hintergrund des föderativen Staatsaufbaues betrachten wir das Bibliothekswesen.

Die Bundesrepublik besteht aus den Bundesländern Baden-Württemberg, Bayern, Brandenburg, Hessen, Mecklenburg-Vorpommern, Niedersachsen, Nordrhein-Westfalen, Rheinland-Pfalz, Saarland, Sachsen, Sachsen-Anhalt, Schleswig-Holstein, Thüringen und den Stadtstaaten Berlin, Hamburg und Bremen. Die Bundesländer und die Stadtstaaten sind Staaten mit einer durch den Bund anerkannten Eigenständigkeit. Das zeigt sich auch und besonders im Bereich Kultur, zu dem ja die meisten Bibliotheken gehören. Es gibt kein Bundesministerium für Kultur; es gibt auch keine Bundeszuständigkeit für das gesamte Bibliothekswesen der Bundesrepublik.

Zwar ist *Die Deutsche Bibliothek* eine unmittelbare Anstalt des Bundes, für die die Kulturabteilung im Bundesministerium des Innern zuständig ist. Aber Die Deutsche Bibliothek ist damit keiner Bibliothek im Bundesgebiet übergeordnet. Es gibt wohl Bibliotheken, die zum einen Teil in der Trägerschaft des Bundes stehen, zum anderen Teil aber von Vereinen getragen werden, wie z.B. deutsche Bibliotheken im Ausland, die vom Auswärtigen Amt subsidiär bezuschußt werden.

Bund u n d Länder gemeinsam finanzieren Bibliotheken mit überregionalen Aufgaben wie die bereits genannten *Zentralen Fachbibliotheken.* Die *Staatsbibliothek zu Berlin* steht in der Trägerschaft der *Stiftung Preußischer Kulturbesitz* und wird insofern ebenso von Bund und Ländern gemeinsam unterhalten.

Eine wichtige Fördervereinigung, die auch dem Bibliothekswesen zugute kommt, ist die *Deutsche Forschungsgemeinschaft (DFG).* Sie ist ein Musterfall für das Subsidiaritätsprinzip. Bund, Länder und private Zuwender sind gemeinsam an ihrer Finanzierung beteiligt. Die DFG fördert als eingetragener Verein die deutsche Wissenschaft und ihre Hilfseinrichtungen, zu denen auch Wissenschaftliche Bibliotheken zählen.

Die Bundesländer

Sie haben ein eigenes Recht der Gesetzgebung, soweit das *Grundgesetz* nicht dem Bunde Gesetzgebungsbefugnisse verleiht. Die Gesetze werden von den Landesparlamenten (Landtagen) als den gewählten Landesvertretungen verabschiedet. Die Gesetzesausführung liegt bei der landeseigenen Verwaltung, an deren Spitze die *Landesregierung* (in Bayern und Sachsen die *Staatsregierung)* mit ihren Ministerien steht.

Für das Bibliothekswesen eines Bundeslandes sind in der Regel zwei Ministerien zuständig: für das Öffentliche Bibliothekswesen der Kultusminister, für das Wissenschaftliche Bibliothekswesen der Wissenschaftsminister. Sein Ministerium finanziert alle Staats- und Landesbibliotheken, die staatlichen Universitäts- und Hochschulbibliotheken sowie die Bibliotheken der Landesparlamente (Landtage) und Landesbehörden. Die bibliothekarischen Ausbildungseinrichtungen werden, soweit sie staatliche Fachhochschulen oder deren Fachbereiche sind, ohnehin wie alle übrigen staatlichen Hochschulen vom Wissenschaftsministerium getragen.

In Bayern ist dem Staatsministerium für Unterricht und Kultus eine bibliotheksfachliche Mittelbehörde nachgeordnet, die Generaldirektion der Bayerischen Staatlichen Bibliotheken. Sie ist zuständig für alle staatlichen Wissenschaftlichen Bibliotheken, für die Bayerische Bibliotheksschule sowie für die Staatlichen Beratungsstellen für die Öffentlichen Büchereien.

Ansonsten ist der Kultusminister Dienstherr der *Staatlichen Büchereistellen* (Staatl. Fachstellen usw.). Ihr Tätigkeitsfeld, zu dem auch die Verteilung der Landeszuwendungen an die kommunalen Bibliotheken gehört, wurde bereits beschrieben. In größeren Bundesländern üben sie ihre Funktion vorwiegend im Rahmen eines Regierungsbezirkes, einer zwischen Landes- und Kreisverwaltung gelegenen Mittelbehörde aus, an deren Spitze der Regierungspräsident steht. Landeseigene Öffentliche Bibliotheken gibt es nicht. Die Arbeit Öffentlicher Bibliotheken vollzieht sich in den Landkreisen und Gemeinden.

Die Gemeinden (Kommunen)

Die Gemeinde ist der Staat im Kleinen. Ihre politische Organisationsform ist im Grundsätzlichen die gleiche wie die beim Staat. Gemeinden wie auch Gemeindeverbänden (z.B. Landkreisen) garantiert das *Grundgesetz* das Recht der Selbstverwaltung. Kleinere Gemeinden, auch kleinere Städte sind kreisangehörig. Das bedeutet, daß der Landkreis für sie diejenigen Aufgaben wahrnimmt, denen die eigene Finanzkraft zu enge Grenzen setzt. Kreisfreie Städte können Stadtbezirke bilden, die an der Selbstverwaltung der Stadt beteiligt sind.

Der Landkreis

Oberstes politisches Organ des Kreises ist der Kreistag, dessen Vorsitzender der Landrat. Er ist in manchen Bundesländern auch der Leiter der Kreisverwaltung (Landratsamt). In Nordrhein-Westfalen und Niedersachsen ist der Hauptverwaltungsbeamte des Kreises der (Ober-)Kreisdirektor. Bei den Aufgaben des Kreises ist zu unterscheiden zwischen den *Pflichtaufgaben* (z.B. Sozialaufgaben) und den *freiwilligen Aufgaben* (z.B. Kreisbildstellen, auch Bibliotheken). Über Wahrnehmung oder Verzicht auf eine freiwillige Aufgabe entscheidet die Kreisvertretung (Kreistag) durch Mehrheitsbeschluß.

Kreisbibliotheken gibt es als Fahrbibliotheken oder ortsfest. Entweder bringt der Bücherbus die Bücher in die kreisangehörigen kleinen Gemeinden oder eine standortgebundene Kreisergänzungsbücherei stellt durch einen Kreisleihverkehr einen Verbund zu den kleinen Gemeindebibliotheken her; zentrale Buchbearbeitung, Werbung, Literaturdienste gehören ebenso zu den Arbeiten im Verbund.

Die Stadt
Sie ist als kreisfreie oder kreisangehörige Gemeinde ebenso eine Selbstverwaltungskörperschaft wie der Landkreis. Beide fallen unter den Begriff *Gemeinde.* Die Kleinstadt beginnt bei ca. 10 000 Einwohnern, die Mittelstadt bei 30 000, die Großstadt bei 100 000. Wie der Bürger in seiner Stadt vertreten wird, ist in der jeweiligen *Gemeindeordnung* festgelegt. Die Gemeindeordnungen fallen in die Gesetzgebungsbefugnis der Bundesländer. Daher weichen sie innerhalb der Bundesrepublik Deutschland voneinander ab. Das führt zu unterschiedlichen Verfassungstypen.

3.2 Verfassungstypen der Gemeinden

Sie sind auch ein Ergebnis unterschiedlicher Traditionen. So gibt es die Magistratsverfassung, die Bürgermeisterverfasssung, die Ratsverfassung und die Direktoralverfassung.

Wie bei Bund, Land und Kreis sind auch in der Gemeinde grundsätzlich zwei *Organe der Selbstverwaltung* zu unterscheiden, die Vertretung der Bürger als beschließendes Organ einerseits und die Verwaltung als ausführendes Organ andererseits. Man kann auch sagen: die politische Seite einerseits, die administrative Seite andererseits. In der Art und Weise, wie zwischen diesen beiden im Rahmen der Gemeindeordnung die Befugnisse verteilt werden, unterscheiden sich die Verfassungstypen.

Die Magistratsverfassung wird in Hessen und Schleswig-Holstein angewendet. Hier wirkt als oberstes Gemeindeorgan die Gemeindevertretung (Stadtverordnetenversammlung, Stadtvertretung). Sie ist Beschlußorgan für alle wichtigen Entscheidungen. An ihrer Spitze steht der Bürgervorsteher oder Stadtpräsident (in Städten von Schleswig-Holstein) bzw. der Vorsitzende der Gemeindevertretung (in Gemeinden von Hessen) oder der Stadtverordnetenvorsteher (in Städten von Hessen und in Bremerhaven). Das Verwaltungsorgan ist der *Magistrat* oder Gemeindevorstand. Er besteht aus einem hauptamtlichen (Ober-)Bürgermeister und nebenamtlichen Beigeordneten bzw. Stadträten.

Die Bürgermeisterverfassung findet sich in Brandenburg, Mecklenburg-Vorpommern, Rheinland-Pfalz, Sachsen, Sachsen-Anhalt und im Saarland sowie in ländlichen Gemeinden von Schleswig-Holstein. Kennzeichnend ist hier die Art des Zusammenwirkens beider Organe, der Gemeindevertretung und der Verwaltung. Der (Ober-)Bürgermeister ist sowohl Leiter des gemeindlichen Verwaltungsapparates wie auch Vorsitzender der von den Bürgern gewählten Vertretungskörperschaft. Er leitet deren Sitzungen und ist somit *Beschluß- und Ausführungsorgan* in einer Person; er versieht das politische und das administrative Amt in Doppelfunktion. In dieser Arbeit wird er durch z.T. hauptamtliche Beigeordnete unterstützt, die aber seinen Weisungen unterworfen sind. Seine Stellung ist also stärker gegenüber der Gemeindevertretung als bei der Magistratsverfassung.

Die Ratsverfassung ist in Baden-Württemberg, Thüringen und Bayern anzutreffen. Hauptorgane sind hier der *Gemeinde- oder Stadtrat* als gewählte Bürgervertretung und der von den Bürgern gewählte (Ober-)Bürgermeister bzw. Erste Bürgermeister (Bayern), der insofern eine nicht so beherrschende Stellung einnimmt, als der Gemeinderat zugleich *Beschluß- und Verwaltungsorgan* ist (Einkörpersystem), dem zwar der Bürgermeister vorsitzt (in Mecklenburg-Vorpommern als Vorsitzender des Hauptausschusses), der aber auch Verwaltungsleiter ist. In der Praxis nähert sich aber die Ratsverfassung der Bürgermeisterverfassung. Der in größeren Gemeinden hauptamtliche Bürgermeister wird in seiner Verwaltungsarbeit von gewählten, ihm gegenüber weisungsabhängigen Beigeordneten unterstützt (Baden-Württemberg) oder durch weitere haupt- bzw. nebenamtliche Bürgermeister (Bayern, Thüringen) oder berufsmäßige Gemeinderatsmitglieder, Gemeinderäte/Stadträte.

Die Direktorialverfassung (auch Norddeutsche Ratsverfassung) stammt aus der Besatzungszeit nach dem Zweiten Weltkrieg mit Geltung in der ehemaligen britischen Besatzungszone, also heute in Nordrhein-Westfalen und Niedersachsen. Nach britischem Vorbild sind hier das Amt des *ehrenamtlichen* (Ober-) Bürgermeisters als *Ratsvorsitzendem* und das des (Ober-)Stadtdirektors bzw. Gemeindedirektors als *Hauptverwaltungsbeamten* getrennt. Gemeindliches Beschlußorgan ist der Rat der Stadt bzw. Gemeinde. Der Leiter der Verwaltung, den hauptamtliche Beigeordnete (Nordrhein-Westfalen) bzw. Stadträte (Niedersachsen) unterstützen, führt die Beschlüsse aus. Zwischen Rat und Verwaltung steht in Niedersachsen noch ein Verwaltungsausschuß als eigenständiges Gemeindeorgan mit besonderen Beschlußfassungsfunktionen.

Eine Ablösung der Direktoral- durch eine Bürgermeisterverfassung setzt sich allmählich durch. Sie wird 1999 abgeschlossen sein.

Die Verfassung der Stadtstaaten. Kennzeichen der drei Stadtstaaten Berlin, Hamburg und Bremen ist, daß sie zwar zugleich Staat und Gemeinde sind, aber staatliche und gemeindliche Tätigkeit nicht trennen.

Berlin: Hier ist das Landesparlament das *Abgeordnetenhaus*; die Landesregierung dagegen ist der *Senat* mit dem Regierenden Bürgermeister an der Spitze. Er hat einen Bürgermeister als Vertreter und Senatoren als Ressortchefs (Leiter bestimmter Aufgabengebiete). Der Verwaltungsaufbau ist zweistufig und besteht aus der Hauptverwaltung als gesamtstädtischer Verwaltungsebene und der Bezirksverwaltung als jeweils örtlicher Ebene. Die Bezirksverwaltungen arbeiten nach dem Prinzip der Selbstverwaltung und verfügen über eigene Organe: die *Bezirksverordnetenversammlung* als politischer Vertretung, das *Bezirksamt* mit einem Bezirksbürgermeister an der Spitze und Bezirksstadträten ihm zur Seite als Bezirksverwaltung.

Überbezirkliches Organ ist der Rat der Bürgermeister, bestehend aus dem Regierenden Bürgermeister, dem Bürgermeister und den Bezirksbürgermeistern. Er berät den Senat in grundlegenden Fragen der Gesetzgebung und Verwaltung. Die Bezirke haben weder Finanz- noch Satzungshoheit, lediglich Personalhoheit, d.h. das Recht zu eigener Personalwirtschaft. Die politische Hoheitsgewalt über Berlin liegt beim Senat.

Das Berliner Öffentliche Bibliothekswesen unterscheidet als Zentralbibliothek mit ergänzenden und koordinierenden Funktionen die Amerika-Gedenkbibliothek, eine kombinierte Wissenschaftliche und Öffentliche Bibliothek, sowie als selbständige Einrichtungen der Bezirke Stadtbüchereien mit eigenen Systemen von Zweigbüchereien. Zuständige Behörden für das Bibliothekswesen sind der Senator für Wissenschaft und Forschung (bezüglich Wissenschaftlicher Bibliotheken) und der Senator für Kulturelle Angelegenheiten (bezüglich Öffentlicher Bibliotheken). Letzterem ist die Amerika-Gedenkbibliothek unterstellt.

Hamburg: Das Landesparlament ist die gewählte *Hamburgische Bürgerschaft* mit ihren Abgeordneten. Die Landesregierung ist der *Senat* mit dem Ersten Bürgermeister als seinem Präsidenten und mit Senatoren als Landesministern. Die Gesamtverwaltung von Land und Stadt Hamburg besteht aus Senatsämtern und Fachbehörden. Letztere werden von Senatoren geleitet; in dieser Funktion heißt ein Senator *Präses*. Eine Hamburger Besonderheit sind die *Deputationen*. Sie bestehen aus einem Senator und gewählten Bürgern und sind die obersten entscheidenden Organe der Fachbehörden. Auf der unteren Ebene der Verwaltung bestehen, ähnlich wie in Berlin, *Bezirksämter* und *Bezirksversammlungen* als Verwaltungsausschüsse. An der Spitze der Bezirksämter stehen Bezirksamtsleiter. Die Bezirksämter stehen unter der Fachaufsicht der Fachbehörden des Senats.

In Hamburg heißen die Öffentlichen Bibliotheken nach alter Tradition *Hamburger Öffentliche Bücherhallen*. Traditionell ist auch ihr Status als private Stiftung, hinter der aber der Stadtstaat finanziell steht. Auch die *Fachstelle* ist Bestandteil der Hamburger Öffentlichen Bücherhallen. Sie betreut Büchereien in Justizvollzugsanstalten, in Jugend- und Altenheimen.

Für die Wissenschaftlichen Bibliotheken zuständig ist die Behörde für Wissenschaft und Forschung, für das Öffentliche Bibliothekswesen die Kulturbehörde.

Bremen ist eher ein Städtestaat als ein Stadtstaat, denn es besteht aus den beiden selbständigen Stadtgemeinden Bremen und Bremerhaven. Als Land hat Bremen ein Parlament: die *Bürgerschaft*, und eine Regierung: den *Senat*, ebenso wie Hamburg. Der Senat wird von der Bürgerschaft gewählt; ihm gehören an: der Bürgermeister als Senatspräsident, ein weiterer Bürgermeister sowie Senatoren. In der Stadtgemeinde Bremen übernehmen die Landesorgane (Bürgerschaft und Senat) die Stadtfunktionen mit.

Bremerhaven hat dagegen eine kommunale Selbstverwaltung mit einer Magistratsverfassung, d.h. *Stadtverordnetenversammlung* als Stadtparlament mit Oberbürgermeister als Stadtverordnetenvorsteher und *Magistrat* als Verwaltungsorgan.

Zuständige Behörde der Freien Hansestadt Bremen für das Bibliothekswesen ist der Senator für Wissenschaft und Kunst mit der Abteilung Forschung für das Wissenschaftliche Bibliothekswesen und der Abteilung Kultur und Weiterbildung für das Öffentliche Bibliothekswesen.

Bremen und Bremerhaven verfügen beide über getrennte kommunale Öffentliche Bibliothekssysteme.

3.3 Gemeinde und kommunale Bibliothek

Gemeinden haben nach dem *Grundgesetz*, unabhängig von der jeweiligen Gemeindeverfassung, das garantierte Recht, alle Angelegenheiten der örtlichen Gemeinschaft im Rahmen der Gesetze in eigener Verantwortung selbst zu regeln. Innerhalb des eigenen Wirkungskreises werden auch in den Städten die freiwilligen von den "pflichtigen" Selbstverwaltungsangelegenheiten unterschieden. *Pflichtaufgaben* sind etwa die Wasser- und Energieversorgung einer Gemeinde; zu den *freiwilligen Aufgaben* gehört unter anderem die Erbringung von kulturellen Leistungen wie z.B. Bibliotheken.

Ob eine Bibliothek in einer Gemeinde eingerichtet wird, wie sie untergebracht wird, in welchem Umfange sie arbeitet, in welcher Höhe sie laufende Zuwendungen erhält, das alles ist Gegenstand kommunaler Kulturpolitik und unterliegt entsprechenden Beratungen und Beschlüssen der Gemeindevertretung (Rat der Stadt usw.). Sie bildet für die einzelnen Aufgaben *Fachausschüsse* (Deputationen in den Stadtstaaten), die die Beschlüsse der Gemeindevertretung vorbereiten. Für Bibliotheksbelange ist das der Kulturausschuß, wo nicht sogar ein eigener Ausschuß für das Bibliothekswesen anzutreffen ist.

Die Ausführung der Beschlüsse der Gemeindevertretung werden von der Gemeindeverwaltung (Magistrat usw.) ausgeführt. Der oberste Verwaltungsbeamte ist je nach Gemeindeverfassung der (Ober-)Bürgermeister bzw. (Ober-) Stadtdirektor. Ihm zur Seite stehen Beigeordnete (Stadträte, Dezernenten, Referenten, in Bayern weitere Bürgermeister). Sie leiten bestimmte Geschäftsbereiche oder *Dezernate* der Verwaltung wie auch das Kulturdezernat, zu dem in der Regel das Bibliothekswesen verwaltungsmäßig gehört. In weiterer Verwaltungsuntergliederung gibt es die *Ämter (Fachämter)*. Im Kulturamt sind alle Kultureinrichtungen der Gemeinde organisatorisch zusammengefaßt; selten stellen die Bibliotheken ein eigenes Amt dar. Während die Fachaufsicht über die Bibliothek der/die Bibliotheksleiter/in (-direktor/in) innehat, führt die Dienstaufsicht über die Gesamtheit der Kultureinrichtungen der/die Kulturdezernent/in (bzw. -referent/in usw.). Oberster Dienstherr des Bibliothekspersonals ist der oberste Verwaltungsbeamte der Gemeinde, also der (Ober-)Bürgermeister, (Ober-)Stadtdirektor usw.

Städte und Gemeinden unterhalten die *kommunalen Bibliotheken* allein; das ist bis auf wenige Ausnahmen durchgehend der Fall. Die Bundesländer können für bestimmte überregionale Bibliotheksaufgaben Zuwendungen leisten, etwa für den auswärtigen Leihverkehr, für Einrichtung und Unterhaltung eines Zentralkataloges, für Sammelgebietsarbeiten u.ä.m. Der Bund trägt nur in sehr geringem Umfang mit Zuschüssen bei, lediglich für Modellvorhaben.

Wie kommt die öffentliche Hand grundsätzlich zu Einkünften? Der Finanzbedarf aller Gebietskörperschaften wird vornehmlich durch *Steuereinnahmen* gedeckt. Finanzausgleichsgesetze des Bundes und der Länder sorgen für gerechte Verteilung der Steuereinnahmen zwischen finanzstarken und finanzschwachen Ländern bzw. für einen Ausgleich zwischen Finanzkraft (Steuereinnahmen) und Finanzbedarf (zur Wahrnehmung der Aufgaben) der Gemeinden.

Die Gemeinde selbst erhebt Gewerbe- und Grundsteuern. Zusammen mit dem Anteil an der Einkommensteuer sind Steuern die wichtigste Einnahmequelle der Gemeinde. Andere Einnahmearten sind Gebühren und Beiträge für öffentliche Einzelleistungen (z.B. Abwassergebühren, auch Bibliotheksbenutzungsgebühren, Beiträge für eine Erschließungsstraße). Sonstige Einnahmen ergeben sich aus wirtschaftlicher Betätigung, Miet- und Pachteinnahmen, Zinsen aus kommunalem Vermögen u.a.m.

3.4 Die Finanzierung der kommunalen Bibliothek

Die Mittel zur Finanzierung ihrer Bibliotheken stellt die Gemeinde aus den Gesamteinnahmen bereit. Es gibt keine Steuer für Einzelmaßnahmen, etwa eine Kultur- oder Bibliothekssteuer. Ihre gesamten Einnahmen und Ausgaben, d.h. ihren Haushalt muß die Gemeindevertretung jährlich neu beschließen, wie das ebenso für die Parlamente von Bund und Ländern gilt.

Einnahmen und Ausgaben werden im **Haushaltsplan** ausgewiesen; dabei dürfen die Ausgabenansätze nicht die Ansätze der Einnahmen überschreiten, sie müssen sich decken. Den notwendigen Ausgleich führt der Kämmerer (Dezernent für das Finanzwesen) herbei, nachdem die Fachämter - für die Bibliothek in der Regel das Kulturamt - ihre Vorentwürfe eingereicht haben. Der oberste Verwaltungsbeamte stellt den Entwurf des Haushaltsplanes fest und bringt ihn in die Gemeindevertretung ein. Gleichzeitig muß er ihn für sieben Tage öffentlich auslegen z.B. im Rathaus, damit jeder Bürger Einsicht nehmen kann. Einsprüche des Bürgers werden in den Fachausschüssen beraten. Danach gehen die Einzelentwürfe über den Finanzausschuß in den Gesamtentwurf ein, der der Gemeindevertretung zur Beschlußfassung des Haushaltsplans vorgelegt wird. Erst nach Genehmigung durch die *Kommunale Aufsichtsbehörde* (Regierungspräsident usw.) wird der Haushaltsplan öffentlich ausgelegt und damit bekannt gemacht.

Der Bürger kann nun in den Haushaltsplan seiner Gemeinde Einsicht nehmen und sich Auskunft holen, in welcher Höhe und für welche Zwecke beispielsweise die kommunale Bibliothek im laufenden Haushaltsjahr Mittel zur Verfügung hat. Die Bibliothek ihrerseits kann nach Freigabe der Ansätze durch den Kämmerer über ihre Mittel verfügen (siehe hierzu auch Abschnitt 6.6, S. 60 ff).

4 Die öffentliche Verwaltung

4.1 Kleine Verwaltungskunde

Unser Staat, die Bundesrepublik Deutschland ist ein Rechtsstaat. Das meint, er ist gegründet auf der Teilung der drei Staatsgewalten Gesetzgebung (*Legislative*), Rechtsprechung (*Jurisdiktion*) und Verwaltung (*Exekutive*). Die Gesetzgebung erfolgt über die vom Volke gewählten Vertretungen, die Parlamente. Die Rechtsprechung obliegt den unabhängigen Gerichten, die in Ausübung ihrer Tätigkeit nur den Gesetzen unterworfen sind. Die Verwaltung vollzieht die Staatsgewalt, sie setzt den durch die Gesetze zum Ausdruck gebrachten Willen des Staates in die Tat um. Dabei ist die Verwaltung nach dem *Grundgesetz* selbst an Gesetz und Recht gebunden.

Der Staat bedient sich der öffentlichen Verwaltung zur Erfüllung notwendiger Gemeinschaftsaufgaben. Bibliotheken, die mit ihren Beständen Aufgaben der allgemeinen Literatur- und Informationsversorgung versehen, erfüllen eine Gemeinschaftsaufgabe des Staates. Sie sind somit selbst ein Teil der öffentlichen Verwaltung.

4.1.1 Die Träger der öffentlichen Verwaltung

Grundsätzlich sind sie Personenvereinigungen mit bestimmten Befugnissen, sog. *Juristische Personen des öffentlichen Rechts*. An der Spitze stehen die **Gebietskörperschaften**, also Bund, Länder und Gemeinden. Eine Gebietskörperschaft ist eine Verbandspersönlichkeit, d.h. alle Bewohner ihres Gebietes sind auch ihre Mitglieder. Sie nimmt in ihrem Gebiet für dessen Bewohner allzuständig öffentliche Aufgaben wahr. Dazu hat sie hoheitlich-obrigkeitliche Befugnisse. Damit ist gemeint: sie übt im wesentlichen betreuende Tätigkeit aus (*hoheitlich*), und sie übt dabei Zwang aus (*obrigkeitlich*), wie etwa bei der Steuererhebung. Bei den Gebietskörperschaften unterscheidet man zwischen Staatsverwaltungen (Bundes- und Landesverwaltungen) und kommunalen Selbstverwaltungen in den Landkreisen, Städten und Gemeinden.

Außer den Gebietskörperschaften zählen zu den Trägern der Verwaltung auch die **Personalkörperschaften**. Sie sind dadurch gekennzeichnet, daß sie über beitragzahlende Mitglieder verfügen, deren Interessen in beruflicher, wirtschaftlicher und sozialer Hinsicht sie vertreten. Hierzu zählen gesetzliche Krankenversicherungen, Berufsgenossenschaften u.a.m. Sie haben zwar ebenso hoheitlich-obrigkeitliche Befugnisse wie die Gebietskörperschaften, unterliegen aber im Interesse ihrer Mitglieder der Staatsaufsicht.

Ferner gibt es als Verwaltungsträger die **Anstalten des öffentlichen Rechts**. Sie verfügen nicht über Mitglieder, sondern über Benutzer. Die Benutzung kann freiwillig sein wie etwa bei Bibliotheken, Universitäten, Rundfunkanstalten u.ä. oder "pflichtig" wie bei Schulen, bei der Müllabfuhr u.a.m. Benutzer zahlen grundsätzlich keine Beiträge, sondern *Gebühren* oder spezielle *Entgelte* für entsprechende öffentliche Leistungen, die tatsächlich in Anspruch genommen werden. Dagegen können *Beiträge* schon erhoben werden, wenn der Betroffene nur die Möglichkeit hat, eine öffentliche Leistung in Anspruch zu nehmen.

Die Anstalt hat gegen jedermann das Hausrecht. Damit kann sie Störungen verhindern oder abwehren. Ein Konkurrenzunternehmen kann nicht auf Einstellung des Betriebes einer Anstalt klagen, etwa eine gewerbliche Leihbücherei nicht gegen die Errichtung einer Öffentlichen Bibliothek.

Bei den Anstalten des öffentlichen Rechts gibt es zunächst die **unselbständigen Anstalten**, die keine eigene Rechtsfähigkeit besitzen. Zu ihnen gehören auch Bibliotheken in öffentlicher Trägerschaft; deren Rechtsvertretung liegt bei der entsprechenden Gebietskörperschaft als *Muttergemeinwesen.*

Rechtsfähige Anstalten führen die ihnen übertragenen Aufgaben selbständig durch und können rechtlich selbständig auftreten. Sie unterliegen lediglich der Aufsicht des Muttergemeinwesens, wie etwa Sparkassen, Rundfunkanstalten, auch z.B. das Deutsche Bibliotheksinstitut.

Zu den Personalkörperschaften zählen schließlich noch **Stiftungen des öffentlichen Rechts**. Sie unterscheiden sich von den Anstalten dadurch, daß sie über ein mit Stiftungszweck verbundenes Finanzvermögen verfügen müssen. Stiftungen haben keine Benutzer, sondern *Nutznießer*, also Personen, die Nutzen ziehen dürfen aus fremdem Eigentum (Nießbrauch). Aufgabe der Stiftungsverwaltung ist dabei die sachgerechte Verfügung über die Stiftungsmittel. Im Bibliothekswesen ist die Staatsbibliothek zu Berlin – Preußischer Kulturbesitz eine Stiftung des öffentlichen Rechts.

4.1.2 Der Behördenaufbau

Die Träger der öffentlichen Verwaltung bilden zuständige Behörden zur Durchführung ihrer Aufgaben. Die Gesamtheit der **Behörden des Bundes** wird dargestellt durch die Bundesverwaltung. Sie ist dreistufig aufgebaut. Die Zentralstufe bilden die **Obersten Bundesbehörden**; sie sind keiner anderen Behörde unterstellt. Zu ihnen zählen das Bundespräsidialamt, das Bundeskanzleramt, der Bundesrechnungshof und die Bundesminister, ferner noch sonstige Zentralbehörden wie etwa die Bundesoberbehörden. Diese unterstehen einem Bundesminister wie z.B. das Statistische Bundesamt dem Bundesminister des Innern.

Behörden der Mittelstufe, sogenannte **Mittelbehörden des Bundes** haben ihre Zuständigkeit für einen abgegrenzten Raum, so z.B. im Bereich des Bundesfinanzministeriums die Oberfinanzdirektionen, im Bereich des Verteidigungsministers die Wehrbereichskommandos. **Untere Bundesbehörden** sind schließlich solche, die einer Mittelbehörde des Bundes unterstellt sind, wie z.B. Grenzschutzämter der Grenzschutzdirektion.

Die **Verwaltung der Bundesländer** ist selbständig. Nach dem *Grundgesetz* ist die Ausübung staatlicher Befugnisse und die Erfüllung staatlicher Aufgaben Sache der Länder. Der Bund hat gegenüber den Länderverwaltungen nur dort Aufsichtsrechte, wo es sich um die Durchführung von Bundesgesetzen handelt. Die meisten Bundesgesetze werden von den Ländern in eigener Verwaltung durchgeführt.

Der Verwaltungsaufbau ist auch bei den Ländern dreistufig. Die **Verwaltungsspitze** stellt die *Landesregierung* dar, in Bayern und Sachsen die Staatsregierung, in den Stadtstaaten der Senat. Die Verwaltungsspitze besteht aus dem Ministerpräsidenten, in Berlin dem Regierenden Bürgermeister, in Hamburg dem Ersten Bürgermeister, in Bremen dem Bürgermeister als Senatspräsident; ferner aus den Landesministern. Ihnen entsprechen in den Stadtstaaten die Senatoren. Der Ministerpräsident bestimmt, ähnlich dem Bundeskanzler im Bundesbereich, die Richtlinien der Landespolitik. Innerhalb dieser führen die Landesminister die Aufgaben ihres Ministeriums selbständig durch.

Der *Fachminister* ist die **Oberste Landesbehörde** für die Gebiete seiner Zuständigkeit. Die Anzahl der Ministerien ist in den Bundesländern nicht einheitlich. Mindestens gibt es ein Innen-, Finanz-, Arbeits-, Sozial-, Kultus-, Wirtschafts- und Verkehrs- sowie ein Landwirtschaftsministerium in jedem Bundesland. Die wesentlichen Aufgaben einer Landesregierung sind Erlaß und Ausführung von Gesetzen und Durchführungsverordnungen zu Gesetzen. Die Ministerien gliedern sich in Abteilungen.

Die **Mittelbehörde** eines größeren Bundeslandes ist der *Regierungspräsident*; kleinere Bundesländer wie Schleswig-Holstein und das Saarland haben keine Mittelinstanz. Der Regierungspräsident ist besonders zuständig für die Landeshoheitsverwaltung, für Landespolizei- und Landeskulturangelegenheiten sowie solche des Standesamts- und Gesundheitswesens. Er ist auch unmittelbare *Kommunalaufsichtsbehörde* über die Landkreise und kreisfreien Städte. Neben dem Regierungspräsidenten als Mittelinstanz gibt es noch Mittelbehörden für Sonderverwaltungen, z.B. Oberfinanzdirektionen, Straßenbaudirektionen u.a.m.

Die **unteren Verwaltungsbehörden** der Bundesländer bilden die *Landkreise*, in Berlin und Hamburg die Bezirksämter, in Bremen die Bezirke. Organe der Landkreise sind der Kreistag, der Kreisausschuß und der Landrat. In Nordrhein-Westfalen und Niedersachsen ist das Amt des Vorsitzenden der Kreisvertretung, das des Landrates, zur Zeit noch getrennt von dem des Hauptverwaltungsbeamten, des (Ober-)Kreisdirektors. Die Verwaltungsfunktion der unteren Behörde schließt unter anderem die Aufsicht über die kreisangehörigen Gemeinden ein.

Kreisaufgaben sind doppelte: zunächst einmal die vorgenannten Angelegenheiten der unteren staatlichen Verwaltungsbehörde. Das gilt für alle Bundesländer außer Niedersachsen. Dann obliegen dem Kreis Selbstverwaltungsangelegenheiten innerhalb des kommunalen Aufgabenbereichs; denn er ist ja auch eine Gebietskörperschaft mit Selbstverwaltungsrecht. Das gilt auch für die kreisfreien

Städte. Sie nehmen sowohl staatliche Auftragsangelegenheiten wahr als staatliche Aufsichtsbehörde (übertragener Wirkungskreis); dann erfüllen sie aber auch Aufgaben, die ihnen in ihrer Eigenschaft als Einrichtung der kommunalen Selbstverwaltung nach *Grundgesetz* zustehen (eigener Wirkungskreis).

Die Organisationsform der Gemeindeverwaltung und die unterschiedlichen Arten der Gemeindeverfassungen wurden bereits behandelt (s.S. 25 ff).

4.1.3 Das Verwaltungsverfahren

Maßnahmen von Verwaltungsbehörden gegenüber den Bürgern sind allgemeine Verwaltungshandlungen. Sie werden auch von Bibliotheken vorgenommen, meistens im Auftrag ihrer zuständigen Verwaltungsbehörde. Richtet sich eine Verwaltungsmaßnahme gegen eine Einzelperson bzw. gegen deren Rechte, so spricht man von einem **Verwaltungsakt**. "Ein Verwaltungsakt ist jede Verfügung, Anordnung, Entscheidung oder sonstige Maßnahme, die von einer Verwaltungsbehörde zur Regelung eines Einzelfalles auf dem Gebiet des öffentlichen Rechts getroffen wird und die auf unmittelbare Rechtswirkung nach außen gerichtet ist". Unter *öffentlichem Recht* ist die Regelung der Rechtsbeziehungen zwischen einer Einzelperson und einer übergeordneten Gewalt (Staat, Gemeinde, öffentliche Körperschaft) zu verstehen.

Zur näheren Kennzeichnung eines Verwaltungsaktes gilt: eine allgemeine Bekanntmachung oder eine solche an einen größeren Personenkreis ist kein Verwaltungsakt. Ebenso ist ein Gesetz, eine Satzung oder Verordnung kein Verwaltungsakt, weil darin nicht ein Einzelfall, sondern mehrere gleichartige Fälle geregelt sind. Der Verwaltungsakt muß von einer Verwaltungsbehörde ausgehen im Rahmen des Verwaltungsrechtes, also innerhalb der rechtlich geregelten Tätigkeiten der Verwaltung. Das Ausüben der Dienstaufsicht innerhalb von Behörden ist kein Verwaltungsakt; denn er muß *nach außen*, d.h. außerhalb der Verwaltung wirken. Mahnungen und Verwarnungen sind ebenso keine Verwaltungsakte; denn es muß dazu die Bestimmung gehören, was im Einzelfall rechtens sein soll.

Damit Verwaltungsakte gültig sind, müssen sie von der zuständigen Behörde erlassen sein, mit dem geltenden Recht im Einklang stehen, dem Zweck angemessen sein, in vorgeschriebener Form (mündlich, schriftlich, auf Vordruck) erlassen sein, dem Betroffenen in der Regel durch Zustellung bekannt gemacht werden.

Ist ein Verwaltungsakt inhaltlich oder nach seinem Zustandekommen nicht den gesetzlichen Anforderungen entsprechend, so ist er z.B. bei groben Formfehlern von vornherein nichtig. Hat der Verwaltungsakt keinen rechtmäßigen Inhalt, ist er nicht rechtmäßig zustande gekommen oder gar unzweckmäßig oder auf einem Irrtum beruhend, so kann er angefochten werden und muß zutreffenden Falles zurückgenommen und vernichtet werden.

Ist der Bürger der Meinung, ein Verwaltungsakt sei gegen ihn zu Unrecht oder fehlerhaft ergangen, so kann er sich wehren, indem er sich unmittelbar an die den Verwaltungsakt verfügende Behörde wendet. Dabei nimmt er entweder Rechtsbehelfe in Anspruch oder erhebt Widerspruch.

Rechtsbehelfe sind formlos, z.B. macht der Bürger eine Gegenvorstellung mit der Bitte um Überprüfung oder Abhilfe, oder er wendet sich an die der verfügenden Behörde vorgesetzte Aufsichtsbehörde mit einer *Dienstaufsichtsbeschwerde*. Der **Widerspruch** hat im allgemeinen aufschiebende Wirkung. Er muß grundsätzlich innerhalb eines Monats bei der verfügenden Behörde eingelegt sein. Diese wird dadurch verpflichtet, über den Einspruch zu entscheiden. Soweit gesetzlich vorgesehen, ist auch die **förmliche Beschwerde** möglich. Sie richtet sich an die übergeordnete Behörde, wird aber bei der verfügenden Behörde eingelegt. Auch sie ist an eine Frist gebunden und hat aufschiebende Wirkung.

Fügt sich ein Bürger nicht den Maßnahmen einer verfügenden Behörde, so kann diese ein **Verwaltungszwangsverfahren** gegen ihn einleiten. Es gibt drei Arten des Verwaltungszwanges:

1. das Erheben von *Zwangsgeld*. Hierbei dient ein von der Behörde festgesetzter Geldbetrag als Mittel "zur Beugung des widerstrebenden Pflichtigen";
2. die *Ersatzvornahme*. Sie gilt nur, wenn mit der Verfügung eine Handlung auferlegt wird. Unterbleibt die Handlung, z.B. das Rückbringen eines Buches in die Bibliothek, so kann die Behörde verfügen, daß ein Dritter, hier z.B. ein Bote oder ein Beauftragter auf Kosten des Verpflichteten die Handlung durchführt;
3. der *unmittelbare Zwang*. Er wird angewendet, wenn die unter 1. und 2. aufgeführten Zwangsmittel erfolglos geblieben sind. Denkbar ist unmittelbarer Zwang gegen Personen mit Hilfe der Polizei, gegen Sachen durch Aufbrechen einer verschlossenen Tür von Seiten des Vollstrekkungsbeamten zwecks Durchführung der Zwangsvollstreckung. Diese stellt eine mit Hilfe staatlicher Machtmittel erzwungene Befriedigung eines Anspruches gegen einen Schuldner dar.

4.2 Verwaltungsrecht

Das Verwaltungsrecht bietet die Grundlage dafür, daß die Verwaltung im Rahmen einer Rechtsordnung arbeitet. Es regelt die Tätigkeit der öffentlichen Verwaltung. Man unterscheidet im Verwaltungsrecht Gesetze, Rechtsverordnungen, Satzungen und Rezesse als die unterschiedlichen Rechtsquellen.

Das **Gesetz** ist die wichtigste Rechtsquelle. Es muß auf dem verfassungsmäßig vorgeschriebenen Weg, also durch Parlamente verabschiedet, zustande gekommen und allgemein veröffentlicht sein.

Rechtsverordnungen sind gesetzesgleiche, von einer staatlichen Behörde erlassene Rechtsvorschriften, die in Gesetz- und Verordnungsblättern veröffentlicht werden. Laut *Grundgesetz* können Bundesregierung, Bundesminister oder die Landesregierungen durch Gesetz ermächtigt werden, Rechtsverordnungen zu erlassen. Man unterscheidet bei Rechtsverordnungen im wesentlichen Durchführungsverordnungen und Ergänzungsverordnungen. Die ersteren enthalten nähere Ausführungen zu einem Gesetz, während Ergänzungsverordnungen sich auf Erlaß allgemeiner Richtlinien (Rahmengesetze) für die ermächtigten Behörden beschränken. Gesetze und Rechtsverordnungen richten sich immer an die Allgemeinheit.

Innerhalb der öffentlichen Verwaltung gibt es aber auch noch **Verwaltungsvorschriften**. Sie richten sich nicht an die Allgemeinheit, sind also keine Rechtsverordnungen, sondern enthalten innerbetriebliche Anweisungen an die Verwaltung. Sie können Ausführungsanweisungen zu Gesetzen sein, können auch den Charakter von Anstaltsordnungen haben, die den Dienstbetrieb oder die Benutzung einer Anstalt des öffentlichen Rechts regeln, wie z.B. *Benutzungsordnungen* für Bibliotheken. Sie können schließlich Dienstanweisungen sein zur Regelung des Dienstbetriebes einer Behörde.

Satzungen sind verwaltungsrechtlich solche Rechtsvorschriften, die eine Gebietskörperschaft, insbesondere eine Gemeinde zur Regelung ihrer Angelegenheiten hoheitlich erläßt. Sie sind mithin gesetzesgleich, sie richten sich an eine, wenn auch begrenzte Allgemeinheit. Eine Satzung ist ein Recht, das sachlich und örtlich nur begrenzte Wirkung hat. So kann eine Gemeinde z.B. eine Satzung über die Einrichtung und Benutzung ihrer kommunalen Bibliothek erlassen, die aber nur ortsrechtliche Wirkung hat (vgl. auch S. 40).

Davon ist zu unterscheiden die Satzung im privatrechtlichen Sinne. Hier stellt sie die Grundordnung eines rechtlichen Zusammenschlusses, etwa einer Aktiengesellschaft oder eines Vereins dar (vgl. hierzu S. 42).

Rezesse sind schließlich Vereinbarungen, Verträge oder Vergleiche über strittige Verhältnisse zwischen Verwaltungsträgern, zwischen Behörden desselben Verwaltungsträgers oder zwischen einem Verwaltungsträger und einer Privatperson.

4.3 Verwaltungsgerichtsbarkeit

Im Interesse des Bürgers, aber auch der Verwaltung gibt es eine Verwaltungsgerichtsbarkeit, d.h. eine richterliche Überprüfung der Rechtmäßigkeit von Verwaltungsakten durch Verwaltungsgerichte.
Bei ihnen werden Klagen erhoben entweder zum Schutz des einzelnen vor Maßnahmen der Behörden gegen ihn oder zum Zweck der Entscheidungen von Streitigkeiten der Behörden untereinander.

Bei den Gerichten sind zu unterscheiden allgemeine und besondere Verwaltungsgerichte. Die allgemeinen Verwaltungsgerichte sind

- als Oberstes Verwaltungsgericht das *Bundesverwaltungsgericht*,
- in den Bundesländern die *Oberverwaltungsgerichte*. Sie heißen in Bayern, Baden-Württemberg und Hessen *Verwaltungsgerichtshöfe*. Sie stellen die mittlere Instanz dar. Bei ihnen kann Berufung, d.h. Anfechtung eines erstinstanzlichen Urteils eingelegt werden,
- als erste, unterste Instanz die *Verwaltungsgerichte*. Wenn ein Bürger die Gültigkeit einer Behördenmaßregel anficht, d.h. Anfechtungsklage erhebt, so ruft er ein unteres Verwaltungsgericht an.

Die Zuständigkeit der Oberverwaltungsgerichte/Verwaltungsgerichtshöfe erstreckt sich im wesentlichen auf Berufungen gegen Urteile der unteren Verwaltungsgerichte. Das Bundesverwaltungsgericht hat vor allem Revisionsaufgaben. Die Revision eines ergangenen Urteils setzt voraus, daß eine fehlerhafte Gesetzesanwendung (Gesetzesverletzung) Ursache für die Unrichtigkeit eines Urteils ist.

Besondere Verwaltungsgerichte sind schließlich solche zur Behandlung inhaltlich besonderer Angelegenheiten, z.B. die Finanzgerichte in Steuerangelegenheiten, die Sozialgerichte in Versicherungsangelegenheiten.

5 Kleine Rechtskunde

5.1 Rechtsbeziehungen, Rechtsquellen

Bibliotheken sind auch ein Teil der Verwaltung. Verwaltung ist die Ausführung von Gesetzen. Insofern muß, wer Verwaltung ausübt, Grundkenntnisse haben in der Rechtskunde.

Was ist Recht? E i n e Erklärung des Begriffs *Recht* sagt: "Recht ist ein soziales Ordnungssystem"; eine andere lautet "Recht ist das Fundament des Staates". Beides trifft zu. Ein Gesetz schützt den einzelnen Bürger vor der Willkür anderer; ein Gesetz verleiht aber auch dem Gesetzgeber Macht über die Bürger. So ergibt sich schon seit der römischen Antike die Einteilung des Rechts in Privatrecht und öffentliches Recht.

Das **öffentliche Recht** regelt die Rechtsbeziehungen des einzelnen gegenüber einer übergeordneten Gewalt (Staat, Gemeinde, öffentlicher Körperschaft u.ä.) oder die Rechtsbeziehungen dieser Gewalten untereinander. Zum öffentlichen Recht zählen vor allem das Verfassungs-, das Verwaltungs-, das Strafrecht, ferner das Zivil- und Strafprozeßrecht.

Das **Privatrecht** regelt die Rechtsbeziehungen der Bürger untereinander. Man spricht auch vom Bürgerlichen Recht, womit vornehmlich das im *Bürgerlichen Gesetzbuch* geregelte allgemeine Privatrecht gemeint ist. Es macht einen wesentlichen Bestandteil des Privatrechts aus. Zum besonderen Privatrecht, das nur für bestimmte Personen bzw. Lebensbereiche Anwendung findet, zählen vor allem das Recht der Kaufleute (Handels-, Vertreter-, Gesellschaftsrecht), das Urheberrecht, das Arbeitsrecht u.a.m.

Unser Recht heute, das *geltende Recht*, beruht auf zwei Rechtsquellen, den ursprünglichen und den abgeleiteten Rechtsquellen.

Zu den **ursprünglichen Rechtsquellen** gehört zunächst das **Geschriebene Recht**. Es ist niedergelegt in den Gesetzen.

Gesetze sind verbindliche Anordnungen des Staates, die *Rechtsnormen* enthalten, worunter man Gebote und Verbote versteht. Gesetze regeln das Zusammenleben der innerhalb eines Staatsgebietes lebenden Bewohner. Das *Grundgesetz* für die Bundesrepublik Deutschland spricht z.B. den Bundesländern das Recht der Gesetzgebung zu, soweit dem Bund nicht eigene Gesetzgebungsbefugnisse durch das Grundgesetz verliehen sind. Beim Bund und den Bundesländern sind es die Parlamente, die zum Erlaß von Gesetzen berechtigt sind: Bundestag und Bundesrat, ferner die Landtage in den Flächenstaaten bzw. die Senate in den Stadtstaaten.

Das **Ungeschriebene Recht**, auch unter der Bezeichnung *Gewohnheitsrecht*, ist ein sehr altes Recht. Es beruht auf "längerdauernder und ständiger Übung und Anerkennung durch die Gemeinschaft". Besonders die Gerichte sehen es als allgemein geltendes Recht an. Ein Gewohnheitsrecht liegt dann vor, wenn sich ein Brauch, so weit zur Norm entwickelt hat, daß ein Richter die tatsächliche Übung für Recht halten muß und die Öffentlichkeit dem nicht widerspricht.

Bei den **abgeleiteten Rechtsquellen** unterscheidet man Rechtsverordnungen und Satzungen. **Rechtsverordnungen** - wie schon gesagt - enthalten Rechtsnormen, im Unterschied etwa zu Verwaltungsvorschriften, Erlassen und Runderlassen. Diese gelten nicht für die Allgemeinheit sondern nur für die Verwaltung.

Gesetze und Rechtsverordnungen werden veröffentlicht in Gesetz- bzw. Gesetz- und Verordnungsblättern u.ä. als den amtlichen Verkündigungsblättern. So ist das *Bundesgesetzblatt (BGBl)* das ausschließliche Verkündigungsblatt für Gesetze und das wichtigste Verkündigungsblatt für Rechtsverordnungen der Bundesrepublik Deutschland. Natürlich sind die laufend erscheinenden Verkündigungsblätter wichtige Sammelobjekte in den rechtswissenschaftlichen Abteilungen Wissenschaftlicher und großer Öffentlicher Bibliotheken.

Schließlich gibt es unter den abgeleiteten Rechtsquellen noch die **Satzungen**. Sie stellen eine Rechtsetzung nicht des Staates, sondern der Selbstverwaltungen dar. Satzungen der kommunalen Selbstverwaltung hießen früher auch Ortsstatut, Gemeindestatut, Ortsgesetz, was ihren Wirkungskreis bis heute beschreibt. Gegenüber dem örtlich begrenzten Wirkungskreis kommunaler Satzungen steht der sachlich begrenzte Wirkungskreis von Satzungen in Selbstverwaltungen wie etwa einer Universität (*Promotionsrecht*), einer Handelskammer o.ä.

5.2 Bürgerliches Gesetzbuch

Dasjenige Gesetzeswerk, das den größten Teil des allgemeinen Privatrechts, das Bürgerliche Recht im engeren Sinne regelt, ist das **Bürgerliche Gesetzbuch** (BGB). Es ist seit 1900 in Kraft und hat mit gewissen Änderungen bis auf den heutigen Tag seine Gültigkeit behalten. Das BGB besteht aus 5 Büchern, dem Allgemeinen Teil, dem Schuldrecht, Sachenrecht, Familien- und Erbrecht. Dieses "Fundament des Privatrechts" umfaßt 2385 Paragraphen.

Hier sollen nur jene Grundsätze, die für die Arbeit der Bibliothek, ihr Verhältnis zum Bibliotheksbenutzer, zum Buchhändler und zu anderen Lieferfirmen von Bedeutung sind, berücksichtigt werden. Wenn es dabei auch weitestgehend um Rechtsbeziehungen zwischen einer *übergeordneten Gewalt* (Bibliothek) und dem einzelnen geht, so ist doch in den weitaus meisten Fällen nicht das öffentliche Recht, sondern das Privatrecht anzuwenden. Das geschieht nach dem Grundsatz, daß das Privatrecht auch dort gilt, wo eine Tätigkeit des Staates ebenso von einer Privatperson ausgeübt werden könnte, wie z.B. bei Rechtsgeschäften wie Kauf, Miete, Leihe usw.

Wir werfen einen Blick auf die ersten drei Bücher des BGB. Der Allgemeine Teil (1. Buch) befaßt sich zunächst mit der *Person* als Rechtsträger, der Person in seiner Geschäftsfähigkeit usw. Das Schuldrecht (2. Buch) behandelt die rechtliche Beziehung zwischen zwei oder mehreren *Personen* als Schuldverhältnisse. Das Sachenrecht (3. Buch) gilt der Rechtsbeziehung zwischen *Personen und Sachen*.

5.2.1 BGB Allgemeiner Teil (1. Buch)

Wer die Bibliothek betritt, interessiert uns nicht nur als Leser mit bestimmten Buchwünschen. Er ist auch Teilnehmer am Rechtsleben, hat bestimmte, zu beachtende Einzelrechte und -pflichten, d.h. er besitzt die Rechtsfähigkeit, er steht nicht rechtlos gegenüber einer Institution. Ebenso besitzt aber auch die Bibliothek ihre Rechtsfähigkeit, etwa gegenüber dem Benutzer. Das BGB unterscheidet hier die *natürliche Person* (das wäre der Leser) von der *juristischen Person* (in diesem Falle die Bibliothek als Personenvereinigung). Beide sind aktive und passive Träger von Rechten und Pflichten.

Natürliche Person ist jeder lebende Mensch, d.h. er besitzt Rechtsfähigkeit von Geburt bis zum Tode. Will er aber am Rechtsleben teilhaben, will er Rechtsgeschäfte abschließen, Verpflichtungen eingehen, so muß er die **Geschäftsfähigkeit** besitzen. Bis zum noch nicht vollendeten 7. Lebensjahr ist jedermann *geschäftsunfähig*; vom 7. bis zum vollendeten 18. Lebensjahr besitzt er die *beschränkte Geschäftsfähigkeit*. Zwar ist er dann noch minderjährig, kann jedoch solche Rechtsgeschäfte selbständig vornehmen, die ihm lediglich einen rechtlichen Vorteil, jedoch keinen Schaden bringen.

Sonstige Geschäfte, z.B. die Verpflichtung zu *Schadensersatz* kann er nur mit Einwilligung des gesetzlichen Vertreters vornehmen; das sind beide Elternteile, in Ausnahmefällen ein gerichtlich bestellter Vormund. Liegt diese Einwilligung nicht vor, so ist die Erklärung des Minderjährigen zunächst schwebend unwirksam bis zur nachträglichen Zustimmung des gesetzlichen Vertreters.

Dazu ein Beispiel aus der Bibliothek: Bei seiner Anmeldung ist die unterschriftliche Verpflichtung eines Minderjährigen zur Benutzung der Bibliothek nur dann rechtskräftig, wenn hierzu auch die Unterschrift des gesetzlichen Vertreters geleistet wurde. Der Minderjährige kann allerdings die *Verpflichtungskarte* mit nach Hause nehmen und sie dort vom gesetzlichen Vertreter unterschreiben lassen, falls dieser bei der Anmeldung in der Bibliothek nicht anwesend war, und dann der Bibliothek vorlegen.

Deliktsfähigkeit. Ein Delikt ist ein unerlaubtes, von der Rechtsordnung mißbilligtes Handeln, das im öffentlichen Recht zum *Schadensersatz* verpflichtet (näheres siehe S. 46). *Deliktsfähig* ist diejenige natürliche Person, die für einen verursachten Schaden verantwortlich, also haftpflichtig gemacht werden kann. Nicht deliktsfähig sind Kinder unter 7 Jahren; bedingt deliktsfähig sind Jugendliche vom 7. bis zur Vollendung des 18. Lebensjahres. Das gilt insbesondere, wenn sie beim Begehen der Tat nicht die zur Erkenntnis ihrer Verantwortlichkeit erforderliche Einsicht besessen haben. In Kinder- und Jugendbüchereien muß dieser Sachverhalt berücksichtigt werden, vor allem bei Rückgabe beschädigter Bücher etc.

Juristische Personen. Rechtsfähig können nicht nur natürliche Personen, einzelne Menschen sein, sondern auch Personenvereinigungen oder Vermögensmassen. Da hier mehrere Menschen oder entsprechende Mittel im Interesse der Gesellschaft zusammenwirken, wäre es zu umständlich, jedem einzelnen Mitglied die dabei erzeugten Rechtswirkungen zuzurechnen. Das geschieht insbesondere auch, um den dauernden Bestand der von einer Personengruppe vertretenen Einrichtung zu erhalten, unabhängig vom Schicksal einzelner Mitglieder. Juristische Personen gibt es im öffentlichen Recht und im Privatrecht.

Juristische Personen des öffentlichen Rechts (s. S. 32 f)

Juristische Personen des Privatrechts sind Personenverbände oder Stiftungen. Zu den Personenverbänden zählen eingetragene Vereine (e.V.) sowie Kapitalgesellschaften und Genossenschaften. Ein **Verein** erhält seine Rechtsfähigkeit durch Eintragung in das Vereinsregister des zuständigen Amtsgerichts. Voraussetzung ist, daß es sich um einen Verein mit idealer Zwecksetzung handelt. Das ist der Fall, wenn er etwa wissenschaftliche, religiöse, kulturelle oder auch sportliche Ziele verfolgt. Zweck und Befugnisse seiner Organe regelt die (Vereins-)Satzung. Die Mindestmitgliedschaft liegt bei 7 Personen.

Im Bereich des Bibliothekswesens gibt es außer den Personalvereinen und der Institutionenvereinigung *Deutscher Bibliotheksverband e.V.* eine Vielzahl örtlicher und regionaler Fördervereine als eingetragene Vereine mit idealer Zwecksetzung; z. B. fördert und trägt auch der *Deutsche Grenzverein e.V.* die Büchereizentrale Flensburg oder der *Verein Büchereiwesen in Holstein e.V.* die Büchereizentrale in Rendsburg. Ein eingetragener Verein ist z.B. auch die Deutsche Forschungsgemeinschaft.

Kapitalgesellschaften und **Genossenschaften** sind Vereine mit wirtschaftlicher Zwecksetzung. Hierzu zählen die Aktiengesellschaft (AG), die Kommanditgesellschaft (KG), die Gesellschaft mit beschränkter Haftung (GmbH). Als juristische Personen haften sie den Gesellschaftsgläubigern gegenüber nur mit ihrem Gesellschaftsvermögen; die einzelnen Gesellschafter haften nicht persönlich gegenüber Dritten. Es ist durchaus möglich, daß eine Stadtbibliothek die Rechtsform einer GmbH besitzt, wie das z.B. in Gütersloh der Fall ist, wo sich die Stadt und ein Verlag als Gesellschafter beteiligen.

Stiftungen des privaten Rechts. Bei einer Stiftung bezieht sich die Rechtsfähigkeit nicht auf eine Personengruppe. Vielmehr widmet ein Stifter eine Vermögensmasse einem bestimmten, dauernden Zweck. Juristische Person ist dann die Einrichtung als solche, nicht der Stifter oder gar das Stiftungsvermögen. Eine Stiftung des privaten Rechts sind z.B. die Hamburger Öffentlichen Bücherhallen, die Öffentlichen Bibliotheken im Stadtstaat Hamburg. Bedeutende private Stiftungen, die auch das Bibliothekswesen fördern, sind etwa die Stiftung Volkswagenwerk oder die Fritz-Thyssen-Stiftung.

Rechtsgeschäfte

In jeder Gesellschaft sind Menschen voneinander abhängig bzw. aufeinander angewiesen. Damit zwischenmenschliche Handlungen von Bestand bleiben, bedarf es in vielen Fällen einer rechtlichen Bindung. Man nennt das *Rechtsgeschäfte*. Das Rechtsgeschäft gilt als Kernstück des Privatrechts. Hierzu entwikkelte Rechtsformen erfassen nahezu jeden Vorgang des täglichen Lebens und lassen ihn auch nach gerechtem Maßstab beurteilen. Sinn eines Rechtsgeschäftes ist es, Rechtsverhältnisse im Interesse der Beteiligten zu schaffen.

Damit ein Rechtsgeschäft zustande kommt, ist zunächst eine Willenserklärung notwendig, die sog. "rechtsgeschäftliche Willenserklärung". Diese kann einseitig erfolgen wie bei einem Testament oder bei einer Schenkung. Sie kann zwei- und mehrseitig sein. So liegen bei einem Kauf beidseitige Willenserklärungen, des Käufers und des Verkäufers vor. Die Rechtsgeschäfte, die sich aus Willenserklärungen ergeben, sind entweder entgeltlich (Kauf, Miete) oder unentgeltlich (Schenkung, Leihe). Man unterscheidet auch einseitige Rechtsgeschäfte, z.B. Kündigung eines Arbeitsverhältnisses oder in der Bibliothek die Kündigung einer Leihfrist, von zwei- oder mehrseitigen Rechtsgeschäften. Zu den letzteren gehören in der Regel die Verträge.

Der Vertrag

Nach den Rechtsfolgen unterscheidet man einseitig oder mehrseitig verpflichtende Verträge. Einseitig verpflichtend ist z.B. eine *Schenkung*. Eine Bibliothek erhält etwa die private Büchersammlung eines Bürgers zum Geschenk. Dabei übernimmt der Schenkende die Pflicht des Überlassens; auf seiten der Bibliothek entstehen, wenn vertraglich nichts anderes vereinbart ist, nur Rechte, etwa das der Weitergabe, sogar der Veräußerung.

Mehrseitig verpflichtend sind beispielsweise *Kaufverträge*, auch *Dienstverträge*. Hierbei stehen die beiderseitigen Verpflichtungen in einem Abhängigkeitsverhältnis zueinander. Die Nicht- bzw. mangelhafte Erfüllung einer Leistung erzeugt auf der Gegenseite bestimmende Rechte, etwa Preisminderung o.ä., auch Kündigung des Dienstvertrages.

Aus Verträgen können sich Schuldverhältnisse, d.h. privatrechtliche Verpflichtungen von einer Person zu einer anderen ergeben., z.B. Schadensersatz. Damit betreten wir den Bereich des Schuldrechtes.

5.2.2 Das Schuldrecht (BGB, 2. Buch)

Das Schuldrecht ist das Recht der Schuldverhältnisse. Unter einem Schuldverhältnis versteht das BGB die rechtliche Beziehung zwischen zwei oder mehreren Personen. Diese ermöglicht es, daß der eine (*Gläubiger*) gegen den/die anderen (*Schuldner*) ein Recht auf ein Tun oder Unterlassen hat. Dem Anspruch des Gläubigers entspricht die Verbindlichkeit auf seiten des Schuldners. Im Rechtsverhältnis zwischen Gläubiger und Schuldner gilt der Grundsatz von *Treu und Glauben*, der übrigens für das gesamte Rechtsleben Gültigkeit hat. Der Schuldner ist verpflichtet, "die Leistung so zu bewirken, wie Treu und Glauben mit Rücksicht auf die Verkehrssitte es erfordern". Der an einem Rechtsverhältnis Beteiligte muß also auch auf die berechtigten Interessen der anderen Beteiligten Rücksicht nehmen, wobei unter *Verkehrssitte* die im Rechtsverkehr, etwa unter Kaufleuten, bestehenden Übungen oder Gepflogenheiten zu verstehen sind.

Das BGB unterscheidet zwei Arten von Schuldverhältnissen: Rechtsgeschäftliche und gesetzliche Schuldverhältnisse.

Rechtsgeschäftliche Schuldverhältnisse

Sie heißen auch vertragliche Schuldverhältnisse, weil sie durch einen *Vertrag,* also eine gemeinsame Willenserklärung zustande kommen, durch eine Willenserklärung "zur Befriedigung gegenseitiger Interessen" wie Kauf, Miete, Leihe, auch Dienstvertrag u.a.m.

Der Kauf. Er ist in der Bibliothek das wohl häufigste Rechtsgeschäft, vor allem der Einkauf von Büchern und anderen Medien, von technischen Geräten, Einrichtungsgegenständen und Verbrauchsmaterial. Jeder Kauf ist ein gegenseitiger Vertrag, durch den sich der Verkäufer verpflichtet, dem Käufer den Kaufgegenstand als Eigentum zu übergeben. Dafür verpflichtet sich der Käufer, den Kaufpreis zu zahlen und den Kaufgegenstand abzunehmen. Der Kaufpreis muß in Geld bestehen.

Der *Kaufvertrag* kommt zustande, sobald sich Käufer und Verkäufer über Ware und Preis geeinigt haben. Das kann mündlich, fernmündlich oder schriftlich geschehen. Der Verkäufer hat dem Käufer *lastenfreies Eigentum* zu verschaffen, d.h. die gelieferte Ware muß frei von Rechtsmängeln und frei von Sachmängeln sein. Andernfalls liegt eine Vertragsverletzung vor, wobei dann der Käufer folgende *Gewährleistungsrechte* hat

- *Wandelung*, d.h. Rückgängigmachen des Kaufvertrages,
- *Minderung*, d.h. Herabsetzung des Kaufpreises,
- *Umtausch* gegen Lieferung einer fehlerfreien Ware, was Zug um Zug geschehen muß, (in der Bibliothek z.B. bei Fehldrucken oder mangelhafter Bindung bzw. Heftung des Buches),
- *Schadensersatz* wegen Nichterfüllung des Vertrages.

Die Gewährleistungsansprüche des Käufers verjähren bei beweglichen Sachen in 6 Monaten von der Ablieferung, bei arglistigem Verschweigen eines Mangels in 30 Jahren.

Bibliotheken kaufen in der Regel Bücher *mit Rückgaberecht (RR)*, das entspricht einem *Kauf auf Probe*. In diesen Fällen ist mit dem Buchhändler vereinbart, daß die Ware meist bis zu vier Wochen an die Bibliothek *zur Ansicht (z.A.)* geliefert wird und im Bedarfsfall innerhalb dieses Zeitraumes ersatzlos von der Bibliothek zurückgegeben werden kann.

Weitere rechtsgeschäftliche Schuldverhältnisse, die dem Güterumtausch dienen, sind vor allem

der **Tausch**, bei dem Ware gegen Ware zu leisten ist, nicht Ware gegen Geld wie beim Kauf. Unter Bibliotheken ist der Tausch insbesondere bei Hochschulschriften, Publikationen wissenschaftlicher Institutionen üblich, ferner bei Dubletten, also Doppelstücken, die etwa als Geschenk an die Bibliothek gekommen sind;

die **Schenkung** als unentgeltliche Zuwendung unter Verminderung des eigenen Vermögens. Möglich ist die Handschenkung als formfreie Eigentumsübertragung oder die Schenkung kraft Schenkungsversprechen. Hier macht der Schenker zunächst ein Angebot eines Schenkungsvertrages, das, wenn der Beschenkte es annimmt, vom Schenker zu erfüllen ist. Bindend ist das Schenkungsversprechen für den Schenker nur, wenn es gerichtlich oder notariell beurkundet wird.

Bibliotheken erhalten öfters Schenkungen. Einzelstücke werden als Handschenkung behandelt. Handelt es sich bei der Schenkung um geschlossene Sammlungen, nehmen sie diese gewöhnlich nur dann an, wenn ihnen vertraglich ein freies Verfügungsrecht darüber eingeräumt wird;

die **Miete**. Sie beruht auf einem gegenseitig verpflichtenden Vertrag, der "zeitweilige Gewährung des Gebrauchs einer Sache seitens des Vermieters gegen Entrichtung eines Entgeltes seitens des Mieters" gestattet. Bibliotheken, die Bücher gegen Entgelt zur Verfügung stellen, verleihen diese, rechtlich gesehen nicht, sondern sie vermieten sie;

die **Leihe** ist dagegen eine unentgeltliche zeitweilige Überlassung. Die Bezeichnung *Leihbücherei* für gewerbliche Unternehmen, ist daher unrichtig. Hier liegt nun wirklich ein Vermieten vor. Bei der Leihe haftet der Entleiher für jedes Verschulden. Der Verleiher kann die verliehene Sache, in Bibliotheken die Bücher oder Medien, jederzeit zurückfordern;

die **Pacht** ist der Miete ähnlich; jedoch hat der Pächter das Recht der Nutznießung aus dem Gebrauch der Sache.

Zu den rechtsgeschäftlichen Schuldverhältnissen gehören unter anderem auch

der **Dienstvertrag**. Er ist ein gegenseitig verpflichtender Vertrag, durch den sich der eine Teil zur Dienstleistung, der andere zur Zahlung einer Vergütung verpflichtet. Die Arbeitsleistung geschieht auf Zeit, ein Arbeitserfolg wird dabei nicht zugesagt;

der **Werkvertrag**. Er ist ebenso ein gegenseitig verpflichtender Vertrag. Hier verpflichtet sich der eine Teil (Beauftragter oder Unternehmer) zur Herstellung eines Werks bzw. zur Leistung von Diensten, der andere (Auftraggeber) zur Abnahme des Werks und Zahlung der vereinbarten Vergütung. Im Unterschied dazu steht der **Werklieferungsvertrag**, bei dem der Beauftragte auch das Material zur Verfügung zu stellen hat. Im Bibliotheksbereich ist das der Fall z.B. bei Vergabe von Aufträgen an einen Buchbinder;

die **Auslobung**. Sie stellt das öffentlich bekanntgegebene Aussetzen einer Belohnung dar für die Vornahme einer Handlung, insbesondere für die Herbeiführung eines Erfolges, z.B. einer Bauausführung, aber auch der Ermittlung eines

Täters. Die Auslobung ist ein einseitig verpflichtendes Rechtsgeschäft. Hat die Auslobung eine Preisbewerbung zum Gegenstand, so spricht man von *Preisausschreibung*, die nur dann Gültigkeit hat, wenn in der Bekanntmachung eine Frist für die Bewerbung bestimmt ist. Die Preisausschreibung ist in Bibliotheken bei beabsichtigter Anschaffung teurer technischer Geräte, ganzer Gerätegruppen, Anlagen, Einrichtungsblöcke usw. sowie bei Baumaßnahmen üblich.

Zu den rechtsgeschäftlichen Schuldverhältnissen, die nicht dem Güterumtausch dienen, gehört

die **unerlaubte Handlung** *(Delikt)*. Bei schuldhafter Verletzung von Leben, Körper, Gesundheit, Freiheit, Eigentum oder sonstigem absolutem Recht, das von jedermann zu beachten ist, liegt nach BGB ein Schuldverhältnis zwischen Täter und Geschädigtem vor. Zu unerlaubten Handlungen zählen auch rechtswidrige Gesetzesverletzungen und Schadenszufügungen in einer gegen die guten Sitten verstoßenden Weise. Der Verletzte hat in jedem Falle das Verschulden des Schädigers zu beweisen. Erweist sich die unerlaubte Handlung als *Straftat* - im Unterschied zur *Fahrlässigkeit* - so muß der Schädiger zivilrechtlich *Schadensersatz* leisten und zwar unabhängig von den strafrechtlichen Folgen.

Zu den besonderen Fällen der Haftung, die auch in Bibliotheken auftreten können, zählen die Aufsichtsverletzung, die Haftung für Angestellte und Gehilfen, die Beamtenhaftung (Staatshaftung anstelle der persönlichen des öffentlich Bediensteten bzw. Beamten), die Haftung des Gebäudebesitzers bzw. Gebäudeunterhaltspflichtigen u.ä.

Gesetzliche Schuldverhältnisse

Sie entstehen durch unerlaubte Handlungen. Aus ihnen ergibt sich ein Anspruch auf Schadensersatz oder auf Herausgabe aus ungerechtfertigter Bereicherung u.a.m..

Schadensersatz ist der für bestimmte Fälle gesetzlich vorgesehene Ausgleich eines Nachteils. Leistet ein Schuldner nicht vertragsmäßig, so muß er den verursachten Schaden dem Gläubiger ersetzen. Voraussetzung dabei ist, daß er den Schaden schuldhaft herbeigeführt, d.h. vorsätzlich oder fahrlässig gehandelt hat. Einen Schaden ersetzen heißt grundsätzlich, den Zustand wieder herstellen, der ohne den schädigenden Eingriff bestehen würde. Das BGB nennt das Herstellung in Natur oder *Naturalrestitution*. Nicht immer wird das aber in der Praxis so gehandhabt. Dann kann der Geschädigte bzw. Verletzte den für die Herstellung erforderlichen Geldbetrag verlangen.

So z.B. kann die Bibliothek vom Bibliotheksbenutzer für ein von ihm beschädigtes oder gar verlorenes Buch einen Schadensersatz verlangen. Der Benutzer leistet dann entweder Naturalersatz, indem er das Buch selbst beim Buchhändler kauft und der Bibliothek übergibt, oder er zahlt der Bibliothek den Wiederbeschaffungspreis, was vor allem dann geschehen muß, wenn das zu ersetzende Buch nicht mehr im Handel zu haben ist.

5.2.3 Das Sachenrecht (BGB, 3. Buch)

Im Unterschied zum Schuldrecht, dessen Inhalt die rechtlichen Beziehungen, einschließlich des Güterumtausches zwischen Personen regelt, befaßt sich das Sachenrecht mit den unmittelbaren Beziehungen zwischen Personen und Sachen. Man spricht auch von dem *Herrschaftsrecht* einer Person über eine Sache. Es gibt ein *dingliches Recht* an beweglichen und an unbeweglichen Sachen. Der Unterschied liegt darin, daß die beweglichen Sachen vergänglich sind, die unbeweglichen dagegen unverbrauchbare Eigenschaften haben, mithin von Dauer sind. Das zwingt den Gesetzgeber zu Unterscheidungen auch bei der rechtlichen Behandlung.

Das BGB unterscheidet folgende Sachenrechte: Besitz, Eigentum und Nießbrauch als dingliche Rechte an beweglichen und unbeweglichen Sachen. An beweglichen Sachen außerdem das Pfandrecht. Zu den dinglichen Rechten an unbeweglichen Sachen zählen noch Dienstbarkeiten, Vorverkaufsrecht, Erbbaurecht, Reallasten, Grundpfandrechte.

Im Verkehr der Bibliothek mit dem Bibliotheksbenutzer interessieren ausschließlich die dinglichen Rechte an beweglichen Sachen. Die Bibliothek gibt bewegliches Eigentum, z.B. Bücher an Menschen, die diese nutzen. Die Bibliothek will aber die Bücher wieder zurückhaben. Sie macht dazu ihr *Herrschaftsrecht* über die Sache Buch geltend. Der Gesetzgeber unterscheidet zwei Arten von Herrschaft über eine Sache: Besitz und Eigentum. Beide Rechtspositionen sind deutlich voneinander getrennt.

Besitz ist das rechtlich geschützte *tatsächliche Herrschaftsverhältnis* einer Person über eine Sache. Ein Buch, das ein Leser in der Bibliothek entleiht, ist demnach solange in seinem Besitz, bis er es an die Bibliothek zurückgibt, bis er seine tatsächliche Gewalt über die Sache Buch aufgibt. Wird es ihm gestohlen, so kann er, da jetzt der Dieb das Buch besitzt, selbst rechtliche Mittel in Anspruch nehmen, um wieder in den Besitz des Buches zu gelangen. Dennoch ist seine Herrschaft über das Buch beschränkt: er darf es nicht weiterverleihen, schon gar nicht veräußern.

Eigentum ist dagegen das *unbeschränkte ausschließliche Herrschaftsrecht* über eine Sache. Die Eigentümerin Bibliothek, bzw. ihr Unterhaltsträger hat im Unterschied zum zeitweiligen Besitzer (Leser) die Befugnis, nach Belieben mit der Sache Buch zu verfahren. Sie kann das Buch zurückfordern, kann es weiterverleihen, aus dem Bestand entfernen, verschenken, veräußern. Allerdings ist nach dem *Grundgesetz* zu beachten "Eigentum verpflichtet. Sein Gebrauch soll zugleich dem Wohle der Allgemeinheit dienen". Dieser pflichtgebundene Eigentumsbegriff findet im übrigen auch auf jeden privaten Eigentümer Anwendung.

Eigentümer und Besitzer kann die gleiche Person sein, können aber auch verschiedene Personen sein. Jeder Eigentümer kann einer anderen Person einen Besitz einräumen, z.B. durch Vermietung, durch Leihe. Umgekehrt kann der Fall eintreten, daß der Eigentümer an seinem tatsächlichen Besitz gehindert wird, etwa durch Diebstahl oder Verlust, verursacht durch Dritte. Er bleibt dann rechtlich immer noch Eigentümer, obwohl er nicht mehr Besitzer ist. Der Eigentümer kann von jedem unrechtmäßigen Besitzer, z.B. die Bibliothek vom Buchentleiher, die Rückgabe des Eigentums, z.B. eines Buches verlangen, falls dessen Leihfrist abgelaufen ist.

Nießbrauch ist das Recht, aus einem, in fremdem Eigentum stehenden Gegenstand Nutzen zu ziehen. Nießbrauch kommt durch Einigung und Übergabe der beweglichen Sache an einen Nutzenden zustande. Das gilt vergleichbar auch für das Nutzen bibliothekseigener Bücher und Medien. Nießbrauch ist nicht übertragbar, nicht vererblich. Er kann nur hinsichtlich der Ausübung überlassen werden. Der Nießbraucher ist verpflichtet, die zu nutzenden Sachen in einem ordnungsgemäßen Zustand zu erhalten. Jede Benutzungsordnung einer Bibliothek weist darauf hin.

Das **Pfandrecht** stellt eine Belastung von Eigentum eines Schuldners dar zur Befriedigung einer Forderung seitens eines Gläubigers. Im vertraglichen Pfandrecht ist das klassische Sicherungsmittel bei beweglichen Sachen das *Faustpfand*, d.h. der Gläubiger eines Geldanspruchs erhält eine bewegliche Sache als Sicherheit, die er notfalls veräußern kann, wenn der Schuldner nicht in der Lage ist, das Geld zu zahlen.

In Bibliotheken ist das **Urheberrecht** von besonderer Bedeutung. Dabei handelt es sich um das Recht des geistigen Eigentums eines *Autors* sowie um das Recht der Verwertung seines Werkes. Geschützt wird das Werk eines Urhebers (Autors) in Literatur, Wissenschaft, Kunst und Musik, auch in Filmwerken, sogar in Computerprogrammen, soweit diesen Schöpfungen eine persönliche Leistung zugrunde liegt. Der Urheber genießt dann Verwertungsrechte, d.h. Rechte hinsichtlich der Vervielfältigung, der Verbreitung, der Vorführung oder auch der Ausstellung seines Werkes, wenn diese Wiedergabe öffentlich geschieht, nicht im privaten Kreise oder für private Zwecke.

Andererseits dürfen auf Videoband aufgezeichnete Fernsehsendungen in Bibliotheken - auch zu Fortbildungszwecken - nicht für eine persönliche Nutzung ausgeliehen werden.

Bei Büchern überläßt der Autor gewöhnlich das Verbreitungs- und Nutzungsrecht einem Verlag gegen ein vereinbartes *Autorenhonorar*. Der Autorenschutz ist unbeschränkt vererbbar, endigt jedoch in der Bundesrepublik 70 Jahre nach dem Tod des Autors.

Es gibt Einschränkungen des Autorenschutzes. So dürfen z.B. in Bibliotheken aus Büchern, Zeitschriften, Zeitungen zum eigenen Gebrauch des Benutzers ohne Zustimmung des Autors *Kopien* hergestellt werden. Dies ist sogar in größerer Stückzahl statthaft, etwa in Klassenstärke für Zwecke des Unterrichts, für Lehr- und Prüfungszwecke an Hochschulen u.ä. Unabhängig davon sind Gebührenerhebungen seitens der Bibliothek für das Kopieren.

Die Verletzung von Urheberrechten wird juristisch wie eine unerlaubte Handlung betrachtet. Es kann also der Autor auf Unterlassung, Beseitigung und sogar auf Schadensersatz klagen. Bibliotheken als Vermieter bzw. Verleiher von geschützten Werken (Büchern, Medien, Bildern usw.) sind gegenüber Autoren vergütungspflichtig. In der Regel erfolgt die Vergütung über sog. *Verwertungsgesellschaften*. Für alle Bibliotheken in öffentlicher Trägerschaft sowie für kirchliche und Werkbibliotheken wird von Bund und Ländern gemeinsam pauschal eine sog. *Bibliothekstantieme* an entsprechende Verwertungsgesellschaften gezahlt. Diese sichern den Autoren eine Gewinnbeteiligung an der Vervielfältigung zu, die durch Entleihen usw. ihrer Werke entsteht. Die Verwertungsgesellschaften sorgen ihrerseits dafür, daß die Tantiemeeinnahmen nach einem festgelegten Verteilungsplan an ihre Mitglieder ausgeschüttet werden.

Es gibt eine Verwertungsgesellschaft Wort (*VG Wort*), die sich der geschützten Rechte an schriftstellerischen Arbeiten annimmt. Für geschützte Rechte an Musikschöpfungen ist die *GEMA* (Gesellschaft für musikalische Aufführungsrechte und mechanische Vervielfältigungsrechte) zuständig. Die *VG Bild-Kunst* schützt dementsprechend Rechte an Bau- und angewandter Kunst sowie an Lichtbild-, Film- und Fernsehwerken. Mit der Bibliothekstantieme sind für Bibliotheken zwar die Autorenansprüche für Entleihungen von Büchern, Medien usw. abgegolten. Finden aber in Bibliotheksräumen öffentliche Filmvorführungen, auch über Videokassetten, finden in Musikbibliotheken Konzertveranstaltungen live oder über Tonträger statt oder in Artotheken Bilderausstellungen geschützter Werke, so müssen dafür Aufführungs- bzw. Ausstellungsgebühren an die GEMA, die VG Wort oder die VG Bild-Kunst entrichtet werden. Das gilt auch für Dichterlesungen in Bibliotheken durch Dritte, z.B. Schauspieler.

5.3 Bibliotheksrecht

Es gibt in der Bundesrepublik verschiedene bibliotheksspezifische Gesetze, Verordnungen, Erlasse, Verfügungen, Satzungen u.ä. Davon haben nur wenige einen bundesweiten Geltungsbereich wie etwa das Gesetz über das Deutsche Bibliotheksinstitut oder über Die Deutsche Bibliothek oder auch die Leihverkehrsordnung (LVO). Aufgrund der Kulturhoheit der Länder fallen die meisten Gesetze und Verordnungen usw. in deren Zuständigkeit.

Hierbei kann es sich handeln z.B. um die Durchführung eines Regionalen Leihverkehrs oder um die Erhebung von Gebühren an Hochschulbibliotheken oder um Benutzungsbedingungen von Landes- oder Hochschulbibliotheken u.a.m. Es können auch bibliothekarische Ausbildungs-, Prüfungs- und Studienordnungen sein. Schließlich gibt es bibliothekarische Verbands- oder Vereinssatzungen, Stiftungssatzungen oder dann auch Satzungen mit ortsrechtlicher Wirkung wie z.B. zur Errichtung und Benutzung einer kommunalen Bibliothek.

6 Der Verwaltungsdienst in der Bibliothek

Bibliotheken erfüllen ihre Aufgaben in drei großen Funktionsbereichen,
der Sorge für den Inhalt der Bibliothek,
der Sorge für die Inanspruchnahme der Bibliothek,
der Sorge für die Verwaltung der Bibliothek.
Letzteres meint ihr planmäßiges Handeln als Körperschaft des öffentlichen Rechts.

Die Funktionsbereiche *Inhalt* und *Inanspruchnahme* werden in späteren Abschnitten (B2 S. 114 ff, und B3 S. 201 ff) dargestellt. Die *Verwaltung der Bibliothek* soll nun in Anknüpfung an die Verwaltungs- und Rechtskunde als deren praktische Anwendung in typischen Bereichen behandelt werden. Da die meisten Bibliotheken in kommunaler Trägerschaft stehen, beziehen sich die folgenden Darlegungen beispielhaft auf den kommunalen Verwaltungsbereich.

6.1 Die Organisation einer kommunalen Verwaltung

Jedes öffentliche Verwaltungshandeln ist gekennzeichnet als Erfüllung von Aufgaben, die durch Gesetze, Rechtsverordnungen und Verwaltungsvorschriften vorgegeben sind. Bei Aufgaben, Funktionen und Tätigkeiten, die grundsätzlich einer zielgerichteten Ordnung bzw. Regelung unterworfen sind, spricht man von Organisation. Ziel der Organisation einer Verwaltung ist es, eine bestmögliche Erfüllung der Verwaltungsaufgaben zu erreichen. Dabei unterscheidet man die Aufbauorganisation von der Ablauforganisation einer Verwaltung.

6.1.1 Die Aufbauorganisation

Sie bezieht sich auf die Form des inneren Aufbaus einer Verwaltung. In der kommunalen Verwaltung ist sie bestimmt durch

- die Aufgabengliederung,
- die Verwaltungsgliederung,
- die Arbeitsverteilung,
- den Stellenplan,
- den Aktenplan.

Zweck der Aufgabengliederung ist die Erfassung und sachliche Ordnung aller Aufgaben. Das zu verwirklichen dient der **Aufgabengliederungsplan**. Er teilt die Verwaltungsaufgaben der Gemeinden in acht Aufgabengruppen

1. Allgemeine Verwaltung
2. Finanzen
3. Recht, Sicherheit, Ordnung
4. Schule und Kultur

5. Sozial- und Gesundheitswesen
6. Bauwesen
7. Öffentliche Einrichtungen
8. Wirtschaft und Verkehr.

Entsprechend dieser zu erfüllenden Verwaltungsaufgaben muß nun die Verwaltung selbst gegliedert werden. Das geschieht nach dem **Verwaltungsgliederungsplan**. Ihm liegt ein pyramidenartiges Prinzip von Über- und Unterordnungen (*hierarchisches Prinzip*) zugrunde. An der Spitze steht die selbständige *Verwaltungsleitung* als Gesamtverwaltung. Ihr sind weitere unselbständige Einzelverwaltungen (*Dezernate, Referate* o. ä.) untergeordnet. Sie umfassen in der Regel eine Aufgabenhauptgruppe.

Die weitere Untergliederung erfolgt in *Ämter* (auch *Stadtämter*). Ein Amt ist zuständig für die Erledigung einer Aufgabengruppe, so z.B. das Kulturamt für die Aufgabengruppe Kultur. Innerhalb eines Amtes erfolgt die weitere Untergliederung in *Abteilungen* und *Sachgebiete*. So stellt die kommunale Bibliothek meistens eine Abteilung der Verwaltung dar und gliedert dann selbst weiter in Sachgebiete wie etwa das des Bestandsaufbaus, der Bestandserschließung, der Benutzungsdienste usw. Ist die Bibliothek selbst ein Amt, gliedert sie entsprechend in Abteilungen.

Die Numerierung der einzelnen Gliederungsstufen erfolgt nach dem Dezimalsystem (Zehnersystem), wonach das Zehnfache einer Zahl die nächste Untergliederungsstufe kennzeichnet, z.B.

Aufgabenhauptgruppe	2	Finanzen
Aufgabengruppe	20	Kämmereiaufgaben
Aufgabengruppe	21	Kassenwesen
Aufgabengruppe	22	Steuerwesen usw.

oder

Aufgabenhauptgruppe	4	Schule und Kultur
Aufgabengruppe	40	Schulwesen
Aufgabengruppe	41	Kulturpflege.

Ebenso ist aus der Anzahl der Ziffern die jeweilige Organisationsstufe ersichtlich: e i n e Ziffer steht für ein oder mehrere Dezernate; zwei Ziffern stehen für ein Amt, z.B. 41 Kulturamt; drei Ziffern für eine Abteilung, z.B. 416 Bibliothek usw., häufig auch als 41-6 beziffert. Diese Bezifferung der Organisationseinheiten findet in allen Plänen der kommunalen Verwaltung statt mit Ausnahme des Haushaltsplanes.

Je nach Größe der Gemeinden und entsprechendem Verwaltungsanfall sind Bündelungen von mehreren Aufgabenhaupt- und Aufgabengruppen nötig und üblich. Unter Umständen wird auf die Einrichtung von Abteilungen verzichtet.

Der Dezernatsverteilungsplan legt die zu einem Dezernat gehörigen Geschäftsbereiche fest.

Der **Organisationsplan** einer Verwaltung stellt die Verwaltungsgliederung dar mit hinzugefügter Benennung der jeweils wahrzunehmenden Aufgaben.

Die *Funktionsträger*, das sind Personen oder Personengruppen, die Verwaltung durchführen, stufen sich nach ihrer Stellung wie folgt

1. Verwaltungsleiter/in ist der/die oberste Verwaltungsbeamte/in;
2. Dezernenten/innen (Beigeordnete, Referenten/innen, Räte/innen) u.ä. leiten ein Dezernat, d.i. die Zusammenfassung mehrerer Ämter;
3. Leiter/innen von Bezirksverwaltungsstellen o.ä.;
4. Amtsleiter/innen stehen einem Amt (Stadtamt) vor;
5. Abteilungsleiter/innen (auch Institutsleiter/innen, z.B Bibliotheksleiter/innen) leiten eine Abteilung bzw. ein Institut;
6. Sachbearbeiter/innen; bei Vorhandensein mehrerer Sachbearbeitungsstellen gibt es noch Sachgebietsleiter/innen;
7. sonstige Dienstkräfte.

Die Arbeitsverteilung, auch Geschäfts- oder Dienstverteilung der einzelnen Funktionsträger ist im **Arbeitsverteilungsplan** festgelegt. Er weist jedem seine Aufgaben zu, grenzt die Zuständigkeiten ab, stellt Über- und Unterordnungen klar und regelt Vertretungsweisen. Der Arbeitsverteilungsplan repräsentiert gewissermaßen die Verwaltung in ihrer Tätigkeit, im Unterschied zum Organisationsplan als Schema der Verwaltung in ihrem Aufbau. Welches Dezernat ein/e Dezernent/in, welches Amt ein/e Amtsleiter/in versieht, regelt der **Geschäftsverteilungsplan**, die Aufgaben der weiteren Dienstkräfte der **Dienstverteilungsplan**. In kleineren Gemeinden sind diese beiden Pläne nicht getrennt.

Der **Stellenplan** weist schließlich die für einen bestimmten Zeitraum benötigten Personalstellen (Dienstposten) einer kommunalen Verwaltung aus. Er unterscheidet Beamten-, Angestellten- und Arbeiterstellen, nennt dazu Anzahl und Bewertung nach Besoldungs-, Vergütungs- und Lohngruppen. Als Grundlage für die Bewertung einer Stelle dient die Arbeitsplatzbeschreibung, die von Zeit zu Zeit auf Anordnung vorgenommen wird.

Letztlich sorgt der **Aktenplan** auf der Grundlage des Aufgabengliederungsplanes für ein ordnungsgemäßes Ablegen des angefallenen Schriftgutes (Näheres siehe S. 59).

6.1.2 Die Ablauforganisation

Der Ablauf von Verwaltungsgeschäften, das sind die zu bearbeitenden Vorgänge, vollzieht sich in bestimmten vorgezeichneten Bahnen in Form von Verwaltungsvorschriften. Sie sind bei kommunalen Verwaltungen festgelegt in der *Allgemeinen Dienst- und Geschäftsanweisung (AGA)* bzw. der *Allgemeinen Dienstanweisung (ADA)*. Darin finden sich Bestimmungen über das Verhalten, die Rechte und Pflichten der Mitarbeiter, dann aber auch grundsätzliche Bestimmungen zum Verwaltungsablauf (*Geschäftsgang*). Hier die wichtigsten, auch für die Bibliotheksverwaltung anfallenden Bestimmungen hinsichtlich des Geschäftsverkehrs:

6.2 Der schriftliche Geschäftsverkehr

Es gehören dazu
- die Behandlung der Posteingänge,
- die Behandlung der Postausgänge,
- die Formen des Schriftverkehrs.

Posteingänge
In der Regel gelangt die Post bereits geöffnet von der zentralen Posteingangsstelle oder dem vorgesetzten Amt in die Bibliothek, und zwar dort an die mit den Verwaltungsaufgaben betraute Stelle; das kann sein das Geschäftszimmer, Sekretariat, Vorzimmer des/der Leiters/in oder auch diese/r selbst. Bei der Entgegennahme verschlossener Sendungen sind zu unterscheiden: Eingänge, die vom Entgegennehmenden geöffnet werden dürfen, von solchen, die verschlossen weitergereicht werden müssen. Zu den letzteren gehören Sendungen
- mit persönlicher Anschrift; jedoch darf Post mit dem Adressatenzusatz "zu Händen" (z.Hdn.) geöffnet und muß dann entsprechend weitergereicht werden;
- mit dem Vermerk "Vertraulich" oder "Geheim" oder "Verschlußsache"; sie müssen ungeöffnet weitergereicht werden;
- mit der Aufschrift "Angebot"; hierfür gibt es besondere Bestimmungen für das Verdingungswesen.

Ebenso dürfen Geldsendungen und Eingänge von Zahlungsmitteln wie Überweisungsaufträge, Schecks oder Wechsel nicht von der Bibliothek in Empfang genommen werden - es sei denn, dazu ist besondere Ermächtigung ergangen. Sie müssen in der Regel der *Gemeindekasse* (Stadtkasse) zugeführt werden; entsprechende Überbringer sind dorthin zu verweisen. Alle übrigen Eingänge werden mit dem Eingangsstempel der Bibliothek (Bibliotheksbezeichnung, Datum, evtl. Uhrzeit) versehen. Bei nicht zu öffnenden Sendungen geschieht das auf dem Umschlag.

Bei der Entgegennahme der Post ist sowohl auf Vollständigkeit der Sendung zu achten (Kontrolle von Schreiben- und Anlagenzahl), als auch darauf, daß der Absender notiert wird, falls er auf dem Schriftstück nicht enthalten ist; in diesem Fall muß der Umschlag beigeheftet werden. Beiliegende Postwertzeichen müssen der Portokasse der Gemeindeverwaltung (Poststelle) zugeführt werden.

Geldwerte Drucksachen müssen mit entsprechendem Vermerk der Gemeindekasse zugeführt werden (vgl. S. 64). Wert- und Einschreibesendungen sind in das Einschreibebuch der Poststelle einzutragen.

Alle Schriftstücke werden innerhalb der Verwaltung, auch der Bibliothek in entsprechenden Mappen befördert.

Von der Größe der Bibliothek hängt es ab, ob dem/der Bibliotheksleiter/in alle Posteingänge oder nur die wichtigsten vorgelegt werden oder ob von dem/der

Verwaltungsmitarbeiter/in eine Auszeichnung der Eingänge mit der *Organisationsziffer* der entsprechenden Sachbearbeitung vorgenommen wird. Dem/der Leiter/in vorzulegen sind in jedem Falle: Post mit der persönlichen Anschrift sowie mit der Aufschrift "zu Händen", ferner alle Verfügungen und Erlasse vorgesetzter Dienststellen etc. Der/die Leiter/in nimmt Kenntnis vom Posteingang und bestätigt das durch Anbringen des Sichtvermerkes bzw. seinem/ihrem gekürzten Namenszug (*Paraphe*) auf dem Eingangsstempel unter Hinzufügung des Datums, wenn dieses nicht mit dem Eingangsdatum übereinstimmt. Falls ein/eine Sachbearbeiter/in zu dem Vorgang Stellung nehmen soll, falls Wiedervorlage notwendig wird oder eine andere Art der Weiterbearbeitung, vermerkt der/die Leiter/in das entsprechend am Ende des Textes (s. weiter unten unter *Büroverfügung*). Falls es sich bei einem Vorgang um eine Terminsache handelt, muß der entsprechende Termin in den Terminkalender eingetragen werden. Soll ein Schriftstück zu den Akten gelegt, d.h. aktenmäßig aufbewahrt werden, erhält es vom/von der Bearbeiter/in den Vermerk z.d.A. (zu den Akten zu legen). Alles Schriftgut, das sich bei der Bearbeitung eines Vorganges ansammelt, wird nach Abschluß zu den Akten genommen; deshalb werden die Eingänge mit dem *Geschäftszeichen* (Aktenzeichen) versehen.

Im Schriftverkehr innerhalb der Verwaltung wird gewöhnlich auf die Verwendung von Umschlägen verzichtet, mit Ausnahme bei vertraulichen Schreiben etc. und solchen mit zahlreichen Anlagen.

Postausgänge

Der Postausgang geschieht in der Regel nach Adressieren und Verschließen der Post in der Bibliothek über die zentrale Postausgangsstelle der Gemeindeverwaltung. Dorthin gelangt die Post meistens über einen entsprechenden Botendienst. Die Poststelle entscheidet auch über die wirtschaftlichste Beförderungsart, wozu unter Umständen auch die Berücksichtigung als Massendrucksache oder ein Behördenbotendienst gehören. Das Freimachen von Postsendungen geschieht in der Regel ebenfalls auf der Poststelle; nur in Ausnahmefällen kann die Bibliothek selbst frankieren und bei der Post einliefern.

Formen des Schriftverkehrs

1. Die **Büroverfügung** legt fest, wie ein Vorgang weiterbearbeitet wird, welche Einzelheiten und in welcher Reihenfolge sie durchzuführen sind, um zu einer Entscheidung zu kommen. Die Reihenfolge der Erledigung der einzelnen Verwaltungsschritte wird von der verfügenden Stelle durch Numerierung festgelegt. Das geschieht gewöhnlich im Reinschriftverfahren, d.h. die verfügende Stelle setzt unter den vorliegenden Text eines Schreibens die *Organisationsziffer* (Aktenzeichen) derjenigen Dienststelle, die den Vorgang bearbeiten soll. Darunter hinter eine Ziffer 1. die Verfügung, wie der Vorgang weiter zu bearbeiten ist; hinter eine 2. welche Dienststelle (*Organisationsziffer)* in Kenntnis zu setzen ist; hinter eine 3. den Verbleib der Urschrift (Originalschreiben); hinter eine 4. die Weiterbehandlung des Vorganges, ob etwa Wiedervorlage nötig oder Ablage zu

den Akten gewünscht wird usw. Nach der Anzahl der vorzusehenden Verwaltungsschritte richtet sich die jeweilige Bezifferung.

Die in Verwaltungsvorgängen üblichen **Abkürzungen** und ihre Bedeutung sind

Anl.	Anlagen(n)
Betr.:	Betreff, betrifft
Bez.:	Bezug
G.R.	Gegen Rückgabe (vorliegendes Schreiben muß zurückgegeben werden)
R	Rücksprache erbeten
TOP	Tagesordnungspunkt
U oder UR	urschriftlich unmittelbar weitergeben
U.R.	Unter Rückerbittung
Vfg.	Verfügung
v.g.u.	vorgelesen, genehmigt, unterschrieben (bei Niederschriften verwendet)
wgl.	weglegen (Schreiben kann weggeworfen werden)
Wv.	Wiedervorlage, wieder vorzulegen (mit Datum)
z.d.A.	zu den Akten zu legen
z.R.	zur Rücksprache (vorzulegen)
z.V.	zum Vorgang (zu legen)
z.w.V.	zur weiteren Verwendung

2. Der **Aktenvermerk** ist eine besondere Art der Büroverfügung. In ihm wird das Ergebnis von mündlichen oder fernmündlichen Absprachen, Rückfragen, Feststellungen, Besichtigungen, Überprüfungen u.ä. festgehalten. Der Inhalt soll kurz und präzise und nur auf das gerichtet sein, was zu einem späteren Zeitpunkt wichtig sein kann.

3. Der **Bericht** ist ein Schreiben an eine vorgesetzte Dienststelle. In den meisten Fällen geht der Berichterstattung eine entsprechende Aufforderung voraus. Regelmäßig wiederkehrende Berichte werden auf Wiedervorlage genommen. Eine besondere Form des Berichtes ist der *Sachstandsbericht*, der zum gegenwärtigen Stand eines bestimmten Sachverhaltes abgegeben wird. Dabei kann es sich z.B. um den Stand der Entwicklung einer in Durchführung befindlichen Maßnahme oder um das (vorläufige) Ergebnis einer Untersuchung handeln.

4. Die **Niederschrift**, auch *Protokoll* genannt, wird über Besprechungen oder Sitzungen mit einem wichtigen Inhalt gefertigt. Man unterscheidet das wörtliche Protokoll, das den Sitzungsverlauf nachzeichnet, vom Ergebnisprotokoll, das nur das Beratungsergebnis festhält. Außerdem verzeichnet ein Protokoll immer die Sitzungsteilnehmer namentlich, ferner die fehlenden eingeladenen Mitglieder, evtl. mit Angabe des Grundes der Abwesenheit. Schließlich nennt das Protokoll immer den/die Sitzungsleiter/in und den/die Protokollführer/in, die beide auch unterzeichnen, außerdem die Tagesordnung in der Reihenfolge der *Tagesordnungspunkte (TOP)*.

5. Die **Verhandlungsniederschrift** hält das Ergebnis einer mündlichen Vorstellung oder Beschwerde eines Bürgers (z.B. Lesers der Bibliothek) fest, die entgegengenommen wurde. Die Niederschrift dient dann zunächst der sachlichen Prüfung des Vorwurfs, ferner der in ein Antwortschreiben zu kleidenden Stellungnahme der Dienststelle (Bibliothek).

6.3 Der mündliche Geschäftsverkehr

1. **Vortrag** ist der mündliche Bericht eines/einer Mitarbeiters/in an seine/n bzw. ihre/n Vorgesetzte/n über den Stand einer zu erledigenden Aufgabe, der auch Vorschläge zu weiterer Bearbeitung beinhalten kann.
2. **Rücksprache** erbittet ein/e Vorgesetzte/r vom Mitarbeiter bzw. von der Mitarbeiterin, um für einen Verfahrensgang wichtige Einzelfragen zu besprechen oder zu klären.
3. **Dienstbesprechungen** dienen der regelmäßigen Information der Mitarbeiter durch einen Vorgesetzten sowie dem gegenseitigen Informationsaustausch. Zur Vorbereitung gehört eine den Teilnehmern in der Einladung bekanntgegebene Tagesordnung. In der Regel übernimmt reihum einer der Teilnehmer die *Protokollführung*.
4. **Sitzungen** (Konferenzen) finden meistens auf Grund eines besonderen aktuellen Anlasses statt. Der Teilnehmerkreis bleibt hierbei beschränkt auf die unmittelbar mit dem zu behandelnden Vorgang Betrauten, evtl. unter Hinzuziehung fachberatender Gäste. Vorzubereiten sind die Auswahl der Teilnehmer, Terminvereinbarung, Aufstellung der Tagesordnung, Regelung von Vorsitz und Gesprächsführung. Mindestens über das Sitzungsergebnis muß Protokoll geführt werden.

6.4 Der praktische Schreibdienst (Textverarbeitung)

Zu unterscheiden sind hierbei die Bearbeitung von Regelfällen und das Schreiben nach Diktat. Regelfälle und Massenvorgänge werden in allen Bereichen der öffentlichen Verwaltung mit Hilfe von Vordrucken (Formularen) erledigt. Diese haben eine zweifache Funktion: sie dienen als Arbeitsvorschrift und als Arbeitsmittel. Als Vorschrift ordnen sie einen zu bearbeitenden Vorgang, vereinfachen, steuern und beschleunigen den Arbeitsablauf. Als Arbeitsmittel erleichtern sie das Aufnehmen, Verarbeiten und Weitergeben von Informationen und sichern deren Vollständigkeit. Vordrucke müssen, wo sie vorhanden sind, unbedingt genutzt werden.

Im Schreibdienst anfallende Texte werden in größeren Bibliotheken selten noch durch mündliches Diktat oder Stenodiktat, häufiger durch Phonodiktat (mittels Diktiergerät) aufgenommen. Dabei ist der/die Diktierende unabhängig von der zeitlichen Verfügbarkeit der Schreibkraft - ein Vorzug bei deren Teilzeitbeschäftigung bzw. bei arbeitsteiligem Einsatz, was in Bibliotheken nicht selten der Fall ist.

Die diktierten Texte werden vom Schreibdienst maschinenschriftlich verarbeitet. Für das **Schriftbild** gelten folgende Regeln:

1. es ist ein 2 bis 3 cm breiter Rand auf der linken Blattseite freizuhalten. Wird auch die Bogenrückseite beschrieben, so gilt dort dieselbe Randbreite auf der rechten Seite;
2. Absätze im Text werden nicht eingerückt;
3. vor einem Satzzeichen ist keine Leertaste anzuschlagen;
4. Klammern und Anführungszeichen schließen die einzufassenden Wörter ohne Zwischenraum ein. Bindestrich und Schrägstrich sowie Silbentrennungsstrich am Satzende schließen unmittelbar an das voraufgehende Wort bzw. die Wortsilbe an;
5. soweit nicht Bögen mit Behördenbriefkopf verwendet werden, stehen der Absender bzw. dessen Aktenzeichen links oben; Ort, Datum und Anschrift, Tel. bzw. Telex Nr. etc. rechts oben;
6. Name und Anschrift des Adressaten folgen darunter links. Bei verwaltungsinternen Schreiben wird nur die Dienststelle (Aktenzeichen), nie der Name des/der Sachbearbeiters/in genannt, weil sonst Gefahr besteht, daß das Schreiben bei dessen/deren Abwesenheit nicht beachtet wird;
7. Vermerke wie "Einschreiben", "Durch Eilboten" usw. sind über die Anschrift zu setzen und zu unterstreichen;
8. Hinweise wie "Vertraulich", "Unter Verschluß" u.ä. sind auf der rechten Seite, etwas abgehoben unter Ort und Datum anzubringen, etwa dort, wo der Empfänger den Eingangsstempel hinsetzt;
9. unter den Adressaten ist der Betreff (Betr.:) vorzusehen; darunter, soweit gegeben, der Bezug (Bez.:) etwa in Form des Aktenzeichens oder eines Schreibens früheren Datums etc.;
10. soweit ein Adressat der Person nach nicht bekannt ist, lautet die Anrede neutral: "Sehr geehrte Damen und Herren"; danach folgt ein Komma oder ein Ausrufungszeichen; entsprechend wird mit kleinem bzw. mit großem Anfangsbuchstaben fortgefahren. Vor beginnendem Text folgt aber mindestens eine Leerzeile;
11. werden dem Schriftstück Anlagen beigefügt, so sind unterhalb des Schriftsatzes die Anzahl und das Wort "Anl." anzubringen;
12. umfaßt das Schriftstück mehrere Seiten, so sind diese oben in der Mitte laufend durchzunumerieren. Auf der jeweils vorhergehenden Seite ist unten rechts die Ziffer der folgenden Seite mit einem vorgesetzten Gedankenstrich zu setzen;

13. als Grußformel am Schluß des Schreibens gelten außerhalb des Verwaltungsbereiches üblicherweise"Mit freundlichem Gruß" oder "Mit freundlichen Grüßen" seltener "Hochachtungsvoll";
14. Vor der Unterzeichnung folgt in jedem Fall "Im Auftrag" oder "i.A." Zu beachten ist, daß nur der/die Vertreter/in des/der Verwaltungsleiters/in und die Beigeordneten zeichnen "In Vertretung" oder "i.V." Der Verwaltungschef selbst zeichnet ohne Zusatz;
15. Die handschriftliche Unterschrift wird mit dem Familiennamen geleistet. Im Schriftverkehr nach außen folgt darunter in Klammern die maschinenschriftliche Ausführung des Namens, sofern er nicht im Briefkopf als Sachbearbeiter genannt ist;
16. unter dem Namen folgt häufig die Dienstbezeichnung, falls diese nicht ebenfalls bereits im Briefkopf erscheint.

Von allen Schriftstücken - ob innerdienstlich oder nach außen gerichtet - muß grundsätzlich eine Durchschrift (Kopie) gefertigt werden, die bei der absendenden Dienststelle verbleibt.

Im Schreibdienst werden in der Regel Trockenkopiergeräte verwendet; man benötigt hierzu entweder beschichtetes Papier (direktes Kopierverfahren) oder Normalpapier (indirektes Verfahren). Wirtschaftlich arbeiten Trockenkopierer bei geringen Auflagenhöhen, etwa bis zu 20 Stück.

Papier. Im Behördenschriftverkehr werden nur genormte Papierformate verwendet, für Briefbögen DIN A 4 und DIN A 5, für Postkarten DIN A 6. Die jeweils zu nutzende Blattgröße richtet sich nach der Länge des anfallenden Textes. Für den innerbehördlichen Schriftverkehr genügt Konzeptpapier; Briefe nach außen werden auf Schreibpapier von der Qualität 70-80 g/qm geschrieben. Vorwiegend findet aber Recyclingpapier Verwendung.

Stempel sind ähnlich Vordrucken arbeitsersparend. Ihr Gebrauch ist angebracht bei häufig wiederkehrenden kurzen, formelhaften Texten wie z.B. "Duplikat", "Sachlich und rechnerisch richtig", "Berichtigt", "Bibliotheksleiter/in", "Der Oberstadtdirektor", "Im Auftrag" o.ä. Außerdem dienen Stempel zur Bezeichnung von Dienststellen (Bibliotheksstempel); ferner als Eigentumsstempel in Büchern/Medien. Paginierstempel sind solche, die mit jedem Aufdrücken mechanisch eine fortlaufende Zahl stempeln. Sie werden nicht nur bei der Aktenablage, sondern auch bei der Rechnungsablage und beim Inventarisieren eingesetzt.

6.5 Schriftgut- und Materialverwaltung

Das Schriftgut gilt noch immer als das wichtigste Kommunikationsmittel der öffentlichen Verwaltung. Die Dauer der Aufbewahrung bei der Dienststelle regeln verwaltungsinterne Vorschriften. Zentrale Registraturen sammeln und verwahren das Schriftgut, wenn es von der (dezentralen) Dienststelle nicht mehr benötigt wird. Die Bibliothek sammelt zunächst das laufende Schriftgut. Dazu gibt es verschiedene **Ablagemöglichkeiten**

1. liegende Schriftgutbehälter, etwa Schnellhefter, Aktendeckel u.ä. Sie dienen nur zur kurzfristigen Ablage, bei Stapelung sind Übersicht und Zugriff schlecht;
2. stehende Ablage in Ordnern. Sie gewährleisten gute Übersicht und schnellen Zugriff. Als Möbel dienen Aktenschränke, Aktenwagen, Rotiersäulen u.a.m. Der Ordner eignet sich bei Nutzung entsprechender alphabetischer oder systematischer Register leicht zum Zwischenheften oder Heraussuchen von Schriftgut;
3. hängende Ablage. Dabei ist das Schriftgut in Behältern (Hängeordnern) untergebracht, die seitlich überstehende "Nasen" haben. Die Ordner werden dann hintereinander senkrecht in Schienen eines entsprechend hohen Schubfaches eingehängt. Ihr Zugriff erfolgt von oben. Diese Ablage eignet sich besonders als Arbeitsplatzregistratur für Handakten, Formulare, Preislisten usw. Sie läßt sich auch in Schreibtischen unterbringen.

Aktenverwaltung

Akten sind länger aufzubewahrendes Schriftgut. Ist ein Schriftgut zur Aufnahme in die Akten vorgesehen, so trägt es den Vermerk "z.d.A." (zu den Akten zu legen). Dieses Schriftgut wird grundsätzlich täglich abgeheftet. Grundlage für die Aufbewahrung von Akten ist die **Aktenordnung**. Sie enthält besondere Dienstanweisungen der Verwaltung für eine zweckmäßige Ordnung der Akten, die ein leichtes Auffinden sicherstellt.

Das gesamte abgelegte Schriftgut wird in Haupt- und Einzelakten, in archivisches und sonstiges Schriftgut unterteilt. Aus der Aktenordnung gehen auch die für die einzelnen Aktenarten geltenden Aufbewahrungsfristen hervor. Nicht mehr benötigte Akten werden abgeschlossen und als Altablage in das Verwaltungsarchiv oder, wenn sie von historischem Wert sind, in das Stadtarchiv usw. gegeben. Akten, die nicht von historischer Bedeutung sind, werden nach Ablauf der Aufbewahrungsfrist ausgeschieden.

Der **Aktenplan** baut im kommunalen Bereich auf dem Aufgabengliederungsplan und dem Verwaltungsgliederungsplan auf. In ihm werden die Akten, nach sachlichen Gesichtspunkten eingeteilt, in

Aktenhauptgruppen,
Aktengruppen,
Aktenuntergruppen,
Aktensachgruppen,

nachgewiesen. Das jeweilige *Aktenzeichen* stimmt immer mit dem Geschäftszeichen überein, mit dem die laufenden Vorgänge versehen sind.

Die Verwaltung von Büro- und Bibliotheksbedarf
Mit Vordrucken, Papier (Briefbögen und Umschlägen) mit Stempeln oder Minigeräten wie Taschenrechnern, aber auch mit Verbrauchsmaterial von der Büroklammer bis zum Kugelschreiber muß ebenso gehaushaltet werden wie mit geldlichen Mitteln. Das gilt ebenso für das vielfältige Bibliotheksmaterial, das von der Karteikarte bis zum Vordruck für Fristverlängerungen, von der Klarsichtfolie bis zum Signierband reicht. Daher wird in der Bibliothek stets eine Dienstkraft mit deren Verwaltung fest betraut. Ihre Sorge gilt dann nicht nur der geordneten und übersichtlichen Unterbringung des Materials, sondern ebenso der laufenden Beobachtung des Verbrauchs, damit rechtzeitig Maßnahmen zur Auffüllung der Vorräte, also zur Nachbestellung eingeleitet werden können. Stockungen im Nachschub von Verbrauchsmaterialien wirken sich sowohl im Verwaltungsablauf wie im Ablauf des Bestands- und Benutzungsdienstes außerordentlich behindernd aus.

Die **Beschaffung von Büromaterial** erfolgt in der Regel über die Materialstelle der Gemeindeverwaltung, die sich beim Haupt- und/oder Organisationsamt befindet. Die entsprechende Bestellung wird meistens in regelmäßigen Zeitabschnitten vorgenommen durch Antragstellung auf Vordrucken.

Bei der **Beschaffung von Bibliotheksmaterial** verfahren die Bibliotheken häufig selbständig, soweit sie über eigene, dafür vorgesehene Haushaltsmittel verfügen. Große Lieferfirmen wie etwa die Einkaufszentrale (ekz) o.ä. stellen für Bestellungen eigene Formulare zur Verfügung, um der Bibliothek den Bestellvorgang zu erleichtern.

6.6 Das Kassen- und Rechnungswesen in der Bibliothek

In den kommunalen Verwaltungen kleiner und mittlerer Größe ist es beinahe die Regel, daß der Bibliothek Arbeiten innerhalb ihres Kassen- und Rechnungswesens zur eigenen Ausführung übertragen werden, da eine ausgebildete Verwaltungskraft hierfür nicht zur Verfügung steht. Über die Grundzüge des Kassen- und Rechnungswesens und die im Rahmen der Bibliothek zu beachtenden Grundsätze wird im folgenden informiert.

Das **Kassenwesen** einer Gemeinde bildet eine Einheit, d.h. eine einzige *Gemeindekasse* erledigt alle Kassengeschäfte. Das schließt nicht aus, daß einzelne Zahlstellen als Teile der Gemeindekasse eingerichtet werden. Sie dienen der Erleichterung des Zahlungsverkehrs. Eine solche Zahlstelle ist auch die Bibliothek als Dienststelle der kommunalen Verwaltung.

Im Verkehr der Bibliothek mit dem Bibliotheksbenutzer fallen Einnahmen wie auch Ausgaben an. Einnahmen z.B. durch Erhebung von Säumnisgebühren, Entgelten u.a.; Ausgaben etwa durch Bucheinkäufe, Kauf von Verbrauchsmaterial, bei Buchbindeaufträgen u.a.m. Annahme bzw. Leistung von Zahlungen erfolgen aufgrund zu erteilender Zahlungsanordnungen über die Gemeindekasse (s.S. 62 f). Der Zahlungsverkehr mit der Kasse soll nach Möglichkeit unbar abgewickelt werden. Er vollzieht sich stets in Ausführung des Haushaltsplanes.

Der **Haushaltsplan** ist die Grundlage der Wirtschaftsführung einer Gemeinde. Wie die Aufstellung des Haushaltsplanes einer Gemeinde zustande kommt und abläuft, wurde bereits auf S. 30 f beschrieben. In Kraft gesetzt wird der Haushaltsplan durch die Haushaltssatzung, die von der Gemeindevertretung (Rat der Stadt usw.) erlassen wird. Jede Dienststelle der Verwaltung, auch die Bibliothek, ist an Haushaltsplan und Haushaltssatzung gebunden. Der Haushaltsplan enthält alle in einem Haushaltsjahr (*Bewilligungszeitraum*) vorauszusehenden Einnahmen und alle zu leistenden Ausgaben einer Gemeinde.

Haushalten heißt dabei - auch für die Bibliothek - Planen, Bewirtschaften und Nachweisen von Einnahmen und Ausgaben, die zur Erfüllung gestellter Aufgaben erforderlich sind. Ausgaben sind nur dann möglich, wenn der Haushaltsplan sowohl eine Haushaltsstelle mit entsprechender *Zweckformulierung* (Aufgabenbereich) enthält, als auch einen entsprechenden kostenmäßigen *Ansatz* (Betrag in DM), der grundsätzlich nicht überschritten werden darf, soweit nicht zwischen zwei Haushaltsstellen Deckungsfähigkeit besteht.

Unterschieden wird zwischen *Vermögenshaushalt*, in dem alle vermögenswirksamen Maßnahmen zusammengefaßt sind, und *Verwaltungshaushalt*, in dem alles übrige, insbesondere die laufenden Einnahmen und Ausgaben einer Gemeinde enthalten sind. So fallen z.B. Baumaßnahmen unter den Vermögenshaushalt, die Beschaffung von Verbrauchsmaterial dagegen unter den Verwaltungshaushalt.

Die Gliederung des Haushaltsplanes berücksichtigt natürlich auch die Bibliothek. Zunächst gliedert sich der Haushaltsplan in 10 Einzelpläne für jeweils großgruppierte Aufgabengebiete bzw. Zwecke, und zwar umfaßt z.B.

Einzelplan 0	Allgemeine Verwaltung
Einzelplan 1	Öffentliche Sicherheit und Ordnung
Einzelplan 2	Schulen
Einzelplan 3	Wissenschaft, Forschung, Kulturpflege
Einzelplan 4	Soziale Sicherung
Einzelplan 5	Gesundheit, Sport, Erholung
Einzelplan 6	Bau- und Wohnungswesen, Verkehr
Einzelplan 7	Öffentliche Einrichtungen, Wirtschaftsförderung
Einzelplan 8	Wirtschaftliche Unternehmen, allgemeine Grund- und Sondervermögen
Einzelplan 9	Allgemeine Finanzwirtschaft.

Die weitere Unterteilung erfolgt in Abschnitte und Unterabschnitte, durchnumeriert durch angehängte Ziffern. So fällt beispielsweise die Öffentliche Bibliothek unter Einzelplan 3 (Wissenschaft, Forschung, Kulturpflege), Abschnitt 35 (Volksbildung), Unterabschnitt 352 (Stadtbücherei o.ä.). Weiter unterteilt wird dann nach *Objektnummern*, um die jeweilige Haushaltsstelle (Zweck der Einnahme bzw. Ausgabe) zu kennzeichnen. Sie sind von Bedeutung besonders bei der Anwendung von *elektronischer Datenverarbeitung*.

Im Bibliotheksbereich wäre das etwa eine Objektnummer für die Beschaffung von Büchern und Medien, eine weitere für die Anschaffung von Verbrauchsmaterial usw. Innerhalb dieses Unterteilungsschemas sind alle Einnahmen und Ausgaben nach ihren Arten in 10 Hauptgruppen sowie weitere Gruppen und Untergruppen nach einem sogenannten *Gruppierungsplan* geordnet. Aus den Hauptziffern ist ersichtlich, ob es sich bei einer Kassenbuchung um eine Zuordnung zu den Einnahmen oder den Ausgaben, dann zum Vermögenshaushalt oder zum Verwaltungshaushalt handelt. Auch das ist besonders von Belang bei Einsatz der Datenverarbeitung, die vor allem auch der Haushaltsüberwachung dient.

Die Inanspruchnahme von Haushaltsmitteln wird in *Haushaltsüberwachungslisten (HÜL)*, meistens in zentraler Durchführung, kontrolliert. Sie machen erkennbar, in welcher Höhe auf einer bestimmten Haushaltsstelle nach getätigten Ausgaben noch Mittel bereitstehen oder ob schon alle Ausgaben erfolgt sind.

Bei Einführung *dezentraler Ressourcenverantwortung* wird in Zukunft ein Fachamt, etwa die Bibliothek, in Eigenentscheidung z. B. einen Mehrbedarf im Bereich Bücher/Medien durch einen entspr. Minderbedarf im Bereich Verbrauchsmaterial ausgleichen können, soweit der Haushaltsplan hier eine Deckungsfähigkeit vermerkt. Die Aufgabe der Haushaltsüberwachung nehmen dann sog. *Controlling-Stellen* wahr, welche die politisch und verwaltungsseitig vorgegebenen Leistungsziele sowie die entspr. aufgabenbezogenen Finanzziele auf Zielerreichung hin kontrollieren.

Der Haushaltsplan wird nun so ausgeführt, daß eine Dienststelle der Verwaltung, etwa die Bibliothek, bei anfallenden Rechnungen die Gemeindekasse veranlaßt, auf der jeweils zutreffenden Haushaltsstelle, z.B. derjenigen für den Einkauf von Büchern, tätig zu werden, d.h. den entspr. Rechnungsbetrag an den Buchhändler anzuweisen. Derartige **Kassenanordnungen** seitens einer Dienststelle müssen stets schriftlich erfolgen, d.h. die an die Kasse eingereichte Rechnung muß den Anordnungsvermerk (häufig durch entsprechenden Stempelaufdruck) tragen und vom Anordnungsberechtigten, mit Datum versehen, unterschrieben sein. Wer anordnungsberechtigt ist, etwa außer dem/der Bibliotheksleiter/in noch ein/e Sachbearbeiter/in, wird durch Verwaltungsverfügung festgelegt.

Jeder Zahlungsanspruch und jede Zahlungsverpflichtung muß außerdem vor Erteilung der Kassenanordnung (*Auszahlungsanordnung*) auf ihren Grund und ihre Höhe geprüft sowie die Richtigkeit dessen bestätigt werden. Das geschieht in Form der sachlichen und rechnerischen Richtigkeitsbescheinigung (Stempelaufdruck mit Unterschrift des/r Sachbearbeiters/in) auf der Rechnung bzw. der Kassenanordnung. Mehrere Rechnungen können auch gebündelt und die Rechnungsbeträge mit Sammelanordnungen angewiesen werden. Der begleitende Vordruck enthält

die Höhe des auszuzahlenden Betrages,

den Grund zur Zahlung, etwa beigefügte Rechnung,
den Empfangsberechtigten,
den Fälligkeitstag,
die Buchungsstelle (Haushaltsstelle),
das Haushaltsjahr (vor allem bei jahresübergreifender Rechnung),
die Bestätigung der sachlichen und rechnerischen Richtigkeit,
das Datum der Anordnung,
die Unterschrift des/der Anordnungsberechtigten.

Häufig besteht auch noch die Bestimmung, daß die Anordnung die jeweilige *HÜL-Nummer* (Nummer der Haushaltsüberwachungsliste) tragen muß.

Wie jede Ausgabe muß auch jede Einnahme der Bibliothek über eine Kassenanordnung getätigt werden (*Annahmeanordnung*). Wenn z.B. ein Bibliotheksbenutzer seitens der Bibliothek aufgefordert wird, einen bestimmten Betrag zu zahlen (Säumnisgebühr oder den Wiederbeschaffungspreis für ein verlorenes Buch u.ä.), so teilt sie ihm gleichzeitig die entsprechende Buchungsstelle mit, die er bei Einzahlung an die Gemeindekasse angeben muß. Dabei soll nach Möglichkeit die Zahlung unbar erfolgen. Gleichzeitig ergeht seitens der Bibliothek eine Annahmeordnung an die Kasse über die Höhe des anzunehmenden Betrages unter Angabe der betreffenden Buchungsstelle usw. Auch das geschieht wieder über einen entsprechenden Vordruck, der ähnlich dem der Auszahlungsanordnung ist.

Ist ein Bibliotheksbenutzer trotz wiederholter schriftlicher Aufforderung (*Mahnung*) nicht bereit, die seitens der Bibliothek geforderte Zahlung zu leisten, so beantragt die Bibliothek bei der Kasse ein **Einziehungsverfahren** gegen den Zahlungspflichtigen. Zur Durchführung dessen dient die **Vollstreckung**.

Betrachtet die Gemeindeverwaltung ihre Forderung an den Bürger als eine solche im privatrechtlichen Sinne, so beantragt die Gemeindekasse beim Vollstreckungsgericht - das ist meistens das zuständige Amtsgericht - einen Vollstreckungsbescheid. Das gerichtliche Verfahren richtet sich dann nach den entsprechenden Bestimmungen der *Zivilprozeßordnung (ZPO)*.

Werden dagegen die Forderungen der Gemeindeverwaltung als öffentlichrechtliche angesehen, so geschieht die Beitreibung im *Verwaltungszwangsverfahren* (vgl. hierzu S. 36). Dabei ist die Gemeindekasse befugt, einen Vollstreckungsauftrag an den Vollstreckungs- bzw. Vollziehungsbeamten zu erteilen. Dieser muß die Befugnis besitzen, Zahlungen bzw. sonstige Leistungen in Empfang zu nehmen und sich dem Schuldner gegenüber dahingehend ausweisen.

Bedeutet die Einziehung bei Fälligkeit eine erhebliche Härte für den Schuldner, so kann auf Antrag die Fälligkeit hinausgeschoben werden (**Stundung**). Dabei ist auch die Form der Ratenzahlung möglich. Stundung muß im Benehmen mit der Kasse ausgesprochen werden.

Hat die Einziehungsmaßnahme keinen Erfolg, weil z.B. der Schuldner über eine längere Zeit nicht zu erreichen ist, so kann **Niederschlagung** vorgenommen werden, d.i. seitens der Kasse ein vorübergehender Verzicht. Ein vollständiger

Verzicht ist dagegen der **Erlaß.** Er erfolgt aufgrund eines Antrages in besonderen Härtefällen und ist endgültig. Auf Einziehung von Kleinbeträgen (je nach Länderregelungen etwa bis zu 20,- DM) kann die Gemeinde ebenso verzichten.

Verwahrgelder

Kleinbeträge, die die Bibliothek etwa über eine *Schlitzkasse* an der Verbuchungstheke bar in Empfang nimmt, gelten als Verwahrgelder, solange sie noch nicht endgültig bei der Kasse gebucht sind. Erst nach Leerung der Schlitzkasse durch einen Beamten der Gemeindekasse oder durch Bareinzahlung seitens der Bibliothek an die Kasse in Begleitung einer entsprechenden Annahmeanordnung, kann die Kasse die dazugehörige Buchung vornehmen. Aus ihrer Bezeichnung geht schon hervor, daß Verwahrgelder bis zur Einzahlung sicher verwahrt werden müssen.

Handvorschüsse

Es kommt häufig vor, daß die Bibliothek kleinere, ständig wiederkehrende Ausgaben z.B. für Briefmarken, Einschreibegebühren, Zustellgebühren u.ä. tätigen muß. Dazu erhält sie einen Handvorschuß, den oft auch sogenannten *Eisernen Vorschuß*. Die Methode des rückzuzahlenden Vorschusses wird deshalb angewandt, weil die Zahlungsleistung in den erwähnten Fällen nicht sofort gebucht werden kann. Sie erfolgt erst nach Abrechnung, evtl. unter gleichzeitiger Auffrischung des Handvorschusses durch die Gemeindekasse. Der Auszahlungsanordnung müssen die dazugehörigen Belege, z.B. Postquittungen beigefügt werden.

Ein rückzahlbarer Vorschuß darf nur gewährt werden, wenn feststeht, daß die Zahlung aus Mitteln des Haushalts gedeckt ist. Eine entsprechende Haushaltsstelle muß also vorhanden sein. Der Handvorschuß wird von der Gemeindekasse ausgezahlt und vorläufig gebucht; die dementsprechend anzuordnende Auszahlung wird im nachhinein abgewickelt.

Geldwerte Drucksachen

Bei Veranstaltungen muß die Bibliothek mitunter auch Eintrittskarten, Programme o.ä. verkaufen. Dazu erhält sie auf Antrag von der Gemeindekasse durchnumerierte Belege, z.B. Eintrittskarten bzw. Marken mit Wertaufdruck, in Höhe eines vorher abgesprochenen Gesamtwertes, je nach der zu erwartenden Besucherzahl. Diese Belege sind ähnlich einem Vorschuß; sie müssen abgerechnet werden. Nach Beendigung des Verkaufs an die Besucher muß die Summe der nicht verkauften Belege und des Verkaufserlöses dem Gesamtwert entsprechen. Die auszufertigende Annahmeanordnung an die Kasse enthält die Angabe über die Höhe des Verkaufserlöses; beizufügen sind die unverkauften Belege (Eintrittskarten, Programme, Wertmarken) sowie der eingenommene Geldbetrag.

7 Information und Bibliothek

Bibliotheken erfüllen Aufgaben zur Literatur- und Informationsversorgung der Bevölkerung. Literaturversorgung ist das Verfügbarmachen von Büchern. Was aber versteht man unter Informationsversorgung? Information meint Benachrichtigung, Mitteilung, Auskunft, Nachricht u.ä. Natürlich enthält auch jedes Buch in irgendeiner Weise Informationen. Was jedoch den Informationswert von Büchern einschränkt, ist ihre unzureichende Aktualität. Die Herstellung eines Buches benötigt einen zu langen Zeitraum, als daß darin enthaltene Informationen noch aktuell sein können. Zeitnahe Informationen vermitteln dagegen *Zeitungen*, z.T. auch *Zeitschriften*, dann vor allem Hörfunk und Fernsehen.

Mittel zur Weitergabe oder Verbreitung von Informationen heißen allgemein *Medien*. Hierunter fallen auch Bücher. *Massenmedien* sind dabei solche Medien, die, wie Zeitungen oder Zeitschriften, in großen Mengen hergestellt werden (Massenproduktion) und die darüber hinaus, wie auch die Funkmedien, eine große Zahl der Bevölkerung erreichen (Massenaktion). Massenmedien haben, wie Bibliotheken, eine gesellschaftliche Funktion. Sie schaffen, wenn sie verständlich, ausreichend vollständig und sachlich unterrichten, Voraussetzungen dafür, daß der einzelne sich in seiner sozialen, politischen und kulturellen Umwelt besser zurechtfindet. Sie verhelfen ihm zur persönlichen Meinungsbildung.

In der Arbeit der Medien wird mithin ein Stück Demokratie deutlich und verwirklicht. Voraussetzung allerdings ist, daß keine Gewalt, auch keine staatliche Gewalt - es sei denn ein Gesetz - die Medien in ihrer Arbeit behindert. Ebenso darf auch den Bürger keine Gewalt hindern, sich aus den Medien nach seiner Wahl Informationen zu holen. Dafür sorgt das *Grundgesetz* (Art. 5,1): "Jeder hat das Recht, seine Meinung in Wort, Schrift und Bild frei zu äußern und zu verbreiten und sich aus allgemein zugänglichen Quellen ungehindert zu unterrichten. Die Pressefreiheit und die Freiheit der Berichterstattung durch Rundfunk und Film werden gewährleistet. Eine Zensur findet nicht statt".

Den Medien, insbesondere den Massenmedien ist damit Gelegenheit gegeben, den Kampf der Meinungen - auch im politischen Bereich - auszutragen. Sie stellen daher eine Macht im Staate dar, die dem Parlament beobachtend, kritisierend, auch kontrollierend auf die Finger schaut. Die Einflußmöglichkeiten der Massenmedien auf diejenigen, die am politischen Prozeß entscheidend mitwirken, ist erheblich. Insofern stellen sie eine weitere Kraft dar neben Regierung und Opposition, insofern haben sie Anteil am Funktionieren von Demokratie.

Bibliotheken, die ihren Benutzern den Zugang zu den, vor allem gedruckten Medien ermöglichen, erfüllen damit eine wichtige demokratische Aufgabe.

Natürlich ist die gesetzlich garantierte Medienfreiheit auch durch Mißbräuche bedroht. Diese können von den Medien selbst, sie können aber auch von außen, von politischer oder wirtschaftlicher Seite kommen. Ein Beispiel dafür ist etwa die Vermengung von *Werbung* (Anzeigenteil) und *Nachricht* (Textteil) in einer Zeitung/Zeitschrift oder bei Hörfunk und Fernsehen.

Der Nutzer von Medien ist da selbst zur Achtsamkeit aufgerufen. Staatliche Instanzen zur Verhütung von Medienmißbrauch gibt es in der Bundesrepublik nicht. Sie würden allzu leicht die Medien bevormunden und insofern gegen die Medienfreiheit verstoßen.

Es gibt aber die freiwillige Selbstkontrolle der Medien. Eine Einrichtung wie z.B. der Deutsche Presserat bemüht sich um verantwortungsbewußte Nutzung der Pressefreiheit. Ihm gehören vor allem Journalisten und Verleger, nicht aber politische Funktionsträger an. Zu der rücksichtslosen Nutzung der Meinungsfreiheit nimmt das *Grundgesetz* Stellung: "Wer die Freiheit der Meinungsäußerung, insbesondere die Pressefreiheit ... zum Kampfe gegen die freiheitliche demokratische Grundordnung mißbraucht, verwirkt diese Grundrechte" (Art. 18).

Auch das Recht der persönlichen Ehre ist durch Gesetz geschützt. Soweit Verstöße rechtlich feststellbar sind, schützen also auch allgemeine Gesetze, wie etwa in Fällen von übler Nachrede, vorsätzlicher Täuschung u.ä.

Im Bereich des Jugendschutzes gibt es das *Gesetz über die Verbreitung jugendgefährdender Schriften (GjS)*. Seine Durchführung obliegt der *Bundesprüfstelle für jugendgefährdende Schriften (BPS)*. Der zuständige Minister sowie die Länderregierungen ernennen die Mitglieder der BPS. Dennoch arbeitet sie weisungsfrei und kann nur auf Antrag, etwa über ein kommunales Jugendamt tätig werden. Die BPS sorgt für eine Erfassung und Auflistung jener Schriften und Videofilme, die geeignet sind, Kinder und Jugendliche sittlich zu gefährden. Mit der Eintragung in die Liste der jugendgefährdenden Schriften, die im *Bundesanzeiger* veröffentlicht wird, treten gesetzlich sowohl absolute Veröffentlichungsverbote in Kraft, als auch weitgehende Vermiet-, Vertriebs- und Werbeverbote. Natürlich fällt auch das Verleihen in Bibliotheken unter das Verbot.

Das *Gesetz zur Neuregelung des Jugendschutzes in der Öffentlichkeit (JÖSchG)* schreibt vor, daß Videokassetten an Kinder und Jugendliche nur dann ausgeliehen werden dürfen, wenn sie "von der obersten Landesbehörde für ihre Altersstufe freigegeben und gekennzeichnet worden sind". Die heute auf dem Markt angebotenen Videokassetten tragen daher ein Prüfsiegel der Freiwilligen Selbstkontrolle der Filmwirtschaft (FSK), aus dem die Freigabe für die jeweilige Altersstufe hervorgeht. Der Freigabevermerk (Aufkleber in unterschiedlichen Farben) enthält z.B. folgenden Text "Freigegeben ohne Altersbeschränkungen" bzw. "Freigegeben nicht unter 18 Jahren" oder "Freigegeben ab 16 Jahren" usw. Näheres ist in einem entsprechenden Merkblatt des DBV enthalten.

Unter den Massenmedien Hörfunk, Fernsehen und Presse ist die Presse diejenige, deren Produkte die Arbeit der Bibliotheken direkt angehen. **Presse** umfaßt die Gesamtheit aller periodisch, d.h. in regelmäßigen Abständen laufend erscheinenden Druckschriften. Es gehören dazu Zeitungen und Zeitschriften, die in Bibliotheken folgerichtig Periodika genannt werden im Unterschied zu den Monographien (Büchern).

Gegenüber einem Buch sind Zeitung und Zeitschrift durch folgende Eigenschaften gekennzeichnet: ihre Zeitnähe (Aktualität), ihr regelmäßiges Erscheinen (Periodizität), ihre inhaltliche Vielfalt (Universalität).

Im Gegensatz zu Hörfunk und Fernsehen wird in der Bundesrepublik die Presse ausschließlich privatwirtschaftlich betrieben. Sie finanziert sich hauptsächlich aus Erlösen, die sowohl Anzeigen (Werbung, Inserate, Annoncen), als auch Vertrieb (Verkauf im Handel, auf der Straße, durch Abonnement) einbringen.

Die Struktur der Presse in der Bundesrepublik, an Beispielen deutlich gemacht, zeigt folgendes Bild:

7.1 Zeitungen

Sie bestehen aus dem redaktionellen und dem Anzeigenteil. Nach ihrer Erscheinungsweise unterscheidet man Tages- und Wochenzeitungen. Ihr Sprach- und Darstellungsniveau setzt die seriöse Presse von der Boulevardpresse ab, deren Kennzeichnung eine reißerische Aufmachung ist. Es gibt ferner weltanschaulich unabhängige Zeitungen und solche, die sich zwar meist *unabhängig* bzw. *überparteilich* nennen, die aber häufig einer politischen Richtung oder Interessengruppe nahe stehen.

Tageszeitungen erscheinen mindestens zweimal in der Woche, in der Regel aber werktäglich. Sie haben stets einen politischen Teil sowie an bestimmter, hervorgehobener Stelle einen sogenannten *Leitartikel*. Dieser nimmt zu aktuellen Tages- oder Zeitfragen Stellung, sucht jüngste politische Vorgänge zu erklären und zu deuten. Über einen Wirtschafts-, Sport- und kulturellen Teil (Feuilleton) verfügen - wenn auch nicht regelmäßig - alle Tageszeitungen. Örtlich erscheinende Tageszeitungen haben einen umfangreichen lokalen Teil.

Nach der Art ihrer Verbreitung unterscheidet man überregionale, regionale und lokale Tageszeitungen. Zu den überregionalen zählen z.B. die *Frankfurter Allgemeine Zeitung*, die *Süddeutsche Zeitung*, *Die Welt*, die *Frankfurter Rundschau*, auch das Boulevardblatt *Bild*. Reicher und vielfältiger ist das Angebot an regionalen und lokalen Tageszeitungen. Dabei ist zu berücksichtigen, daß nur wenige dieser Ausgaben (Zeitungstitel) in ihrem allgemein politischen Teil journalistisch selbständig gestaltet sind (Vollredaktion); die meisten stellen nur ihren lokalen Teil selbständig her und beziehen den allgemeinen Teil von der sog. Bezirksausgabe. Bibliotheken berücksichtigen das bei der Anschaffung von Tageszeitungen.

Sonntagszeitungen sind besondere Ausgaben überregionaler Tageszeitungen, die nur sonntäglich erscheinen; sie sind zu unterscheiden von den Wochenendausgaben der Tageszeitungen. Ihr inhaltlicher Schwerpunkt liegt neben aktueller Berichterstattung stärker auf (gehobener) Unterhaltung einschließlich Reisen,

Fernen Ländern u.ä.. Bibliotheken lassen Sonntagszeitungen unberücksichtigt - schon weil sie sonntags gewöhnlich nicht geöffnet sind.
Zu den lokalen Zeitungen zählen auch die **Alternativ-Zeitungen**, die hauptsächlich in Großstädten erscheinen und sich bewußt auf örtliche Berichterstattung beschränken. Indem sie sich aber als *Forum der Gegenöffentlichkeit* verstehen, greifen sie Probleme auf, die in der konventionellen Lokalpresse häufig unberücksichtigt bleiben oder beschönigt oder gar totgeschwiegen werden. Da die Bevorzugung gerade von Minderheitenthemen nicht die der breiten Masse von Lesern ist, geraten sie oft in finanzielle Schwierigkeiten und haben demzufolge häufig nur eine kurze Lebensdauer. Vor allem kommunale Öffentliche Bibliotheken legen Wert auf die lokale Runduminformation ihrer Benutzer und berücksichtigen daher auch die Alternativ-Zeitungen in ihren Zeitungsbeständen.

Ferner zählen **Stadtmagazine** zu den Alternativ-Zeitungen; sie enthalten neben umfangreichem Anzeigenteil lokale, dabei auch politische Informationen, Programme von Funk, Fernsehen, Theater, Film usw. und erzielen damit hohe Auflagen.

Örtliche **Anzeigenblätter** erscheinen wöchentlich und werden unentgeltlich an alle Haushalte verteilt. Sie bestehen vorwiegend aus Inseraten. Ein meist bescheidener redaktioneller Teil bleibt beschränkt auf Hinweise, Meldungen und kaum kritische lokale Berichterstattung. Soweit nicht Verleger von Tageszeitungen geschäftlich dahinterstehen, finanzieren sie sich fast ausschließlich aus den Anzeigen.

Von kommunalen, regionalen und staatlichen Behörden werden periodisch erscheinende Publikationsorgane, sog. **Amtsblätter** herausgegeben, die auch in Bibliotheken ausliegen. Sie enthalten amtliche Mitteilungen, Verordnungen, Bekanntmachungen aus dem jeweiligen Verwaltungsbereich; auf der kommunalen Ebene auch Sitzungsniederschriften von Gemeindevertretungen, Satzungen, Beschlüsse u.ä.

Auf Bundesebene gibt es den werktäglich (außer montags) erscheinenden **Bundesanzeiger**, herausgegeben vom Bundesminister der Justiz. Er enthält zunächst amtliche Verkündigungen und Bekanntmachungen meist von Bundesbehörden; im nichtamtlichen Teil *Parlamentsberichterstattungen* zu Bundestags- und Bundesratssitzungen; ein dritter, umfangreicherer Teil veröffentlicht gerichtliche und sonstige Bekanntmachungen, auch Bilanzen der Aktiengesellschaften. Eine Zentralhandelsregister-Beilage erfaßt die Eintragungen ins Handelsregister.

Wochenzeitungen stellen nicht nur von der Erscheinungsweise her einen eigenen Zeitungstyp dar; sie legen im Unterschied zur Tageszeitung das inhaltliche Schwergewicht nicht auf die Nachricht, sondern auf den *Kommentar*. Er analysiert aktuelle Ereignisse und Vorgänge, ordnet sie in größere Zusammenhänge ein und erreicht so ein fundierteres Urteil. Entsprechend ihren überdurchschnittlichen Ansprüchen an den Leser haben Wochenzeitungen eine geringere Auflagenzahl als Tageszeitungen. Sie erscheinen überregional und liefern einen wichtigen Beitrag zur politischen, wirtschaftlichen und kulturellen Diskussion in der Bundesrepublik. Dabei zeigen die meisten eine gewisse Tendenz, weltanschaulich, politisch oder konfessionell. So vertritt beispielsweise *DIE ZEIT* eine mehr liberale Richtung; das *Deutsche Allgemeine Sonntagsblatt* spricht eher Protestanten an, während der *Rheinische Merkur/Christ und Welt/Deutsche Zeitung* sich an Leser beider Konfessionen richtet.

Von der Bundeszentrale für politische Bildung herausgegeben ist *Das Parlament*; es veröffentlicht z.B. die Wiedergabe von Bundestagsdebatten, diskutiert Fernsehsendungen und bringt in seiner Beilage *Aus Politik und Zeitgeschichte*, die in Bibliotheken meist gesondert gesammelt wird, politische Fachaufsätze von zeitgeschichtlicher Bedeutung.

Anders behandelt z.B. das Nachrichtenmagazin *Der Spiegel* politische Themen. Sein Herausgeber will "politische Illusionen zum Platzen bringen". Dementsprechend reichen die Urteile über den *Spiegel* von "Skandalblatt" bis zu "Wahrzeichen der Demokratie".

Im Interesse einer Pflege der Meinungsvielfalt gehen Bibliotheken an kaum einer Wochenzeitung vorbei.

7.2 Zeitschriften

Sie unterscheiden sich von Zeitungen durch geringere Aktualität und geringere Periodizität. Die Zeitschrift ordnet ihren Inhalt nach größeren Zusammenhängen oder spezialisiert sich auf bestimmte Sach- oder Fachgebiete. Folgende Typen lassen sich feststellen

- Publikumszeitschriften
- Konfessionelle Zeitschriften
- Verbandszeitschriften, Parteipresse
- Werk- und Kundenzeitschriften
- Kinder- und Jugendzeitschriften, Schülerzeitschriften
- Fachzeitschriften.

Publikumszeitschriften sind solche, deren Leserschaft weder fachlich zu begrenzen, noch bestimmten sozialen Kreisen zuzuordnen ist; darin liegt ihr Unterschied zu den übrigen Zeitschriften. Publikumszeitschriften erscheinen in der Regel wöchentlich. Es gehören zu ihnen, groß gruppiert

- aktuelle Illustrierten
- Programmzeitschriften
- Frauenzeitschriften
- unterhaltende Wochenzeitschriften.

Bei der **Illustrierten** überwiegt als Informationsmittel das farbige Bild auf hochwertigem Papier vor dem Text, der vorwiegend aus aktuellen Unterhaltungsbeiträgen besteht oder aus solchen, die sensationellen Ereignissen gewidmet sind. Farbig gedruckt ist auch der reichlich anzutreffende Anzeigenteil.

Politischen Vorgängen nehmen sich in unterschiedlicher Sicht z.B. an: *Stern* mehr sozialliberal, *Bunte* eher konservativ. Im übrigen gehen auch diese an den Standardthemen aller Illustrierten nicht vorbei: Aufsehenerregendes mitzuteilen, Skandale darzustellen, besonders in prominenten Gesellschaftsschichten; ferner Reportagen und Stories im Sex- und Crimebereich anzubieten. Der Informationswert ist unterschiedlich, im ganzen aber gering anzusetzen.

Äußerlich den Illustrierten verwandt, jedoch anspruchsvoller und seriöser im Inhalt sind die farbigen Beilagen einiger überregionaler Wochenzeitungen bzw. Wochenendausgaben von Tageszeitungen (Magazine).

Programmzeitschriften bieten wöchentlich Informationen über Hörfunk- und Fernsehprogramme in- und ausländischer Sendeanstalten. Dem beigegeben ist ein reich illustrierter Textteil mit Berichten zu den jeweiligen Sendungen, deren Anlässen, Autoren, Redakteuren, Regisseuren, Darstellern usw. Bisweilen erscheinen auch medienkritische Beiträge. Bibliotheken halten Programmzeitschriften selten bereit.

Frauenzeitschriften widmen sich - wie der Name sagt - ausschließlich dem Lebensbereich der Frau. Meist ähnlich den Illustrierten aufgemacht, verzichten sie in der Thematik vorwiegend auf Politik, Wirtschaft und Kultur zugunsten von Mode, Kosmetik, Hauswirtschaft, Wohnen, Gesundheit, auch Handarbeiten usw. Zunehmend werden aber auch aktuelle Probleme der Frau, ihre Gleichberechtigung, ihr Beruf u.ä. angesprochen. Ausschließlich dem Thema der Frauenemanzipation widmet sich *Emma*, zu deren Autoren allein Frauen gehören. In Öffentlichen Bibliotheken sind außer *Emma* auch *burda-moden* und *Brigitte* anzutreffen.

Unterhaltende Wochenzeitschriften, wegen der ehemals vielfarbigen Kopfleisten auch *Regenbogenpresse* genannt, sind gekennzeichnet durch den Verzicht auf aktuelle politische Berichte zugunsten unterhaltsamer Pflege von Illusionen und Sehnsucht nach einer einst "heilen" (wenig demokratischen) Welt. Beliebt sind Fortsetzungsreportagen über das Leben, auch Leiden und Lieben damaliger oder lebender Kaiser und Kaiserinnen, Königen und Königinnen, Prinzen und Prinzessinnen oder anderer Adels- und Nichtadelsprominenz. Selten wird historisches Wissen, noch seltener Lebens- und Orientierungshilfe angeboten. Bibliotheken verzichten auf ihre Anschaffung.

Konfessionelle Zeitschriften halten Verbindung zu ihren Gläubigen; auf evangelischer Seite mit Gemeindebriefen und Sonntagsblättern, auf katholischer mit Bistums-, Familien- und Sonntagsblättern, auch Ordens- und Missionszeitschriften, ferner mit dem Nachrichtenmagazin *Weltbild* oder der Boulevard-Wochenzeitung *neue bildpost*. Innerkirchlich kritisch ist das 14tägig erscheinende *Publik-Forum*, das auch in nichtkirchlichen Bibliotheken zu finden ist.

Verbandszeitschriften sind Publikationsorgane von Berufsverbänden oder Vereinen, die vor allem ihre Mitglieder informieren und dadurch zusammenschließen. Sie versuchen aber auch, damit auf politische Entscheidungen in ihrem Interesse hinzuwirken. Im bibliothekarischen Berufsbereich sind hier beispielsweise zu nennen *Buch und Bibliothek (BuB)* und die *Zeitschrift für Bibliothekswesen und Bibliographie (ZfBB).*

Innerhalb der **Gewerkschaftspresse** gibt es außer dem DGB-Organ *Welt der Arbeit* Zeitschriften der einzelnen Industrie-Gewerkschaften. Nichtmitglieder anzusprechen bemühen sich die *Gewerkschaftlichen Monatshefte* und die Jugendzeitschrift *ran.* Sie gehören zum Bibliotheksbestand. Die Deutsche Angestelltengewerkschaft publiziert in *Der Angestellte*, der Deutsche Beamtenbund in *Der Beamten-Bund.*

Die **Parteipresse** hat in der Bundesrepublik wenig publizistische Bedeutung. Von seiten der CDU/CSU gibt es als offiziellen Pressedienst vor allem den *Deutschland-Union-Dienst* und die *CSU-Korrespondenz.* Als parteieigene Wochenzeitung besitzt die CSU den *Bayernkurier*, der den Ruf einer "scharfen politischen Waffe" genießt. Offizielle Verlautbarungen enthalten der *Sozialdemokratische Pressedienst* und der *Parlamentarisch-Politische Pressedienst (PPP).* Entsprechend hat die F.D.P. ihre *freie demokratische korrespondenz (fdk).*

Die Monatszeitschrift *liberal* ist kein offizielles Parteiorgan, aber unter den Autoren zählen die meisten zu den F.D.P.-Politikern. Ähnlich ist das der Fall bei der Zeitschrift *Neue Gesellschaft/Frankfurter Hefte*, bezogen auf die SPD, und *Die politische Meinung* auf die CDU. Die Grünen geben für ihre Mitglieder *Punkt* heraus. Den Grünen nahe steht *taz*, die größte selbstverwaltete Tageszeitung der Bundesrepublik.

Die parteinahen Publikationen legen Bibliotheken im Interesse der Sicherung der Meinungspluralität aus. Sie übergehen dabei früher wie heute auch nicht das SED/PDS-amtliche Organ *Neues Deutschland.*

Werkzeitschriften sind firmen- oder betriebseigene Zeitschriften, die von der Geschäfts- bzw. Betriebsleitung kostenlos an die Belegschaft verteilt werden. Sie informieren über wichtige Vorgänge im Betrieb bzw. Unternehmen und sind bestrebt, den Arbeitnehmer an das Unternehmen zu binden. Nach dem Betriebsverfassungsgesetz ist der Betriebsrat an der Herausgabe beteiligt. *Werkbibliotheken* bzw. Firmenbibliotheken zählen Werkzeitschriften zu ihrem Bestand; die übrigen Bibliotheken sind an Einzelheften nur dann interessiert, wenn dort Wesentliches zur Werks- bzw. Unternehmensgeschichte enthalten ist. Unter die kritischen Publikationen sind sie in der Regel nicht einzureihen.

Das gilt ebenso für die **Kundenzeitschriften**. Sie wollen Kontakte zum Abnehmer und Verbraucher pflegen, werben für ihre Produkte oder für ganze Wirtschaftszweige.

Kinder- und Jugendzeitschriften sprechen ein Lesepublikum an, das vom Vorschulalter bis zu Schulabschluß und Lehre reicht. Von der Herstellung aus gesehen, gibt es jugendeigene und kommerzielle Jugendzeitschriften, wobei die letzteren überwiegen; hinzu kommen vereinsgebundene, subventionierte. Nach den Inhalten gibt es unterhaltende wie belehrende Publikationen. In Öffentlichen Kinder- und Jugendbibliotheken sind beide Arten vertreten, wenngleich auch dort der Zeitschrift eine wesentlich geringere Bedeutung zukommt als dem

Kinder- und Jugendbuch. Besonders beliebt von der Benutzung her sind naturkundlich und technisch orientierte Zeitschriften in allen Altersgruppen.

Aus der Gesamtheit der Jugendpresse heben sich wegen ihrer Besonderheit die **Schülerzeitschriften** ab. Sie werden von Schülern der Sekundarstufen einer oder mehrerer Schulen in eigener Verantwortung redigiert. Zu unterscheiden sind sie von *Schulzeitungen* u.ä., die in der Verantwortung der Schulleitungen herausgegeben werden. In der Schülerzeitschrift bemühen sich die Schüler um politische und gesellschaftliche Selbstdarstellung und Selbstbestimmung. Schülerzeitschriften erscheinen im Unterschied zu den übrigen Jugendzeitschriften unregelmäßig und finanzieren sich durch Anzeigen. Öffentliche Bibliotheken nutzen die Möglichkeit, in ihnen zu inserieren, um auf die Einrichtung Bibliothek und deren Bestände aufmerksam zu machen; dies insbesondere im Hinblick auf die Nutzung der Bibliothek für Schule und eigene Meinungsbildung.

Fachzeitschriften sind periodisch, meist monatlich oder vierteljährlich erscheinende Publikationen, die sich einem bestimmten, oft speziellen Sach- und Fachgebiet widmen, sich daher auch an einen engeren Benutzerkreis wenden. Die seltenere Erscheinungsform ist die in Abschnitten von zwei Wochen und zwei Monaten; häufiger sind dann Vierteljahres- und Halbjahresschriften. Jährlich erscheinende Fachzeitschriften heißen in der Regel *Jahrbücher*. In Bibliotheken werden Fachzeitschriften - seltener die populären - zu Halbjahres- bzw. Jahresbänden zusammengefaßt gebunden.

Es gibt einerseits populäre oder popularwissenschaftliche Fachzeitschriften, etwa in den Bereichen Reisen, Fremde Länder, Kunst, Kultur, Ernährung, Garten, Wohnen, Freizeit, Werken u.ä. Dann jene für einzelne berufliche Sparten, die der Fachinformation, der Fort- und Weiterbildung dienen. Schließlich aber die wissenschaftlichen Fachzeitschriften, die insbesondere neuere Kenntnisse und Erkenntnisse aus Forschung und Entwicklung vermitteln.

In Bibliotheken kommt der wissenschaftlichen Fachzeitschrift insofern besondere Beachtung zu, als sie erheblich schneller publiziert und informiert als alle Buchliteratur (*Monographien*). Sie hat bevorzugt ihre Benutzerschaft in den Hochschul- und Institutsbibliotheken, vor allem aber in den Fach- und Spezialbibliotheken. Für Wissenschaftler und Forscher ist die regelmäßige Durchsicht der neuesten Hefte an Fachzeitschriften zwingend.

Öffentliche Bibliotheken legen vor allem die populären und popularwissenschaftlichen Fachzeitschriften aus, die in Wissenschaftlichen Bibliotheken kaum anzutreffen sind. Entleihbar sind Zeitschriften in der Regel nicht außer Hause, mit Ausnahme einzelner Zeitschriftenhefte in kleineren Bibliotheken wie Gemeinde-, Fahr- und Zweigbibliotheken. Fotokopien von Zeitschriftenaufsätzen können meistens vom Benutzer in der Bibliothek selbst hergestellt werden. In den auswärtigen Leihverkehr gelangen Zeitschriftenaufsätze nur als Fotokopien.

8 Information und Dokumentation

Informationen sind mitgeteilte Sachverhalte. Man kann Informationen aus dem Augenblick heraus, sozusagen erlebend aufnehmen in der Beobachtung, im Gespräch usw. Man kann sie aber auch *speichern*, d.h. zurückstellen, um sie zu einem späteren Zeitpunkt *abzurufen*. Immer wenn wir uns erinnern, rufen wir in unserem Gedächtnis eine vorher aufgenommene Information ab.

Eine solche Information ist nicht immer gegenwärtig, noch hat die Allgemeinheit Zugriff zu ihr. Erst seit wir über die Schrift verfügen, seit wir Informationen niederschreiben und somit sichtbar machen können, werden sie dauerhaft und durch jedermann nutzbar.

Informationen, die "materiell" festgehalten werden können in Schrift, Druck, Ton oder Bild, heißen in der Fachsprache *Dokumente*. Sie sind Träger von Informationen. Auch die Bestände in Bibliotheken sind Dokumente, gespeicherte Informationen, die der Benutzer im Bedarfsfall abrufen kann.

Viele Informationssuchende aus Forschung, Wissenschaft, Wirtschaft, Politik, auch Verwaltung und Kultur benötigen aus der Vielzahl des Informationsangebotes nur wenige, ganz gezielte Informationen, oft nur die Ergebnisse, den Abschlußbericht, und sie brauchen diese infolge der schnellen Entwicklung der Wissenschaft kurzfristig. Das Problem ist, aus einer Überfülle von Informationen, die in einem oder mehreren Dokumenten vorhanden sind, das zu ermitteln, was für eine bestimmte Aufgabe benötigt wird.

Bibliotheken können mit ihren herkömmlichen Mitteln der Bestandserschließung, ihren Katalogen dabei selten helfen. Denn Kataloge erschließen nicht punktuell, sondern grob sachlich; außerdem erschließen sie nur Bibliotheksbestände, gesucht wird aber bei gezieltem Bedarf grundsätzlich, ohne Rücksicht darauf, wo sich ein geeignetes Dokument befindet.

Aus diesem Bedürfnis heraus hat sich die *Dokumentation* als selbständiger, das Bibliothekswesen ergänzender Informationszweig entwickelt. Dokumentation befaßt sich mit inhaltlicher Erschließung und Nachweisung von Dokumenten aller Art. Das sind außer Büchern vorwiegend Zeitschriftenaufsätze, Hochschulschriften, Kongreßschriften, dann insbesondere Forschungsberichte, hier vor allem die Abschlußberichte von Forschungsaufträgen (*Reports*), ebenso Patentschriften (Beschreibungen von Patenten). Es gehören aber auch dazu Statistiken, Zähl- und Meßdaten, überhaupt Datenkomplexe aus allen Lebens- und Tätigkeitsbereichen, ferner Abbildungen, Diagramme u.ä.m.

Dokumentationstätigkeit erstreckt sich dabei immer auf ein Fachgebiet, ein Spezialgebiet. Hierin liegt auch ein wesentlicher Unterschied zur üblichen Bibliotheksarbeit. Im engeren Sinne ist Dokumentationstätigkeit das Erfassen (Fixieren), Auf-den-kleinsten-Nenner-Bringen, Ordnen und Erschließen sowie das Speichern von Sachverhalten und Daten. Das anschließende Nachweisen, Zugängigmachen, Veröffentlichen und Vermitteln dokumentarischer Arbeitsergebnisse gehört mehr zur Informationstätigkeit. Beide, eng miteinander verknüpft, fallen unter die Bezeichnung *Information und Dokumentation (IuD).*

Der Dokumentationsprozeß kann konventionell abgewickelt werden, d.h. manuell mit Steilkartei oder Handlochkarten; er kann mechanisiert erfolgen mit Maschinenlochkarten oder kodiertem Mikrofilm; schließlich kann der Prozeß automatisiert ablaufen mit Hilfe der *elektronischen Datenverarbeitung (EDV),* der heute gebräuchlichsten Anwendungsweise. Zu unterscheiden ist dabei die Literaturdokumentation von der Datendokumentation. Mit der Literaturdokumentation befassen sich *Literaturdatenbanken* oder *Literaturhinweisbanken*; ihr Datenmaterial bezieht sich immer auf Literaturstellen, Suchstellen in gedruckten Veröffentlichungen.

8.1 Literaturdokumentation

Sie ist gekennzeichnet durch die inhaltliche Erschließung von Dokumenten. Es werden die infragekommenden Texte auf begriffliche Sachverhalte hin analysiert und diese dann in verarbeitungsfähige Bezeichnungen bzw. Benennungen der Dokumentationssprache umgearbeitet (*transportiert*). Die Dokumentationssprache ist ebenso Ordnungsmittel wie sie auch der Inhaltserschließung, der Speicherung und der Durchführung von Suchvorgängen dient. Sie stellt eine einheitliche Ordnungsmethode sicher, die ein Fachgebiet möglichst lückenlos abdeckt, ohne daß sich z.B. die dabei benutzten Bezeichnungen (*Deskriptoren*), die einen Begriff bestimmen, überschneiden. Die Deskriptoren müssen, logisch verknüpft, jeder Suchfrage entsprechen können, jeder denkbaren Suchfrage genügen.

Auf das komplizierte Vorgehen dabei soll hier nicht näher eingegangen werden. Der Suchvorgang wird, wo nicht konventionell, in modernen Dokumentationsprozessen mit einer *EDV-Anlage* durchgeführt. Hier lassen sich die Dokumentationsergebnisse nicht nur speichern, sondern bei Bedarf abfragen, sortieren, auswählen (*selektieren),* dann entweder unmittelbar darstellen über Bildschirm oder Schnelldrucker oder zu gedruckten Informationsdiensten bzw. Fachbibliographien verarbeiten und an den Anfragenden vermitteln. Wissenschaftliche Spezialbibliotheken sind mit ihren Beständen in zunehmendem Maße in den Dokumentations- und Informationsprozeß einbezogen. Große Wissenschaftliche, auch Öffentliche Bibliotheken, verfügen über Datenbanken bzw. -anschlüsse.

Bei der Vermittlung von Dokumentationsergebnissen unterscheidet man die aktive und die passive Vermittlung (Dokumentationsdienst). Aktiv ist der sog. *Profildienst*, d.h. der Benutzer erhält entsprechend seinen individuellen Wünschen über einen gewissen Zeitraum kontinuierlich zu einer gleichbleibenden Fragestellung (*Suchprofil*) Informationen. Profildienste erscheinen in Form von Neuerscheinungslisten, Schnellinformationen, Literaturübersichten u.ä.m.

Die passive Dokumentationsvermittlung geschieht in Anwesenheit des Benutzers am Computer, der über den Informationsvermittler (*Searcher*) die eigentliche Selektions- und Sucharbeit (*Retrieval*) leistet und auf dem Bildschirm wiedergibt. Man bezeichnet das Verfahren auch als *Online-Recherche* oder *Online-Dialogführung*, weil der Suchende sozusagen ein Zwiegespräch mit dem Computer führt. Ein eventueller Ausdruck der Information über einen Schnelldrucker ist natürlich möglich.

Zu den Literaturdatenbanken zählt auch die bibliographische Dokumentationsbank BIBLIO-DATA, die das gesamte Titelmaterial der *Deutschen Nationalbibliographie*, d.h. aller deutschen Neuerscheinungen (seit 1966) speichert und für den Online-Dialog bereithält. Ebenso gehört hierhin die *Zeitschriftendatenbank (ZDB)* mit ihren gespeicherten Daten von Zeitschriften- und Serienbeständen vieler Bibliotheken der Bundesrepublik, die sowohl als Mikrofiche-Ausgaben halbjährlich bezogen wie auch online abgefragt werden können.

Die ekz bietet EKZD, eine *ekz-Datenbank* an, die bei monatlicher Aktualisierung ca. 150.000 Titel überwiegend deutschsprachiger Neuerscheinungen (seit Erscheinungsjahr 1986) nachweist.

8.2 Datendokumentation

Sie ist gekennzeichnet dadurch, daß sie nicht Suchstellen vermittelt wie die Literaturdokumentation, sondern Daten, die eine *Endinformation* ergeben. Sie ist weitgehend eine numerische oder alphanumerische Dokumentation, d.h. sie bietet entweder eine bloße Zahleninformation oder eine sowohl textliche wie zahlenmäßige. Im Unterschied zur Literaturdokumentation stellt sie aber kein referierendes (berichtendes) Verfahren dar. Datendokumentation befaßt sich mit der Sammlung, Speicherung und Vermittlung konkreter Forschungs- und Arbeitsergebnisse. Das können Meßdaten, z.B. Wetterdaten sein, medizinische Befund- oder Umweltdaten, Sozial- oder Finanzdaten, auch Werkstoffeigenschaften u.ä.m. Möglich sind ebenso knappe Volltextinformationen wie z.B. Gesetzestexte, Gerichtsentscheidungen und dergleichen. Schließlich kann Datendokumentation auch als *elektronisches Nachschlagewerk* dienen, indem sie Namensverzeichnisse, Wörterbücher etc. darstellt. Durchgeführt wird Datendokumentation in sog. *Faktendatenbanken.*

8.3 Datenbanken

Sie befinden sich in Fachinformationszentren (IuD-Stellen). In der Bundesrepublik sind diese meistens Einrichtungen von Forschungsinstituten, Behörden, privaten Firmen u.ä. Sie erscheinen aber auch als selbständige fachspezifische Institutionen. Im wesentlichen sind sie vertreten auf den Gebieten Technik,

Chemie, Physik, Mathematik, Medizin, Geowissenschaften, Sozialwissenschaften, Agrarwesen, Rechtswesen, Umwelt, Verkehr, Statistik.

Dokumentationsstellen bzw. -aktivitäten gibt es auch in staatlichen wie privaten Fachbibliotheken. Alle die verschiedenen Informations- und Dokumentationsaktivitäten sind in der Bundesrepublik in 12 Fachinformationszentren zusammengeführt. Diese arbeiten selbständig, stehen aber in nationalem und internationalem Verbund. Die meisten sind Datenbasen, d.h. sie stellen das Datenmaterial selbst her. Viele Datenbankbetreiber veröffentlichen eigene gedruckte Informationsdienste, laufende Nachweise aller ihrer Datenneuerfassungen.

Dazu gehört natürlich auch *Die Deutsche Bibliothek* in Frankfurt am Main mit ihrer zentralen Datenbank. Zu ihren Dienstleistungen gehören z. B. die Neuanzeigen von jährlich über 200.000 Titeln (Büchern, Zeitschriften, Zeitungen, Landkarten, Hochschulschriften, Musikalien, Tonträgern u. a. m.). Sie werden als gedruckte Dienste der Nationalbibliographie, als Mikrofiche-Dienste, als Kartendienste, Dienste auf Magnetband, CD-ROM oder Diskette und als Online-Service hergestellt. Profildienste selektieren außerdem z. B. nach Publikationsformen (Veröffentlichungsarten), nach Sachgebieten, nach Beschaffungsbedarf bestimmter Bibliothekstypen (etwa Öffentlichen Bibliotheken) u. a. m.

Über Datenbanken verfügen heute auch die *Barsortimentsbuchhandlungen* (Zwischenbuchhandel), um so ihre umfangreichen Lagerbestände an Büchern etc. für den Sortimentsbuchhändler abrufbar zu machen. Der elektronische Datenaustausch zwischen Bibliotheken und Buchhandel wird dann der nächste Entwicklungsschritt sein.

9 Das Bildungswesen in der Bundesrepublik

Unter dem Begriff *Bildungswesen* faßt man jene Einrichtungen zusammen, die dazu dienen, Bildung zu vermitteln. Das kann direkt geschehen durch Erteilen von Unterricht (schulischer Bereich) oder indirekt durch außerschulische Institutionen wie etwa Bibliotheken, die Lehr- und Lernmittel zur Verfügung stellen, aber selbst nicht unterrichtend tätig sind.

Bildungseinrichtungen können sich in privater Hand befinden oder, was in der Bundesrepublik überwiegend der Fall ist, in öffentlicher Trägerschaft stehen. Das gilt insbesondere für das Unterrichtswesen. Hier liegt die Zuständigkeit fast ausschließlich beim Staat, genauer bei den Bundesländern. Der Bund hat jedoch das Recht, gewisse Rahmenvorschriften zu erlassen. Trotz weitgehender Selbständigkeit der Bundesländer in kulturellen Dingen (*Kulturhoheit der Länder*) gibt es Aufgaben im Schul- und Hochschulwesen, die bundeseinheitlich zu lösen sind, d.h. in Zusammenarbeit der Bundesländer.

Hierzu gehören im schulischen Bereich z.B. die Dauer der Schulpflicht, des Schuljahres, der Ferien, auch wesentliche Bestandteile des Lehrplanes, die Bewertung der schulischen Leistungen, die gegenseitige Anerkennung von Prüfungen und Zeugnissen. Zu diesem Zweck arbeiten die Länder gemeinsam in der *Ständigen Konferenz der Kultusminister (KMK).* Deren Beschlüsse haben zwar nur empfehlenden Charakter, werden aber von den Ländern beachtet. Ähnlich findet die zentrale Vertretung der Hochschulen, die *Hochschulrektorenkonferenz* gemeinsam mit der Kultusministerkonferenz zu Vereinbarungen wie etwa im Prüfungswesen der Hochschulen u.a.m.

Der Bildungsprozeß des Menschen vollzieht sich als Lernen aus dem Leben (Erlebnis, Erfahrung usw.) sowie als Lernen im Unterricht (Erziehung, Schulung, Ausbildung usw.). Bildung als Unterricht erfolgt nach und neben dem Elternhaus vorwiegend in der Schule bis hin zur Hochschule, andererseits auch in der betrieblichen Ausbildungsstätte. Die schulischen Lehrbereiche lassen sich in folgende Stufen einteilen

- Elementarbereich
- Primarbereich
- Sekundarbereich
- Tertiärer Bereich
- Quartärer Bereich.

Dem entspricht eine inhaltliche Gliederung in

- Vorschulwesen
- Allgemeinbildendes und berufliches Schulwesen
- Hochschulwesen
- Weiterbildung.

Vorschulerziehung beruht auf freiwilliger Basis; ihre Einrichtungen unterliegen keinem Gesetz. Der größere Teil wird von den Kirchen, von Wohlfahrtsverbänden oder Elterninitiativen getragen; geringer ist der Anteil der öffentlichen Hand. Für Kinder bis zum dritten Lebensjahr erfolgt die Vorschulerziehung in Kinderkrippen, von drei bis fünf Jahren in *Kindergärten*. Zum Besuch beider werden in der Regel Gebühren erhoben. Die Aufgaben vor allem der Kindergärten liegen besonders in der Förderung des kindlichen Wahrnehmungs- und Wissensvermögens (kognitiver Bereich), in der Beseitigung von sprachlichen Mängeln sowie in der Überwindung von Hemmungen im gemeinschaftlichen Umfeld (sozialer Bereich).

Kindergärten sollen nicht direkt auf die kommende Schule vorbereiten, etwa durch frühkindliches Lesen, Schreiben und Rechnen. Allerdings haben einige Bundesländer zur Erprobung einjährige Vorklassen eingeführt, die in enger Verbindung zur Grundschule eine Qualifikation zur Bewältigung des ersten Schuljahres vermitteln sollen.

Schulgesetzlich festgelegt sind in den meisten Bundesländern dagegen die Schulkindergärten (in Hessen: Vorklassen) als einjährige Einrichtungen für Kinder, die zwar im schulpflichtigen Alter sind, aber noch nicht über die nötige Schulreife verfügen. Der Schulkindergarten ist einer Grundschule angegliedert, unterliegt also auch der staatlichen Schulaufsicht. Er soll Kinder mit Entwicklungsschwierigkeiten, die vom Schulbesuch zurückgestellt wurden, auf die Schule vorbereiten. Das erfolgt durch verschiedene Methoden von Spielen, spielerischem Gestalten und Bewegungserziehung.

Kinderbibliotheken berücksichtigen bei der Auswahl ihrer Bestände und ihrer Veranstaltungen die Ziele und Methoden der Vorschulerziehung. Sie arbeiten häufig zusammen mit Vorschulerziehern/innen. Im außerschulischen Bereich bieten außerdem die Massenmedien Programme und Materialien an, die der Vorschulerziehung dienen. Hierzu gehören Fernsehsendungen oder -serien wie z.B. *Sesamstraße*, auch Sprachtrainingsprogramme im Rundfunk u.ä.m.

9.1 Das Schulwesen

Aufgabe der Schule überhaupt ist es, Kindern und jungen Menschen durch Unterricht Kenntnisse und Fertigkeiten zu vermitteln, die es ihnen ermöglichen, später ihr Leben selbständig zu führen. Das gesamte Schulwesen steht nach dem Grundgesetz unter Aufsicht des Staates. Schulträger sind die Bundesländer, die Kommunen (Gemeinden, Gemeindeverbände), aber auch die Kirchen und Privatpersonen, soweit deren Einrichtungen staatlich anerkannt sind. Der Schulbesuch ist gesetzlich vorgeschrieben und unentgeltlich. Die Schulpflicht beginnt nach Vollendung des 6. Lebensjahres (Stichtag: 1. August) und schließt mit dem vollendeten 18. Lebensjahr.

Die Schulgesetze erlassen die Bundesländer. Sie legen z.B. die Mindestdauer der Schulzeit fest, die bei neun, in einigen Bundesländern bei zehn Jahren liegt.

In diesem Zusammenhang muß darauf hingewiesen werden, daß das Schulwesen der Bundesrepublik, vor allem was die Organisationsform der Schulen anbetrifft, kein durchweg einheitliches Bild zeigt. Im Vergleich der einzelnen Bundesländer ist eine Vielzahl von Sonderregelungen, auch Erprobungen festzustellen, so daß eine Darstellung wie diese hier sich im wesentlichen auf das Gemeinsame, den Regelfall beschränken muß unter Nennung beispielhafter Ausnahmen. Im übrigen bleibt aber bei allen bildungspolitischen Meinungsverschiedenheiten das ständige Bemühen der Bundesländer zu erkennen, in gegenseitigen Vereinbarungen (nach dem sog. Hamburger Abkommen) zu mehr Vereinheitlichung innerhalb des Schulwesens zu gelangen. Das gilt auch für das Schulwesen in den neuen Bundesländern.

Schulen aller Schulformen verfügen über schuleigene Schul-, Schüler- und Lehrerbibliotheken. In Schulzentren ist nicht selten die Einrichtung kombinierter *Öffentlicher und Schulbibliotheken* anzutreffen.

9.1.1 Die allgemeinbildenden Schulen

Zu ihnen zählen

- Grundschule
- Hauptschule
- Realschule
- Gymnasium.

Die **Grundschule** als Basis (*Primarbereich*) für alle aufbauenden Schulen ist die gemeinsame Pflichtschule für alle Kinder. Die Dauer des Grundschulbesuches beträgt in der Regel vier, in einigen Bundesländern sechs Jahre. Aufgabe der Grundschule ist es, zunächst die Spielsituation (*Kindergarten*) abzulösen durch die Lernsituation und die elementaren Fertigkeiten des Lesens, Schreibens und Rechnens zu lernen und zu üben. Nach einem Anfangsunterricht erfolgt bald die Aufgliederung in Fächer, um so auf die Unterrichtsinhalte der weiterführenden Schulen (Hauptschule, Realschule, Gymnasium) hinzuführen.

Die Entscheidung über die weitere Schullaufbahn geschieht erst in der *Orientierungsstufe* (auch Beobachtungsstufe, Förderstufe), die das 5. und 6. Schuljahr umfaßt. Sie kann eine in allen Schularten gleiche Schulstufe darstellen oder - wie in wenigen Bundesländern - eine von den Schularten unabhängige Schulstufe sein; in diesem Falle beginnen die weiterführenden Schulen erst mit der 7. Klasse.

Der Übergang in die Hauptschule geschieht ohne besondere Auslese. Die Aufnahme in eine Realschule oder in ein Gymnasium wird in den Bundesländern unterschiedlich gehandhabt, in Aufnahme- oder Ausleseverfahren. Auf den Primarbereich folgt der *Sekundarbereich.*

Zu unterscheiden sind der Sekundarbereich I (5. bis 10. Schuljahr) von dem Sekundarbereich II (11. bis 13. Schuljahr).

Die **Hauptschule** reicht vom 5. bzw. 7. bis zum 9. Schuljahr, in einigen Bundesländern bis zum 10. Schuljahr. Die drei, fünf bzw. sechs Klassen umfassende Schule soll die Schüler auf die moderne Arbeitswelt und das Berufsleben oder die Berufsausbildung vorbereiten. Das geschieht ab der 7. Klasse, also nach der Orientierungsstufe durch ein mehrschichtig aufgegliedertes Fächerangebot mit leistungsdifferenziertem Unterricht, d.h. bei Klassenaufteilung je nach Neigung und Begabung in Englisch oder Mathematik.

Dabei wird unterschieden zwischen Normalangebot mit Abgangszeugnis am Ende der Schulzeit und Anforderungen auf einem höheren Niveau mit qualifiziertem Hauptschulabschluß; das entsprechende Abschlußzeugnis ermöglicht dann den Übergang in die Realschule. Für die meisten Berufe wird zur Berufsausbildung das Abschlußzeugnis vorausgesetzt, auch z.B. für die Ausbildung zum/zur *Assistenten/in an Bibliotheken.* Das 10. Schuljahr einiger Bundesländer schließt Betriebspraktika ein, die eine Berufswahl erleichtern sollen. Es gilt als *Berufsgrundbildungsjahr.*

Es gibt auch die Form eines Wegfallens der Hauptschule; dann besuchen die Schüler im Anschluß an die Grundschulklassen 1-4 bzw. 1-6 in der *Gesamtschule* (als Regelschule) die Klassen 5-10 bzw. 7-10 (s. auch unter *Gesamtschule*, S. 81).

Sonderschulen sind schulische Einrichtungen für Kinder und Jugendliche, die infolge geistiger oder körperlicher Behinderung nicht am Unterricht einer allgemein- oder berufsbildenden Schule teilnehmen können. Die Unterrichtsmethoden und -grundsätze sind hier an der Art der Behinderung der Schüler orientiert. Es gibt Sonderschulen in Halb- und Ganztagsform, auch als Internatsschulen sowie die Form der Sonderklassen an Grund- und Hauptschulen. Es finden auch Formen gemeinsamen Unterrichts behinderter und nichtbehinderter Kinder Anwendung (Integrationsklassen).

Die **Realschule** findet in der Regel von der 5. bzw. 7. bis zur 10. Klasse des Sekundarbereichs statt. Daneben gibt es die Aufbauform für Schüler, die erst nach dem 6. oder 7. Hauptschuljahr übergehen. Die Bildungsziele der Realschule orientieren sich an der fortschreitenden Spezialisierung in Wirtschaft, Industrie und Verwaltung. Der Unterricht soll den Schüler vorbereiten auf Aufgaben mit gehobenen Anforderungen an Selbständigkeit und Verantwortung in vorwiegend praktischen Berufen.

Dem trägt neben naturwissenschaftlich/mathematischem Schwerpunkt ein erweitertes fremdsprachliches Angebot Rechnung. Von zwei Fremdsprachen ist eine Pflichtfach, die andere liegt im Wahlpflichtbereich, alternativ zu Sozial- und Wirtschaftskunde. Die Realschule führt zu einem *mittleren Bildungsabschluß.* Er ermöglicht den Eintritt in eine entsprechende Berufsausbildung, auch zum/zur *Assistenten/in an Bibliotheken,* oder den Übergang in eine Fachoberschule. Bei besonderen Leistungen kann auch der Übergang in eine gymnasiale Oberstufe erfolgen.

Gymnasium heißen alle allgemeinbildenden Schulen des *Sekundarbereichs*, die bis zur 13. Klasse führen und nach deren erfolgreichem Abschluß die

Abiturprüfung steht. Damit wird die Berechtigung zum Studium an einer Hochschule oder Berufsakademie erworben. Zu unterscheiden sind Gymnasien, die mit dem Abitur zur *allgemeinen Hochschulreife* führen, von solchen, an denen nur die Berechtigung zum fächergebundenen Studium (*fachgebundene Hochschulreife*) erworben werden kann.

Je nach Dauer der Grundschulzeit umfaßt das Gymnasium die Klassen 5 bis 13, bzw. 7 bis 13; in einigen neuen Bundesländern die Klassen 5-12 bzw. 9-12. Daneben gibt es Aufbauformen, und zwar für Schüler, die im Anschluß an die 7. Hauptschulkasse übergehen, oder für besonders begabte Absolventen aus der Real- bzw. Berufsschule. Aufgabe des Gymnasiums ist die Vermittlung einer wissenschaftlichen Grundbildung, die zur Hochschulreife führt oder der Vorbereitung auf anspruchsvolle Berufsausbildungen außerhalb einer Hochschule dient.

Mit der 11. Klasse beginnt im Gymnasium die Oberstufe (*Sekundarbereich II*). An die Stelle des Unterrichts im Klassenverband treten in der 12. Klasse halbjährige Kurse. Dabei wird unterschieden zwischen Grundkursen, die eine für alle Schüler gemeinsame Grundbildung vermitteln, und Leistungskursen, die neben erweiterten Kenntnissen das für ein wissenschaftliches Studium nötige Verständnis liefern sollen. Die Möglichkeit der Wahl der *Leistungsfächer* wird in den Bundesländern unterschiedlich gehandhabt.

Die einzelnen Schulfächer sind Aufgabenfeldern zugeordnet, dem sprachlich-literarisch-künstlerischen, dem gesellschaftswissenschaftlichen und dem mathematisch-naturwissenschaftlich-technischen Aufgabenfeld. Jeder Schüler muß jedes Aufgabenfeld in seiner gesamten Schullaufbahn durchlaufen haben. Zur Erreichung der *allgemeinen Hochschulreife* ist außerdem die Kenntnis von zwei Fremdsprachen notwendig. Die Abiturprüfung findet in vier Fächern statt; darunter sind zwei Leistungsfächer. Alle drei Aufgabenfelder müssen unter den Prüfungsfächern vertreten sein.

Neben den drei weiterführenden Schulformen (Schularten) Hauptschule, Realschule, Gymnasium gibt es noch die **Gesamtschule**, die diese drei in sich vereinigt. Es gibt dabei den Typ der *kombinierten Gesamtschule*, in der die Dreigliederung weiterbesteht, jedoch unter einem Dach, unter einer Leitung, mit abgestimmten Lehrplänen. Dagegen unterrichtet die *integrierte Gesamtschule* ihre Schüler gemeinsam ohne Zuordnung zu einer der drei Schularten, allerdings differenziert nach Begabung und Neigung in den einzelnen Fächern.

Die Gesamtschulen umfassen in der Regel die Klassen 5 bis 10; einige von ihnen verfügen auch über eine, meist gymnasiale Oberstufe. In einigen Bundesländern sind Gesamtschulen Regelschulen, in anderen werden sie angeboten oder befinden sich noch im Stadium des Schulversuches.

Öffentliche Bibliotheken finden häufig in Gesamtschulen ihr Aufgabenfeld, zumal dort, wo die Schüler das selbständige Arbeiten in Teams oder Projektgruppen lernen und pflegen, das Angebot hilfreicher und vielseitiger Literatur und Medien notwendig ist. Nicht selten findet man auch die Einrichtung einer kombinierten Stadtteil- und Gesamtschulbibliothek, die sowohl Schülern, Eltern und Lehrern wie auch den umwohnenden Bürgern zur Verfügung steht.

9.1.2 Die beruflichen Schulen

Zu ihnen gehören
- Berufsschulen
- Berufsaufbauschulen
- Berufsfachschulen
- Fachoberschulen
- Berufliche Gymnasien/Fachgymnasien
- Fachschulen.

Die **Berufsschule** ist eine Pflichtschule im *Sekundarbereich.* Sie muß von allen Schülern besucht werden, die entweder in der Berufsausbildung oder in einem Arbeitsverhältnis stehen, aber noch nicht 18 Jahre alt sind. In der Regel wird die Berufsschule von Hauptschul- und Realschulabgängern besucht, die einen Ausbildungsberuf ergreifen wollen, z.B. den des/der *Assistenten/in an Bibliotheken.*

Die Berufsschule bietet dem Schüler allgemeine und fachliche Lerninhalte unter Berücksichtigung der Anforderungen, die die jeweilige Berufsausbildung stellt. Entsprechend den verschiedenen Berufszweigen unterscheidet man gewerbliche, kaufmännische, hauswirtschaftliche und landwirtschaftliche Berufsschulen oder Abteilungen, bzw. Klassen. Eine weitere Unterteilung findet man in Großstädten, etwa in Berufsschulen für Bau-, Elektro-, Metallgewerbe, auch für Banken und Versicherungen.

Träger der Berufsschulen sind die Gemeinden bzw. Gemeindeverbände; aber es verfügen auch große Betriebe und Selbstverwaltungskörperschaften über Berufsschulen. Die Schulaufsicht liegt bei den Kultusministern der Länder.

Die Berufsausbildung vollzieht sich in der dualen Form, d.h. in der Zweiheit des Lernortes, nämlich der Schule einerseits und des Ausbildungsbetriebes bzw. der Ausbildungsstätte andererseits. Die Schulausbildung ist gegliedert in eine Grund- und eine Fachstufe, wobei die Grundstufe auch im Rahmen eines 10. Schuljahres als *Berufsgrundbildungsjahr* in ganzjährigem Vollzeitunterricht abgeleistet werden kann. Der Fachunterricht an der Berufsschule erfolgt nach den Ausbildungsordnungen für die einzelnen Berufe und dauert zwei bzw. drei Jahre. Er kann in Teilzeitform ablaufen, d.h. an einem oder mehreren Wochentagen mit bis zu zwölf Unterrichtsstunden wöchentlich. Er kann aber auch in Blockform stattfinden, also in zusammenhängenden Teilabschnitten. Am Ende der Schulzeit erhalten die Schüler ein Abschlußzeugnis der Berufsschule. Außerdem müssen sie eine Abschlußprüfung über ihre berufliche Ausbildung ablegen.

Der erfolgreiche Prüfungsabschluß ermöglicht den Eintritt in einen anerkannten Ausbildungsberuf, z.B. den des/der *Assistenten/in an Bibliotheken.* Für die betriebliche Ausbildung in solchen Berufen hat der Bundesminister für Wirtschaft oder der sonst zuständige Fachminister im Einvernehmen mit dem

Bundesminister für Bildung und Wissenschaft eine entsprechende Ausbildungsverordnung erlassen. Anerkannte Ausbildungsberufe sind in einem jährlich fortgeschriebenen *Verzeichnis der Ausbildungsberufe* aufgelistet.

Der erfolgreiche Abschluß der Berufsausbildung ist auch Voraussetzung für den Besuch weiterbildender beruflicher Fachschulen, zum Besuch von Abendgymnasien und Kollegs wie auch zum späteren Ablegen der Meisterprüfung nach mehrjähriger Berufspraxis.

Bibliotheken als Verbund von *Öffentlicher und Schulbibliothek* sind in Berufsschulen oder Berufsschulzentren anzutreffen mit Schwerpunktbeständen an schulbegleitender Literatur.

Berufsaufbauschulen werden besucht während der Berufsschulzeit oder nach deren Abschluß bzw. dem der Berufsausbildung. Der Unterricht erfolgt in Vollzeitform (1 Jahr) oder entsprechend länger in Teilzeitform. Es werden im beruflichen Lernbereich verschiedene Fachrichtungen angeboten, dazu kommt ein allgemeiner Teil, der auch eine Fremdsprache, Naturwissenschaft und Mathematik umfaßt. Nach erfolgreichem Abschluß kann der Schüler eine Fachschule besuchen. Der Abschluß ist dem der Realschule gleichwertig.

Die **Berufsfachschule** dient nach abgeschlossener Hauptschule bzw. Realschule der Vorbereitung auf eine Berufstätigkeit oder Berufsausbildung. Je nach Bildungsgang (Berufsrichtung) dauert die Schulzeit ein bis drei Jahre. Zu den Berufsfachschulen gehören etwa Handelsschulen, Landwirtschaftsschulen, Kinderpflege- oder Haushaltsschulen, aber auch solche für technische Assistenten. Für Hauptschulabgänger wird in der Regel nach zwei Jahren der Erwerb eines dem Realschulabschluß gleichwertigen Bildungsabschlusses möglich. Der Abschluß der Berufsfachschule berechtigt zum Besuch einer Fachoberschule.

Fachoberschulen gibt es für viele Fachbereiche von Wirtschaft und Verwaltung über Ernährung und Hauswirtschaft zu Technik ebenso wie zu Sozialwesen. Sie bauen auf einem Realschulabschluß oder gleichwertig anerkannten Abschluß auf und umfassen die Klassen 11 und 12. Es werden allgemeine fachtheoretische und fachpraktische Kenntnisse und Fähigkeiten vermittelt. Die fachpraktische Ausbildung findet in der 11. Klasse an mindestens vier Tagen in der Woche statt, hinzu treten mindestens 8 Stunden Unterricht wöchentlich. Die 11. Klasse kann durch eine abgeschlossene Berufsausbildung ersetzt werden. Die 12. Klasse unterscheidet allgemeinen und fachbezogenen Unterricht. Erfolgreicher Abschluß führt zur *Fachhochschulreife.*

Das **berufliche Gymnasium/Fachgymnasium** führt nach aufsteigenden Schuljahren mit einem beruflichen Schwerpunkt zur fachgebundenen Hochschulreife. Statt einer zweiten Fremdsprache wie im allgemeinbildenden Gymnasium werden hier berufsbezogene Fächer unterrichtet. Durch eine Ergänzungsprüfung in einer zweiten Fremdsprache kann die allgemeine Hochschulreife erlangt werden. In allen Bundesländern sind die Fachbereiche Wirtschaftswissenschaften und Technische Wissenschaften vertreten. In einigen Bundesländern existieren die beruflichen Gymnasien/Fachgymnasien nur in der Form gymnasialer Oberstufen. Einige Bundesländer bieten darüber hinaus noch weitere Bildungsgänge und Fachbereiche an.

Wie an den allgemeinbildenden Gymnasien gibt es auch hier ein differenziertes Angebot von Leistungs- und Grundfächern. Zugang zum beruflichen Gymnasium findet, wer über einen qualifizierten Sekundarabschluß I, d.h. über einen *Realschulabschluß* oder einen gleichwertigen Abschluß verfügt.

Zu den Versuchen, Gymnasien für berufsbezogene Fächer zu öffnen, gehören auch die **Kollegschulen**. An ihnen wird, wie z.B. in Nordrhein-Westfalen modellhaft versucht, in einem differenzierten Unterrichtssystem gleichzeitig die Hochschulreife und einen Berufsabschluß zu vermitteln, also studien- und berufsbezogene Bildungsgänge zu Abschlüssen in der Sekundarstufe II zu ermöglichen.

Fachschulen sind *Weiterbildungseinrichtungen*. Sie führen n a c h erfolgreich abgeschlossener Berufsausbildung und in der Regel auch n a c h einer zusätzlichen Berufsausbildung oder auch n a c h erfolgreichem Abschluß einer Berufsaufbauschule zu vertiefter beruflicher Fachausbildung. Je nach Fachrichtung gibt es Bildungsgänge von zwei oder von vier Halbjahren. Die erfolgreich bestandene staatliche Abschlußprüfung berechtigt zur Führung von Berufsbezeichnungen wie "staatlich geprüfter Techniker", "staatlich geprüfter Betriebswirt" usw., womit der Berufsausübende sich als eine spezialisierte Fachkraft der mittleren Ebene ausweist.

9.1.3 Der zweite Bildungsweg

Das Nachholen von Bildungsabschlüssen für Erwachsene wird in Weiterbildungsgesetzen des Bundes geregelt. Es ist in allen Bildungsphasen möglich, in der Regel aber nach Aufnahme einer Berufstätigkeit. Es gibt die Einrichtung von **Abendhauptschulen** ebenso wie die von **Abendrealschulen**. Zum Besuch der letzteren wird der Nachweis einer geregelten Berufstätigkeit vorausgesetzt. Der Abschluß führt nach einer Schulzeit von zwei bis drei Jahren zur *Fachoberschulreife*. Das **Abendgymnasium** kann besuchen, wer mindestens 19 Jahre alt ist, über eine abgeschlossene Berufsausbildung verfügt und mindestens eine dreijährige geregelte Berufsausübung nachweisen kann. Auf einen Vorkursus von ein bis zwei Semestern folgt ein Hauptkursus von sechs Semestern. Abschluß ist das Abitur.

Wer bei den gleichen Voraussetzungen noch keine berufliche Tätigkeit ausübt, kann an einem **Kolleg** die *Abiturprüfung* nachholen. Hier dauert der Bildungsgang 2 1/2 Jahre; Voraussetzung ist die Fachschul- bzw. Fachoberschulreife. Abendgymnasium und Kolleg sind Vollzeitschulen mit Halbjahreskursen. Beide vermitteln die *allgemeine Hochschulreife*.

Das Nachholen von Hauptschulabschlüssen ist im Rahmen der Erwachsenenbildung möglich, z.B. an Volkshochschulen (s.S. 90).

9.1.4 Berufliche Weiterbildung

Sie erfolgt schulisch oder außerschulisch. Schulisch geschieht das nach abgeschlossener Berufsausbildung in den Fachschulen, auch in Berufsaufbau- und Fachoberschulen. Außerschulische Weiterbildung zu beruflichem Aufstieg und beruflicher Anpassung, auch zum Nachholen von Abschlüssen und Qualifikationen wird durchgeführt insbesondere von Volkshochschulen, Industrie- und Handelskammern, Handwerkskammern, Gewerkschaften, Kirchen, Parteien, auch in entsprechenden Funk- und Fernsehprogrammen. Die meisten Bundesländer haben Weiterbildungsgesetze erlassen. Regelungen für berufliche Fortbildungsprüfungen und Anerkennung von Fortbildungsabschlüssen erfolgen durch Weiterbildungsverordnungen des Bundes auf der Grundlage des Berufsbildungsgesetzes.

9.2 Das Hochschulwesen

Hochschulen dienen der Forschung, der Lehre und dem Studium. Ein Studium beruht im Unterschied zur Schule auf der Freiheit des Lehrangebotes, auf der Lernfreiheit des Studenten, der Freiheit der Wahl seiner Hochschule, der Studiengänge und häufig auch des Prüfungstermines. Die Bedeutung hochschuleigener *Bibliotheken* wird deutlich, wenn man berücksichtigt, daß die Studierenden sich einen großen Teil ihres Wissens aus der Literatur (insbesondere Lehrbüchern) und anderen Bildungsmitteln aneignen müssen.

Hochschulen sind zum überwiegenden Teil staatliche Einrichtungen der Bundesländer. Sie haben das Recht der Selbstverwaltung im Rahmen der von Bund und Ländern erlassenen Gesetze, d.h. sie geben sich ihre Grundordnungen (Verfassungen, Satzungen) selbst, wenngleich diese auch vom zuständigen Landesministerium genehmigt werden müssen. Der Bund betreibt für Bundespost und Bundeswehr eigene (Fach-)Hochschulen. Bund und Länder unterhalten gemeinsame verwaltungsinterne Fachhochschulen. Ferner gibt es Hochschulen in kirchlicher Trägerschaft und auch private Hochschulen.

Zu unterscheiden sind folgende Arten von Hochschulen (*tertiärer Bereich*)

- Wissenschaftliche Hochschulen (z. B. Universitäten; Technische Hochschulen/Universitäten; Universitäten-Gesamthochschulen; Hochschulen spezieller Fachrichtungen wie Medizinische, Philosophisch-Theologische Hochschulen, u.a.m.),
- Kunst- und Musikhochschulen,
- Fachhochschulen.

Sonderformen im tertiären Bereich sind in einigen Bundesländern noch die *Berufsakademien.*

Die Zugangsmöglichkeiten zu den verschiedenen Hochschularten sind im Regelfall folgende: Mit dem Zeugnis der *allgemeinen Hochschulreife* (Abitur) können Studien an allen Hochschulen und Berufsakademien in allen Fächern vorgenommen werden. Allerdings wird für die künstlerischen Fächer zusätzlich noch der Nachweis künstlerischer Begabung verlangt; die Fachhochschulen setzen ein berufliches Praktikum voraus. Keinen freien Zugang haben die Bundeswehrhochschulen und die verwaltungsinternen Fachhochschulen, die Studienbewerber nur entsprechend dem eigenen Bedarf aufnehmen.

Mit der *fachgebundenen Hochschulreife* können an Hochschulen nur Fächer der entsprechenden Vorbildung studiert werden. Die Fachhochschulreife eröffnet den Zugang nur zu *Fachhochschulen* bzw. zu den entsprechenden Studiengängen an *Gesamthochschulen*. Studiengänge in allen wissenschaftlichen Fachrichtungen bieten *Universitäten* an, wenn auch nicht an jeder Universität die gleichen; ferner weitestgehend auch die *Technischen Hochschulen/Technischen Universitäten*. In bestimmten Fachrichtungen bilden Kunst- und Musikhochschulen aus. Auch die Fachhochschulen sind auf einzelne Fachrichtungen beschränkt. An *Universitäten-Gesamthochschulen* können fachunterschiedliche Studiengänge von jeweils unterschiedlicher Dauer und mit unterschiedlichen Abschlüssen gewählt werden. Das gilt ebenso für die *Fernuniversität* (Gesamthochschule), die ein Studium vom Wohnort aus in einer Kombination von Fernunterricht mit großem Selbststudienanteil und Seminaren (Übungen unter Leitung von akademischen Beratern) ermöglicht.

Zeitlich gliedert sich ein Studium in Halbjahre (*Semester*), die etwa von April bis September (Sommersemester) bzw. von Oktober bis März (Wintersemester) dauern. Darin ist eingeschlossen eine unterrichtsfreie Zeit von etwa fünf Monaten pro Jahr, die dem Nachbereiten des Lehrstoffes wie auch der Prüfungsvorbereitung bzw. -ableistung dient. Bei den Studiengängen werden häufig unterschieden: das *Grundstudium* mit Zwischen- bzw. Vorprüfung und das Haupt- oder *Fachstudium*, das der Spezialisierung dient, mit Abschlußprüfung(en).

An Hochschulen werden folgende Arten von Lehrveranstaltungen vorgenommen: *Vorlesungen* in Vortragsform; hier wird in der Regel kein Leistungsnachweis von den Studenten/innen gefordert. *Seminare* werden zu enger begrenzten Themenkreisen abgehalten; sie ermöglichen ein tieferes Eindringen in wissenschaftliche Probleme und Methoden ihrer Bewältigung. Zu unterscheiden sind Proseminare als Einführung in die Handhabung von Hilfsmitteln und Arbeitsmethoden, von Hauptseminaren, in denen die Studierenden selbständig an die Bearbeitung wissenschaftlicher Probleme herangehen. In der Regel ist die Ableistung von Proseminaren Voraussetzung für die Teilnahme an Hauptseminaren. Welche Lehrveranstaltung in welchem Studienfach im laufenden Semester stattfindet, geht aus dem *Vorlesungsverzeichnis* hervor.

In den jeweiligen Studien- und Prüfungsordnungen ist festgelegt, inwieweit studienbegleitende Leistungsnachweise erbracht werden müssen. Das können sein: schriftliche Hausarbeiten, Referate (selbständige Vorträge über ein bestimmtes Thema), Kolloquien (Fachgespräche zwischen Hochschullehrer/in und Studenten/in), Analysen (aufgliedernde systematische Untersuchungen), aber auch Klausuren (schriftliche Prüfungsarbeiten unter Aufsicht) oder lediglich Teilnahmebestätigungen wie Testate, Seminarscheine, Übungsscheine, Laborscheine o.ä. als Prüfungsvorleistungen.

An **Universitäten** ist das Angebot an Studiengängen umfassender als an **Technischen Hochschulen/Universitäten**, die schwerpunktmäßig ingenieur- und naturwissenschaftliche Fächer anbieten. Der Nachweis eines erfolgreich abgeschlossenen Studiums an Universitäten bzw. Technischen Hochschulen/Universitäten wird erbracht entweder mit einem *Staatsexamen* (Staatsprüfung) oder mit einer Hochschulprüfung, abgeschlossen mit einem *Diplom*, einem *Magister* oder der *Promotion* (Erlangung des Doktorgrades).

Staatsprüfungen gibt es für Mediziner, Juristen, Lehrer, Apotheker und Lebensmittelchemiker. Unterschieden wird bei den ersten drei noch die erste und zweite Staatsprüfung. Je nach Berufsziel sind in einzelnen Fachrichtungen sowohl Staatsprüfungen wie auch Hochschulprüfungen als Abschlüsse möglich bzw. nötig. Sie setzen sich aus mündlichen und schriftlichen Prüfungen zusammen.

Universitäten und Technische Hochschulen haben auch *Forschungsaufgaben*. Sie erstrecken sich auf Grundlagenforschung, angewandte Forschung (vgl. hierzu S. 93) sowie auf Weiterentwicklung von Lehre und Studium. Forschung ist ein gesetzlich verankertes Grundrecht ebenso wie das Prüfungsrecht mit der Verleihung von Diplom-, Magister- und Doktorgraden (*Promotionsrecht*) oder der Befähigung für ein Lehramt an der Hochschule (*Habilitationsrecht*).

Der Aufbau eines Studiums (Studiengänge, Studiendauer, Art und Anzahl der Prüfungen) richtet sich nach dem jeweiligen Studienfach und auch nach dem jeweiligen Landesrecht. In der Medizin gliedert allgemein die *Approbationsordnung für Ärzte* das Studium. Den bundeseinheitlichen Rahmen für die Juristenausbildung legt das *Deutsche Richtergesetz* fest.

Studiengänge sind auf die Art des Abschlusses ausgerichtet; so gibt es Studiengänge mit Staatsprüfung, bei den Lehramtsstudiengängen noch unterschieden nach Grund-, Haupt- und Realschullehrämtern und solchen an Gymnasien. Zu den Studiengängen mit Hochschulprüfungen zählen Diplom-, Magister-, aber auch Fachhochschulstudiengänge, letztere meist auch mit Diplomabschluß. Rahmenbestimmungen bzw. Regelungen nach dem Hochschulrahmengesetz sorgen für eine gewisse bundesweite Einheitlichkeit innerhalb von Studiengängen.

In den **Gesamthochschulen** sind die Aufgaben von Universitäten, Technischen Hochschulen/Universitäten, Pädagogischen Hochschulen, Fachhochschulen und z.T. auch Kunsthochschulen vereinigt. Je nach Zugangsvoraussetzungen können Studiengänge mit kürzerer oder längerer Studiendauer gewählt werden. Dabei unterscheidet man wissenschaftliche Studiengänge mit Voraussetzung der Hochschulreife und abschließender Staats- und Hochschulprüfung (Diplom, Promotion) oder anwendungsbezogene Studiengänge (Fachhochschulstudiengänge) mit Diplomierung je nach gewählter Fachrichtung und Übergangsmöglichkeit ins wissenschaftliche Studium (Nordrhein-Westfalen).

In Baden-Württemberg und Thüringen gibt es noch **Pädagogische Hochschulen** zur Ausbildung von Lehrern an Grund-, Haupt- und Realschulen.

Kunsthochschulen dienen der künstlerischen Vorbildung im Bereich der Bildenden Künste, das sind Baukunst, Malerei, Bildhauerkunst, graphische Künste (Design), Kunstgewerbe. Abschlüsse können hier sowohl staatliche Prüfungen sein, insbesondere für Kunsterzieher in der Sekundarstufe I, oder hochschuleigene Prüfungen mit der Erwerbung eines Diploms. Bei besonderen Leistungen verleihen Kunsthochschulen ihren Studenten/innen den Titel "Meisterschüler/in".

Musikhochschulen bilden Musiklehrer und ausübende Musiker aus. Angehende Schulmusikerzieher an Realschulen und Gymnasien machen eine Staatsprüfung. Für Kirchenmusiker werden drei Ausbildungs- und Prüfungsgrade unterschieden (A,B,C), orientiert an der jeweiligen Größe der Gemeinde, an der sie tätig sein können. Unterrichtsbefähigung als selbständige Musiklehrer oder solche an Musikschulen wird in der Regel durch eine staatliche Musiklehrerprüfung erlangt. Für ausübende Musiker gibt es hochschuleigene Abschlußprüfungen mit abweichenden Bezeichnungen.

Fachhochschulen müssen in mindestens einer anerkannten Fachrichtung ausbilden. Vom Hochschulstudium unterscheidet sich das Fachhochschulstudium durch seinen stärkeren Praxisbezug. Dementsprechend unterscheiden sich auch die beruflichen Qualifikationen der Studienabgänger. Die Studiengänge werden mit einer Diplomprüfung beendet. *Diplombibliothekare/innen* an Wissenschaftlichen und Öffentlichen Bibiliotheken sind Absolventen von Fachhochschulen für das Bibliothekswesen bzw. eines Instituts oder Fachbereichs einer (Fach-)Hochschule mit entsprechender Ausbildung und Abschlußprüfung.

An Fachhochschulen wird den Studierenden eine Bildung vermittelt, die sie zu einer selbständigen Tätigkeit im Beruf befähigt. Fachhochschulen können im Rahmen ihres Auftrages auch Forschungs- und Entwicklungsaufgaben wahrnehmen.

Berufsakademien gibt es als Alternative zum Hochschulstudium in einigen Bundesländern. Sie vermitteln im dualen System berufliche Bildung, die an einer staatlichen Studienakademie wissenschaftlich, in einer betrieblichen Ausbildungsstätte praxisorientiert erfolgt. Zugangsvoraussetzung ist die Hochschulreife. Die Ausbildung dauert je nach Berufssparte drei bis vier Jahre und endet mit einer staatlichen Prüfung. Der erfolgreiche Abschluß läßt hinter der Berufsbezeichnung ein zugefügtes (BA) z.B. Betriebswirt (BA) zu.

Weiterführendes Studium
Das Hochschulrahmengesetz nennt unter der Bezeichnung *Aufbaustudium* weiterführende Studien, die in der Regel einen ersten Studienabschluß voraussetzen. Dazu gehört einmal das Studium mit dem Ziel der *Promotion*, die erforderliche Arbeit ist die *Dissertation.* Hier soll Befähigung zur selbständigen wissenschaftlichen Arbeit erreicht und damit der wissenschaftliche Nachwuchs herangebildet werden. Außerdem gibt es z.B. Vertiefungsstudien in einzelnen Fachrichtungen, ferner Zusatzstudien, Ergänzungsstudien, berufsbegleitende weiterbildende Studien u.a.m. sowie dementsprechende unterschiedliche Abschlüsse, darunter auch berufsqualifizierende. Es handelt sich dabei um Studienangebote verschiedener Hochschulen mit Studiendauer von einem bis zu acht Semestern.

Die **Bibliotheken an Hochschulen** dienen vornehmlich den Hochschullehrern und den Studierenden. Sie unterscheiden sich nach dem Auftrag und den Aufgaben der jeweiligen Hochschule, d.h. ihre Bestände spiegeln im großen und ganzen die Schwerpunkte wider, die ihre Hochschule in Lehre und Forschung vertritt, die notwendigen Randgebiete inbegriffen. An den alten *Universitätsbibliotheken* sind die Bestände "universaler" (umfassender) als an den jüngeren Hochschulbibliotheken.

Es begegnen zwei unterschiedliche Gliederungsformen: Einerseits die große, mit den umfassenden Beständen ausgestattete Universitätsbibliothek; neben ihr weitgehend selbständige Instituts- (Seminar-, Fakultäts-, Fachbereichs- usw.)bibliotheken mit vorwiegend präsent gehaltenen Beständen, inhaltlich der besonderen Aufgabe des jeweiligen Instituts usw. verpflichtet. Beide ergänzen sich in der Aufgabenerfüllung gegenüber ihren Benutzern. Arbeiten sie enger zusammen, etwa durch Übernahme zentraler Aufgaben seitens der Universitätsbibliothek, so bilden sie eine *kooperative* oder *koordinierte* Form.

Zum anderen die einschichtige Bibliotheksform mit zentralen Diensten unter Nutzung der *EDV* in Bestandsaufbau, Katalogisierung und technischer Buchbearbeitung für den gesamten Bibliotheksbereich in einer *Zentralbibliothek*, jedoch bei hauptsächlich dezentralisierter Bestandsaufstellung in den Teilbibliotheken der einzelnen Institute usw., vorwiegend in Freihandaufstellung. Das ganze System unter einer zentralen Leitung. Von den Benutzern her gesehen, gilt diese Form als die geeignetere.

9.3 Erwachsenenbildung

Unter Erwachsenenbildung versteht man alle außerschulische Vermittlung von Kenntnissen und Wissen mit dem Ziel, größere Befähigung und vielseitigere Eignung zu erlangen. Dem dienen verschiedene Formen von Einrichtungen. Zu unterscheiden sind die gruppengebundenen von den gruppenungebundenen Institutionen. Zu den ersteren zählen Erwachsenenbildungseinrichtungen der

Kirchen, Gewerkschaften, Parteien, auch von Wirtschaft, Berufsverbänden und anderen Vereinigungen.

Gruppenungebunden sind die **Volkshochschulen**, zusammengeschlossen im Deutschen Volkshochschulverband mit einer *Pädagogischen Arbeitsstelle (PAS)* als Vermittlerin zwischen wissenschaftlicher Forschung und pädagogischer Praxis. Träger der Volkshochschulen sind die Gemeinden und Landkreise. Sie stehen nicht unter staatlicher Aufsicht oder Einflußnahme, verfügen aber über qualifizierte, zum geringeren Teil hauptamtliche Lehrkräfte (Dozenten).

Nach Weiterbildungsgesetzen der Bundesländer erhalten Volkshochschulen staatliche Zuwendungen. Die Förderung bezieht sich etwa auf folgende Bereiche: nicht-berufliche, abschlußbezogene Bildung; berufliche Bildung; wissenschaftliche Bildung; politische Bildung; freizeitorientierte Bildung; Eltern- und Familienbildung; personenbezogene Bildung.

Die Lehrveranstaltungen erstrecken sich z.B. auf Fachbereiche wie Sozialwissenschaften; Erziehungs- und Geisteswissenschaften; Fremdsprachen; Wirtschaft einschl. kaufmännischer Praxis u.ä.; dann kreatives Gestalten; Gesundheit; Gymnastik; Haushaltsführung usw., die in Vorträgen, Kursen und Arbeitsgemeinschaften durchgeführt werden.

Außerdem können in Vormittagslehrgängen *nachzuholende Schulabschlüsse* erworben werden als Angebot des *Zweiten Bildungsweges*, und zwar sowohl für Jugendliche als auch für Erwachsene. In einigen Bundesländern sind die Volkshochschulen auch berechtigt, die Abschlußprüfungen selbst durchzuführen. Es kann der normale Hauptschulabschluß (Sekundarstufe I) in drei Semestern, der Sekundarstufenabschluß I mit *Fachoberschulreife* in vier Semestern erreicht werden. Letzterer bietet die Möglichkeit des Übergangs in ein Abendgymnasium oder ein Kolleg.

Enge Zusammenarbeit zwischen Volkshochschule und Öffentlicher Bibliothek bietet sich schon im Interesse der zur Erwachsenenbildung benötigten Literatur an. In manchen Orten sind Volkshochschule und kommunale Bibliothek im gleichen Gebäude oder in enger Nachbarschaft untergebracht. Öfters sind sie mit sog. *Selbstlernzentren* als Gemeinschaftseinrichtungen beider ausgestattet.

Zu den Bildungseinrichtungen, die nicht der staatlichen Schulaufsicht unterstehen, zählen auch die **Musikschulen**. Sie begegnen als private, dann aber auch als kommunale Institutionen der Musikerziehung. Ihre Aufgabe ist die Ausbildung in praktischer Musikausübung von Laien, insbesondere von Jugendlichen und Kindern. Man unterscheidet dabei die musikalische Früherziehung für Altersgruppen von vier bis sechs Jahren und die musikalische Grundausbildung für 7 bis 9jährige. Ihr schließt sich dann der Instrumentalunterricht an. Intensivausbildungen bereiten auf ein Hochschulstudium vor oder führen zu einer musikalischen Fachausbildung etwa zu privaten Musikerziehern/innen oder zu Chorleitern/innen.

Kommunale *Musikbibliotheken* stellen den Musikschülern und -erziehern nicht nur das notwendige Noten- und Literaturmaterial bereit, sondern ermöglichen ebenso Musik- oder Vortragsveranstaltungen der Musikschule in ihren Räumen, um dabei den Besuchern das vielseitige Angebot einer Musikbibliothek vor Augen zu führen.

10 Wissenschaft und Forschung in der Bundesrepublik

Eine wissenschaftliche Tätigkeit ist eine solche, die versucht, durch methodisches Forschen zu einer abgesicherten, allgemeingültigen Kenntnis zu gelangen. Ihr Ziel ist es, Gesetzmäßigkeiten zu finden und nachzuweisen. Je nachdem, welchem Forschungsgegenstand oder -gebiet sich diese Tätigkeit zuwendet, unterscheidet man die Wissenschaften voneinander. Die Einteilung der Wissenschaften, die Art und Weise, sie zu ordnen und zu gliedern, nennt man das *System der Wissenschaften.*

Unter den möglichen Systemen ist das am häufigsten anzutreffende die traditionelle Einteilung in die zwei großen Gruppen der *Geisteswissenschaften* und der *Naturwissenschaften.* Zu den Geisteswissenschaften zählen jene, die sich der Erforschung dessen widmen, was der menschliche Geist hervorbringt. Im Unterschied dazu befassen sich die Naturwissenschaften mit der Erforschung dessen, was in der Natur und in der unmittelbaren Wirklichkeit vorliegt.

Demgemäß gehören zu den Geisteswissenschaften etwa Philosophie, Religionswissenschaft, Psychologie, Geschichts-, Staats- und Rechtswissenschaft, Gesellschaftswissenschaften, Literatur-, Kunst-, Erziehungswissenschaften usw. Dagegen umfassen die Naturwissenschaften Physik, Chemie, Biologie, Medizin, Geologie, Astronomie usw., auch Mathematik, auch Technik. Sie alle werden wieder in weitere Wissenschaftszweige (Disziplinen) unterteilt, etwa die Physik in Mechanik, Akustik, Optik, Wärmelehre, Elektrizitätslehre, Atomphysik, Theoretische Physik o.ä.m.

Man findet diese klassische Zweiteilung auch erweitert dahingehend, daß die *Sozialwissenschaften* als eigene Klasse ausgeklammert werden. Sie vereinigen dann in sich jene Wissenschaften, die sich dem Verhältnis Mensch-Gesellschaft widmen, also außer der Soziologie die Politologie, Wirtschafts- und Rechtswissenschaft, Erziehungswissenschaft, Sprach- und Kunstwissenschaft usw. mit entsprechender Untergliederung.

Spätere Gruppierungsversuche ordnen die Gesamtheit aller Wissenschaften in *Grundlagenwissenschaften* einerseits und *Angewandte Wissenschaften* andererseits, wozu beispielsweise die Medizin und die Technik gezählt werden.

Wie immer auch die Gliederung vorgenommen wird, insgesamt hat sich in der Bundesrepublik die ursprüngliche Zwei- bzw. Dreiteilung weitgehend dort erhalten, wo es - wie in Bibliotheken - nicht um die Ordnung der Wissenschaften an sich geht, sondern um die Ordnung der die einzelnen Wissenschaften betreffenden Literatur. Sie wird systematisch geordnet sowohl im (Freihand-) Regal als auch in den Katalogen nach der jeweiligen *Klassifikation.*

Noch immer orientieren sich in Bibliotheken gebräuchliche Klassifikationen, z.B. die in der *Deutschen Nationalbibliographie* oder die der *Allgemeinen Systematik für Öffentliche Bibliotheken (ASB)* an der Zwei- bzw. Dreiteilung.

Dagegen trennt die *Dezimalklassifikation (DK)*, unabhängig von ihrer grundsätzlichen Aufgliederung in begrenzte Zehnergruppen, die Grundlagenwissenschaften von den Angewandten Wissenschaften. Allerdings ist die Dezimalklassifikation - bei gewissen Unterschieden - vor allem im Ausland vertreten; in der Bundesrepublik trifft man sie fast nur in Spezialbibliotheken an.

Die **Forschung** gilt als "Kern der Wissenschaft". Wo immer systematische Bemühungen um Erkenntnisse, um Gesetzmäßigkeiten in einer Wissenschaft stattfinden, liegt Forschung vor. Sie wird in staatlicher, halbstaatlicher und staatlich geförderter Zuständigkeit betrieben, aber auch auf privater Basis. Zu unterscheiden sind dabei *Grundlagenforschung* einerseits und *angewandte Forschung* andererseits. Grundlagenforschung ist zweckfrei, d.h. sie zielt nicht auf eine bestimmte Anwendung ihrer Ergebnisse hin; häufig dient sie als forschendes Lernen der Vermittlung von Wissen und der Einführung in die Forschung. Sie findet vornehmlich an Hochschulen statt, wird dann geplant, koordiniert und finanziell unterstützt von der *Deutschen Forschungsgemeinschaft e.V. (DFG)*.
In Ergänzung zur Hochschulforschung betreibt auch die *Max-Planck-Gesellschaft zur Förderung der Wissenschaften e.V.* überwiegend Grundlagenforschung. Sie verfügt dazu über mehr als 60 eigene Forschungsinstitute und Forschungsstellen, verteilt in der ganzen Bundesrepublik. Für ihre Arbeiten, die sich in medizinischen, naturwissenschaftlich-technischen sowie geisteswissenschaftlichen *Sektionen* vollziehen, erhält sie Zuschüsse vom Bund und den Bundesländern.

Angewandte und anwendungsorientierte Forschung betreibt hauptsächlich auf dem Gebiet der Natur- und Ingenieurwissenschaften die *Fraunhofer-Gesellschaft zur Förderung der angewandten Forschung e.V.* Sie genießt für eigene Vorhaben staatliche Förderung – auch für den Auf- und Ausbau in den neuen Bundesländern; in Vertragsforschung arbeitet sie für Industrie und Behörden. Langfristige Forschungsvorhaben führen auch die *Akademien der Wissenschaften* in Düsseldorf, Göttingen, Heidelberg, Mainz und München durch. Hinzu kommen noch diejenigen in Halle und Leipzig. Sie sind großenteils staatlich unterstützte Körperschaften des öffentlichen Rechts.

Von den bundeseigenen Forschungseinrichtungen, die den jeweiligen Fachministern unterstehen, sind beispielhaft zu nennen das *Bundesgesundheitsamt* (Berlin), die *Physikalisch-technische Bundesanstalt* (Braunschweig), die *Bundesanstalt für Materialprüfung* (Berlin), das *Deutsche Hydrographische Institut* (Hamburg), die *Bundesanstalt für Landeskunde und Raumordnung* (Bonn) u.a.m.

Außer einigen ländereigenen Forschungsanstalten gibt es dann eine Anzahl selbständiger, jedoch staatlich geförderter Einrichtungen wie etwa das *Hahn-Meitner-Institut für Kernforschung GmbH* (Berlin), das *Deutsche Elektronen-Synchroton* (Hamburg), die *Kernforschungsanlage* (Jülich), die *Gesellschaft für Mathematik und Datenverarbeitung mbH* (Birlinghoven) u.a.m. Sie betreiben zum Teil Grundlagenforschung, zum Teil erfüllen sie Forschungs- und Entwicklungsaufgaben.

Forschungsinstitute verfügen über eigene Spezialbibliotheken, in denen sich neben fachgebundener monographischer und periodischer Literatur Informationsquellen besonderer Art befinden wie Gutachten, Forschungsberichte (*Reports*), Firmenschriften, Patentschriften, Geschäftsberichte u.a.m.

Zu den bedeutenden Förderern von Wissenschaft in Forschung und Lehre zählt der *Stifterverband für die deutsche Wissenschaft*, dessen Mitglieder sich aus Firmen, Verbänden, aber auch Einzelpersonen zusammensetzen. Von Bund und Ländern gemeinsam geschaffen ist der *Deutsche Wissenschaftsrat*, ein Beratungs- und Koordinierungsgremium, gleichberechtigt mit Wissenschaftlern und Politikern besetzt. Ihm obliegt die Aufgabe, Empfehlungen zur Entwicklung der Hochschulen, der Wissenschaft und Forschung zu erarbeiten. Hier findet auch das Wissenschaftliche Bibliothekswesen Berücksichtigung.

In der *Bund-Länder-Kommission für Bildungs- und Forschungsförderung (BLK)* zählen Minister und Staatssekretäre zu den Mitgliedern. Sie schlagen Maßnahmen zur Forschung vor, die z.B. in die DFG oder in die Arbeit der Max-Planck-Institute einfließen. Die DFG fördert z.B. auch Forschungsmaßnahmen im Bibliothekswesen, mit denen sich das Deutsche Bibliotheksinstitut befaßt.

Speziell mit länderübergreifenden Empfehlungen zu Fragen der Koordinierung und Entwicklung innerhalb des Bildungswesens befaßt sich die *Ständige Konferenz der Kultusminister der Länder (KMK)*. In den Themenkreis ihrer Tätigkeiten gehört auch das Bibliothekswesen.

Wissenschaft und Forschung im kulturellen Bereich richtet sich vor allem auf Zeugnisse (Überreste) aus der Vergangenheit, sogenannte Quellen. Die *Quellenkunde* befaßt sich mit Gegenständen (Bauwerken, Kunstwerken, Gräbern, Münzen u.ä.), dann mit Tatsachen (Recht, Namensgut, Sprache, Zeitrechnung u.ä.), sowie mit schriftlichen Quellen. Wissenschaftliche Aufarbeitung, Ordnung und Systematisierung von gegenständlichem Kulturgut vollzieht sich vor allem in *Museen*.

Bei den schriftlichen Quellen unterscheidet man solche, die zum Zwecke der Überlieferung angefertigt wurden wie beispielsweise Chroniken, Annalen (nach Jahren geordnete Aufzeichnungen geschichtlicher Ereignisse), Memoiren u.a.m., von solchen, die unmittelbar aus dem politischen, wirtschaftlichen, publizistischen oder privaten Bereich stammen. Zu diesen zählen etwa Urkunden, Verträge, Akten, Briefe, Tagebücher, Zeitungen, auch Bilddokumente u.ä. Diese sind Archivalien und als solche das wichtigste Sammlungsgut von *Archiven*. Dagegen finden sich die erstgenannten, soweit es sich um Handschriften, Frühdrucke oder überhaupt um Zeugnisse der Buchkultur handelt, eher in den historischen Sammlungen von *Wissenschaftlichen Bibliotheken*. Beide, Archive und Bibliotheken stellen ebenso wie Museen ihr Quellenmaterial der Forschung zur Verfügung.

11 Bibliothekspolitik

Aus dem bisher Dargestellten wird deutlich, daß Bibliotheken in ein Netz verschiedener Abhängigkeiten eingebunden sind, die ihr Handeln und ihr Wirken bestimmen, befördern, aber auch begrenzen. Festzuhalten ist

1. Bibliotheken sind ein Teil ihres *Unterhaltsträgers.* Sie sind damit abhängig von den Prinzipien und Interessen - seien sie ideeller oder materieller Art - die dieser mit seiner Aufgabe verbindet. Das gilt für die staatlichen, die kommunalen ebenso wie für die kirchlichen Bibliotheken, für die in Wirtschaft und Industrie gleichermaßen wie für die in Wissenschaft und Forschung.
   Wo immer Bibliotheken Maßnahmen etwa zur Verbesserung ihrer Arbeitsmittel und -möglichkeiten, zur Spezialisierung ihrer Bestände, zur Vermehrung ihrer Benutzung u.a.m. zu ergreifen suchen, müssen sie sich der Rückfrage ihres Trägers gewiß sein, ob das im Gesamtrahmen seiner Aufgabenstellung nützlich und verantwortbar ist. So sind z.B. Bibliotheken der öffentlichen Hand als Teile der öffentlichen Verwaltung in der Ausübung ihrer Tätigkeiten und Planungen nicht nur zur besonderen Beachtung der Verwaltungsvorschriften angehalten, sondern sie stehen auch allen weiteren Weisungen des Bibliotheksträgers gegenüber in der Pflicht.
2. Bibliotheken sind ein Teil der *Politik* - der Kulturpolitik, der Bildungspolitik und der Wissenschaftspolitik. Nach welchen Gesichtspunkten Politiker auch immer die Schwerpunkte ihres Denkens und Entscheidens setzen, betrifft es die Bibliotheken, so müssen diese die Mehrheitsbeschlüsse befolgen, auch dann wenn sie inhaltlich damit nicht übereinstimmen sollten.
3. Bibliotheken sind ein Teil der *Gesellschaft.* Sie erbringen Leistungen für jedermann, für bestimmte Benutzergruppen, für bestimmte Aufgaben innerhalb der Gesellschaft. Sie tragen verantwortlich bei zur Gestaltung der Gesellschaft, der Verbesserung ihrer geistigen, kulturellen, auch sozialen Bedürfnisse, also zu einem erheblichen Teil ihrer *Lebensqualität.* Der Ermessensspielraum etwa beim Einführen neuer Techniken in der Bibliothek, beim Beschränken der Öffnungszeiten u.a.m. ist nicht unbegrenzt; Richtschnur muß die Vergewisserung sein, geschieht das im Interesse der Benutzer oder nicht.

Die Teilhabe der Bibliotheken an diesen drei bestimmenden Faktoren: Bibliotheksträger, Politik und Gesellschaft begleitet ihre Arbeit, sichert ihre Fortentwicklung.

Wo Bibliotheken die Notwendigkeit sehen, Maßnahmen ins Auge zu fassen, die im Interesse ihrer Benutzer zu Veränderungen, Verbesserungen ihrer Leistungen führen, und wo sie entsprechende Konzepte (Pläne, Programme) entwickeln, ihre Vorhaben durchzusetzen, da sprechen wir von *Bibliothekspolitik.* Versteht man unter Politik schlechthin ein Verhalten und Handeln, das auf die Durchsetzung bestimmter Ziele und Zwecke gerichtet ist, die der Allgemeinheit zugute kommen, so ergibt sich folgerichtig für die Bibliothekspolitik ein auf die Durchführung bestimmter Ziele und Zwecke im Interesse der Bibliotheksbenutzer gerichtetes Verhalten und Handeln.

Dieses wird häufig ausgelöst durch Benutzerwünsche, -beschwerden oder durch Beobachtung von Unzulänglichkeiten grundsätzlicher Art. Mit der darauf reagierenden Maßnahme der Bibliothek wird nun ein Prozeß eingeleitet, der über mehrere Stufen läuft, die jeweils durch die oben erwähnten drei Faktoren gekennzeichnet sind. Zunächst wird der Bibliotheksträger angesprochen. Handelt bzw. entscheidet dieser von sich aus nicht oder nicht unmittelbar, was im öffentlichen Bereich häufig der Fall ist, so muß die politische Seite ihn damit beauftragen. Ein direkter Kontakt der Bibliothek zu einem Politiker (Abgeordneten) unter Umgehung des Dienstherrn ist aber der Bibliothek nicht gestattet.

Liegen also Vorschläge oder Forderungen seitens der Bibliotheken vor, so müssen die Verbände als Vertreter von Gruppeninteressen gegenüber den Politikern tätig werden. Die Bibliotheksverbände beauftragen dann eigens zusammengestellte Arbeitsgruppen oder Kommissionen aus sachverständigen Kollegen, ggf. unter Hinzuziehung von nicht-bibliothekarischen Experten, um Textvorschläge zu erarbeiten, die nach Verabschiedung etwa als förmliche *Erklärung* eines Fachverbandes z.B. in der Presse publiziert werden und so die politische Aufmerksamkeit auf sich ziehen.

Möglich und üblich ist auch der direktere Weg: Ein ebenso verbandsseitig ausgearbeiteter *Antrag* mit konstruktiven Vorschlägen wird einem Abgeordneten zugeleitet mit der Bitte, diesen zur Beratung in das zuständige Gremium (z.B. den Kulturausschuß) einzubringen. Je nach Beratungsergebnis wird das Anliegen von dort dem Plenum (z.B. dem Landesparlament) zur Beschlußfassung empfohlen. Häufig wird dazu aber auch erst das zuständige Ministerium (z.B. das Kultusministerium) gehört. Erfolgt von dort zustimmende *Stellungnahme*, kann der politische Beschluß dennoch eine begründete Ablehnung enthalten oder eine Rückverweisung an den Antragsteller mit einer Abänderungsempfehlung. Es kann aber ebenso zur Annahme des Antrags kommen. Damit fällt dann auch die Entscheidung über den Grad der Verbindlichkeit, den die erarbeitete Vorlage nun schließlich für die Bibliotheksarbeit erlangt.

Das Ergebnis kann eine zwar fachlich begründete, aber den Bibliotheksträger nicht rechtlich verpflichtende **Empfehlung** sein. Beispiele hierfür sind etwa die *Empfehlungen der Ständigen Konferenz der Kultusminister der Länder (KMK)*; ebenso auch der *Bibliotheksplan '73. Entwurf eines umfassenden Bibliotheksnetzes für die Bundesrepublik Deutschland* von 1973. Wenn auch eine Empfehlung (Aufforderung an "alle Verantwortlichen") keinen Zwang ausübt, so konnte der Bibliotheksplan '73 dennoch viele Planungsfolgerungen in den Ländern und Regionen, auch in den Kommunen nach sich ziehen und hat bis heute nichts an Aktualität eingebüßt. Seit 1993 gibt es ein "Strukturpapier", herausgegeben von der *Bundesvereinigung Deutscher Bibliotheksverbände,* das – auf dem Wege zu einem späteren neuen Plan *Bibliothek 2000* – zunächst einmal die Aktualisierung und Anpassung bibliothekarischer Entwicklungsvorstellungen an die Gegebenheiten der 90er Jahre vornimmt.

Mehr an Überzeugungskraft nach außen als eine *Empfehlung* oder ein *Plan* erbringt dann schon die Form eines **Gutachtens**. Es beruht auf Stellungnahmen von Sachverständigen aus verschiedenen Gremien, die nach fachlichen Diskussionen zu Ergebnissen finden, die für bestimmte Zielvorstellungen konkrete Richtwerte (*Standards*) festlegen und sie damit vereinheitlichen. Als Beispiel: das *Gutachten Öffentliche Bibliothek* der *Kommunalen Gemeinschaftsstelle für Verwaltungsvereinfachung (KGSt)*, einer Einrichtung, die z.B. die Wirtschaftlichkeit der kommunalen Verwaltung untersucht. Hierin finden sich neben Vorschlägen etwa zu Organisation, Arbeitsverteilung und Rationalisierung auch eine Vielzahl von Standards zu Bestandsgrößen, Flächenbedarf, Personalausstattung u.a.m. für Öffentliche Bibliotheken unterschiedlicher Größe, denen dieses Gutachten noch heute eine unentbehrliche Argumentationshilfe bei Verhandlungen mit dem Bibliotheksträger ist.

Es kann aber eine politische Entscheidung auch in eine wesentlich verbindlichere Rechtsform einfließen. Den deutlichen Charakter einer Weisung trägt schon die **Richtlinie** oder der **Erlaß** eines Ministers an die nachgeordneten Behörden. Beispiele hierzu sind etwa: Richtlinien für die Vergabe von Zuwendungen für Büchereibauten oder ein Erlaß über Landeszuschüsse zur Förderung Öffentlicher Bibliotheken.

Schließlich gibt es die **Rechtsverordnung** und das **Gesetz**, die Rechtsnormen (Gebote/Verbote) enthalten, z.B. die Verordnung über die Pflichtablieferung von Druckwerken an Die Deutsche Bibliothek oder das Hochschulbibliotheksgebührengesetz.

In der Auswirkung auf die Gesellschaft (Benutzerschaft einer Bibliothek) findet damit ein aus der Gesellschaft (Benutzerschaft) hervorgegangenes Anliegen seine Verwirklichung, wenn auch nach einem "langen Marsch durch die Institutionen", aber der ist in einem demokratischen Rechtsstaat unumgänglich.

Bibliothekspolitische Aufgaben übernimmt auch das *Deutsche Bibliotheksinstitut (dbi)*. Es erforscht und entwickelt z.B. in Projekten bestimmte Methoden und Techniken etwa von Systemen oder Verfahren, die zu speziellen Leistungsverbesserungen in Einzelbereichen des Bibliothekswesens führen. Beispiele hierfür sind z.B. *Marketingkonzeptionen für Öffentliche Bibliotheken* oder *Bibliotheksbaufibel,* auch *Leistungsmessung in Öffentlichen Bibliotheken.*

Vorschläge zu den Projekten gelangen aus den Bibliotheken über die verschiedenen fachspezifischen und sachkundig besetzten Kommissionen des dbi in den Fachbeirat zur Stellungnahme. Von dort gehen sie an das Kuratorium, das über eine Übernahme oder Ablehnung neuer Projektarbeiten beschließen muß; denn die Realisierung eines Projektes ist dann noch von der Höhe und Verfügbarkeit der jährlich vom Bundesminister für Bildung und Wissenschaft bereitgestellten Förderungsmittel abhängig.

Teil B

Arbeiten in der Bibliothek

1 Die Organisation einer Bibliothek

1.1 Aufgabengliederung einer Öffentlichen Bibliothek

In allen Bibliotheken sind die Hauptaufgaben die gleichen: das Sammeln, Erschließen und Vermitteln von Büchern und anderen Medien. Dem entspricht eine Gliederung der Hauptarbeitsgebiete in den *Bestandsaufbau* (Erwerbung), die *Bestandserschließung* (Katalogisierung) und die *Benutzungsdienste* (Bestandsvermittlung). Hinzu treten die *Technischen Dienste*. Große Bibliotheken verfügen über einen eigenen Bereich der *Verwaltung*, die in der Regel der Leitung (Direktion) unmittelbar zugeordnet ist.

Hinsichtlich der Aufgabengliederung größerer Öffentlicher und Wissenschaftlicher Bibliotheken bestehen weitgehend Gemeinsamkeiten darin, daß sie die **Verwaltungsaufgaben** trennen von den eigentlichen Bibliotheksaufgaben. Zu den ersteren zählen die Bibliotheksleitung, die Allgemeine Verwaltung, das Bestell- und Beschaffungswesen, häufig auch die Öffentlichkeitsarbeit und Werbung, die Technischen Dienste und das EDV-Wesen.

Der **Bibliotheksleitung** obliegt im wesentlichen die Bestimmung von Richtlinien für die Bibliotheksleistungen; die Planung der Bibliotheksentwicklung; die Anordnung von Maßnahmen zur Erfüllung zugewiesener und hauseigener Aufgaben, einschließlich der entsprechenden Erfolgskontrolle; Auswahl und Einsatz der Mitarbeiter/innen; die Entscheidung über Aufgabenverteilung und Stellenbesetzung; die Leistungsbeurteilungen; die Entscheidung in grundsätzlichen sachlichen Angelegenheiten; die Vertretung der Bibliothek nach außen und gegenüber dem Träger; die Teilnahme an Fachgremien u.a.m.

Die **Allgemeine Verwaltung** bearbeitet den Geschäftsverkehr; die Registratur; die Personalangelegenheiten (Urlaub, Krankmeldungen, Überstunden, Dienstreisen etc.); das Haushalts-, Kassen- und Rechnungswesen; die Beschaffung von Material, Geräten und Einrichtungsgegenständen; sie regelt die Botendienste und die Hausverwaltung (Hausmeister-, Garderoben- und Reinigungsdienste).

Das **Bestell- und Beschaffungswesen** befaßt sich mit dem Kauf, dem Zu- und Abgang von Büchern und anderen Medien. In Wissenschaftlichen Bibliotheken gehört dieser Bereich zur Erwerbung *(Zugangsstelle)*.

Die **Öffentlichkeitsarbeit und Werbung** bezieht sich vor allem auf das Veranstaltungswesen, die Erstellung von Druckerzeugnissen etc. und die Nutzung der Massenmedien.

Die **Technischen Dienste** umfassen die Einbandstelle (einschl. Bestandspflege) und die Kopierstelle, in größeren Wissenschaftlichen Bibliotheken die Buchbinderei, die Hausdruckerei bzw. Vervielfältigungsstelle und die Fotostelle. Hinzu treten Aufgaben der Wartung aller technischen Geräte der Bibliothek.

Zum **EDV-Wesen** gehören Planung, Einführung, Anwendung und Ausbau entsprechender Anlagen sowie das Anlernen des Bedienungspersonals.

Die **eigentlichen Bibliotheksaufgaben** gliedern sich folgendermaßen: im allgemeinen ist der Bestandsaufbau eingeteilt in Buch- und Medienauswahl, Bestellwesen und Zugang *(Akzession)*. Letztere sind z.T. Verwaltungsaufgaben. Die Bestandserschließung unterscheidet Sacherschließung (*Sachkatalogisierung*) und Titelaufnahme (*Formalkatalogisierung*). Im Öffentlichen Bibliothekswesen sind Buch- und Medienauswahl und Sacherschließung häufig miteinander gekoppelt. Diese Aufgaben versehen in Wissenschaftlichen Bibliotheken die sog. *Fachreferate*, in Öffentlichen Bibliotheken die *Lektorate*. Die Benutzungsdienste (Bestandsvermittlung) bestehen aus der Benutzeranmeldung und -einführung, der Ausleihregistrierung einschließlich dem Mahn- und Bestellwesen, dem Auskunftsdienst, Leihverkehr und Lesesaaldienst; ferner aus Bestandsordnungsdiensten in der Freihandausleihe und/oder im Magazin.

Es versteht sich, daß in kleineren und kleinen Bibliotheken die Organisation eine geringere Auffächerung zeigt als in großen; daß Aufgaben, die hier eine Abteilung oder Stelle versieht, dort von einem/einer oder wenigen Mitarbeitern/innen erledigt werden. Inhaltlich bleiben die Aufgaben und der Ablauf der Aufgabenerfüllung die gleichen.

Hinsichtlich der **Organisation in Öffentlichen Bibliotheken** muß man grundsätzlich unterscheiden zwischen der Gliederung eines Bibliothekssystems und derjenigen einer Zentralbibliothek. Öffentliche Bibliotheken erfüllen ihre Aufgaben in Gemeinden, Kreisen und Städten. Je nach deren Umfang und Struktur ergibt sich daraus für das Bibliothekswesen eine Organisationsform, die als städtisches (lokales) bzw. ländliches (regionales) **Bibliothekssystem** bezeichnet wird.

Das städtische Bibliothekssystem gliedert sich in eine Zentralbibliothek (als *Bibliothek der 2. Stufe*) und mehrere Bibliotheken der Grundversorgung (als *Bibliotheken der 1. Stufe*), zu denen Zweig- und Fahrbibliotheken gehören; hinzu kommen häufig noch Sonderbibliotheken wie etwa Schulbibliotheken, Musikbibliotheken, Bücherhausdienste für Behinderte, Artotheken u.a.m. Dazwischengeschaltet sind manchmal auch Bezirks- oder Mittelpunktbibliotheken mit *Teilfunktionen der 2. Stufe* und entsprechender Zuordnung von Zweig- und/oder Fahrbibliotheken (s. hierzu Tabelle 2 auf S. 103).

Ein ländliches Bibliothekssystem gliedert sich in Kreis-(Mittelpunkt-)bibliotheken und Gemeindebibliotheken, die beide auch als Fahrbibliotheken arbeiten können - selbstständig oder in einem System.

In einem großstädtischen Bibliothekssystem fallen ebenso zentrale wie dezentrale Aufgaben an. Die ersteren werden in der Zentralbibliothek vollzogen, die zweiten versehen Zweig- bzw. Bezirksbibliotheken.

Zu den **zentralen Funktionen** zählen die Verwaltungsdienste, Bestandsaufbau und Bestandserschließung (*Lektorate*) sowie die zentralen Benutzungsdienste. Je nach Größe des Systems bzw. des Bestandsumfangs werden die Lektorate aufgeteilt beispielsweise in solche für Geisteswissenschaften, Naturwissenschaften und Technik, Sozialwissenschaften, Schöne Literatur, Kinder- und Jugendliteratur; unter Umständen ist noch ausgegliedert ein Lektorat für Musik (wo eine ausgebaute Musikabteilung bzw. eine Musikbibliothek vorhanden ist), für Kunst (wo eine Artothek dazugehört); mitunter erscheint auch ein eigenes Lektorat etwa für non-books (Nicht-Buch-Materialien wie AV-Medien) und/oder für nichtkatalogisierte Bücher usw. In kleineren Systemen sind die Zweigbibliotheken an Lektoratsaufgaben beteiligt, ebenso an der Bestandspflege. Zentral werden ferner durchgeführt die Katalogisierung und die Führung des Zentralkatalogs.

Dann folgen die zentralen Benutzungsdienste mit den Bereichen Benutzeranmeldung und -einführung, Bestandsordnung, Ausleihregistrierung etc., Beratung und Auskunftsdienst, interner und auswärtiger Leihverkehr, Lesesaal und Magazin.

Zu den **dezentralen Funktionen** zählen die Benutzungsdienste der Zweigbibliotheken; im Bereich des Leihverkehrs gibt es hier allerdings nur den internen Leihverkehr.

(Einen modellhaften Gliederungsplan hierzu s. Tabelle 3 auf S. 104).

Aufgabengliederung eines großstädtischen Bibliothekssystems

(Modell)

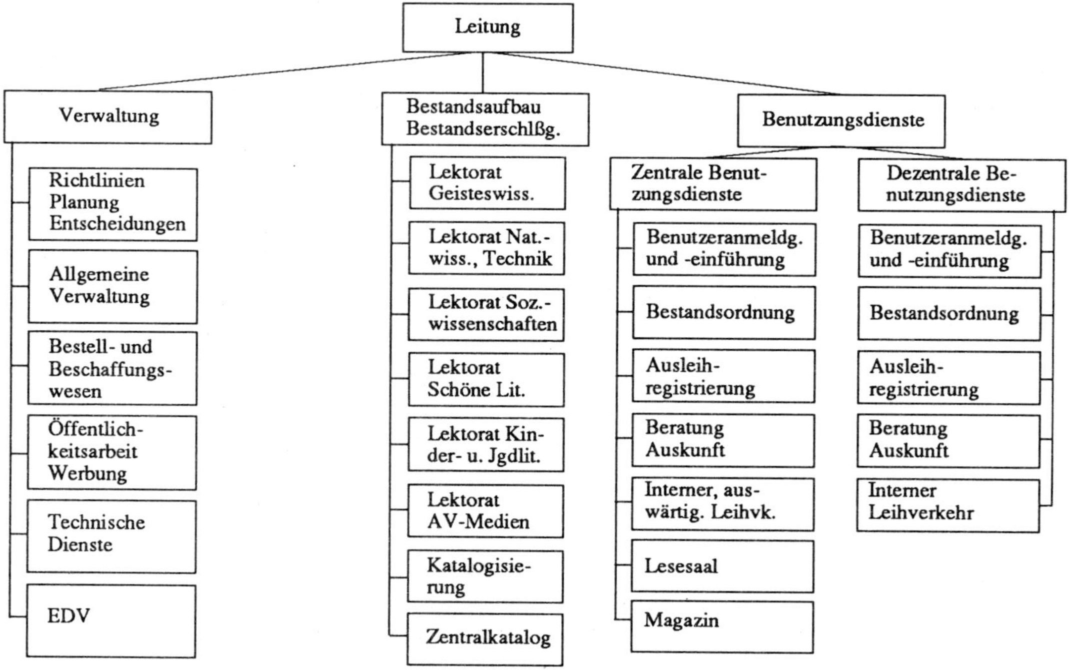

Tabelle 2

Tabelle 3

Gliederung eines städtischen Bibliothekssystems

(Beispiel)

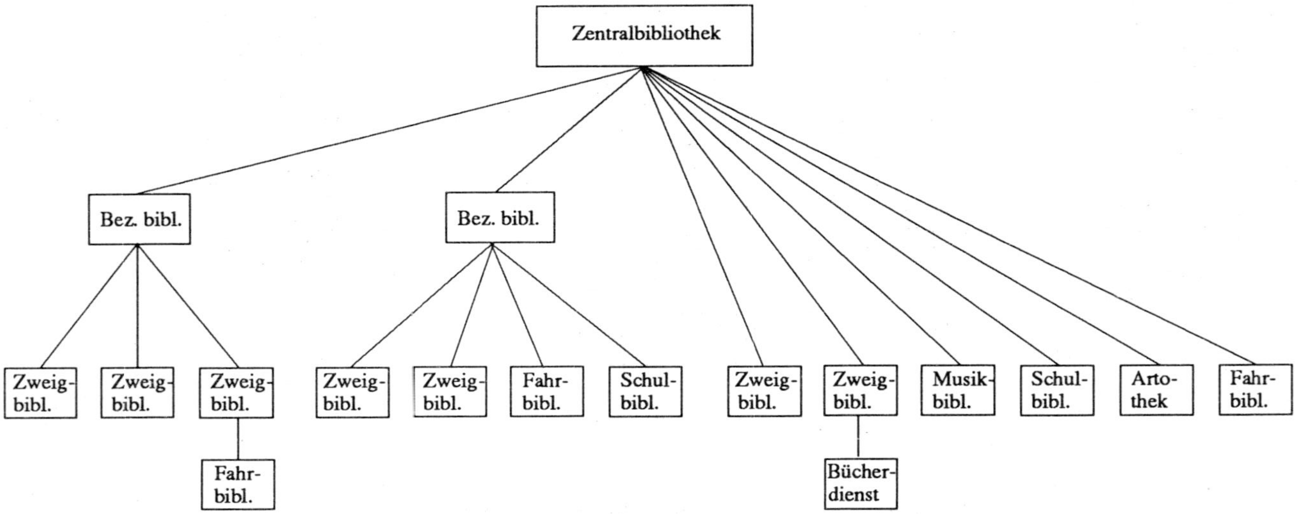

1.2 Raumgliederung einer Öffentlichen Bibliothek

Bibliotheken sind entweder in einem eigenen, selbständigen Gebäude untergebracht - das ist bei größeren Bibliotheken der Regelfall - oder sie sind Bibliothekseinbauten in ein mehrfachgenutztes Gebäude, wie die meisten Öffentlichen Bibliotheken. Häufig sind Großstadtbibliotheken, aber erst recht mittlere und kleine Hauspartner in Kultur-, Bildungs- und Verwaltungseinrichtungen, in Bürger- und Freizeitzentren, auch in Sparkassen - also in sog. Gemeinschaftsbedarfseinrichtungen. Mitunter wird einer Bibliothek auch ein historisches Gebäude zur Nutzung zugewiesen; das verleiht ihr zwar äußeren Glanz, verschafft ihr aber meistens Probleme hinsichtlich der Funktionalität der Räume. Schulbibliotheken, auch Krankenhausbibliotheken sind in der Regel Teile (Räume, Stockwerke, Anbauten) der entsprechenden Institutsgebäude oder -komplexe. Die Ideallage einer Bibliothek ist orts- bzw. institutszentral, vom Benutzer gut zu erkennen und leicht zu erreichen, bei ebenerdigem Zugang.

Die *Raumaufteilung* und *Raumanordnung* im Innern entspricht, unabhängig von der Größe der Bibliothek, ihren speziellen Aufgaben und deren Gliederung. Grundsätzlich unterscheidet man den Benutzerbereich, den Verwaltungsbereich und den Magazinbereich. Selbst die kleinste Bibliothek hat außer dem Publikumsraum einen Arbeits- und einen Magazinraum, notfalls als Raumteil.

Von ihren Aufgaben innerhalb der allgemeinen Literaturversorgung her sind die Funktionen und Dienste einer Bibliothek festgelegt. Sie bestimmen Bestandsgröße und -auswahl; davon abhängig sind Umfang und Aufgliederung der Arbeiten und damit Art, Zahl und Größe der Räume bzw. Raumzonen. Die Anordnung der Räume folgt grundsätzlich dem Funktionszusammenhang der zu leistenden Dienste. Das gilt für den Publikumsbereich ebenso wie für Verwaltung und Magazin.

In Öffentlichen Bibliotheken ist z.B. der *Benutzerbereich* von der Zugängigkeit des Bestandes und seiner Präsentationsform abhängig, was sich bestimmend auswirkt sowohl auf die Gestaltung des Baukörpers wie auf die engere Raumanordnung. Dem eigentlichen *Freihandbestand* sind Zonen bzw. Dienste vorgeordnet, die den Leser auf dem Weg zum Bestand hin begleiten. Daraus läßt sich folgendes Grundmuster aufstellen:

Die erste Raumeinheit, die der Benutzer betritt, umfaßt den **Eingangsbereich**. Er verfügt über eine Anzahl bequemer Sitzgelegenheiten, je nach Größe der Bibliothek bzw. Besucherfrequenz auch über eine Garderobenanlage aus verschließbaren Garderobenschränken, mindestens aber Taschenschränken. Der Eingangsbereich ist zugleich erster, einladender *Treffpunkt* der Benutzer wie auch *Warteraum* für die Zeit bis zur Öffnung der Bibliothek bzw. zum Beginn der Ausleihe. Hier liegen örtliche Tageszeitungen zur Einsichtnahme aus; hier werden die verschiedensten Informationsmaterialien ausgehängt bzw. ausgelegt; hier befinden sich häufig Ausstellungsvitrinen oder sogar Ausstellungszonen, die die Aufmerksamkeit auf bestimmte, z.B. aktuelle Bücher oder Bestandsgruppen lenken.

Von hier aus gibt es oft auch einen Zugang zu den Sanitärräumen. Der Eingangsbereich hat schon bei mittelgroßen Bibliotheken zugleich eine *Verteilerfunktion*; von Hinweistafeln unterstützt, weist er den Weg nicht nur zur nahen Freihandausleihe - unter Umständen getrennt in Erwachsenen- und Kinderbibliothek - sondern ebenso zum Leseraum (-saal), zur Mediothek, zum Vortragsraum, in die Artothek, zum Erfrischungsraum u.ä.m. und schließlich auch in die Verwaltung. Leitsysteme, bestehend aus Tafelpiktogrammen (Bildsymbolen) zur Kennzeichnung der jeweiligen Raumfunktion, aber auch betextete Schilder sorgen für die nötige Publikumsführung.

Der Raumgruppe **Freihandausleihe** ist zunächst vorgeordnet die **Verbuchungszone**. Hier im sog. *Thekenbereich* erfolgen Buch- und Medienrücknahme bzw. deren Ausleihe mit den entsprechenden Registrierarbeiten; dann das Aussortieren der vorbestellten, das Vorsortieren der zurückgenommenen Bücher/ Medien. Hier entrichtet der Leser auch die Säumnisgebühren, hier empfängt er meistens auch seine vorbestellten Bücher. In der Regel befindet sich im Thekenbereich auch die Aufbewahrung der AV-Medien. Nahebei oder innerhalb der Thekenanlage geschieht die *Leseranmeldung* an einem Arbeitsplatz mit Zugriff zur *Leserkartei* (*-datei*); falls ein Leser seinen Leserausweis vergessen oder verloren hat, erhält er hier ersatzweise einen Tagesausweis oder ein Duplikat.

Es folgt der Bereich **Information und Beratung** sowie **Auskunftsdienst und Leihverkehr**, je nach Bibliotheksgröße vereinigt in einer Raumgruppe oder abgesetzt als getrennte Arbeitszonen. In der Nähe befinden sich die wichtigsten Erschließungsmittel (AK, Schlagwortkatalog usw. als Karten- oder EDV-Katalog), dann auch die wichtigsten Bibliographien und allgemeinen Nachschlagewerke, für Benutzer wie für das bibliothekarische Personal gleichermaßen verfügbar.

Damit beginnt auch schon der Übergang in den Bereich der **Freihandbestände**. Ihre Aufstellungsweise richtet sich zunächst nach den räumlichen Gegebenheiten. Wenn der Platz es zuläßt, ist großzügig Raum gegeben für *Anlesezonen* mit ausreichend Sitz- und Arbeitsplätzen. Die Darbietungsweise (*Präsentation*) der Bestände für erwachsene und jugendliche Leser trennt in der herkömmlichen Weise die Aufstellung der Schönen Literatur von der Sachliteratur.

Die neuere Präsentationsform der *Dreigeteilten Bibliothek* kommt vielen Lesern insofern entgegen, als sie im sog. *Nahbereich* auf diese Trennung verzichtet und stattdessen die aktuellen Bücher/Medien nach Lesererwartungen, also nach Interessenkreisen zusammenstellt, unabhängig davon, ob sie erzählenden oder sachlichen Inhalt haben. Hinreichendes Kenntlichmachen der Interessengebiete an den Buchrücken und Regalen machen es überflüssig, im Nahbereich zusätzlich Kataloge aufzustellen; der Leser wählt am vorliegenden Bestand aus.

Im *Mittelbereich* befindet sich dann der übrige, größere Teil des Freihandbestandes. Hier ist die Sachliteratur systematisch, also nach den Klassen der in der Bibliothek angewandten Systematik geordnet, die Belletristik steht alphabetisch nach Verfassern usw., wie das auch in der herkömmlichen Aufstellungsweise der Fall ist. Da die Ordnung der Sachliteratur im Regal derjenigen des Systematischen Kataloges entspricht, steht hier auch der SyK, häufig aufgeteilt und den einzelnen Gruppen zugeordnet.

Der dritte, der *Fernbereich* enthält den in der täglichen Ausleihe wenig benötigten Bestand, den *Magazin*bestand, räumlich abgesetzt vom Freihandbestand. Das *Nahmagazin* bewahrt Doppel- und Mehrfachstücke auf, dann Loseblattausgaben, nicht abgeschlossene Serien und Bücher, die nur zur Einsichtnahme ausgegeben werden.

In der **Kinderbibliothek**, gewöhnlich ein "Reich für sich", ist der Freihandbestand nach einer, den verschiedenen Lesealtern angemessenen Systematik aufgestellt. Die Einrichtung enthält Schmökerecken, Mal- und Spielzonen, Sitzmulden, Vorlesepools, Sitzringe für Lesungen und Vorführungen u.ä.m. Das Einspielen von Kassettenprogrammen ist nicht nur an entsprechenden Plätzen für Kinder, sondern auch ebenso im Erwachsenen- und Jugendbuchbereich möglich.

Der **Leseraum** bzw. -saal einer Öffentlichen Bibliothek beherbergt in der Regel vornehmlich Zeitungs- und Zeitschriftenbestände; dann Bibliographien und Nachschlagewerke, wenn dafür nicht ein eigener *Studienleseraum* zur Verfügung steht. Zum Arbeiten bringt der Leser eigene Bücher ebenso mit wie solche aus dem Freihandbestand. Mancherorts besteht auch die Möglichkeit, hier Kassetten-Lehr- und Lernprogramme auf entsprechende Arbeitsplätze oder auch in schalldichte Kabinen zu übertragen; hier liegt dann schon eine Art *Mediothek* vor.

Einige Öffentliche Bibliotheken, vor allem die in Schulzentren, verfügen über ein *Selbstlernzentrum* in Form einer Mediothek als eigener Raumgruppe mit vielseitigen Beständen an AV-Materialien, mit Diskotheken (Schallplattenbeständen etc.), Sprachstudien- und berufsbildenden Tonkassettenbeständen, Diaserien, Schmalfilm- und Videokassettenbeständen und entsprechenden Wiedergabegeräten, Einspielausstattung, notwendigem Materiallager und eventuell kleiner Werkstatt.

Für **Ausstellungen** stehen in der Öffentlichen Bibliothek mitunter eigene Räume zur Verfügung. Meistens wird aber auch das Integrieren einer Ausstellung in den Freihandbereich bevorzugt, einmal im Interesse der Nutzung des dazu möglichen Bestandes; dann wegen der breiteren Ansprechbarkeit der Besucher.

Vortragsräume dienen Veranstaltungen, vor allem abends. Hier finden Lesungen, Vorträge, Diskussionen, auch Video- und Filmvorführungen, auch Lehrveranstaltungen, u.U. Konzerte, Aufführungen von Theater- und Spielgruppen u.v.m. statt. Vortragsräume werden häufig gemeinsam mit anderen Veranstaltern, etwa der Volkshochschule, Bildungs- und kulturellen Vereinigungen genutzt.

Artotheken als Sammlungen entleihbarer Bilder und Kleinplastik verfügen über Räume für Wechselausstellungen von Werken lokaler und regionaler Künstler. Als Sondereinrichtungen Öffentlicher Bibliotheken sind sie noch spärlich vertreten. Wo sie aber anzutreffen sind, haben sie ihrer Aufgabe angepaßte Räume zur Präsentation, Aufbewahrung und Rahmung/Verpackung von Kunstgegenständen.

Häufiger gibt es allerdings Öffentliche **Musikbibliotheken** bzw. Musikabteilungen in einer Zentralbibliothek. Ihre Räume befinden sich meist abgesetzt von der allgemeinen Freihandausleihe. Sie zählen außer Musikliteratur vor allem Notenwerke, Schallplatten, CDs, Tonkassetten usw. zu ihren Beständen und verfügen auch über entsprechende Einspielanlagen und *Hörplätze*, offen oder in Kabinen. Manchmal ist ihnen auch ein *Musizierraum* angegliedert zur Einzel- oder Gruppennutzung (Orchester) oder es steht hier auch ein Konzertraum zur Verfügung. Ein eigenes Klavier bzw. einen Konzertflügel besitzen die meisten Musikbibliotheken.

Die Raumordnung der Bereiche **Verwaltung** bzw. Bestandsaufbau und -erschließung folgt - sieht man von dem Bürobereich der Bibliotheksleitung und der Allgemeinen Verwaltung ab - dem Ablauf des Geschäftsgangs der Bücher/ Medien. Es reihen sich die Räume von der Zugangsstelle über die Erwerbungs- und Katalogstelle bis hin zur technischen Buchbearbeitung (Einbandstelle). Soweit Einzelarbeitsräume möglich, sind sie meist durch Zwischentüren miteinander verbunden, um die Wege kurz zu halten. Unterbringung in einem großen oder gar Großraumbüro bietet arbeitsorganisatorisch Vorteile. Die Lektorate arbeiten zweckmäßiger Weise in Einzel- oder Doppelbüros. Die Arbeitsräume für Bibliotheksleitung, Schreibzimmer (Sekretariat) und Allgemeine Verwaltung liegen einander zugeordnet. Die *Posteingangs- und -ausgangsstelle* befindet sich meistens am Anfang des Verwaltungsbereichs. Unterbringung und Ausgabe von *Büromaterial* erfolgt im Bereich der Allgemeinen Verwaltung, wogegen das *Bibliotheksmaterial* gewöhnlich nahe der Buchbearbeitung bzw. Werkstatt untergebracht ist.

Zum Verwaltungsbereich gehört noch ein Raum für Dienstbesprechungen (*Konferenzraum*), der auch für Unterrichtszwecke von Auszubildenden, Praktikanten etc. benutzt wird. Hier stellen oft auch die Lektorate ihre, den Zweigbibliotheken empfohlenen Titel zur Einsicht und Auswahl aus. Ein *Pausenraum* dient den Mitarbeitern zur Einnahme von Frühstück oder Mittagessen, was bei durchgehenden Öffnungszeiten besonders wichtig ist. Sie sind meistens mit Kochendwassergeräten und Kochplatten sowie Kühlschrank ausgestattet.

An **Magazinräumen** gibt es in der Öffentlichen Bibliothek das dem Freihandbereich zugeordnete, bereits genannte *Nahmagazin*, darüber hinaus vor allem in Bibliotheken mit zentraler Funktion ein Haupt- oder *Zentralmagazin*. Hier werden zunächst die älteren Zeitschriftenbestände, ferner weniger gefragte, aber im System grundsätzlich benötigte Titel in einem Exemplar aufbewahrt; dann ältere Werkausgaben, seltener genutzte Sondersammelgebietstitel, Altbestände vor allem von orts- und heimatgeschichtlicher Literatur, Nachlässe aus Privatbibliotheken o.ä. sowie Sonderbestände je nach lokaler Situation. Dazu gehören auch Großdruckbücherbestände, die besonders vom *Bücherhausdienst* in Anspruch genommen werden. Sondermagazine gibt es z.B. zur Unterbringung der Bestände von *Fahrbibliotheken*; ihre Lage wird bestimmt durch die erforderliche Anfahr- und Beladeмöglichkeit. Eine Beladerampe ist hier vorzufinden.

Unter **Handbibliothek** versteht man die im Haus benötigte bibliothekarische Fachliteratur; sie steht gesondert, ist z.T. aber auch auf die bibliothekarischen Arbeitsräume als *Handapparat* verteilt.

Materiallager und evtl. **Werkstätten** befinden sich meist im Kellergeschoß. Ebenerdig liegen gewöhnlich die Garagen (Hallen) für die Autobüchereifahrzeuge und anderen bibliothekseigenen Kraftfahrzeuge.

Insgesamt gilt für die Raumanordnung in einer Öffentlichen Bibliothek, daß die einzelnen Funktions- und Arbeitsbereiche selbst in kleineren Bibliotheken auf zwei oder mehrere Ebenen verteilt sein können - bei versetzter Bauweise auf Halbgeschosse - und dann von Benutzern wie von Mitarbeitern über Treppen und/oder Aufzüge erreicht werden. Auch die Verteilung auf die verschiedenen Geschosse folgt der dargestellten betriebs- und ablaufgebundenen Arbeitsweise.

1.3 Einrichtung einer Öffentlichen Bibliothek

Die Einrichtung (*Möblierung*) besteht im wesentlichen aus Systemmöbeln, d.h. aus an- und ausbaufähigen Grundelementen, leicht versetzbar, auf Rollen auch verschiebbar; denn Flexibilität der Bibliothek ist vom Bau, den Räumen und der Einrichtung her gefordert.

Zur Unterbringung von Büchern/Medien dienen **Regale**, meist seriengefertigte Typen, die über längere Zeiträume Ergänzungen und Erweiterungen zulassen. Je nach Raumgegebenheiten werden einseitige oder doppelseitige Regale verwendet. Die ersteren stehen meistens an einer Wand oder werden an Wandschienen befestigt. Doppelregale sind freistehend. Die Griffhöhen liegen für Erwachsenen- und Jugendbuchfreihandbestände bei max. 180 cm, in Kinderbibliotheken bei 100-120 cm. Die Regalrahmen sind aus Metall oder Massivholz, die Regalböden (Fachböden) aus Holz oder Metall, bei Holzausführung bis zu 90 cm, in Metall gewöhnlich 100 cm breit. Die Regalbodentiefen betragen je nach Buchformat 20-30 cm. Hohe Regale haben bis zu 6, solche für Kinderbücher sowie für Nachschlagewerke gewöhnlich bis zu 4 Böden übereinander; alle sind höhenverstellbar. Für kleinwüchsige Benutzer stehen Tritthocker bereit.

Auf den Regalböden werden die Buchreihen seitlich durch *Buchstützen* gehalten. Es gibt sie in Winkelform aus Metall oder Kunststoff, aber auch auf oder über dem Regalboden als Haltebügel verschiebbar angebracht, sowohl mit Beschriftungsrahmen als auch ohne. Autobüchereien haben feststellbare Buchstützen, dazu noch klappbare Haltestangen, die ein Herausfallen der Bücher während der Fahrt verhindern.

Bilderbücher werden in Büchertrögen oder anderen kastenförmigen Bücherbehältern untergebracht, in Einzelelementen, die sich spielerisch zu unterschiedlichen Bauformen verknüpfen bzw. stapeln lassen (Modulkombination).

AV-Medien stehen meistens in Spezialregalen. Von den Ton- und Videokassetten sind nur die Leerbehälter (Cover) frei zugängig ausgestellt; die Inhalte, die Kassetten selbst, werden aus Sicherheitsgründen verschlossen nahe oder in der Verbuchungstheke aufbewahrt und dort ausgegeben. Leerboxen für Videokassetten sind häufig mit einem Bibliothekscover versehen, auf dem sich außer der Titelei auch Signatur, Nummer etc. befinden. Für CDs gibt es individuelle Behälter zum Schutz, die in entsprechenden Ständern oder Tischaufsätzen präsentiert werden. Displaywände dienen der Aufbewahrung und Präsentation von Ton- bzw. Videokassetten (Leerbehältern).

Diaserien sind in der Mediothek zunächst in Einsteckmappen eingeordnet, die wie Aktenordner verwendet werden und in Regalen stehen. Größere Bestände befinden sich in Dia-Sichtschränken; diese ermöglichen sowohl eine diebstahlsichere Archivierung wie auch mit eingebauter Durchleuchtungsanlage ein Betrachten der Dias, etwa zur Auswahl vor Vorführungen. Dia-Sichtschränke gibt es in Metall/Holzkombination.

Bücherregale in *Magazinen* sind in der Regel aus Stahl. Sie sind höher als Freihandregale, verfügen insofern über mehr Stellfläche, da sich mehr Regalböden übereinander und auch mit engeren Zwischenräumen anbringen lassen. Über raumsparende Kompaktsysteme wird in Abschnitt B 3.4.3 (S. 245 f) berichtet.

Im Freihandbereich werden die Regale, häufig nach den Themenbereichen der Bücher/Medien zu Regalblöcken zusammengefaßt, aufgestellt. Zwischen den Regalreihen sind Regalgassen und Bewegungsräume freigelassen, die dem täglichen Einstellen der Bücher/Medien, aber ebenso auch der Auswahl durch den Benutzer dienen.

Die Reihenfolge der *Aufstellung der Bücher/Medien* in den Regalen erfolgt stets von links nach rechts, beginnend auf dem obersten und endend auf dem untersten Fachboden. Die Ordnung innerhalb dieser Reihenfolge geschieht bei Schöner Literatur alphabetisch nach dem Verfassernamen etc., bei Sachliteratur in systematischer Folge nach den Sachgebieten und Sachgruppen entsprechend der in der Bibliothek benutzten Systematik (*Klassifikation*). Innerhalb der Sachgruppen wird ebenfalls alphabetisch nach dem Verfassernamen etc. geordnet. An den Rückensignaturen läßt sich beides ablesen.

Im Nahbereich einer *Dreigeteilten Bibliothek* gibt es lediglich eine grobe Ordnung nach Interessenkreisen; sie sind erkennbar an den Interessenkreisaufklebern auf dem Buchrücken. Bevorzugt wird hier wie auch in Kinderbibliotheken die Aufstellung in Drehständern (Karussells); Drehsäulen gibt es auch zur Präsentation von Videokassetten. Bilderbücher stehen in Kinderbibliotheken ungeordnet in Trögen bzw. Behältern.

Musikbibliotheken bewahren ihre *Schallplatten* in Spezialregalen auf. Es gibt die stehende wie die liegende Unterbringungsart; beide verhüten, daß die Platte sich verzieht. Die stehende Art ist häufiger anzutreffen; sie erfolgt in hochformatigen Regalfächern von etwa 8 cm Breite. Darin stehen die Schallplatten in ihren Hüllen dicht nebeneinander, aber nicht gedrängt oder gepreßt. Regale zur liegenden Aufbewahrung haben höhenverstellbare Fachböden mit einer Nutzhöhe von etwa 4 cm; darin liegen die Platten einzeln übereinander in ihren Hüllen. Schallplatten im U-Musikbereich (Unterhaltungsmusikbereich) sowie in Kinder- und Jugendbeständen sind gewöhnlich einzeln in Bügeltaschen aufbewahrt, die wie an Kleiderhaken auf ein Stangenelement gehängt werden.

In allen Bereichen der Freihandausleihe befinden sich nahe der Regalaufstellung *Anlesezonen* mit kleinen Lesetischen und Sitzgelegenheiten vom Polsterstuhl bis zum Lesesessel. In Kinderbibliotheken dienen Podeste mit Sitzkissen, Sitzstufen, Sitzringe, Sitzschalen, -würfel und -hocker als Sitz- und Leseplätze.

Vortragsräume sind im Interesse ihrer Mehrfachnutzung mit Stapelstühlen ausgestattet, die bei Bedarf auch in die Freihandausleihe gebracht werden können. Stuhlreserven sind in einem gesonderten *Stuhllagerraum* untergebracht.

Im *Leseraum (-saal)* stehen zur Ablage und Präsentation von Zeitschriften Regale mit aufklappbaren *Zeitschriftenboxen.* Vorne auf der schrägstehenden Auslageklappe, die meist aus Kunststoff besteht, ist das jeweils laufende Heft ausgestellt, dahinter im Ablagefach liegen gestapelt die übrigen Hefte des laufenden Jahrgangs. Die gebundenen Zeitschriftenjahrgänge stehen in *Zeitschriftenregalen,* die neueren im Leseraum, die älteren im Magazin. Kleinere Bibliotheken präsentieren ihre Zeitschriftenhefte, die auch entleihbar sind, in der Freihandausleihe auf Regalen mit Schrägauflagen oder auf Staffeleien aus Drahtbügel- oder Plexiglasmaterial. Diese werden auch zur Präsentation von Zeitungen verwendet. Zeitungen werden aber auch häufig einzeln in Klemmstäbe gespannt und an Wandhaken griffbereit aufgehängt oder nebeneinander in entsprechende Zeitungstische eingehängt.

Kataloge in der Bibliothek erscheinen in Form von Kartenkatalogen (*Zettelkatalogen*), von Bandkatalogen oder von Mikrofichekatalogen. Die Bandkataloge stehen meist in Regalen, die mit Stehpulten kombiniert sind; sie können dann gleich zum Gebrauch aufgeschlagen werden. Bei Katalogen in Mikroform werden die Mikrofiches in Schuppentafeln, die einen schnellen Überblick bieten, untergebracht. Schuppentafeln sind meist in einem Ringordner eingehängt und stehen nahe dem Lesegerät; bei größeren Mengen verwendet man Tischdrehständer.

Der Kartenkatalog benötigt Katalogschränke (Karteischränke) mit Schubkästen, in denen die nach bestimmten Regeln geordneten Karteikarten aufbewahrt sind. Soweit es sich um Publikumskataloge handelt, sind die Katalogkarten in den Schubkästen durch Haltestangen gegen unbefugtes Herausnehmen gesichert. Es gibt Systeme mit runden und solche mit flachen Stangen. Dementsprechend haben die Katalogkarten über ihrem unteren Rand eine Rundlochung oder eine zusätzliche Schlitzlochung. Zum Einordnen oder Entnehmen der Karten muß die

Rundstange aus dem Schubkasten herausgezogen werden; die Flachstange braucht dagegen nur mit einem dazugehörigen Schlüssel um 90° gedreht zu werden, dann läßt sich die Karte mit dem Schlitz auf die Stange setzen bzw. herausziehen. Nach dem Zurückwenden der Flachstange sind die Katalogkarten gesichert.

Stellbrettchen verhindern, daß im wenig ausgefüllten Schubkasten die Katalogkarten nach hinten umfallen. *Leitkarten* vor einem jeden Kartensatz aus Karton oder Kunststoff mit oben hervorspringenden Nasen (*Taben*) zur Beschriftung (Buchstaben des Alphabets, erste Buchstaben des Verfassernamens oder Schlagwörter; Text der Systemgruppe u.ä.) erleichtern die Katalogbenutzung.

Die Schubkästen sind entsprechend ihrem Inhalt außen beschriftet; ebenso befindet sich auf oder über jedem Katalogschrank eine Beschriftungstafel zur Kennzeichnung der Katalogart, z.B. "Alphabetischer Katalog" usw. Die Katalogschränke haben meistens ausziehbare *Schreibplatten*, die es dem Benutzer ermöglichen, sich Signaturen oder andere Daten von einer Katalogkarte zu notieren oder Bestellzettel an Ort und Stelle auszufüllen. Katalogschränke gibt es in Holz- und Metallausführung; es gibt sie als geschlossenen Schrankkörper oder als Aufbauschrank, der aus stapelbaren *Einzelabteilen* besteht. Diese enthalten je nach Bedarf und Platz zwei bis sechs Schubkästen nebeneinander. Die Schubkästen selbst bestehen meistens aus Kunststoff. Die *Untergestelle* von Katalogschränken sind vorwiegend aus Metall; wo nötig haben sie ein Ablagefach, z.B. für Bandkataloge, wenn Bibliotheken über zwei Katalogformen verfügen. Für Dienstkataloge werden meistens Gestelle auf Laufrollen verwendet.

Benutzerarbeitsplätze, in Mediotheken zur Nutzung von AV-Medien anzutreffen, sind in der Regel mit **Carrels** ausgestattet, d.h. einem Arbeitsplatz mit etwa 140 cm hohen Trennwänden, die auch auf den Arbeitstisch gestellt sein können. Carrels stehen entweder gereiht, gestaffelt oder in Blöcken, im Viereck gegeneinander. Geschlossene Carrels finden sich als *Kabinen* von Mediotheken und in Musikbibliotheken. Die Tischplatten von Carrels dienen zum Schreiben, zum Lesen, aber auch zum Aufstellen von Lesegeräten oder Personal Computern (PCs). Lesegeräte werden auch im Bereich der Freihandausleihe am Arbeitsplatz von *Mikrofichekatalogen* benötigt; PCs befinden sich an Auskunftsplätzen, wo sie dem bibliothekarischen Personal wie auch dem Publikum zur Nutzung computergesteuerter, im Dialog abfragbarer Datenbestände zur Verfügung stehen.

Die **Thekenanlage** besteht je nach Größe der Bibliothek aus einem oder mehreren, meist winkelförmig, auch im Kreis oder Halbkreis angeordneten Schreibtischen. Als Anbauelemente sind sie Teile eines ganzen Thekensystems. Je nach Organisation der hier zu versehenden Funktionen und nach der Art der technischen Arbeitsabwicklung, etwa der Ausleihregistrierverfahren zeigt der Oberbau einer Theke unterschiedliche Konstruktionsweisen. Mulden mit offenen Karteieinrichtungen nehmen den *Buchkartenapparat* auf bei Anwendung der Buchkartenverbuchung. Abgesenkte Tischplatten bieten Möglichkeit zum Aufstellen von *Fotoverbuchungsgeräten* oder von Personal Computern bei EDV-

Verbuchung. Auf abgesenkter Platte steht auch eine Schreibmaschine, die zur Leseranmeldung benötigt wird.

In eine der Arbeitsplatten eingelassen ist der Einzahlungsschlitz zu der darunter befindlichen *Schlitzkasse*, die der Entgegennahme von Benutzungs-, Säumnis-, Vormerk-, Fernleih- u.ä. Gebühren dient. Thekenaufsätze dienen etwa zur Aufnahme einer *Medieneinspielanlage*. In den einzelnen Thekenelementen oder -segmenten sind Unterbauten, auch bewegliche *Container* mit (Schub-) Fächern zur Unterbringung der *AV-Medien*, dann auch der Arbeitsmittel und -materialien, die zur Verbuchung, Leseranmeldung usw. benötigt werden. Neben Schubfächern mit Einsätzen für Formulare, Karteien (z.B. Leserkartei, Vormerkkartei usw.), Mappen mit Endloslisten etc. gibt es solche zur Unterbringung von Disketten (bei EDV-Verbuchung).

Innerhalb einer Thekenanlage oder nahebei stehen *Bücherwagen* zur Aufnahme der zurückgekommenen Bücher/Medien. Ihre technische Konstruktion wird im Abschnitt B 3.4.3 (S. 245) beschrieben.

In *Ausstellungsräumen* bzw. *-zonen* werden **Stellwandsysteme** aus Ausstellungsgittern, Lochplatten, Displaywänden u.ä. verwendet, die sich feststehend oder auf Rollen auch zur Raumtrennung eignen. Von Buchträgern gehalten, werden daran Bücher und AV-Kassetten präsentiert, oder diese stehen auf Schrägflächen wie in Buchkarussells. Wertvolle Ausstellungsstücke sind in verglasten *Schauschränken*, etwa flachen Tischvitrinen oder hochformatigen einseitig bzw. doppelseitig auszustattenden Schrankvitrinen untergebracht. Ausstellungswände und Glasvitrinen finden sich auch in der Artothek oder einer Graphothek. In Schaukästen, freistehend oder an der Wand vor dem Bibliothekseingang, aber auch in öffentlichen Gebäuden machen ausgestellte Bücher auf die Bibliothek aufmerksam.

Die Möblierung von Arbeitsräumen besteht pro **Arbeitsplatz** im wesentlichen aus einem Schreibtisch in Holz- und/oder Metallausführung mit Schubfächern, einem Drehstuhl mit verstellbarer Rückenlehne und fünfstrahligem Fuß auf Doppelrollen, ferner einem Schreibmaschinentisch, einem fahrbaren Beistelltisch und – je nach Funktion – einem fahrbaren Katalogschrank oder -tisch bzw. einer EDVgerechten Ausstattung, einem Bücherregal und einem Besucherstuhl (siehe dazu auch Abschnitt B 3.4.1, S. 239 ff).

2 Der Inhalt der Bibliothek

2.1 Der Bestand

Zum Bestand einer Bibliothek gehören heute nicht nur Bücher. Auch andere Veröffentlichungsarten werden von Bibliotheken erworben und gesammelt. Als Veröffentlichung oder Publikation wird jedes Werk bezeichnet, das in gedruckter, elektronischer oder anderer Form einer Öffentlichkeit zugänglich ist. Zu den Veröffentlichungsarten zählen Bücher, Zeitschriften, Zeitungen, Karten, Pläne, Atlanten, Kalender, Bilder, amtliche Druckschriften, Spiele, Notenwerke, Handschriften, Inkunabeln, Flugblätter, Typoskripte, Reden, AV-Medien, Bildschirmtexte, Disketten, Magnetbänder und vieles andere mehr.

2.1.1 Publikationsformen

Das Buch in seinen vielfältigen Formen ist zusammen mit Zeitschriften und Zeitungen der wesentlichste Teil des Bestandes einer Bibliothek. Manche Veröffentlichungsarten werden nur in bestimmten Bibliothekstypen gesammelt, so z.B. Spiele nur in Öffentlichen, Inkunabeln und Handschriften in Wissenschaftlichen, Reports vornehmlich in Spezialbibliotheken. Hinzu treten in den letzten Jahren immer stärker AV-Medien, Mikroformen und die Neuen Medien.

Unter **AV-Medien** versteht man seh- und/oder hörbare Informationsträger, auf denen Ton- und Bildsignale gespeichert sind, die aber erst mit Hilfe von Reproduktionsgeräten genutzt werden können. Zum Medium selbst gehört also auch die technische Apparatur. AV-Medien unterliegen zunächst einmal den gleichen bibliothekarischen Arbeiten wie der Buchbestand. Darüber hinaus machen sie aber Besonderheiten notwendig, wie beispielsweise bei der Katalogisierung und der Aufstellung. Für eine sachgerechte Behandlung und den Einsatz sind genaue Kenntnisse über die Geräte (Wartung, Technik) und die Besonderheit dieser Materialien (Marktübersicht, Beurteilungskriterien, Einsatzmöglichkeiten) notwendig.

Visuelle Medien sind sehbare Informationsträger. Im weitesten Sinne können also alle Print-Medien, wie Bücher, Periodika, auch Karten und Noten dazugerechnet werden. Ferner sind Bilder, Kunstdrucke, Graphiken, Zeichnungen u.ä. auch in Öffentlichen Bibliotheken Teile des Bestandes. Meist werden sie in Form der Artothek präsentiert. Dias sind in Öffentlichen Bibliotheken nicht selten vertreten. Sie sind vielfältig einsetzbar. Zumeist sind sie für die Sachgebiete Erdkunde, Kunst, Biologie und Medizin vorhanden. Overheadfolien und Arbeitstransparente, soweit für den Schulunterricht konzipiert, sind häufig in Schulbibliotheken und -mediotheken verfügbar. Zu den visuellen Medien zählt auch die CD-ROM (s. hierzu S. 273 f).

Auditive Medien sind hörbare Informationsträger. Am verbreitetsten sind Schallplatten und Tonkassetten. Schallplatten werden wegen ihrer Empfindlichkeit in den meisten Bibliotheken nur zur Präsenznutzung, nicht zur Ausleihe bereitgestellt. Werden die Schallplatten nur in der Bibliothek abgespielt, sind als Geräteausstattung genügend Schallplattenspieler und Kopfhörer vorauszusetzen.

Die Tonkassette hat sich in Bibliotheken stärker durchgesetzt, da sie leichter aufzubewahren und zu bedienen und unempfindlicher als die Schallplatte ist, obwohl die Qualität entsprechend der Abspielhäufigkeit auch dort leidet. Der Markt bietet Tonkassetten für den Bereich der klassischen und Unterhaltungsmusik, der Literatur und als Begleitmaterial zu Sprachkursen und anderen Lehrgängen an. Was das Marktangebot wie auch das Bereitstellen in Bibliotheken betrifft, sind Schallplatte und Tonkassette zumindest teilweise schon durch die Compact Disc (CD) verdrängt. Die CD bietet aufgrund digitaler Speicherung und Abtastung eine stark verbesserte Klangqualität. Sie ist darüber hinaus wesentlich unempfindlicher und verschleißärmer als Schallplatte und Tonkassette. Als Weiterentwicklung der Tonkassette sind die DAT (Kassette auf digitaler Basis) oder die DCC (Digital Compact Cassette) in Bibliotheken noch nicht vorhanden.

Audiovisuelle Medien sind seh- und hörbare Informationsträger. Mittlerweile am stärksten verbreitet ist die Videokassette, die auf dem Markt als Spielfilm, Kinderfilm und auch als Sachvideo zu finden ist. In Schulbibliotheken und -mediotheken ist der Tonfilm häufig Teil des Bestands. Er wird zumeist für Unterrichtszwecke eingesetzt.

Neue Entwicklungen im Bereich der AV-Medien sind z.B. die Photo-CD und die CD-I (Compact Disc-Interactive), die bislang in Bibliotheken noch nicht zu finden sind. Tonbildschau (Kombination von Diaserie und Tonträger) und Fernsehen sind heute in Bibliotheken nur noch selten festzustellen.

Spiele zählen nicht mehr zu den eigentlichen AV-Medien, sondern werden wie Karten, Noten unter den umfassenderen Begriff der *non-book-materials*, der Nicht-Buch-Materialien zusammengefaßt. Spiele sind mittlerweile selbstverständlicher Teil des Bestandes einer Öffentlichen Bibliothek, sowohl im Präsenz- als auch im Ausleihbestand. Werden die Spiele ausgeliehen, so werden die Leser bei der Entleihung angehalten, das Spiel auf Vollständigkeit zu kontrollieren. Die Überprüfung des Spiels seitens des Bibliothekspersonals bei der Rückgabe ist zeitaufwendig und schwierig. Für den Fall, daß Teile verlorengegangen sind, haben die meisten Bibliotheken ein Lager mit Ersatzteilen sowie eine Sammlung der Originalspielanleitungen angelegt, die den Spielen nur in Kopien beiliegen. Für die Ausleihe wird die Spielverpackung zusätzlich verstärkt und damit haltbarer gemacht. Wird den Benutzern das Spielen in der Bibliothek angeboten, meist handelt es sich um Spiele für Kinder und Jugendliche, ist manchmal ein abgetrennter Raum vorhanden, um andere Benutzer nicht zu stören. Zum Spielen in der Bibliothek eignen sich nur Spiele, die relativ schnell ablaufen und eine rasch verständliche Spielanleitung haben.

Medien, auf denen Informationen fotografisch verkleinert festgehalten sind, werden als **Mikroformen** bezeichnet. Hierzu gehören hauptsächlich der Mikrofilm und der Mikrofiche.

Der *Mikrofilm* hat im allgemeinen eine Länge von etwa 30 Metern und kann etwa 2000 Seiten der Größe DIN A 4 aufnehmen. Die Aufnahmen werden laufend hintereinander gemacht, eine Seite nach der anderen abfotografiert. Als erste Aufnahme erscheint meist die Titelseite, d.h. die Information über den Inhalt des Films. Der Mikrofilm ist gut geeignet zur Verfilmung und Archivierung von alten Beständen, die für eine häufige Benutzung nicht mehr in Frage kommen, da die Gefahr der Beschädigung zu groß oder eine Benutzung gar nicht mehr möglich ist. Daher wird er vor allem bei alten Zeitungen und Zeitschriften sowie älteren, wertvollen Büchern bzw. Handschriften etc. angewendet. Um sich den Mikrofilm ansehen zu können und ggf. Kopien von Filmabschnitten herstellen zu können, gibt es Lese- bzw. Lesekopiergeräte.

Der *Mikrofiche* (Filmblatt) hat im allgemeinen die Größe DIN A 6 und enthält meist ca. 270 Felder. Die Felder sind in Reihen und Spalten angeordnet. Zuweilen sind die Felder reihenweise von links nach rechts zu lesen. Die meisten sind aber spaltenweise von oben nach unten angeordnet. Auf einem Feld befinden sich mehrere Aufnahmen. Das Fassungsvermögen eines Mikrofiche beträgt je nach Verkleinerungsgrad bis zu mehreren hundert Buchseiten. Auf der obersten Reihe des Mikrofiche sind normal direkt lesbare Angaben gemacht. Sie dienen der inhaltlichen Bestimmung und der Ordnung der Mikrofiches untereinander. Bei Wiedergabe eines Katalogs sind das: die Bibliothek, die den Mikrofiche herausgegeben hat; die Art des Katalogs, die darauf enthalten ist; das Datum des Ausdrucks; der inhaltliche Berichtsstand; der Inhalt, angegeben meist durch die erste und letzte Eintragung auf dem Fiche; eine fortlaufende Numerierung,

z.B. Stadtbibliothek Essen - alphabetischer Gesamtkatalog - 8/89 - Baumann bis Berne - 05.

Auf jedem Mikrofiche ist unten rechts ein *Indexfeld* vorhanden. Dieses dient als Inhaltsübersicht zur gezielten Suche einer Eintragung auf dem Fiche. Der Index enthält nicht alle Namen und Begriffe auf dem Fiche, sondern nur die ersten Eintragungen aller Felder mit der Angabe der Koordinaten (Reihe, Spalte), z.B.

H 11 Müller, August, H 12 Müller, Josef usw. (vgl. hierzu Abb. 19, S. 284).

Wird eine Eintragung unter Müller, Günter gesucht, so schaut man in dem Feld H 11 nach. Mikrofiches werden in Bibliotheken hauptsächlich für Kataloge und Bibliographien verwendet. Mikrofiches sind platzsparend trotz des Lesegeräts, das benötigt wird, und kostengünstig. Daher werden sie vor allem im Katalogbereich z.B. von Großstadtbibliotheken als Zentralkatalog eingesetzt, so daß der gesamte Bestand des Systems enthalten und in jeder Bibliothek des Systems nachgewiesen ist. Notwendig ist allerdings beim Einsatz als Katalog, daß regelmäßig Neuausdrucke hergestellt werden.

In den letzten Jahren spielen als Bestand einer Bibliothek auch die sogenannten Neuen Medien eine Rolle. Damit werden alle neuen Techniken der Information und Kommunikation bezeichnet, so z.B. *Bildschirmtext* (Abruf von Informationen aus einem Datenspeicher über das Fernsprechnetz der Bundespost), *Telefax* (Fernkopieren), *Datenbanken* (über Nachrichtennetze abfragbare Datenspeicher) und *Disketten* (Datenträger). Aber auch die verschiedenen Formen der *CDs,* wie etwa CD-Video/Laser-Disc, Photo-CD, CD-I (Interactive) oder die Mini-Disc zählen dazu. In Bibliotheksbeständen finden sich inzwischen Disketten, hauptsächlich als Beilage mit Übungsbeispielen zu Fachbüchern aus dem Bereich der Datenverarbeitung. Datenbanken und CD-ROMs nehmen als Informationsmittel in Bibliotheken zu. Auch die Bereitstellung und/oder Ausleihe von Computern und Computersoftware ist immer häufiger anzutreffen; bei der ekz gibt es ein Softwareangebot als neues Medium; einige Großstadtbibliotheken erweitern ihr Leistungsangebot zu Computerbibliotheken/-mediotheken.

Die Unterscheidung von **Literatur** nach Publikationsformen orientiert sich an Begriffen, die mit der Katalogisierung von Werken, also vornehmlich formalen Gesichtspunkten verbunden sind. Als Werk werden eine oder auch mehrere geistige Schöpfungen betrachtet, die als Veröffentlichung vorliegen.

Ein *Einzelwerk* ist ein abgeschlossenes Werk eines Verfassers, das als zusammenhängende Veröffentlichung publiziert wurde, z.B.

Heinrich Böll: Ansichten eines Clowns.

Die *Sammlung* umfaßt zwei oder mehrere Einzelwerke eines Verfassers, z.B.

Pablo Neruda: Das Lyrische Werk.

Das *Sammelwerk* enthält zwei oder mehrere Einzelwerke von zwei oder mehreren Verfassern, z.B.

Erzählungen des 20. Jahrhunderts.

Sammelwerke können begrenzt sein, d.h. sie haben einen von vornherein geplanten Abschluß und sind in einem oder mehreren Teilen, einbändig oder mehrbändig, erschienen. *Fortlaufende Sammelwerke* haben keinen von vornherein geplanten Abschluß. Hierzu zählen Zeitungen, Zeitschriften, zeitschriftenartige Reihen (z.B. Jahrbücher), Schriftenreihen (Serien) und Loseblattausgaben.

2.1.2 Literaturarten

Literatur, die im weitesten Sinne alles Geschriebene umfaßt, wird eingeteilt in Schöne Literatur und Sachliteratur. Die Kinder- und Jugendliteratur gilt als eigenständige Literaturart, auch wenn sie dieser Zweiteilung entspricht.

Unter **Schöner Literatur**, auch als Belletristik bezeichnet, versteht man alle nicht-sachbezogene Literatur. Sie ist erdichtet und frei erfunden. Unterteilt wird diese in die Literaturgattungen Epik, Lyrik und Drama. Die *Epik* wird auch als erzählende Dichtung oder Prosa bezeichnet. Hierzu gehören Epen, Romane, Novellen, Erzählungen, Kurzgeschichten, Märchen, Anekdoten, Sagen u.ä. Die *Lyrik* ist die Dichtungsart, die gekennzeichnet ist durch Rhythmus, oft mit Reim, und in Versen und Strophen angeordnet, also Gedichte. Das *Drama*, das Schauspiel, ist die Bühnendichtung in Form der Tragödie, der Komödie oder der Tragikomödie, auch des Hörspiels.

Zum Bereich der Schönen Literatur werden im allgemeinen auch *Biographien, Tagebücher* und *Briefausgaben* gezählt. Die Abgrenzung zwischen Belletristik und Sachliteratur ist allerdings nicht immer eindeutig, z.B. bei Biographien, die mitunter real Geschehenes mit Fiktivem, Erfundenem verknüpfen.

Zur **Sachliteratur** zählt man alle Literatur, die sachbezogen ist. Als Ausprägungen dieser Art gibt es das *Sachbuch*, das ein Thema leicht verständlich darstellt und einem Laien, der noch über keine Vorkenntnisse zu dem Thema (Person, Land, Sachverhalt, Geschehen) verfügt, als erste Information dient. Das *Fachbuch* vermittelt Wissen über ein bestimmtes Thema für den in der Ausbildung oder im Beruf Tätigen. Fachbücher sind praxisbezogen, haben zumeist Lehrbuchcharakter und dienen der beruflichen Aus-, Fort- und Weiterbildung. Weitergehend ist die *wissenschaftliche Literatur*, die für das Studium und die Forschung benutzt wird. Inhalte sind wissenschaftliche Ergebnisse und Theorien, deren Verständnis schon umfangreiche Vorkenntnisse erfordert. Zur wissenschaftlichen Literatur zählen u.a. Quellenwerke, Hochschulschriften, Patentschriften.

Ein besonderer Zweig der Sachliteratur, der in Bibliotheken eine wichtige Rolle spielt, ist die *Auskunftsliteratur*, d.h. die Gesamtheit der Nachschlagewerke, die im Auskunftsdienst als Hilfsmittel herangezogen werden. Einen besonderen Bereich stellt die sog. *Graue Literatur*, auch als nicht-konventionelle Literatur bezeichnet, dar. Hierunter versteht man Materialien, die nicht im Buchhandel erscheinen und nur schwer zu beschaffen sind, weil sie meist nur für einen bestimmten Personenkreis bestimmt sind. Dazu zählen Firmenschriften, Reports, Manuskripte, Referate, Vorlesungsskripte, Flugblätter u.ä. Die graue Literatur kommt in Öffentlichen Bibliotheken kaum, vornehmlich in Wissenschaftlichen Bibliotheken, Archiven und Dokumentationsstellen vor.

Kinder- und Jugendliteratur ist für junge Leser in den verschiedenen Altersstufen bis zu etwa 16 Jahren gedacht. Sie umfaßt sowohl belletristische als auch sachbezogene Literatur. Inhalt und Form sind der Entwicklung und den Fähigkeiten der jeweiligen Altersgruppe angepaßt. Dies drückt sich in Wortschatz, dem Satzbau, der Thematik, der Darstellungsweise, in Illustrationen und der Gestaltung eines Kinder- und Jugendbuches aus. *Kinderbücher* sind geeignet für Kinder bis zum Alter von etwa 10 Jahren. Das Spektrum reicht von Bilderbüchern mit großen Bildern ohne Text über kurze, mit zahlreichen Illustrationen versehene Erzählungen und Geschichten bis zu einfachen Sachbüchern. *Jugendbücher* sind thematisch und darstellungsmäßig auf Leser von etwa 10 bis 16 Jahren abgestimmt. Die Grenze zur Belletristik und Sachliteratur wird dann zunehmend fließend.

2.1.3 Buch, Buchhandel, Buchherstellung

Die Entstehung eines Buches beginnt im Lektorat eines Verlags, der auch als **Herstellender Buchhandel** bezeichnet wird. Dem Lektor liegt ein Manuskript, eine Textprobe oder die Idee eines Autors vor, bei Übersetzungs- oder Lizenztiteln das fertige Buch. Grundvoraussetzung für die Aufnahme eines Titels ist, daß dieser ins Verlagsprogramm paßt. Der Verlagslektor prüft und begutachtet das Buch oder Manuskript hinsichtlich der Thematik, der Sprache, Schreib- und Erzähltechnik, der Originalität und der fachlichen Seriosität. Liegt seitens des Verlages eine Idee für ein Buch vor, so ist es auch möglich, daß der Verlag von sich aus einen Autor zur Realisierung dieses Projekts sucht. Von den an einen Verlag herangetragenen Büchern bzw. Manuskripten werden nur etwa 5 % verlegt.

Hat der Verlag sich dazu entschlossen, das Buch innerhalb seines Programms zu veröffentlichen, so wird dem Autor ein Vertragsangebot unterbreitet. Ist dieser damit einverstanden, wird zwischen Verlag und Autor unter Beachtung des *Urheberrechts* ein *Verlagsvertrag* geschlossen. Darin erwirbt der Verlag vom Autor das Vervielfältigungs- und Verbreitungsrecht an dem Werk, meist einschließlich der Nebenrechte. (Näheres s. S. 48 f).

Das *Vervielfältigungsrecht* bezieht sich im allgemeinen auf alle Ausgaben und Ausgaben ohne Stückzahlbegrenzung für alle Sprachen oder nur für die deutsche Sprache. Unter *Nebenrechten* versteht man die Möglichkeit für den Verlag, das Buch als Vorabdruck an eine Zeitung zu verkaufen, ferner sich die Übersetzung, die Lizenzvergabe als Taschenbuch oder Buchgemeinschaftsausgabe und deren frühesten Zeitpunkt der Veröffentlichung, die Bearbeitung als Bühnenstück, die Verfilmung, Vertonung oder auch die Bearbeitung für Fernsehen und Rundfunk vorzubehalten. Als Gegenleistung erhält der Autor ein Honorar, das im allgemeinen etwa 10 % des Ladenpreises des Buches beträgt. Bei Taschenbüchern liegt es meist zwischen 5 und 7 %. Das *Autorenhonorar* kann im Vertrag als Pauschalsumme vereinbart sein oder als Vergütung für jedes verkaufte Exemplar. Letztere kann gestaffelt sein, so daß, je höher der Verkauf ist, desto höher der Prozentsatz ausfällt, den der Autor bekommt.

Der Verlagslektor betreut das Buchprojekt bis zur Druckreife. Ggf. werden in Absprache mit dem Autor noch Veränderungen am Text vorgenommen. Es wird geprüft, ob der vorgesehene Titel nicht bereits für ein anderes lieferbares Buch verwendet worden ist. Ist dies nicht der Fall, so wird, um eine etwaige Verwechslungsgefahr mit einem anderen Titel auszuschließen, *Titelschutz* beantragt. In der Herstellungsabteilung wird die Kalkulation vorgenommen. Sie berücksichtigt folgende Faktoren: vorgesehener Ladenpreis, Druckauflage, geschätzte Verkaufsauflage, Kosten für Satz, Druck, Papier, Bindung, Transport, Honorare, Werbung, Betriebskosten u.a.

Der Lektor bereitet den Text für den Satz vor. Als **Satz** bezeichnet man das Zusammenfügen von metallischen Lettern (*Bleisatz*) oder anderen nicht-metallischen Vorlagen (*Foto- und Lichtsatz*) zum Zwecke des Druckens. In der Satztechnik werden Texte, in der Reproduktionstechnik Bilder verarbeitet. Der seit Gutenberg übliche Bleisatz, der zunächst per Hand, später im Maschinensatz gefertigt wurde, ist heute kaum noch verbreitet. Vielmehr wird fast ausschließlich mit Foto- und Lichtsatz, dem bleilosen Satz gearbeitet. Prinzip des Verfahrens ist, daß lichtempfindliches Material mit Schriftzeichen belichtet wird. Beim Belichtungsvorgang wird entweder das fotografische Prinzip (Lichtquelle, Schriftnegativ, Objektiv) oder das fotoelektronische Prinzip mit Elektronenstrahlen, auch Lichtsatz genannt, angewandt. Dort brauchen Korrekturen am Satz nur über Bildschirm eingegeben zu werden.

Zunächst wird der Text erfaßt entsprechend einer *Satzanweisung*, die Schriftart, Schriftgrad (Buchstabenhöhe) und Satzspiegel (Fläche des Textes auf einer Buchseite einschließlich Zeilenabstand und Rand) beinhaltet. Wird ein hoher Schriftgrad gewählt, z.B. bei Büchern für sehschwache Leser, so werden diese als Großdruckbücher bezeichnet. Der Satz wird zur Korrektur dem Autor und dem Lektor zur Verfügung gestellt. Zwar spricht man von Druckfehlern, meistens handelt es sich jedoch um Setzfehler. Nach Ausführung sämtlicher Korrekturen, wenn der Satz druckfertig ist, wird er als Druckvorlage an die Druckerei weitergegeben.

2.1.4 Druckverfahren

Drucken ist ein mechanisch-physikalischer Vorgang, bei dem eine Druckform, die Farbe aufnehmen kann, gegen einen Stoff gedrückt wird und dabei die Farbe an diesen Stoff abgibt. Man unterscheidet vom Prinzip her drei Druckverfahren: Hochdruck, Tiefdruck und Flach- bzw. Offsetdruck.

Wesentliches Merkmal des *Hochdrucks* ist, daß bei der Druckform alle druckenden Teile (für Buchstaben die Lettern, für Bilder die Klischees) höher liegen als die nichtdruckenden. Die Druckform ist spiegelverkehrt zur Vorlage. Die erhabenen Teile werden durch Farbauftragwalzen mit Druckfarbe eingefärbt, wobei alle tiefer liegenden Partien, die nicht drucken sollen, frei von Farbe bleiben. Ein Druckkörper führt den Druckstoff, im allgemeinen Papier, unter Druck über die Druckform hinweg. Die erhabenen Teile geben die Farbe an das Papier ab, die tiefer liegenden Teile kommen mit dem Papier nicht in Berührung, so daß diese Stellen weiß bleiben (vgl. Abb. 1, S. 121). Der Hochdruck wird auch Buchdruck genannt. Varianten sind der Flexodruck und der indirekte Hochdruck oder Letterset. Der Hochdruck wird heute noch angewendet bei einigen Zeitungen und für kleinformatige, begrenzte Auflagen, z.B. Formulare, Briefumschläge.

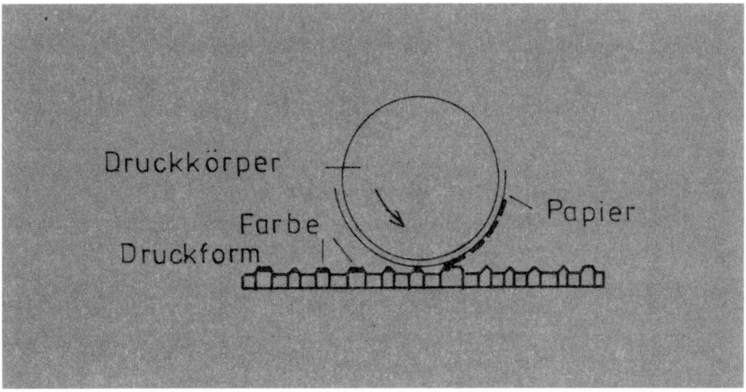

Abb. 1. Prinzip des Hochdrucks

Der *Tiefdruck* geht umgekehrt wie der Hochdruck vor. Die druckenden Elemente liegen ebenfalls seitenverkehrt, aber vertieft. Die Vertiefungen, Näpfchen, entstehen durch Gravieren oder Ätzen. Diese Vertiefungen werden mit Druckfarbe aufgefüllt. Von der Oberfläche wird die überflüssige Farbe mit einem Rakel, einer feingeschliffenen Stahlleiste, entfernt, abgewischt. Die Farbe befindet sich also nur noch in den Vertiefungen, nicht auf den höher liegenden Teilen. Beim Drucken wird die Farbe aus den tiefliegenden Stellen an das Papier abgegeben. Tiefdruckverfahren sind u.a. der Kupferstich, der Stahlstich (vgl. Abb. 2, S. 122). Der Tiefdruck wird, da die Druckform teuer ist, vor allem bei hohen Auflagen angewendet, z.B. für Prospekte, Kataloge und Zeitschriften, dann aber auch für Kunstblätter, für Landkarten u.a..

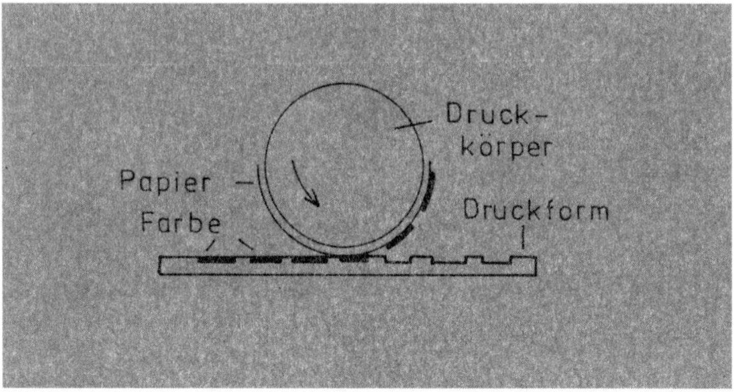

Abb. 2. Prinzip des Tiefdrucks

Während beim Hoch- und Tiefdruck die druckenden und nichtdruckenden Teile verschieden hoch sind, liegen sie beim *Flachdruck* auf einer Ebene. Das Prinzip wurde erstmals von A. Senefelder 1796 beim Steindruck angewendet. Es beruht auf der Gegensätzlichkeit von Fett und Wasser; sie stoßen sich ab. Auf den Stein, die Druckform (Kalkschiefer) wird mit fetthaltiger Tusche die zu druckende Zeichnung seitenverkehrt aufgetragen. Vor dem Druck wird der Stein mit Wasser befeuchtet. Dabei stößt die fetthaltige Zeichnung das Wasser ab. Die übrigen Teile nehmen das Wasser an. Beim Einfärben stoßen dann die Partien, die das Wasser aufgenommen haben, die fetthaltige Farbe ab, während die Zeichnung die Farbe annimmt. Heutzutage bestehen die Druckplatten aus Aluminium- oder Mehrmetallblechen. Diese werden mit der Schreibmaschine (Spezialfarbband) beschrieben oder meist mittels photochemigraphischer Verfahren derart präpariert, daß die druckenden Stellen Wasser abstoßen, aber Farbe annehmen, die nichtdruckenden Stellen dagegen wasseraufnahmefähig sind, aber farbabweisend (vgl. Abb. 3a, S. 123).

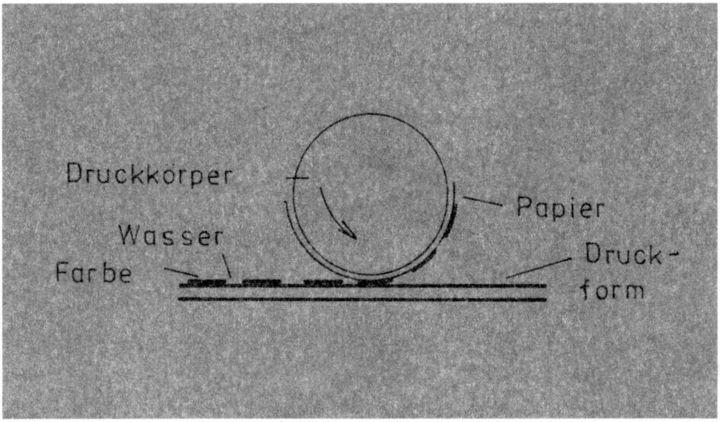

Abb. 3a. Prinzip des Flachdrucks

Das bekannteste und heute gebräuchlichste Verfahren ist der *Offsetdruck*. Dieser ist ein indirektes Druckverfahren. Auch hier ist die Druckplatte wie oben beschrieben präpariert, allerdings ist das, was gedruckt werden soll, seitenrichtig. Der Druck wird vom Druckplattenzylinder mit der Offsetplatte erst auf einen Gummituchzylinder (seitenverkehrt) und dann von dort auf das Papier übertragen (seitenrichtig) (vgl. Abb. 3b, S. 124). Mit dem Offsetdruck werden vor allem Prospekte, Kataloge, Magazine, Zeitungen, Plakate und Telefonbücher hergestellt.

Nach dem Druck - es werden nicht einzelne Seiten gedruckt, sondern Bogen, die meist 16 Seiten enthalten - werden die Bogen gefalzt, d.h. auf das beabsichtigte Format gefaltet, gebündelt, zusammengetragen und kollationiert, d.h. die Bogen werden auf Vollständigkeit und richtige Reihenfolge kontrolliert. Der gesamte Innenteil des Buches liegt nun in der richtigen Seitenfolge als Buchblock vor. Anschließend wird der Buchblock dreiseitig beschnitten, geheftet und mit einem *Einband* versehen (vgl. hierzu Abschnitt 2.5.1, S. 192 ff).

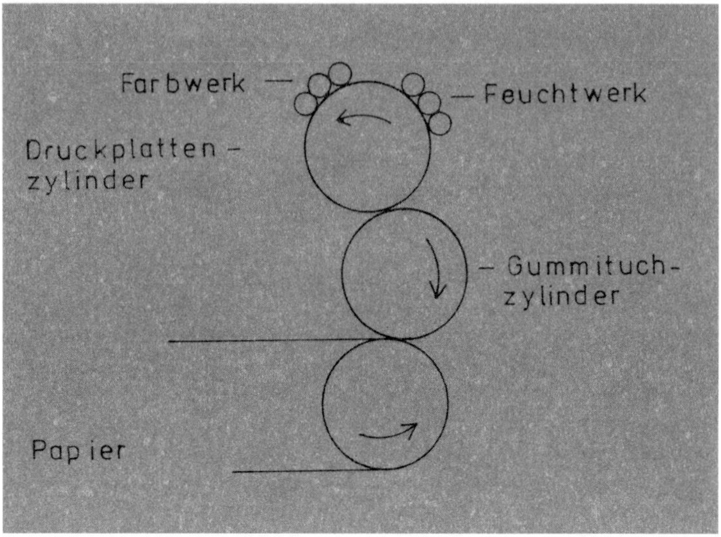

Abb. 3b. Prinzip des Offsetdrucks

Die Buchherstellung arbeitet in immer stärkerem Umfang mit elektronischen Möglichkeiten, insbesondere mit *DTP* (Desktop publishing)-Programmen. Hiermit wird am Computer eine druckfertige Seitengestaltung mit Text und Bild vorgenommen. Vielfach werden aber schon von Autoren, mit Vorgaben aus Lektorat und Herstellung versehen, fertig umbrochene Ausdrucke den Verlagen zugesandt oder zumindest Disketten, auf denen die Texte gespeichert sind, zur Weiterverarbeitung im Verlag.

Eine weitere Entwicklung ist die Tatsache, daß Verlage sich dem elektronischen Buch widmen, d. h. es existiert ein sich ausdehnender Markt, insbesondere im Bereich der *Auskunftsliteratur* (vgl. Abschn. 3.2.2, S. 216 ff), die auf verschiedenen elektronischen Speichermedien herausgegeben wird.

2.1.5 Verkauf und Vertrieb im Buchhandel

Zu einem Verlag gehört auch eine Verkaufs- und Vertriebsabteilung, die für den Verkauf, die Vorbereitung, Förderung und Abwicklung des Verkaufs zuständig ist. Sie betreut die Verlagsvertreter, die in den Buchhandlungen für das Verlagsprogramm werben und Bestellungen für Lieferungen aufnehmen, und ist verantwortlich für die Arbeitsgänge, die mit Bestell- und Zahlungseingängen verbunden sind.

Meist übernimmt der Vertrieb die **Vergabe der ISBN** (*Internationale Standard-Buchnummer*), die im Buch eingedruckt wird. Sie ist ein 10-stelliger Zahlencode, der aus 4 Gruppen besteht. Die erste Gruppe bezeichnet das Land oder Sprachgebiet, aus dem das Buch kommt (z.B. 3=Deutsches Sprachgebiet). Die zweite Zahlengruppe ist die Verlagsnummer, die zwischen 2 und 6 Ziffern lang sein kann (z.B. 88347=Verlagsnummer des BOCK + HERCHEN Verlages). Die dritte Zahlengruppe umfaßt zwischen 6 und 2 Ziffern und bezeichnet die Titelnummer des Buches in dem bezeichneten Verlag (z.B. 177 = Titelnummer dieses Buches). Die letzte Ziffer ist eine EDV-Prüfziffer, die die Richtigkeit und Position der vorhergehenden 9 Ziffern überprüft. Die ISBN dieses Buches lautet 3-88347-177-1.

Für Zeitschriften und Serien gibt es entsprechend die **ISSN** (*Internationale Standard-Seriennummer*), die allerdings aus zwei Gruppen mit je 4 Ziffern besteht, z.B. ISSN 0720-4310 für das jährlich erscheinende Bibliotheks-Taschenbuch. Die ISSN enthält aber keine Schlüsselzahlen für Verlage oder für die sprachliche Herkunft der Serie. Die Verwaltung und Zuteilung der ISSN erfolgt in der Bundesrepublik durch die Deutsche Bibliothek, die ISBN werden von der Buchhändler-Vereinigung in Frankfurt verwaltet.

Wichtiger Teil der Arbeit der Verkaufs- und Vertriebsabteilung ist die Werbung, die etwa 8 bis 10% des Verlagsumsatzes ausmacht. Die **Verlagswerbung** ist zunächst ausgerichtet auf die Buchhändler. Dies geschieht durch Informationsbroschüren mit dem neuen Programm, ggf. mit Leseexemplaren oder Leseproben, Anzeigen in der Fachpresse (Börsenblatt für den deutschen Buchhandel, Buchreport, Buchmarkt u.a.), mit Plakaten und Displays, die den Händlern zur Verfügung gestellt werden, sowie durch Schaufensterwettbewerbe.

Nicht zuletzt gehört auch die Präsentation auf der Frankfurter bzw. Leipziger Buchmesse dazu. Diese richtet sich nicht nur an die Buchhändler, sondern auch an das allgemeine Publikum. Daher werden zusätzlich Anzeigen und Werbung in Fernsehen und Rundfunk, Plakate an Litfaßsäulen und Anzeigen in Zeitungen und Zeitschriften eingesetzt, auch kostenlos in Buchhandlungen ausliegende oder den Zeitungen beigelegte Prospekte sowie Autorenlesungen und Signierstunden. Gleichzeitig neben der Händler- und Publikumswerbung wird im Verlag Pressearbeit geleistet, d.h. der Verlag bemüht sich darum, daß Presse, Funk und Fernsehen über die Autoren und Bücher des Verlags berichten. Möglichkeiten hierfür sind der Verkauf des Vorabdrucks an eine Zeitschrift oder Zeitung, das Versenden von Rezensionsexemplaren an Literaturkritiker und Journalisten sowie die Präsentation des Verlagsprogramms vor Pressevertretern.

Viele Verlage betreiben die **Auslieferung** der Bücher an den Buchhandel selbst. Vielfach übernimmt diese Aufgabe auch der **Zwischenbuchhandel**. Dies ist die Bezeichnung für alle Firmen des Buchhandels, die sich in den Verkehr zwischen Verlag und Sortimentsbuchhandel eingeschaltet haben. Formen des Zwischenbuchhandels sind die Verlagsauslieferung, der Kommissionär und das Barsortiment.

Die *Verlagsauslieferung* hält das gesamte Programm der von ihr betreuten Verlage auf Lager. Sie verschickt auf eigene Rechnung unter Beachtung des Rabatts und des Zahlungsziels, das der jeweilige Verlag vorgegeben hat.

Der *Kommissionär* hält ebenfalls das gesamte Programm der von ihm auszuliefernden Verlage vorrätig. Allerdings liefert er im Namen und auf Rechnung des jeweiligen Verlags.

Barsortimenter sind Unternehmen, die im eigenen Namen und auf eigenes Risiko Bücher von den verschiedensten Verlagen einkaufen und auf Lager halten. Diese verkauft das Barsortiment zum Original-Buchhändlerrabatt, den der Verlag bei Bezug eines Exemplars auch gewährt, auf eigenen Namen und eigene Rechnung an den Buchhandel weiter. Barsortimenter halten bis zu 200 000 der gängigen Titel auf Lager. Über ihre vorrätig gehaltenen Titel informieren sie meist in Form des Barsortiments-Lagerkatalogs, teilweise auf CD-ROM, einer Datenbank, und/oder durch die Angabe des Barsortimentssigels im VLB (Verzeichnis lieferbarer Bücher).

Das Barsortiment hat die kürzeste Lieferzeit. Dies wird bewerkstelligt durch moderne Bestelldatenabrufsysteme. Während früher der postalisch gesandte Bücherzettel der übliche Bestellweg war, verfügen die meisten Buchhandlungen heute über Bestellterminals der Barsortimente. In diese werden die Bestellungen in Form von Bestellnummern eingetippt und gespeichert. Vom Barsortiment werden die Bestellungen zu bestimmten Tageszeiten über Postleitungen abgerufen. Die Bestelldaten werden an die Empfangsgeräte der EDV-Systeme der Barsortimente übertragen. Dort werden die Bestellungen bearbeitet und ein Lieferschein ausgedruckt, auf Grund dessen die Bücherkisten für den Buchhändler gepackt werden. Am nächsten Morgen werden diese per Kraftfahrzeug an die Buchhandlungen ausgeliefert.

Mittlerweile ist für Buchhandlungen auch ein Anschluß an die Datenbank des Barsortiments möglich, die einerseits über den Lagerbestand Auskunft bietet, andererseits die Möglichkeit gibt, direkt Exemplare für die Bestellung und Lieferung zu reservieren. Bei beiden Bestellverfahren ist das am Nachmittag bestellte Buch am nächsten Tag beim Buchhändler. Für diesen Service zahlt der Buchhändler Gebühren an den Barsortimenter.

Neben dem herstellenden und dem Zwischenbuchhandel ist die dritte große Gruppe der **Verbreitende Buchhandel**. Hierzu zählen vor allem der Sortimentsbuchhandel, die Antiquariate, der Bahnhofsbuchhandel, der Warenhausbuchhandel, der Versandbuchhandel und die Buchgemeinschaften.

Der *Sortimentsbuchhandel* ist der Zweig des Buchhandels, der den Verkauf der Bücher an das Publikum im Ladengeschäft vornimmt. Hierzu trifft er aus dem Angebot der lieferbaren Titel eine Auswahl, er stellt ein Sortiment zusammen. Außer dem in der Buchhandlung vorrätigen Sortiment müssen dem Kunden, zu dem auch Bibliotheken gehören, alle anderen lieferbaren Bücher besorgt werden. Der Sortimenter bezieht die Bücher entweder direkt vom Verlag oder über den Zwischenbuchhandel. Dabei erhält er einen Buchhändler-Rabatt von 20 bis 50%

des gebundenen Ladenpreises. In der Bundesrepublik gibt es zur Zeit etwa 4600 Buchhandlungen.

Neben dem Buchsortiment gehören zum Angebot auch Zeitschriften, Zeitungen, aber ebenso Karten, Musikalien, Schallplatten, Spiele u.v.m. Außer der Vollbuchhandlung mit breitem Sortiment gibt es auch Spezial- oder Fachbuchhandlungen, die auf ein bestimmtes Fachgebiet oder auf bestimmte Publikationsformen zusätzlich zum Buch spezialisiert und daher für die Wissenschaftlichen und Spezialbibliotheken von Bedeutung sind, z.B. die Medizinische Buchhandlung, die Musikalienhandlung und der Landkartenhandel.

2.1.6 Weitere Buchhandelszweige

Im *Antiquariat* werden Bücher angeboten, für die kein fester Ladenpreis besteht. Der Preis wird vom Antiquar festgesetzt und richtet sich nach dem Wert des Buches (Seltenheitswert, Auflagenhöhe), dem Zustand des Exemplars und der Ausstattung. Man unterscheidet drei Arten von Antiquariaten: Das *bibliophile Antiquariat*, in dem seltene Werke, Erstausgaben, Inkunabeln und gut gestaltete Bücher an Bücherliebhaber (Bibliophile) verkauft werden. Das *wissenschaftliche Antiquariat* ist auf bestimmte Fachgebiete spezialisiert, erwirbt wie das bibliophile Antiquariat sein Angebot auf Auktionen und arbeitet mit Angebotskatalogen, die auch von Wissenschaftlichen Bibliotheken zur Bestandsergänzung genutzt werden. Das *moderne Antiquariat* vertreibt Restauflagen und Remittenden (an den Verlag zurückgeschickte, mitunter beschädigte Bücher, deren Ladenpreise aufgehoben wurden). Teilweise nutzen Öffentliche Bibliotheken diese Möglichkeit, insbesondere bei Restauflagen, um preiswert ihren Bestand zu ergänzen. Vielfach führen große Sortimentsbuchhandlungen neben ihrem normalen Sortiment auch ein Antiquariatsangebot.

Der *Bahnhofsbuchhandel* vertreibt vor allem Zeitschriften, Zeitungen und Taschenbücher auf Bahnhöfen. In den letzten Jahren ist das Angebot stark erweitert worden. Bestellungen sind im allgemeinen nicht möglich.

Der *Kaufhausbuchhandel*, der in den letzten Jahren ebenfalls zugenommen hat, beschränkt sich im Angebot zumeist auf Bestseller, Taschenbücher und ein modernes Antiquariat.

Die *Versandbuchhandlung* verfügt über keinen Laden, sondern verkauft die Bücher ausschließlich aufgrund von schriftlichen Bestellungen. Werbemittel sind Prospekte, Kataloge und Inserate in Zeitungen und Zeitschriften.

Um in *Buchgemeinschaften* Bücher und Schallplatten kaufen zu können, muß man Mitglied sein. Meist ist das Mitglied verpflichtet, vierteljährlich ein Buch oder eine Schallplatte zu erwerben. Das Angebot besteht vornehmlich aus Büchern, die vorher in anderen Verlagen erschienen sind und der Buchgemeinschaft als Lizenz verkauft wurden. Aufgrund hoher Auflagen liegt der Preis der Buchgemeinschaftsausgabe meist günstiger als der für die Buchhandelsausgabe. Die bekanntesten Buchgemeinschaften sind der Bertelsmann Lesering, der

Deutsche Bücherbund, die Büchergilde Gutenberg, dann aber auch die Wissenschaftliche Buchgesellschaft Darmstadt, die in der Hauptsache Reprints und eigene Originalausgaben herausgibt.

2.1.7 Börsenverein des Deutschen Buchhandels, Börsenblatt für den deutschen Buchhandel

Im **Börsenverein des Deutschen Buchhandels e.V.** haben sich die meisten Verlage und Buchhandlungen, Buchgemeinschaften, Antiquare u.a. zusammengeschlossen. Der Börsenverein, 1825 in Leipzig gegründet, vertritt die Interessen seiner Mitglieder gegenüber der Öffentlichkeit, Behörden, Parteien, Organisationen und anderen Verbänden. Zu den thematischen Schwerpunkten gehören u.a. die Bildungs- und Kulturpolitik, das Urheber- und Verlagsrecht, Steuerfragen und das Wettbewerbsrecht. Der Börsenverein unterhält wirtschaftliche Einrichtungen zur Erleichterung des Geschäftsverkehrs, z.B. die *Buchhändler-Vereinigung GmbH*, bei der u.a. das *Börsenblatt für den deutschen Buchhandel*, das *VLB*, die *Deutsche Nationalbibliographie* und das *Adressbuch für den deutschsprachigen Buchhandel* erscheinen; dann die Ausstellungs- und Messe GmbH, die die *Frankfurter bzw. Leipziger Buchmesse* organisiert, und die Buchhändler-Abrechnungs-Gesellschaft, die den Abrechnungs- und Zahlungsverkehr zwischen Verlegern und Buchhändlern rationalisiert. Der Börsenverein fördert die Aus- und Fortbildung der Buchhändler und unterhält Beziehungen zu fachverwandten Einrichtungen und Organisationen, z.B. zu den bibliothekarischen Verbänden. Das kulturpolitische Engagement des Börsenvereins kommt zum Ausdruck in der jährlichen Verleihung des *Friedenspreises des Deutschen Buchhandels*, im Bemühen um die Leseförderung, in der Stiftung Buchkunst und der Beteiligung an der *Deutschen Bibliothek*.

Börsenblatt für den deutschen Buchhandel

Das Börsenblatt ist das offizielle Verbandsorgan des Börsenvereins des Deutschen Buchhandels e.V. Es wurde zum ersten Mal 1834 vom Börsenverein in Leipzig herausgegeben. Seit 1945 wurde es in zwei voneinander unabhängigen Ausgaben, als Leipziger Ausgabe und als Frankfurter Ausgabe, veröffentlicht, seit 1991 gibt es nur noch eine Ausgabe.

Das Börsenblatt erscheint zweimal wöchentlich, dienstags und freitags, im *Verlag der Buchhändler-Vereinigung GmbH* in Frankfurt am Main. Es ist in zwei Teile gegliedert, die eine getrennte Seitenzählung haben. Der *redaktionelle oder Textteil* enthält Fachbeiträge zu aktuellen berufsspezifischen Themen, Aufsätze über kulturelle, rechtliche, wirtschaftliche Fragen. Auch Bibliotheken sind Gegenstand von Berichten. Mehrmals im Jahr gibt es Themennummern, die ausschließlich einen buchhändlerischen Bereich darstellen, z.B. die Frankfurter Buchmesse, die Ausbildung von Buchhändlern, Werbung des Buchhandels.

Der redaktionelle Teil wird, abgesehen von einem Inhaltsverzeichnis in jedem Heft, durch ein Jahresregister erschlossen. Zu diesem Teil gehören auch

Beilagen. Monatlich erscheint *Aus dem Antiquariat*, eine Sammlung, die sich mit den Belangen des Antiquariatsbuchhandels auseinandersetzt, vierteljährlich die Beilage *Buchhandelsgeschichte* mit Beiträgen aus dem Archiv für Geschichte des Buchwesens. Unregelmäßig erscheint die Beilage *Archiv für Soziologie und Wirtschaftsfragen des Buchhandels*.

Im *Anzeigenteil*, der wesentlich umfangreicher ist als der Textteil, kündigen Verlage ihre Neuerscheinungen oder die in Vorbereitung befindlichen Titel an und werben für den Absatz ihres Verlagsprogramms. Als Hilfsmittel enthält jedes Heft ein Inserenten-(Verlags-)Register. Im Anzeigenteil finden sich auch Bekanntgaben bezüglich des Titelschutzes - jeder Titel wird nach dem Urheberrechtsgesetz geschützt, damit kein anderer Verlag ein Buch gleichen Titels herausgeben kann - ferner Hinweise auf Preisänderungen, geschäftliche Einrichtungen und Veränderungen, Stellengesuche, Stellenangebote u.a.m.

Auch der Anzeigenteil hat eine Beilage, einmal wöchentlich die Liste *Angebotene und gesuchte Bücher*, in der Firmen noch antiquarisch erhältliche Bücher anzeigen. Hier können Bibliotheken auch Suchlisten veröffentlichen. Einmal im Monat enthält die Beilage eine besondere Rubrik für laufende Gesuche von Antiquariaten.

Zuweilen erscheint das Börsenblatt als *Sondernummer*, in der Aufsätze und Anzeigen zu einem Literaturthema zusammengestellt sind. Manche Sondernummern erscheinen regelmäßig, z.B. zur Leipziger Buchmesse, dann etwa zu den Themen Frühjahrsneuerscheinungen, Kalender, Urlaub und Hobby, Kinder- und Jugendbuch, Zeitschriften. Dabei umfaßt die Messe-Sondernummer zur Frankfurter Buchmesse meist mehrere Bände. Unregelmäßig, bei Bedarf erscheinen Sondernummern zu Themen aus der Sachliteratur, beispielsweise zur EDV, zu neuen Medien, Europa im Buch oder Theologie. Auch die Sondernummern verfügen über ein Verlagsregister. Zusätzlich haben die Sondernummern ein Autoren-/Titelregister und/oder ein Sachregister.

Neben der Tatsache, daß das Börsenblatt die wichtigste Zeitschrift für den Buchhandel ist, hat es auch für Bibliotheken, große Bedeutung, insbesondere im Lektorat/Fachreferat als Überblick über die Neuerscheinungen.

2.2 Bestandsaufbau

Darunter versteht man die planmäßige, fortlaufende Erweiterung und Ergänzung eines Bibliotheksbestandes. Maßgebend dafür ist einerseits die *Aktualität* (Berücksichtigung von Neuerscheinungen), andererseits die *Komplettierung* (Vervollkommnung des Bestandes durch Schließen von Bestandslücken). Aus dem riesigen Angebot des Buchmarktes - es werden in der Bundesrepublik jährlich zwischen 60 000 bis 70 000 Titel produziert - muß jede Bibliothek eine Auswahl treffen. Schon aus finanziellen, räumlichen und sachlichen Gründen ist es für eine Bibliothek weder vernünftig noch möglich, die gesamte Buchproduktion anschaffen zu wollen.

Bücher/Medien können auf verschiedene Art und Weise in die Bibliothek gelangen. Man unterscheidet vier Erwerbungsarten.

2.2.1 Erwerbungsarten

Kauf bedeutet die gezielte Erwerbung gegen Bezahlung aus den dafür bereitstehenden Mitteln. **Tausch** setzt das Vorhandensein von gleichwertigen Tauschobjekten voraus. **Geschenke** werden einer Bibliothek häufig gemacht, werden ihr ohne eigene Veranlassung angetragen, nicht selten auch in Form von Buchspenden. Geschenke nimmt die Bibliothek nur unter Vorbehalt entgegen; denn häufig stellen sie sich nach Prüfung durch das Lektorat/Fachreferat nicht als Bestandsergänzung heraus, so daß eine Einarbeitung nicht sinnvoll ist. **Pflichtexemplare** gelangen nur in die Bestände derjenigen Bibliotheken, die über das Pflichtexemplarrecht verfügen.

Nicht in allen Bibliotheken kommen also alle vier Erwerbungsarten vor. In Öffentlichen Bibliotheken sind Kauf und Geschenk anzutreffen, in Wissenschaftlichen Bibliotheken ist außerdem der Tausch üblich. Wichtigste und häufigste Erwerbungsart beider ist die Kaufanschaffung. Gekauft werden Neuerscheinungen bzw. Neuauflagen, ferner antiquarische Bücher, soweit sie für den jeweiligen Bestand von Bedeutung sind; dann aber auch aus der lieferbaren Produktion ältere Titel als Ersatz für solche Bücher, die durch Benutzung verbraucht oder verloren gegangen sind, und zur Beschaffung von Mehrfachstükken (*Staffelung*) bei entsprechender Nachfrage.

Öffentliche Bibliotheken kaufen ihre Bücher im allgemeinen beim örtlichen Buchhandel, bei der ekz in Reutlingen, auch beim überörtlichen Buchhandel und bei Buchgemeinschaften, wenn sie dort Mitglied sind. Wissenschaftliche Bibliotheken nehmen außer dem örtlichen Buchhandel häufig den ausländischen in Anspruch, dann auch die *Wissenschaftliche Buchgesellschaft* Darmstadt.

In der Bundesrepublik gilt für den Kauf von Büchern die *Preisbindung*, d.h. der Buchhändler ist an den vom Verlag festgesetzten Preis gebunden. Bücher, deren Preisbindung vom Verlag aufgehoben wurde, werden im sog. *modernen Antiquariat* angeboten. Ebenso entfällt die Preisbindung bei antiquarischen, d.h.beim Verlag vergriffenen, alten, auch seltenen Büchern. Der Buchhandel gewährt Bibliotheken im allgemeinen einen *Bibliotheksrabatt*, der für Wissenschaftliche Bibliotheken bei 5 %, für Öffentliche bei 10 % des Ladenpreises liegt.

Auf Zeitschriften und Loseblattsammlungen wird im allgemeinen kein Nachlaß gewährt. Bisweilen erhält man Bücher auch preiswerter auf dem Wege der *Subskription*, d.h. der Kunde verpflichtet sich bereits vor dem Erscheinen eines Werkes oder bis zu einem vom Verlag festgesetzten Zeitpunkt, dieses zu kaufen; er erhält dafür einen Nachlaß von ca. 10-15 % gegenüber dem späteren Ladenpreis. In der Regel ist damit allerdings die Abnahmepflicht für weitere, bzw. alle Bände verbunden. Subskription gibt es auch auf einbändige Werke - vor allem dann, wenn sie sich noch in Arbeit befinden und daher nur in Einzellieferungen erscheinen. Bei Subskriptionsangeboten gibt der Verlag den Gesamtpreis, die Anzahl der Bände bzw. Lieferungen, ihre Erscheinungsweise und den voraussichtlichen Abschlußtermin des Gesamtwerks an. Subskription dient dem Verlag zur Absicherung der Herstellungskosten, als Hilfe zur Kalkulation der vermutlich erforderlichen Auflagenhöhe. Bibliotheken nehmen Subskriptionsangebote wahr, wo sich Gelegenheit dazu bietet.

Der Bestandsaufbau vollzieht sich in drei Schritten: Sichtung, Begutachtung, Auswahl. In der Praxis ist diese Dreiteilung oft nicht zu erkennen, da sich meistens Sichtung und Begutachtung in einem Arbeitsschritt vollziehen, bzw. auf eine eigene Sichtung des Buchmarktes verzichtet wird.

2.2.2 Sichtung des Buchmarktes

Zunächst muß festgestellt werden, was gegenwärtig an Neuerscheinungen auf dem Buchmarkt angeboten wird, bzw. was an älteren Titeln noch vorrätig ist. Die Bibliothek verschafft sich einen ersten Überblick; sie sichtet den Buchmarkt. Hierfür gibt es einige Hilfsmittel, die sich inhaltlich in Umfang, Vor- und Nachteilen unterscheiden. Zu nennen sind

- *Deutsche Nationalbibliographie, Reihe A*
  Sie verzeichnet umfassend alle Neuerscheinungen des Verlagsbuchhandels der Bundesrepublik auf Grund des Pflichtexemplarrechts der Deutschen Bibliothek. Allerdings erscheint die Titelaufnahme einschl. der Schlagworte erst etwa 6-8 Wochen nach Eingang des Buches in der Deutschen Bibliothek.
- *Deutsche Nationalbibliographie, Reihe B*
  Für sie gilt das gleiche wie für die Reihe A, jedoch bezüglich der Erscheinungen außerhalb des Verlagsbuchhandels .
- *Deutsche Nationalbibliographie, Reihe N*
  Ihr Vorteil ist darin zu sehen, daß die Titelaufnahme bereits 2-4 Wochen vor Erscheinen des Buches angezeigt wird, wenn sie auch nur vorläufig und teilweise unvollständig (Kurztitelaufnahme) erfolgt. Der vor 1991 sog. *Neuerscheinungen Sofortdienst CIP* (Cataloguing in Publication) ist also aktueller als die Reihe A, er bietet aber keinen umfassenden Überblick über die Neuerscheinungen, da CIP auf der freiwilligen Teilnahme der Verlage basiert. Zur Zeit werden etwa 45% der Neuerscheinungen, die später in der Reihe A angezeigt werden, auch in der Reihe N erfaßt.
- *Deutsche Nationalbibliographie, Titelkartenvorausdienst und Titelkartendienst*
  Ca. 3 - 4 Wochen vor der entsprechenden gedruckten Bibliographieausgabe sind Titelaufnahmen nach RAK-WB (vgl. S. 141, 159) im internationalen Bibliotheksformat bei der Deutschen Bibliothek zu beziehen. Diesen Vorausdienst gibt es zum einen für die Reihen A und

B sowie als Auswahl relevanter Titel für Öffentliche Bibliotheken. Er kann als Reihe komplett oder nur für einzelne Sachgruppen bezogen werden.

Der Titelkartendienst wird etwa 2 - 3 Wochen vor der entsprechenden gedruckten Bibliographieausgabe ausgeliefert. Ihn gibt es für die Reihen A, B, C, H, M, N und T sowie als Auswahl für Öffentliche Bibliotheken. Ebenso wie der Titelkartenvorausdienst können alle Titelaufnahmen einer Reihe oder Titelaufnahmen aus ausgewählten Sachgruppen bestellt werden.

Näheres zur Deutschen Nationalbibliographie s. S. 222 ff.

Neben diesen Hilfsmitteln gibt es andere Veröffentlichungen, die eine Sichtung des Buchmarktes ermöglichen; vor allem von Seiten des deutschen Buchhandels. Hierzu zählen etwa das *Börsenblatt für den deutschen Buchhandel*, das *Verzeichnis lieferbarer Bücher (VLB)*, die *Barsortimentskataloge*, ferner Buchhandelszeitschriften wie z.B. *Buchreport* und *Buch aktuell* sowie Verlagskataloge und -prospekte. Sie haben allerdings Nachteile hinsichtlich der Titelmenge, der Erscheinungsweise, der Ordnung oder auch der Zuverlässigkeit (Werbecharakter).

2.2.3 Begutachtung

Nach der Sichtung des Buchmarktes liegen nur bibliographische Angaben zum Buch vor, aber keine Informationen über Inhalt und Eignung für die jeweilige Bibliothek. Hierzu muß das Buch geprüft, begutachtet werden.

Die zuverlässigste Weise der Begutachtung ist die Prüfung durch Einsichtnahme (*Autopsie*), dadurch daß das Buch dem Prüfenden vorliegt. Dazu muß eine Bestellung *zur Ansicht* vorgenommen werden; Besuche in Buchhandlungen oder auf Buchmessen reichen gewöhnlich nicht aus. Bei der heutigen Titelmenge ist ein solcher Aufwand aber sehr groß. Dennoch kommen Bibliotheken gerade bei wichtigen, teuren Werken, auch bei umstrittenen Büchern nicht um eine Ansichtsbestellung herum.

Häufig greift man zur Begutachtung auf Fremdinformationen zurück, d.h. auf Hilfsmittel, die, wenn sie zuverlässig sind, ein Vorliegen des Buches zur Begutachtung nicht erfordern. Öffentliche Bibliotheken nutzen in weitem Umfang die von der ekz herausgegebenen und von der *Lektoratskooperation* erstellten *Besprechungsdienste*. Es gibt sie in verschiedenen Abstufungen je nach Bestands- und Bedarfsumfang einer Bibliothek. Sie enthalten außer den bibliographischen Angaben knappe Inhaltsinformationen sowie Beurteilungen hinsichtlich der Einsatzmöglichkeiten des jeweiligen Titels in einer Bibliothek (Annotationen).

Der ekz-Informationsdienst *Großer ID* erscheint wöchentlich und enthält etwa 12 000 Beurteilungen pro Jahr, davon ca. 9 000 zur Sach- und Fachliteratur, je 1 500 zur Schönen Literatur, zur Kinder- und Jugendliteratur sowie zu fremd

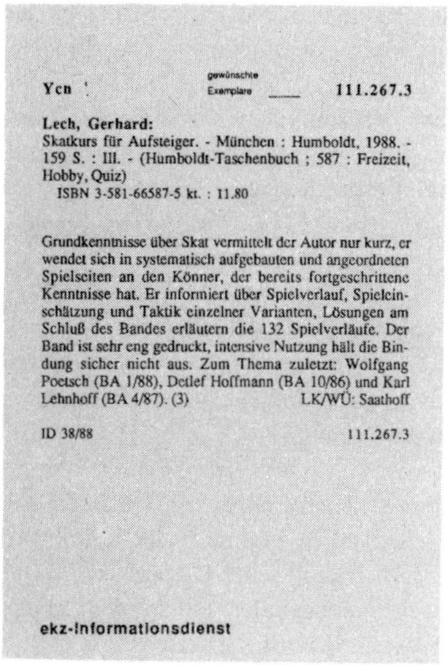

Ycn gewünschte Exemplare ____ 111.267.3

Lech, Gerhard:
Skatkurs für Aufsteiger. - München : Humboldt, 1988. - 159 S. : Ill. - (Humboldt-Taschenbuch ; 587 : Freizeit, Hobby, Quiz)
ISBN 3-581-66587-5 kt. : 11.80

Grundkenntnisse über Skat vermittelt der Autor nur kurz, er wendet sich in systematisch aufgebauten und angeordneten Spielseiten an den Könner, der bereits fortgeschrittene Kenntnisse hat. Er informiert über Spielverlauf, Spieleinschätzung und Taktik einzelner Varianten. Lösungen am Schluß des Bandes erläutern die 132 Spielverläufe. Der Band ist sehr eng gedruckt, intensive Nutzung hält die Bindung sicher nicht aus. Zum Thema zuletzt: Wolfgang Poetsch (BA 1/88), Detlef Hoffmann (BA 10/86) und Karl Lehnhoff (BA 4/87). (3) LK/WÜ: Saathoff

ID 38/88 111.267.3

ekz-Informationsdienst

Abb. 4. ID-Zettel

sprachigen Büchern und anderen Medien. Der Große ID, in Zettelform (DIN A 6-Hochformat) ist gedacht für Großstadtbibliotheken, große Stadtbibliotheken und ausgebaute Schulbibliotheken. Mikroficheausgaben kumulieren die Besprechungen der Jahre 1969-1978 und 1978-1985. Alle Daten zu Büchern und AV-Medien, die ab 1986 im ID veröffentlicht wurden, sind auch als CD-ROM erhältlich.

Geringer in der Anzahl der Besprechungen ist die Ausgabe *Kleiner ID*, die ebenfalls wöchentlich in Zettelform erscheint mit etwa 8000 - 9000 Titeln im Jahr. Er gilt als Hilfsmittel für Zweigbibliotheken in Großstädten, für Mittelstadt- und Kleinstadtbibliotheken. Es gibt ihn auch in Heftform, monatlich erscheinend als *BA, Besprechungen und Annotationen*. Dieser enthält außer dem Titelmaterial bibliothekarische Fachaufsätze auf den Umschlagseiten. Er ordnet systematisch nach der ASB und verfügt über ein alphabetisches Register; außerdem gibt es dazu Jahres- und Mehrjahresregister. Daneben gibt es noch den *Auswahl-ID*, der bei wöchentlicher Erscheinungsweise ca. 5500 - 6000 Titel pro Jahr enthält, ausnahmslos Titel, die von der ekz auf Lager gehalten werden. Als aktuellste Information dient als Vorankündigung vor Erscheinen auf dem Buchmarkt das dem BA beigelegte *ekz-aktuell.* Hier wird der Titel meist anhand von Verlagstexten vorgestellt mit dem Hinweis, ob eine Lagerhaltung vorgesehen ist und eine bibliothekarische Begutachtung folgen wird.

Als Hilfsmittel zur Begutachtung in kleineren und nebenamtlich geleiteten Bibliotheken dient die Auswahlliste *Neue Bücher*, die zweimal im Jahr erscheint und in Zusammenarbeit mit der Fachkonferenz der *Staatlichen Büchereistellen* herausgegeben wird. Entsprechend dem beabsichtigten Adressatenkreis beschränkt man sich hier auf etwa 1500 - 2000 Titel pro Jahr; Verteiler sind die Staatlichen Büchereistellen. Neben diesen Besprechungsdiensten veröffentlicht die ekz noch spezielle Listen, die über ihr Lagerangebot an AV-Medien, Spielen, CDs, fremdsprachigen Büchern und andere Angebote informieren.

Die ekz bietet aber auch die Möglichkeit, gängige, von ihr festgelegte Titel im Abonnement als *standing order* zu beziehen. Diese Bücher werden kontinuierlich mit Spezialeinband und bei Wunsch in ausleihfertiger Bearbeitung u.a. aus den Bereichen Schöne Literatur, Sachliteratur und Tonträger geliefert. Hierdurch entfällt für die Bibliotheken Auswahl und Bestellung.

An bibliothekarischen Besprechungsdiensten sind noch die Sammelbesprechungen in der Fachzeitschrift *Buch und Bibliothek (BuB)* zu erwähnen. Sie geben einen Überblick über zusammengehörige Literatur zu einem bestimmten Themenkreis (Sammelbesprechungen), z.B. Biologischer Gartenbau; Mikrocomputer-Zeitschriften; Neue Krimi-Taschenbücher u.ä.m. mit entsprechenden Hinweisen zum Einsatz in der Bibliothek wie etwa "für Bestände jeder Größe"; "für größere Bestände ohne fachliche Schwerpunkte"; "vorrangig empfohlen, auch für Schulbibliotheken".

Aber auch in allgemeinen Publikationen finden Bibliotheken Kritiken und Besprechungen, die ihnen nützliche Hinweise und Informationen zu Inhalt und Bewertung eines Buches liefern. Hierzu zählen Rezensionen in überregionalen Tages- und Wochenzeitungen, z.B. der *FAZ*, der *ZEIT*, dem *Spiegel*, der *Welt*, der *Frankfurter Rundschau* und der *Süddeutschen Zeitung*. Die meisten dieser Zeitungen bieten im Frühjahr und zur Buchmesse im Herbst Literatursonderbeilagen. Aber auch in Fachzeitschriften gibt es Hinweise auf Neuerscheinungen und Buchbesprechungen, die der Bibliothek hilfreich sind.

Der Katalog der *Wissenschaftlichen Buchgesellschaft* erscheint jedes Jahr neu und wird insbesondere von Wissenschaftlichen Bibliotheken und Großstadtbibliotheken genutzt. Er enthält meist ausführliche Informationen zu den dort erhältlichen Büchern, die vor allem in unveränderten Nachdrucken (Reprints) älteres, nicht mehr erhältliches Schrifttum wieder zugängig machen.

2.2.4 Kriterien zur Buchauswahl

Aus der Vielzahl der begutachteten Titel muß nun eine Auswahl für die einzelne Bibliothek getroffen werden. Dies geschieht anhand von Kriterien, die auch schon im Einzelfall entscheidend für die Anschaffung eines Buches sein können. Das sind auf der einen Seite Gesichtspunkte, die von der Aufgabe der Bibliothek her bestimmt werden. Eine Bibliothek der Grundversorgung oder eine solche, die den gehobenen bzw. den spezialisierten höheren Bedarf abdecken soll, richtet ihre Anschaffungsentscheidungen grundsätzlich auf die jeweilige Aufgabe aus. Muß sie darüber hinaus noch spezielle Aufgaben erfüllen, wie etwa die Pflege eines *Sondersammelgebiets* oder einer *Spezialsammlung*, so wird dies zusätzlich ausschlaggebend für die Erwerbungen sein. Eine wichtige Rolle spielt auch die geographische Lage einer Bibliothek. Titel zur Heimatkunde, Regionalgeschichte, zur Stadtgeschichte, über Wirtschaftszweige, Institutionen und Personen im Umland werden hier vom Leser erwartet.

Einfluß auf die Kaufentscheidung hat auch der Faktor des sozialen Umfeldes der Bibliothek. Hierzu benötigt sie grundsätzlich Informationen über die gesellschaftliche Zusammensetzung der Einwohner- und Leserschaft, über die Existenz von Einrichtungen wie Schulen, Kindergärten, Volkshochschulen, Hochschulen, Museen, Akademien, von Vereinigungen und Vereinen in ihrem Einzugsbereich.

Leider zu häufig entscheidet über das Für und Wider einer Anschaffung auch die Finanzlage der Bibliothek. Nur eine Bibliothek, die über einen ausreichenden Erwerbungsetat verfügt, kann dem Bürger einen aktuellen, gut ausgebauten Bestand an Büchern, Zeitschriften, Nachschlagewerken und anderen Medien anbieten.

Eine weitere Begründung für die Kaufentscheidung ist in der Einzelbegutachtung zu suchen, die das Buch bzw. Medium selbst betrifft. Zu fragen ist nach der Person des *Autors*: handelt es sich bei ihm um einen anerkannten Fachmann, um einen bekannten Verfasser, einen Neuling, einen Laien; ist er aus anderen Veröffentlichungen oder aus Mediensendungen in der Diskussion? Wichtig sind ferner Fragen zum *Inhalt* des zu begutachtenden Buches: ist die Thematik von allgemeinem oder nur speziellem Interesse; handelt es sich um einen aktuellen oder um einen wichtigen grundlegenden Beitrag? Oder zur *Darstellung*: ist sie anschaulich oder schwer verständlich? Zur *Durchführung*: ist die Sprache des Autors dem Stoff angemessen (Umgangssprache, Fachsprache); ist die Gedankenführung klar oder schwer nachvollziehbar für den Leser?

Solche und viele Fragen mehr muß der Beurteilende, in der Öffentlichen Bibliothek der/die *Lektor/in*, in der Wissenschaftlichen Bibliothek der/die *Fachreferent/in* sich stellen. Dann aber gibt es noch äußere Anhaltspunkte z.B. Ruf und Bedeutung des Verlages, das Erscheinen des Titels in einer bestimmten Verlegerreihe; Güte der Ausstattung, Einband, Papier, Druck; überzeugen die Abbildungen, ihre Qualität; sind erforderliche Quellen- und Literaturverzeichnisse vorhanden? Alle diese Fragen und Kriterien haben Einfluß auf eine Kaufentscheidung.

Mit in die Überlegungen einbezogen werden muß auch der derzeitige Bestand der Bibliothek. Sollte zum Thema des Buches noch nichts Vergleichbares vorhanden und ein Interesse seitens der Leserschaft zu erwarten sein, so spricht dieser Sachverhalt für eine Anschaffung; sind hierzu aber bereits Titel vorhanden, so muß geprüft werden, ob der Bestand sich in einem aktuellen Zustand befindet oder womöglich veraltet ist, so daß er mit Neuerscheinungen wieder aufgefrischt werden muß. Sollte der zur Anschaffung anstehende Titel bereits vorhanden sein, z.B. in anderer Auflage oder älterer Ausgabe, so ist eine Prüfung der bisherigen Nutzung sinnvoll.

Vor jeder Neuerwerbung ist zu überlegen, wieviele Exemplare von einem Titel angeschafft werden; es gilt abzuschätzen, ob die Nachfrage (Resonanz) bei den Lesern so groß sein wird, daß eine Staffelung des Titels von vornherein angebracht erscheint. Das kann aber auch im nachhinein noch geschehen, wenn z.B. ein bestimmter Titel sehr häufig vorgemerkt wird. Damit solche Titel, bei denen bereits vor Anschaffung mit einer großen Nachfrage gerechnet werden muß, den Lesern möglichst schnell zur Verfügung gestellt werden können, gibt es in vielen Bibliotheken das Verfahren der *Eilbestellung*, die vom Leser bereits sogar vor Erscheinen des Buches vorgenommen werden kann. Das bedingt natürlich auch eine schnellere Abwicklung der Buchbearbeitung während des Geschäftsgangs.

Beteiligung der Leser am Bestandsaufbau

Nicht nur das Kriterium der Nutzung des Bestandes und Eilbestellungen beweisen, daß der Leser indirekt Einfluß nehmen kann auf die Anschaffungsentscheidung. Wenn ein Bestandsaufbau sich grundsätzlich an den Interessen der Leserschaft orientieren soll, dann räumt die Bibliothek dem Benutzer auch eine Art Mitspracherecht ein durch das Auslegen eines *Wunschbuches* oder einer *Desideratenliste*, in die er gewünschte, im Bestand bislang vermißte Bücher, Medien- oder auch Zeitschriftentitel eintragen kann. Nach Prüfung durch die zuständigen Lektorate/Fachreferate erhält der betreffende Leser von der Bibliothek eine Mitteilung, ob sein Wunsch erfüllt werden kann; bei der Nachfrage nach sehr speziellen Titeln wird auf die mögliche Nutzung der Fernleihe verwiesen. Im Falle der Anschaffung steht dem Vorschlagenden das Vorrecht der Erstausleihe zu.

2.2.5 Der Geschäftsgang des Buches

Die Entscheidung zur Anschaffung eines Titels fällt im Lektorat/Fachreferat, wobei hier auch berücksichtigt wird, ob das betreffende Buch vielleicht als Geschenk, Pflichtexemplar oder im Tausch zu erwarten ist. Von der Bestellung bis zur Einordnung eines Buches in das (Freihand-)Regal schließen sich nun verschiedene Bearbeitungsschritte an, die in ihrer Reihenfolge festgelegt sind und als *Geschäftsgang des Buches* bezeichnet werden. Dieser ist in Öffentlichen Bibliotheken gewöhnlich durch folgende Stationen gekennzeichnet:

Vorakzession → Bestellung → Erwerbung
(Inventarisierung, Akzessionierung) →
Sacherschließung → Katalogisierung →
Technische Buchbearbeitung.

Vorakzession

Vor Bestellung eines Buches, für dessen Anschaffung sich die Bibliothek entschieden hat, muß überprüft werden, ob der betreffende Titel nicht bereits in der Bibliothek vorhanden ist (etwa in einer anderen Ausgabe, Auflage usw.) oder ob womöglich dieser Titel bereits bestellt ist. Ferner muß sichergestellt sein, daß sich nicht nach eventueller Lieferung das Buch etwa im Hause in der Bearbeitung befindet. Über das Vorhandensein gibt der *Alphabetische Katalog (AK),* zu den übrigen Fragen die *Bestellkartei* bzw. der *Interimskatalog* Auskunft. Diese Überprüfungen dienen dazu, Doppelanschaffungen - es sei denn, diese sind beabsichtigt - und damit Kosten zu vermeiden. Alle hier nötigen Kontrollarbeiten fallen unter den Begriff der Vorakzession. In manchen Bibliotheken sind nicht alle drei Prüfvorgänge notwendig. Das ist der Fall dort, wo diese Karteien z.T. zusammengelegt sind. Häufig werden Bestellkartei und Interimsnachweis in einem geführt. Nicht selten wird lediglich eine Kopie des Bestellzettels in den Verwaltungs-AK eingeordnet, die den Bestellnachweis dort erbringt und die später gegen die fertiggestellte Katalogkarte ausgetauscht wird. In diesem Fall braucht also die Vorakzession nur am AK vorgenommen zu werden.

Bestellung

Jede Bestellung erfolgt in der Regel maschinenschriftlich auf *Bestellformularen* als Zettel im internationalen Bibliotheksformat; ausgenommen sind Bestellungen bei der ekz, für die insbesondere von kleineren Bibliotheken auch die entsprechenden ID-Zettel verwendet werden. Die üblichen Bestellformulare enthalten im allgemeinen folgende Angaben: Name der bestellenden Bibliothek, Name des Buchhändlers bzw. Lieferanten, den Titel des Buches mit genauen bibliographischen Angaben (Verfasser, Titel, Auflage, Erscheinungsort, Verlag, Erscheinungsjahr, ISBN), Quelle für diese Angaben, Einbandart und Preis, Anzahl der Exemplare, Bestelldatum, zuständiges Lektorat, bestellende Zweigbibliotheken sowie den Vermerk, ob das Buch fest, zur Ansicht oder zur Fortsetzung bestellt wird. Für kleinere Bibliotheken entfallen nicht benötigte Angaben.

Hierzu die Abbildungen auf S. 138. Zu 5c: Die linken Spalten dienen Eintragungen durch das Lektorat (IK = Interessenkreis). Vgl. hierzu auch S. 141 (Sacherschließung). In die unteren Spalten erfolgt die Eintragung der bestellenden Zweigbibliotheken (Zahl der Exemplare).

STADTBIBLIOTHEK ESSEN

L: | Ex. | Syst. Gr.
Fest.
Ans.
Forts.
ISBN: | Quelle:
vh.: | Kat.: | Ja | Nein
Bestelldatum: | Lieferant: | Preis:

42-14

STADTBIBLIOTHEK ESSEN

L: 6 | 3 Ex. | Syst. Gr. 23
Fest. —
Ans.
Forts.

Gustafsson, Lars
Der Tod eines Bienenzüchters. 5.Aufl.
1988. Frankfurt: Fischer
(Fischer TB 2106)

ISBN: 3-596-22106-4 | Quelle: Börsenblatt
vh.: Z | Kat.: | Ja X | Nein
Bestelldatum: 29.3.89 | Lieferant: Buchh. Müller | Preis: 9,80

42-14

Signatur | Verfasser | **Stadtbücherei Bonn**
IK | Titel
Syst. Gr.
Syst. N.stellen
ID | DB
Börsenblatt | Verlag ISBN/ISSN | Preis je Ex.
ZB (01) | Dott. (02) | Tannenb. (06) | BdJ (07) | MB (09) | Rheind. (10) | End. (11) | Bad God. (12) | Beuel (13) | B-Ost (14) | Autob. (15) | Eng.B (08) | Zahl d. Ex.
Lief.
Best.-Datum | Eingang | Rekl. | Re.-Ablage

Abb. 5 a-c. Bestellformulare

Das Bestellformular wird je nach Bibliotheksgröße in mehrfacher Ausfertigung benötigt. Deshalb verwendet man in der Regel Zettelsätze, die aus zusammenhängenden, meist verschiedenfarbigen Einzelzetteln bestehen. Sie sind auf ihrer Rückseite zum Durchschreiben beschichtet. Die einzelnen Bestellzettel, zumeist in drei oder vier Ausfertigungen, werden wie folgt verwendet:

- die erste Ausfertigung wird mit einem Auftragsschreiben an den *Buchhändler* geschickt. Sie kehrt gewöhnlich mit dem gelieferten Buch in die Bibliothek zurück und findet anschließend Verwendung als Laufzettel (s. hierzu S. 143);
- die zweite Ausfertigung kommt in die *Bestellkartei.* Diese ist im allgemeinen alphabetisch nach Verfasser bzw. Sachtitel, Körperschaft geordnet;
- das dritte Exemplar wird in die *Buchhändlerkartei* eingeordnet. Diese dient der Lieferkontrolle. Sie ist daher alphabetisch nach dem Namen der Buchhändler/handlungen geordnet, innerhalb derer nach dem Bestelldatum, um Mahnungen, Reklamationen schneller durchführen zu können. Je nach Bibliothek wird auch die für eine Bestellung vergebene Auftragsnummer zum Ordnungsprinzip;
- eine vierte Ausfertigung wird häufig für die Handkartei im jeweiligen *Lektorat/Fachreferat* benötigt, die entweder alphabetisch oder systematisch geordnet ist.

Andere Verteilungsformen oder zusätzliche Bestellzettelausfertigungen, z.B. als Beleg für die bestellende Zweigbibliotheken o.ä. sind denkbar.

Bestellung/Erwerbung mit Hilfe der EDV s. S. 279 f.

Überprüfung der Lieferung

Treffen die Büchersendungen in der Zugangsstelle (*Akzession*) der Bibliothek ein, so enthalten sie entweder eine beigefügte Rechnung in doppelter Ausfertigung oder es liegt nur ein Lieferschein bei. Letzteres ist der Fall bei Bestellungen zur Ansicht oder auch dann, wenn der Buchhändler erst später eine zusammenfassende Rechnung für die in einem gewissen Zeitraum gelieferten Bücher ausstellt. Die Lieferungen werden überprüft: es muß Übereinstimmung bestehen zwischen den gelieferten, den auf der Rechnung bzw. dem Lieferschein aufgeführten und den von der Bibliothek bestellten Büchern. Unvollständige Sendungen, unkorrekte Rechnungen und beschädigte Exemplare werden reklamiert. Die Bestellzettel der gelieferten Bücher werden aus der *Buchhändlerkartei* gezogen und in die *Interimskartei* eingeordnet (s. hierzu S. 143); später finden sie Verwendung als Zugangsnachweis. Wo beides nicht benötigt wird, werden sie vernichtet. Für unbestellte Ansichts- oder für Geschenklieferungen müssen u.U. nachträglich Bestellzettel geschrieben werden, wenn sie im Geschäftsgang benötigt werden.

Bearbeitung der Rechnung, Inventarisierung

Jede Rechnung wird in der *Zugangsstelle* nachgerechnet. Die sachliche und rechnerische Richtigkeit (meist als Stempelaufdruck) wird durch Unterschrift des/der Sachbearbeiters/in bescheinigt, das Rechnungsoriginal an die Verwaltungs- oder Rechnungsstelle der Bibliothek oder auch des Kulturamtes weitergeleitet und von dort der Stadtkasse zur Anweisung an den Rechnungssteller (*Buchhändler*) zugestellt.

Das zweite Exemplar der Rechnung verbleibt in der Bibliothek. Es erfolgt die verwaltungsrechtlich vorgeschriebene *Inventarisierung*. Sie dient dem Nachweis darüber, welche Bücher/Medien in einem Rechnungsjahr von der Bibliothek angeschafft und in welcher Höhe dafür Haushaltsmittel verwendet wurden. Bei der Führung des Zugangsnachweises sind unterschiedliche Verfahren anzutreffen:

1. Jedes angeschaffte Buch/Medium wird mit einer *Zugangsnummer* versehen, die fortlaufend vergeben wird; unter dieser Nummer erfolgt eine Eintragung in das Zugangsverzeichnis (*Zugangsbuch, Akzessionsjournal*) unter Hinzufügung von Titel, Lieferant, Lieferdatum und Preis. Die Zugangsnummer besteht in der Regel aus einer zweistelligen Jahresangabe, an die die laufende Zahl angehängt wird (z.B. 9400001 usw.) Die Zugangsnummer wird in das zu inventarisierende Buch eingetragen. Bei Anwendung von EDV dient sie auch als Verbuchungsnummer, so daß mit dem Einkleben des Nummernetiketts (OCR-A oder Strichcode) die Eintragung erfolgt ist. Schließlich wird bei der Inventarisierung noch der Eigentumsstempel der Bibliothek in das Buch gesetzt.
2. Auf das Zweitexemplar der *Rechnung* wird neben jedem aufgeführten Titel die laufende Zugangsnummer geschrieben oder mit einem Paginierstempel aufgedruckt; hinzugefügt wird die Angabe der Zweigbibliothek, für die das betreffende Buch gedacht ist. Die Rechnungsduplikate werden gesammelt und in der Reihenfolge der Zugangsnummern (nicht der Rechnungsnummern!) aufbewahrt. Sie gelten als Zugangsnachweis.
3. Die aus der *Buchhändlerkartei* gezogenen Bestellzettel werden, mit laufenden Zugangsnummern versehen und gebündelt, nach Zugangsjahren geordnet aufbewahrt.
4. Der *Standortkatalog* dient als Zugangsverzeichnis; allerdings muß dann auf jeder Karteikarte die entsprechende Zugangsnummer eingetragen werden.

Welches Verfahren zum Zugangsnachweis eine Bibliothek durchführt, hängt von den jeweiligen Verwaltungsvorschriften des Unterhaltsträgers ab.

Wurden die Bücher/Medien aus besonderen Haushaltsmitteln gekauft, z.B. aus Zuschüssen des Landes, so müssen die entsprechenden Rechnungen für den geforderten *Verwendungsnachweis* gesondert gesammelt werden. Um den Zuschuß zu erhalten, ist ein sog. Eigenmittelnachweis erforderlich, d.h. die Bibliothek muß nachweisen, welche eigenen Finanzmittel sie für den Zweck, für den sie Zuschüsse bekommen will, ausgegeben hat.

In der Zugangsstelle wird häufig auch die Überwachung der von den einzelnen Lektoraten/Fachreferaten ausgegebenen Mittel durchgeführt. Das geschieht auf der Grundlage der von der Bibliotheksleitung (Direktion) in Absprache mit den Lektoren/Fachreferenten festgesetzten Ausgabequoten.

Bei Bestellungen, die *zur Ansicht*, aber meistens vorsorglich schon mit Rechnung geschickt wurden, unterbleibt zunächst eine Inventarisierung. Die Ansichtsexemplare werden an das Lektorat/Fachreferat zur Prüfung weitergegeben; ist dort die Entscheidung positiv, wird das Buch an die Zugangsstelle zur nachträglichen Inventarisierung zurückgegeben; andernfalls wird es mit der Rechnung an den Lieferanten zurückgeschickt. Bibliotheken und Buchhändler beschränken sich in der Regel bei Ansichtssendungen auf sehr teure Werke oder umstrittene Bücher.

In der Zugangsstelle bzw. im Laufe des Bearbeitungsgangs werden die Zugänge auch für die *Bestandsstatistik* festgehalten. Dies geschieht getrennt nach Sachgruppen, nach Medienarten und nach den besitzenden Zweigbibliotheken.

Sacherschließung

Die weiteren Stationen in der Abwicklung des Geschäftsgangs werden von Bibliothek zu Bibliothek unterschiedlich festgelegt. Auch erfolgt die Verteilung von zentral und dezentral (in den Zweigbibliotheken) zu erledigenden Arbeiten nicht einheitlich.

Das einzuarbeitende Buch wird zunächst (meistens im Lektorat/Fachreferat) sachlich erschlossen, d.h. nach der in der Bibliothek benutzten *Klassifikation* systematisiert. Die Notation und die systematischen Nebeneintragungen werden festgelegt und in das Buch sowie auf den begleitenden Laufzettel eingetragen; auf diesem erfolgt auch der Eintrag, ob das Buch zum Ausleih- oder zum Präsenzbestand gehören soll. Falls ein *Schlagwortkatalog* geführt wird, legt das Lektorat/Fachreferat nach dem in der Bibliothek verwendeten Regelwerk die inhaltsbezogenen Schlagwörter fest, desgleichen für Romane den Stoffkreis. Bei dreigeteilter Bestandsaufstellung werden hier auch für Titel aus dem Nahbereich die entsprechenden Kennzeichnungen für die *Interessenkreisaufkleber* vorgenommen.

Katalogisierung

Die Katalogisierung (Titelaufnahme) erfolgt in der Katalogstelle (-abteilung). Sie geschieht heute zunehmend nach den *Regeln für die alphabetische Katalogisierung (RAK)*, wobei für Öffentliche und Wissenschaftliche Bibliotheken unterschieden wird zwischen *RAK-ÖB* und *RAK-WB* (s. hierzu S. 159 ff). Die früher gebräuchlichen Regelwerke, die sog. Berliner Anweisungen (vor allem in Öffentlichen Bibliotheken) und die Preußischen Instruktionen (in Wissenschaftlichen Bibliotheken), werden heute nur noch selten angewendet (vgl. S. 159). Verfügt die Bibliothek über Kartenkataloge, so müssen die fertigen Katalogkarten in der benötigten Anzahl vervielfältigt werden; außerdem müssen die Nebeneintragungen *geköpft*, d.h. mit einem zusätzlichen, für die Einordnung maßgebenden Kopftext versehen werden. Anschließend erfolgt die Verteilung der Katalogkarten sowohl auf die einzelnen Kataloge, als auch - wo vorhanden - an die einzelnen Zweigbibliotheken. Wird die Katalogisierung mittels EDV in einem Offline-Verfahren vorgenommen, so werden zunächst die erforderlichen Erfassungsbelege erstellt und angesammelt, danach deren Daten eingegeben und abgespeichert. Die Katalogdaten werden regelmäßig als Mikrofiches bzw. als Bandkataloge ausgedruckt. Wenn die Bibliothek über ein EDV Online-Verfahren verfügt, werden die Katalogdaten in einen PC eingegeben und können sofort im ganzen Bibliothekssystem über den Online-Katalog abgefragt werden. Bei Übernahme von Fremddaten entfällt die hauseigene Katalogisierung in erheblichem Maße (vgl. S. 288 f). Nicht zu katalogisierende Bücher durchlaufen nicht die Katalogstelle.

Technische Buchbearbeitung

Sie erfolgt in der Einbandstelle bzw. der Abteilung, die für diesen Vorgang zuständig ist. In Öffentlichen Groß-/Stadtbibliotheken wird die technische Buchbearbeitung häufig dezentral in den einzelnen Zweigbibliotheken durchgeführt. Das Buch wird, wenn es nicht bereits von der ekz so geliefert wurde, foliiert, desgleichen wird ein Rückenschild (*Signaturschild*) angefertigt und aufgeklebt. Es trägt die im Lektorat/Fachreferat festgelegte Notation sowie die ersten 3-5 Buchstaben der von der Katalogstelle bestimmten alphabetischen Ansetzung. Bei Bedarf werden noch Stoffkreiskennzeichen bzw. solche zum Präsenzbestand angebracht. Bei nichtkatalogisierten Titeln wird statt des Signaturschilds ein Interessenkreisaufkleber oder eine andere Kennzeichnung aufgeklebt.

In der Einbandstelle bzw. der buchtechnischen Abteilung geschieht meistens auch die Vorbereitung des Buches auf die Ausleihverbuchung. Die Arbeiten sind abhängig von dem in der Bibliothek benutzten Verbuchungsverfahren. Beim Buchkartenverfahren wird eine Buchkarte benötigt mit Eintragung von Verfasser, Titel, Signatur, Zugangsnummer; ferner eine Buchkartentasche, versehen mit der Zugangsnummer, die in die Innenseite des Buchdeckels eingeklebt wird (Näheres s.S. 204 ff). Bei Verwendung von Fotoverbuchung wird lediglich eine mit den Buchdaten versehene Buchkartentasche in den Buchdeckel eingeklebt (Näheres s.S. 208 ff). Geschieht die Verbuchung über EDV, so wird per Eingabe ein Datensatz Buch angelegt und die nach der Verarbeitung herausgegebene Fehlerliste überprüft. Falls ein Nummern- oder EDV-Katalog geführt wird, muß noch eine Nummernkarte angelegt werden (Näheres s. S. 295 ff).

Möglichst gleichzeitig mit dem Einstellen der ausleihfertigen Bücher in das (Freihand-)Regal erfolgt das Einordnen der Katalogkarten in die entsprechenden Kataloge. Bei Mikrofichekatalogen, die ja nur in bestimmten Abständen (2-3 Monaten) erstellt werden, wird die Zeit bis zur nächsten Ausgabe durch wöchentliche Nachtragslisten für die neu in den Bestand aufgenommenen Titel überbrückt. So werden die nicht unerheblichen Zeitunterschiede zwischen der Verfügbarkeit des Buches für den Leser und der Verzeichnung im Katalog vermieden.

Nach Beendigung der technischen Buchbearbeitung erfolgt eine Endkontrolle zur Überprüfung, ob das Buch alle Stationen des Geschäftsgangs ordnungsgemäß durchlaufen hat.

Laufzettel
Es wurde bereits erwähnt, daß in vielen Bibliotheken dem Buch bei der Inventarisierung ein Laufzettel beigelegt wird. Hierauf werden zur Kontrolle die einzelnen Stationen vermerkt, die das Buch bei der Einarbeitung durchlaufen muß. Dafür kann der ausgediente Bestellzettel benutzt, aber auch ein eigens dafür hergestellter Laufzettel verwendet werden. Auf ihm werden für die Bearbeitung wichtige Informationen festgehalten, wie z.B. die Anzahl der zu vervielfältigenden Katalogkarten, das Schlagwort für den Schlagwortkatalog oder ob das Buch nicht katalogisiert werden soll. Vielfach wird auf den Laufzetteln das Datum vermerkt, wann das Buch in der jeweiligen Stelle bearbeitet wurde. Somit besteht eine Kontrolle über den Zeitaufwand für den Geschäftsgang.

Interimsnachweis
Zwischen dem Zeitpunkt des Eintreffens eines Buches in der Bibliothek und seiner Verzeichnung im Katalog bzw. dem Einstellen des Buches ins Regal, also während der Zeit der Bearbeitung, ist ein Nachweis darüber zu führen, daß das Buch in der Bibliothek ist. Diesen Nachweis nennt man Interimsnachweis (zeitlich befristeter Nachweis). Er kann mittels eines der gezogenen Bestellzettel geführt werden, der dann vernichtet wird, sobald das Buch im Katalog verzeichnet ist. Häufig wird der Interimsnachweis zusammen mit der Bestellkartei geführt. Es ist aber auch möglich, innerhalb des zentralen alphabetischen Katalogs Bestellkartei und Interimsnachweis zusammen zu führen, so daß die Vorakzession nur an einer Stelle geschieht. Später wird der Interimszettel gegen die Katalogkarte ausgetauscht. Diese Nachweismöglichkeit ist allerdings nur bei Kartenkatalogen möglich.

2.2.6 Besonderheiten im Geschäftsgang

Der dargestellte Geschäftsgang gilt normalerweise für Bücher (Monographien) und bei Lieferung von bereits abgeschlossenen Werken; für andere Publikationsformen wie Fortsetzungswerke, Loseblattsammlungen und Zeitschriften gelten wegen ihrer besonderen Behandlung auch entsprechende Bearbeitungsgänge. Diese werden in großen Bibliotheken häufig in gesonderten Stellen, die aber zur Zugangsabteilung gehören, durchgeführt.

So geschieht die Kontrolle von **Fortsetzungswerken** mit Hilfe eigener *Fortsetzungskarteien.* Auf deren Karten werden die bibliographischen Angaben mit der alphabetischen und systematischen Ansetzung verzeichnet, ferner der Lieferant, der geplante Umfang und der eventuelle zeitliche Abschluß des Werkes sowie die Bedingungen der Bezahlung (insgesamt im voraus oder einzeln bei jeder Lieferung). Werden beim Eingang Verzögerungen oder bei den Lieferungen Lücken festgestellt, wird sofort beim Lieferanten reklamiert.

Auf den Karteikarten werden die eingehenden Lieferungen eingetragen. Ist ein Band des Fortsetzungswerkes vollständig, so wird er gebunden und durchläuft dann den normalen Geschäftsgang. Es kommt vor, daß die Lieferungen unregelmäßig und nicht der Reihe nach erscheinen; grundsätzlich muß abgewartet werden, bis alle Lieferungen zu einem Band eingetroffen sind, erst dann erfolgt das Aufbinden, wozu vom Verlag häufig Einbanddecke und Titelblatt geliefert werden.

Eine besondere Form der Fortsetzungswerke sind die **Loseblattsammlungen**. Sie werden meistens mit in der Fortsetzungskartei geführt; denn sie sind eine Publikationsform, die eine laufende Ergänzung und Erneuerung durch Nachtragslieferungen erfährt. Diese bestehen aus Einzelblättern, die wie in einen Schnellhefter in den jeweiligen Band eingeordnet werden. Jeder Nachtragslieferung ist ein Hinweis beigelegt, welche Blätter gegen neue auszutauschen sind. Neben dem Zugangsvermerk in der Kartei wird in der Loseblattsammlung selbst auf einem vorne eingehefteten Vordruck das erfolgte Auswechseln der Blätter aus einer Lieferung von dem/der Sachbearbeiter/in bescheinigt. Da die Lieferungen durchnumeriert sind, ist eine Kontrolle gut gegeben. Dem Leser dient dieser Vordruck als Information über den Berichtsstand der Loseblattsammlung.

Auch für **Zeitschriften** werden gesonderte Karteien geführt. Weit verbreitet ist die *Zeitschriftenkartei* in Form einer Flachsichtordnung (*Kardex*). Die Karten sind schuppenförmig übereinander angeordnet; der für die Einordnung maßgebliche Titel der Zeitschrift wird am unteren Rand der Karte sichtbar. Auf dem unten (Abb. 6) abgebildeten Beispiel ist es die Zeitschrift CHIP.

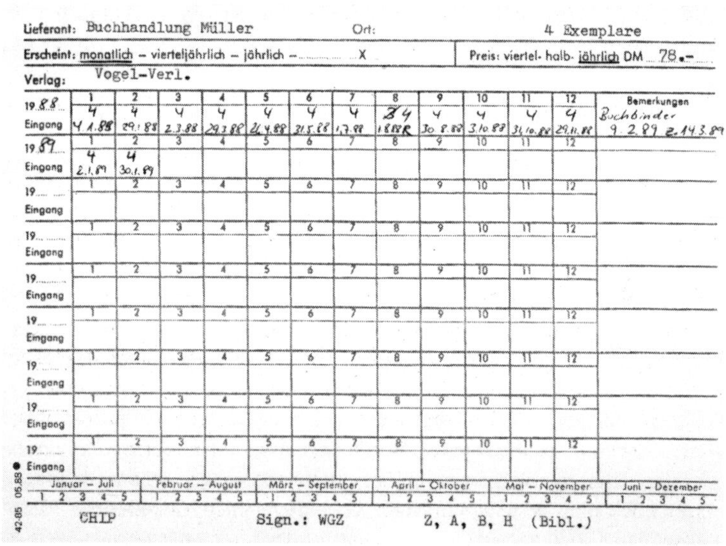
Lieferant: Buchhandlung Müller   Ort: 4 Exemplare

Erscheint: monatlich – vierteljährlich – jährlich – X   Preis: viertel- halb- jährlich DM 78.–

Verlag: Vogel-Verl.

	1	2	3	4	5	6	7	8	9	10	11	12	Bemerkungen
1988 Eingang	4 4.1.88	4 29.1.88	4 2.3.88	4 29.3.88	4 26.4.88	4 31.5.88	4 1.7.88	3 4 1.8.88 R	4 30.8.88	4 3.10.88	4 31.10.88	4 29.11.88	Buchbinder 9.2.89 z. 14.3.89
1989 Eingang	4 2.1.89	4 30.1.89											
19… Eingang													
19… Eingang													
19… Eingang													
19… Eingang													
19… Eingang													
19… Eingang													
19… Eingang													

Januar – Juli	Februar – August	März – September	April – Oktober	Mai – November	Juni – Dezember
1 2 3 4 5	1 2 3 4 5	1 2 3 4 5	1 2 3 4 5	1 2 3 4 5	1 2 3 4 5

42-85 05.83

CHIP   Sign.: WGZ   Z, A, B, H (Bibl.)

Abb. 6. Kardexkarte

Die Behandlung von Zeitschriften im Geschäftsgang ist von Bibliothek zu Bibliothek unterschiedlich und hängt von folgenden Fragen ab:

- Werden die Zeitschriften präsent gehalten oder ausgeliehen?
- Werden nur aktuelle Hefte präsent gehalten, die älteren ausgeliehen?
- Werden die Zeitschriften jahrgangsweise aufgebunden?
- Werden alle Zeitschriften nur vom Titel her katalogisiert oder alle aufgebundenen Jahrgänge, oder wird bei Zeitschriften grundsätzlich auf eine Katalogisierung verzichtet?

Folgende Angaben sind zur Lieferungskontrolle bei Zeitschriften notwendig: Titel ggf. auch mit Titeländerungen, Erscheinungsweise, Lieferant, Verlag, Abonnementspreis, Kündigungstermin für das Abonnement, Anzahl der Exemplare, Standort (z.B. Lesesaal, Sachgruppe, Zweigbibliothek), Art der Aufbindung. Auch bei Zeitschriften muß die Lieferung von Einzelheften genau kontrolliert werden. Soll der Jahrgang aufgebunden werden, müssen fehlende Hefte sofort nachbestellt werden, da sie schnell vergriffen sind.

Bei der Vorbereitung zum Binden wird darauf geachtet, ob ein Jahresregister gesondert bestellt werden muß oder im letzten Heft des Jahrgangs bzw. in einem der folgenden enthalten ist. Nicht immer ist es üblich, daß der Verlag ohne Aufforderung eine Einbanddecke mitliefert, sie kann in der Regel aber dort zusätzlich bestellt werden. Andernfalls wird sie vom Buchbinder angefertigt, unter Umständen mit Prägung des Titels, der Bandnummer und des Jahrgangs.

Notenwerke (Musikalien) erscheinen in Gesamtausgaben, etwa von einzelnen Komponisten, ferner in Klavierauszügen; schließlich als Partituren d.h. als übersichtliche Zusammenstellung aller Stimmen, die zu einer mehrstimmigen Komposition gehören; als Lieder- und Gesangsbücher. Bei Chor- und Orchesterwerken, auch bei Kammermusik wird vor allem darauf geachtet, daß die einzelnen Gesangs- oder Instrumentalparts (Einzel"stimmen") vollzählig geliefert werden. Sie erscheinen häufig nur in Form einzelner weniger Blätter. Zumeist werden in der Bibliothek alle Stimmen eines Werkes zu einer Ausleiheinheit, ggf. in einer vom Buchbinder zu diesem Zwecke angefertigten Mappe zusammengefaßt.

AV-Medien unterliegen insofern Besonderheiten im Geschäftsgang, als sie nicht überall oder nur vereinfacht katalogisiert und dann in gesonderten Katalogen nachgewiesen werden. Meistens sind auch besondere Rückenbeschriftungen, Aufstellungen und Aufbewahrungsformen vorgesehen, z.B. bei Medienpaketen, die aus Buch und Kassette bestehen, wie es vielfach bei Sprachlehrgängen üblich ist. **Begleitmaterial** zum Buch, z.B. Karten, Lösungshefte, Disketten u.a. werden bei der Katalogisierung in der Titelaufnahme berücksichtigt und aufgeführt. Bei der technischen Buchbearbeitung werden diese durch Auftragen der Zugangs- bzw. Verbuchungsnummer als zum Buch gehörig gekennzeichnet. Im Buchdeckel wird dann die Anzahl und Art der Beilagen eingetragen.

2.3 Bestandsnachweis, Bestandserschließung

Damit der Benutzer ein bestimmtes Buch oder bestimmte Bücher/Medien findet, gibt es in der Bibliothek Mittel und Möglichkeiten, die ihm die Suche erleichtern. Sie geben Auskunft darüber

- ob das Gesuchte überhaupt zum Bestand der Bibliothek gehört; wenn ja,
- wo man es finden kann.

Nachweis bzw. Erschließung ihrer Bestände machen eine Bibliothek erst benutzbar. Zwei Möglichkeiten bieten sich dazu an:

1. direkte Bestandserschließung durch Aufstellung,
2. indirekte Bestandserschließung durch Kataloge.

Beide setzen bestimmte Ordnungs- und Gruppierungsweisen des Bestandes voraus, die sicherstellen, daß das einzelne in der Vielzahl auffindbar wird.

2.3.1 Bestandserschließung durch Aufstellung

Bücher, die sich mit dem gleichen Thema beschäftigen, bilden eine Klasse. Eine Klasse ist eine Gruppe von Objekten mit gemeinsamen Merkmalen, durch die sie sich von anderen unterscheiden.

Große Klassen, denen Bücher zugeordnet werden, sind allerdings für eine spezielle Suche zu unübersichtlich. Deshalb müssen Unterklassen gebildet werden. Zwischen den Klassen besteht die Beziehung: allgemein - speziell bzw. Oberklasse-Unterklasse. Daraus entsteht ein System von Klassen, die logisch voneinander abhängen. Dieses System wird Klassifikation genannt.

Eine **Klassifikation** ist ein Ordnungsschema, bestehend aus einer nach sachlich-logischen Gesichtspunkten aufgebauten Abfolge von Klassen. In den Klassen sind Bücher zum gleichen Thema zusammengefaßt. Die Klassifikation dient der sachlichen Erschließung der Bestände und muß bereits vor dem Aufbau einer Bibliothek vorliegen. Die Klassifikation wird abgeändert, erweitert, aktualisiert, wenn neue Klassen eingerichtet werden müssen. Sie wird in Öffentlichen Bibliotheken sowohl für die Ordnung im *Systematischen Katalog* als auch für die Regalaufstellung verwendet. Die Begriffe Systematik und Klassifikation bedeuten das gleiche, sie werden synonym gebraucht.

Eine Klasse wird durch ein Symbol ausgedrückt, die **Notation.** Sie ist ein ordnungsfähiges Symbol zur verkürzten Kennzeichnung der in Worten ausgedrückten Bezeichnung für die Klassen. Beispiel:

	Notation:	Verbale Bezeichnung der Klasse:
	Emp	Deutsche Geschichte
oder	331.23	Lohnformen

Die **Signatur** ist eine individuelle Standortangabe für ein bestimmtes Buch. In Öffentlichen Bibliotheken besteht die Signatur meist aus der Notation und den ersten 3-5 Buchstaben des Ordnungswortes des AK (Verfasser, Sachtitel oder

Körperschaft). Beispiel:

Emp 800	Notation	Signatur
Cra	die ersten 3 Buchstaben des Verfassernamens	

Bei *Freihandaufstellung* des Bestandes in Öffentlichen Bibliotheken ist diese Form der Signatur die übliche.Die Signatur kann aber auch völlig unabhängig von der Notation sein. Das ist häufig der Fall bei *Magazinaufstellung*, vor allem in Wissenschaftlichen Bibliotheken. Dabei ist der *Systematische Katalog* nach der *Klassifikation* bzw. den *Notationen* geordnet und innerhalb der Klasse nach Verfassern, Sachtiteln bzw. Körperschaften, während die *Regalaufstellung* einer anderen Ordnung folgt, etwa einer fortlaufend vergegebenen Nummer (numerus currens).
z.B.

Buchtitel:	Craig: Deutsche Geschichte
Notation im Systematischen Katalog:	Emp 800
Signatur (Rückenschild):	80/1394 oder E 2579

Man spricht hierbei von *mechanischer Aufstellung* im Unterschied zu einer inhaltsgebundenen Aufstellung von Freihandbeständen. Entspricht die Ordnung im Systematischen Katalog (SyK) der Aufstellung im Regal, so handelt es sich um einen standortgebundenen SyK; ordnet der SyK unabhängig von der Regalaufstellung, bezeichnet man ihn als standortfreien SyK.

In Klassifikationen gibt es auch allgemeine **Verweisungen**. Diese sollen zeigen, daß an dieser Stelle der Klassifikation zu dem gesuchten Thema keine Literatur verzeichnet ist, sondern an einer anderen Stelle, auf die verwiesen wird, z.B.

Uc Physik
Physikalische Chemie s. Udo

Bücher werden, wenn sie mehrere Themen behandeln, also mehrere Klassen in der Klassifikation betreffen, auch an den verschiedenen Stellen im Systematischen Katalog nachgewiesen. Bei einem standortgebundenen Systematischen Katalog müssen sie e i n e r Hauptklasse zugeordnet werden, da diese den Standort des Buches bestimmt.

2.3.2 Systematiken in Öffentlichen Bibliotheken

Es gibt in der Bundesrepublik keine *Normklassifikation*, keine einheitliche Klassifikation für alle Bibliotheken wie sie in den neuen Bundesländern in Form der KAB (Klassifikation für Allgemeinbibliotheken) bisher verbindlich war und in aktualisierter, ergänzter Form weiterhin Anwendung findet. Als KAB/E für

Sachliteratur und Belletristik liegt sie einschließlich alphabetischem und systematischem Schlagwortregister vor. Für die Kinderliteratur (KAB/K) gibt es eine gesonderte Systematik, ebenso für Territorialbestände, Musiktonträger, Noten und Bestände in Artotheken.

Zuweilen erstellen Bibliotheken eine eigene, nur in ihrer Bibliothek benutzte Systematik, eine sogenannte *Individualklassifikation*, oder sie wandeln bestehende auf ihre Bedürfnisse ab. Beispiele für gebräuchliche Systematiken sind die *Allgemeine Systematik für Öffentliche Bibliotheken (ASB),* die in Öffentlichen Bibliotheken der alten Bundesrepublik immer noch am weitesten verbreitet ist; ferner die *Systematik der Stadtbibliothek Duisburg (SSD),* eine von der KGSt empfohlene Bearbeitung der ASB; die *Systematik für Bibliotheken (SfB),* eine in Norddeutschland (alte Bundesrepublik) angewandte Klassifikation mit einem anderen Notationsschema als dem der ASB und SSD; die vor allem international verbreitete *Dezimalklassifikation (DK)* und schließlich spezielle Systematiken für Kinder- und Jugendbibliotheken sowie für Musikbibliotheken.

Allgemeine Systematik für Öffentliche Bibliotheken (ASB)

Die ASB ist das Ergebnis einer Gemeinschaftsarbeit im *Verband der Bibliotheken des Landes Nordrhein-Westfalen* und wurde 1956 veröffentlicht. Heute liegt sie in der wenig veränderten 3. Auflage von 1981 (Nachdruck 1993) vor. Sie war beabsichtigt als Normklassifikation für Öffentliche Bibliotheken, d.h. sie sollte in allen Öffentlichen Bibliotheken Anwendung finden. Gegenwärtig wird sie zwar immer noch in vielen Bibliotheken benutzt, jedoch nur in ihrer Grundstruktur; die meisten haben die ASB individuell aktualisiert und auf ihre Bedürfnisse abgewandelt. Das beweist ihre Mängel: zum einen hat sie ihren inhaltlichen Stand im wesentlichen seit 1956 nicht geändert; zum anderen ist es kaum möglich, neuere Begriffe, neuere Fachgebiete bzw. die Literatur zu solchen Themen sinnvoll einzuordnen, etwa Reaktortechnik, Computersprachen, Rock-Musik, Umweltschutz im heutigen Sinne, PC, politische Zeitgeschichte der Bundesrepublik und der DDR u.v.m. Außerdem umfaßt die ASB nur *Sachliteratur*, nicht die Schöne Literatur (Belletristik), nicht die Kinder- und Jugendliteratur.

Die ASB hat folgende Hauptklassen, die durch Großbuchstaben gekennzeichnet sind:

A Allgemeines
B Lebensbeschreibungen - Erinnerungen - Briefe
C Erd-, Länder-, Völkerkunde
D Heimatkunde
E Geschichte einschl. Zeitgeschichte, Kulturgeschichte und Volkskunde
F Recht
G Gesellschaft - Staat - Politik (Sozialwissenschaften)
H Wirtschaft einschl. Betriebswirtschaft
K Religion
L Philosophie

M Psychologie
N Pädagogik (Erziehung und Bildung)
O Sprache
P Literatur
R Bildende Kunst
S Musik - Tanz - Theater - Film - Funk - Fernsehen
T Mathematik
U Naturwissenschaften
V Medizin (Gesundheitspflege und Heilkunde)
W Technik, Handwerk und Gewerbe
X Landwirtschaft einschl. Gartenbau - Forstwirtschaft und Nutzjagd - Teichwirtschaft und Fischerei - Hauswirtschaft
Y Leibesübungen (Turnen und Sport) - Spiele - Basteln

Die Hauptklassen erscheinen nach Blöcken geordnet:
A - D Eingangsklassen; E - H Sozialwissenschaften; K - P Geisteswissenschaften; R - S Musische, künstlerische Fächer; T - W Natur- und angewandte Wissenschaften; X, Y sonstige Fächer.

Die weitere Untergliederung der 22 Hauptklassen erfolgt nach ihrer Rangordnung (hierarchisch). Als *Notation* dienen auf der 2. und 3. Ebene Kleinbuchstaben, auf der 4. bis 6. Stufe Zahlen, die dekadisch zu lesen sind. Es handelt sich um eine gemischte Notation, die aus Buchstaben und Zahlen besteht, wobei Ebenen, die mit weniger Buchstaben gekennzeichnet sind, denen mit mehr Buchstaben bzw. Ziffern übergeordnet sind. Notationen auf höheren Ebenen stellen allgemeinere Begriffe, Notationen auf tieferen Ebenen speziellere dar,

z.B.	G	Gesellschaft - Staat - Politik (Sozialwissenschaften)
	Gf	Sozialpolitik
	Gfl	Arbeits- und Betriebsverfassung - Gewerkschaften (Allgemeines)
	Gfl 4	Gewerkschaften und andere Arbeitnehmerverbände
	Gfl 40	Einzelne Probleme

Insgesamt enthält die ASB 2350 Klassen, allerdings nur 2 Klassen (Ugm 210, Ugm 211) auf der 6. Ebene. Das heißt, die ASB ist nicht sehr fein gegliedert, reicht etwa nur für Bibliotheken mit Beständen bis zu 50 000 Bänden. Daher wird sie in der Originalfassung hauptsächlich in Klein- und Mittelstadtbibliotheken benutzt. Für größere Bestände sind auf jeden Fall Erweiterungen der Klassen notwendig.

Personengebundene Literatur (Biographien, Interpretationen) findet sich immer an der engsten (untersten) Stelle in eigenen Klassen,

z.B.	Pkl	Russische Literatur
	Pkl 1	Leben und Werk von Dichtern (der russischen Literatur)
	Pkl 10	Einzelne Dichter (alphabetisch)

Bei den Einzelpersonen wird das Prinzip der **alphabetischen Reihung** angewandt. Dies bedeutet, daß innerhalb dieser Klasse die Bücher zunächst nicht alphabetisch nach dem Verfasser bzw. Sachtitel oder der Körperschaft aufgestellt werden, sondern daß zunächst nach der beschriebenen Person, dem Biographierten, alphabetisch geordnet wird. Erst innerhalb der Literatur zu einer Person wird dann nach der RAK-Ansetzung sortiert. Alphabetische Reihungen gibt es nicht nur für Personen, sondern auch für Orte und Länder,

z.B.	Alp 3	Einzelne Bibliothekskataloge (alphabetisch nach Orten)
	Emr	Geschichte einzelner deutscher Staaten und Länder (alphabetisch)
	Lbo 20	Gesammelte und ausgewählte Werke einzelner Philosophen des Mittelalters (alphabetisch)

In vielen Gruppen findet man eine immer wieder auftauchende gleiche Untergliederung, die in der ASB allerdings nicht konsequent gehandhabt wird, eine **Normung**,

z.B.	Cz	Periodica der Gruppe C Erd-, Länder- und Völkerkunde
	Fz	Periodica der Gruppe F Recht
oder	Eal	Nachschlagewerke - Bibliographien zur Geschichte
	Fal	Nachschlagewerke - Bibliographien zum Recht
	Gam	Nachschlagewerke - Bibliographien aus den Sozialwissenschaften.

Die ASB besitzt ein *Stichwortregister* (etwa 3200 Eintragungen). Die Bezeichnung Stichwortregister bedeutet, daß nur diejenigen Begriffe aufgeführt sind, die in den Klassenbeschreibungen, also im Inhalt der ASB enthalten sind. So findet man im Register z.B. nur den Begriff *Handarbeiten* mit dem Hinweis auf die Klasse Xen 3, aber keine zusätzlichen Eintragungen beispielsweise unter *Strikken* oder *Sticken*.

Für die Arbeiten im Bestandsaufbau, bei der Begutachtung, ist es wichtig zu wissen, daß die jeweiligen Notationen der ASB im ID, BA und bei den ekz-Titeldrucken angegeben werden.

Systematik der Stadtbibliothek Duisburg (SSD)

Die SSD ist eine 1966 erarbeitete, auf der ASB beruhende Individualklassifikation, d.h. sie war zunächst nur für die Stadtbibliothek Duisburg gedacht. Mittlerweile ist sie jedoch von einigen anderen, insbesondere Großstadtbibliotheken übernommen worden. Sie unterliegt einer ständigen Pflege; somit ist ein aktueller Stand gewährleistet. Die letzte Ausgabe ist von 1987.

Gegenüber der ASB enthält die SSD wesentlich mehr Klassen und ist stärker untergliedert. Die einzelnen Klassen sind genauer beschrieben. Die Hauptklassen sind zwecks Aktualisierung und Präzisierung umbenannt, z.B.

ASB:	Allgemeines
SSD:	Allgemeines, Allgemeine Nachschlagewerke und Bibliographien, Wissenschaftskunde, Informationswissenschaft, Buch- und Bibliothekswesen, Publizistik.

Ferner ist das Verweisungssystem ausgebaut worden. Gerade die Gebiete der Geschichte und Sozialwissenschaften sind stark verändert worden. Die Struktur der SSD (auf der 1.-3. Ebene Buchstaben, auf den weiteren Ebenen Zahlen) ist kaum verändert gegenüber der ASB. Es ist aber neben der Sachliteratur die *Schöne Literatur* mit *Stoffkreisführer* als Klasse Z hinzugekommen. Außerdem steht die personengebundene Literatur jeweils am Ende der Sachgruppe als *Normung* YB,
z.B.: Biographien zur Geschichte EYB.

Durch die Schaffung vieler neuer Klassen ist die Notation länger geworden. Sie umfaßt jetzt neben den 3 Buchstaben für die ersten 3 Ebenen bis zu 4 Ziffern für die Klassen auf der 4. bis 7. Stufe.

Systematik für Bibliotheken (SfB)

Die SfB beruht auf der 1962 erarbeiteten Systematik der Stadtbibliothek Hannover (SSH), die wiederum auf die Systematik der Amerika-Gedenkbibliothek Berlin zurückgeht. Inzwischen heißt sie SfB und ist für die norddeutschen Bibliotheken (alte Bundesrepublik) empfohlen. Auch sie unterliegt wie die SSD einer ständigen Pflege, wird also immer aktualisiert.

Die SfB umfaßt zur Zeit 30 Fachgebiete, deren Notationen gemischt sind. Auf der ersten Ebene sind sie zunächst durch Buchstaben gekennzeichnet, entweder durch die Anfangsbuchstaben ihrer Benennung oder durch deren Abkürzung,

z.B.	Gesch	Geschichte
	Erd	Erdkunde
oder	R	Recht
	BWL	Betriebswirtschaftslehre
	Nds	Niedersächsische Landeskunde

Hierdurch soll der Benutzer sich die Hauptklassen besser einprägen können (*mnemotechnisches Prinzip*). Der zweite Teil der gemischten Notation besteht aus ein- bis dreistelligen Zahlen (1-999), die aufzählend (*enumerativ*), nicht dekadisch gelesen werden und zur Kennzeichnung der Untergruppen dienen.

Im Gegensatz zu ASB, SSD und DK, bei denen an der Länge der Notation erkennbar ist, um welche Gliederungsstufe es sich handelt, ist dies bei der SfB nicht möglich. Die Gliederungsstufe wird nur aus dem Druckbild durch *Einzüge* ersichtlich. Bei der Untergliederung sind aber die Zahlen nicht fortlaufend geschrieben wie bei der ASB, sondern es werden einige übersprungen, so daß Erweiterungen für neue Klassen an sachentsprechender Stelle möglich sind. Die Einführung neuer Hauptklassen stellt durch die Methode der Abkürzungen kein Problem dar.

Eine *alphabetische Reihung* gibt es bei Orten, Ländern, Staaten und besonders ausgeprägt bei Personen. In einigen Fachgebieten gibt es einen biographischen Schlüssel. Ein solcher dient der zusätzlichen Ordnung der Literatur über Personen, so daß diese unterschieden wird z. B. nach Werken, Auszügen oder Biographien, Würdigungen. Die SfB hat auch einen Schlagwortindex, der als

gemeinsames Schlagwortregister zu SfB, ASB und SSD veröffentlicht vorliegt.
Beispiele aus der SfB:
Auszug aus der Übersicht der Gruppe Pol Politik, Staat, Verwaltung

Pol	1 - 15	Allgemeines
Pol	18 - 27	Staatshandbücher
Pol	55 - 216	Allgemeine Theorie der Politik
Pol	230 - 320	Parteiwesen, Parteipolitik
Pol	322 - 328	Verbände und Interessengruppen usw.

Auszug aus der Gruppe Politik (mit entsprechenden Einzügen)

Allgemeine Theorie der Politik
Pol 55 Gesamtdarstellungen
Einzelfragen
Pol 65 Menschenrechte, Grundrechte, Gleichheit, Leben, Eigentum, Glaubensfreiheit
Naturrecht s. R 41
Völkerrecht s R 612
Grundgesetz s. R 556
Notstandsgesetze s. Pol 506
Pol 69 Freiheit
Pol 75 Autorität, Herrschaft, Macht, Führung
Pol 78 Krieg und Frieden, Pazifismus
A-Z Einzelne Pazifisten
Pol 85 Verhältnis der Politik zu anderen Lebens- u. Kulturbereichen

Dezimalklassifikation (DK)

Die Dezimalklassifikation ist eine Weiterentwicklung der 1876 veröffentlichten, von M. Dewey entwickelten *Dewey Decimal Classification (DDC).* Heute wesentlich erweitert, wird die DDC ständig aktualisiert und ist in den amerikanischen Öffentlichen, Wissenschaftlichen und Spezialbibliotheken sehr verbreitet. Die auf europäische Verhältnisse zugeschnittene DK ist nach dem gleichen Prinzip aufgebaut. In der Bundesrepublik begegnet man ihr hauptsächlich in Wissenschaftlichen, aber auch in einigen Öffentlichen Bibliotheken. Darüber hinaus wird sie nicht selten als Ordnungsschema benutzt, etwa für Bibliographien z.B. in der *British National Bibliography (BNB),* für *Referateblätter* und *Dokumentationsdienste* vor allem in Spezialbibliotheken.
Bei der DK handelt es sich um eine nach dem Prinzip der Dezimalzahlen gegliederte Zehnerklassifikation. Die Notation besteht nur aus Zahlen, ist also eine reine Notation. Hauptklassen der DK:

0 Allgemeines
1 Philosophie
2 Religion, Theologie

3 Sozialwissenschaften, Statistik, Politik, Volkswirtschaft, Recht, Verwaltung, Kriegskunst, Fürsorge, Versicherung, Erziehung, Handel, Volkskunde
4 (zur Zeit nicht belegt)
5 Mathematik, Naturwissenschaften
6 Angewandte Wissenschaften, Medizin, Technik
7 Kunst, Kunstgewerbe, Photographie, Musik, Spiel, Sport
8 Sprachwissenschaft, Philologie, Schöne Literatur (Wortkunstwerke), Literaturwissenschaft
9 Heimatkunde, Geographie, Biographien, Geschichte

Jede Gruppe kann in 10 weitere Untergruppen unterteilt werden. Bei sehr speziellen, engen Begriffen können somit sehr lange Notationen entstehen. Beispiel für eine Untergliederung:

3	Sozialwissenschaften (s.oben)
33	Volkswirtschaft
331	Arbeit
331.2	Löhne, Honorare
331.23	Lohnformen
331.231	Akkordlohn

Nach drei Ziffern wird zur besseren Orientierung ein Punkt gesetzt. Für die Bestände Öffentlicher Bibliotheken sind so starke Untergliederungen, wie sie in der DK zu finden sind, nicht notwendig. Sehr differenzierte Unterteilungen dienen eher den Wissenschaftlichen und Spezialbibliotheken. Daher gibt es auch die DK in drei Ausgaben: Gesamtausgabe (10 Bände), Handausgabe (2 Bände), Kurzausgabe (1 Band).

Oft läßt sich der Inhalt eines Buches oder Aufsatzes mit einer einzigen einfachen Notation ausdrücken, z.B.

Akkordlohn 331.231 oder Bergbau 622

Zuweilen beschäftigt sich ein Buch aber mit mehreren Themen, die nicht durch die Einordnung in eine Klasse ausgedrückt werden können. Zu diesem Zweck hat die DK das Beziehungszeichen : (Doppelpunkt) vorgesehen, z.B.

Akkordlohn im Bergbau 331.231:622

Einige Untergliederungsschemata wiederholen sich in den einzelnen Klassen bzw. Gruppen immer wieder. Dies ist bei der ASB, der SSD und der SfB gut zu erkennen, etwa die *Normung* bei Zeitschriften, die zeitliche Unterteilung in den Gruppen Geschichte und Kunst, die räumliche Unterteilung bei Erdkunde und Literaturwissenschaft.

Solche Unterteilungen sind in der DK für jede Gruppe als *Allgemeine Anhängezahlen*, die in besonderen Tafeln aufgelistet sind, möglich. Sie werden bei Bedarf an die *Notation* angehängt. Die Anhängung erfolgt in Verbindung mit einem bestimmten Zeichen wie Klammern ( ), einem Gleichheitszeichen = oder Anführungsstrichen " " usw.

z.B.	622.33=30	Schriften über den Kohlebergbau in deutscher Sprache
	72(021)	Handbuch (Publikationsform) der Architektur
	337(493)	Zollpolitik in Belgien (Ort)
	668.58(=927)	Kosmetik der Araber (Völker)
	622.33"18"	Kohlebergbau im 19. Jahrhundert (Zeit)
	77.001	Theorie (Gesichtspunkt) der Photographie

Es sind auch mehrere Anhängezahlen möglich.

Die DK verfügt in allen Ausgaben über sehr ausführliche Register.

Für Kinder und Jugendbibliotheken gibt es die 1984 überarbeitete **Systematik für Kinder- und Jugendbibliotheken**. Sie ist herausgegeben vom VBB und der Kommission des Deutschen Bibliotheksinstituts für Kinder- und Jugendbibliotheken. Die Systematik wird auch auf den ekz-Publikationen angewendet. Sie enthält insgesamt 9 Gruppen, und zwar

1 Bilderbücher
2 Märchen - Fabeln
3 Sagen - Legenden - Volksbücher
4 Bücher für Kinder
5 Bücher für Kinder und Jugendliche (von 9 Jahren an)
6 Sachbücher für Kinder und Jugendliche (von 9 Jahren an)
7 Witze - Comics - Bildgeschichten
8 Spiele
9 Bilder - Poster

Die Gruppen 1-5 und 8 werden weiter mit Zahlen untergliedert (z. B. 3.1 Deutsche Sagen, 3.2 Sagen fremder Länder und Völker usw.). Die Untergruppe 1.2 sowie die Untergruppen von 4 und 5 können weiter durch Interessenkreise (Abenteuer, Frieden u. a.), mit denen die Kinder und Jugendlichen direkt angesprochen werden sollen, und durch Schlagwörter (Alter, Emanzipation u.a.), die als Informationen für Erzieher und Bibliothekare dienen, erschlossen werden. Die Sachliteratur, Gruppe 6, kann weiter nach ASB, SfB oder SSD unterteilt werden. Die Bibliothek entscheidet hier, wie weit die Unterteilung für ihren Bestand vorgenommen wird. Fremdsprachige Medien werden oberhalb des Signaturschildes mit der entsprechenden Sprachbezeichnung gekennzeichnet (z.B. türkisch). AV-Medien werden den einzelnen Systematikgruppen zugeordnet.

Systematik für Tonträger, Musikalien

Für *Öffentliche Musikbibliotheken* gibt es spezielle Systematiken, die *Tonträger-Systematik Musik (TSM)* und die *Systematik des Musikschrifttums und der Musikalien (SMM)*, die 1991 überarbeitet wurden.

Die Tonträger-Systematik hat 19 Hauptgruppen (TA - TX). Diese werden durch Untergruppen, ausgedrückt durch bis zu vierstellige Zahlen, hierarchisch unterteilt, z.B.

TP 5 Modern Jazz.

Die SMM besteht aus einem Teil für *Musikschrifttum* und einem für *Musikalien (Noten)*. Die Klassifikation für Musikliteratur beruht auf der Systematikgruppe Sb (Musik) der ASB, differenziert diese nach dem gleichen Prinzip durch Erweiterungen und Bildung von Untergruppen entsprechend den Beständen von Musikbibliotheken, z.B.

Sbo 26 Improvisationslehre.

Die Systematik der Musikalien hat 22 Hauptklassen. Diese sind durch Großbuchstaben gekennzeichnet (A-Y). Für die weiteren Ebenen werden dekadisch bis zu 4 Ziffern als Ausdruck für die Klasse verwendet, z.B.

O 201 Kammermusik: Klavierquartette mit drei Violinen und Klavier.

2.3.3 Mechanische Aufstellung

Die mechanische Aufstellung bedarf stets der Kataloge als Erschließungsinstrument; denn die Bücher werden nicht nach ihrem Inhalt aufgestellt, sondern nach der laufenden Nummer ihres Zugangs (*numerus currens*): jedes neuhinzukommende Buch erhält die nächstfolgende Nummer. Eine dementsprechende Signatur kann bei umfangreichen Beständen lang und daher schwer lesbar werden. Man versucht dies durch Unterteilungen zu vermeiden, indem man das Erwerbungsjahr bzw. dessen Endziffern als Zahlengruppe der laufenden Nummer voranstellt, z.B. 80/4539.

Je nach Aufstellungsart besteht auch die Möglichkeit, die Untergliederung nach Größenformaten vorzunehmen. Eine der laufenden Nummer vorangestellte 8° bezeichnet dann die Größengruppe Oktavformat (bis zu 25 cm Höhe des Buchrückens). Die mechanische Aufstellung ist sehr platzsparend. Sie findet in großen *Wissenschaftlichen Bibliotheken* mit geschlossenen *Magazinen* und umfangreichen alten Beständen Anwendung.

Eine Mischform aus systematischer und mechanischer Aufstellung ist die *Gruppenaufstellung*, bei der man die Untergliederung durch Hinzufügen etwa des Gruppenbuchstabens aus der ASB oder eines anderen Gruppenkennzeichens erreicht, z.B. F 3470. Bereits diese Aufstellungsform - vor allem, wenn die Gruppen sehr weit gewählt werden - führt zu einer gewissen Platzeinsparung im Magazin, wenn auch gegenüber der Aufstellung nach dem *numerus currens* zwischen den Gruppen noch viel Raum für etwaige Einschübe gelassen werden muß.

Zeitschriften werden mit einer gesonderten laufenden Nummer gekennzeichnet, etwa durch ein vorgesetztes Z, z.B. Z 534/87, wobei die erste Zahl den Zeitschriftentitel, die Endziffern den Jahrgang der Zeitschrift angeben. Ähnlich werden häufig *Serien* behandelt (Kennzeichen z.B. S); man legt auch hier für jeden Titel eine Zahl fest, der die laufende Nummer vorangeht oder folgt. So bleibt gewährleistet, daß die Jahrgänge ein und derselben Zeitschrift bzw. die Teile einer Serie zusammenstehen.

2.3.4 Dreigeteilte Bibliothek

Bislang waren Bestände in Bibliotheken nach folgendem Schema aufgestellt: *Magazinbestände*, die für die Benutzer nicht frei zugänglich sind, sondern nur über Kataloge und mit Hilfe des Personals erreichbar. Sie stehen in einem für den Benutzer am weitesten entfernten Bereich, dem Fernbereich. Im Bereich der *Freihandbestände*, die durch Kataloge sowie durch systematische (bei Sachliteratur) bzw. alphabetische Aufstellung (bei der Belletristik) erschlossen sind, kann der Leser sich selbst am Regal oder anhand der Kataloge orientieren.

In den letzten Jahren hat man in vielen Öffentlichen Bibliotheken nun zu diesem (Mittel-)Bereich noch einen *Nahbereich* eingeführt. Dieser soll stärker den Verhaltensweisen, dem sogenannten *dritten Interesse* jener Benutzer entgegenkommen, die weniger systematisch oder alphabetisch nach bestimmten Verfassern und Titeln suchen, sondern nach bestimmten Literaturgattungen oder Themenkreisen und von dem hier vorhandenen Angebot angesprochen werden sollen, unabhängig von Verfasser- oder speziellen Titelwünschen.

Die Bestände im Nahbereich sind nicht katalogisiert und tragen als Signatur einen *Interessenkreisaufkleber*, z.B. Biographie, Krimi, Aktuell. Diese Bücher werden nicht alphabetisch sortiert, sondern nur nach den Interessenkreisen aufgestellt. Für den Nahbereich kommt sowohl belletristische als auch Sachliteratur in Frage. Gegebenenfalls kann der Nahbereich durch katalogisierte Literatur, die kurz-, aber auch längerfristig in diesen Bereich versetzt wird, vorübergehend ergänzt werden. Die Nutzung des Nahbereichs ist, wie die Erfahrungen der letzten Jahre zeigen, wesentlich höher als die der Bestände aus den beiden übrigen Bereichen.

2.3.5 Bestandserschließung durch Kataloge

Der Katalog ist ein alphabetisch oder sachlich geordnetes Verzeichnis von Büchern und/oder anderer Medien, die in einer oder mehreren Bibliotheken vorhanden sind. Aufgabe des Katalogs ist die *formale* und *inhaltliche Erschließung* des Bestandes. Neben der bibliographischen Beschreibung ist auch der Standort des Buches in der Bibliothek angegeben.

Eine *Katalogkarte* enthält meistens die folgenden Daten:

- Ordnungsmerkmale: aufgrund eines Regelwerks die Festlegung der Ordnung der Eintragung
- bibliographische Beschreibung: aufgrund eines Regelwerks die formale Beschreibung des Buches
- Signatur: die Bezeichnung des Standorts eines Buches innerhalb des Bestandes
- Daten für die bibliothekarische Verwaltung (z.B. EDV-Nummer, Zugangsnummer u.ä.)

Kataloge lassen sich einteilen

nach dem *Umfang der Bestandserfassung* als Haupt-, Gesamt-, Zentral-, Spezialkatalog;
nach dem *Personenkreis* der Katalogbenutzer als Verwaltungs-, Dienst-, Leser- bzw. Publikumskatalog;
nach der Art ihrer *Herstellung* als handschriftlich bzw. maschinell hergestellter Katalog;
nach ihrem *Zweck* als Zugangsbuch, Standort-, alphabetischer bzw. Sachkatalog;
nach ihrer äußeren *Form* (Präsentation) als Band-, Karten-(Zettel-), Mikrofichekatalog (vgl. S. 284 f), als CD-ROM und OPAC (vgl. S. 286 ff).

Präsentationsformen von Katalogen

Bandkatalog: Der Katalog liegt als gebundener Band bzw. als Buch vor. Auf einer Seite befinden sich aufgereiht mehrere Titelaufnahmen. Man kann sich also auf einen Blick rasch orientieren, mehrere Titelaufnahmen überblicken. Die innere Ordnung des Katalogs ist nicht zerstörbar. Allerdings ist der Bandkatalog zu einem bestimmten Zeitpunkt abgeschlossen, somit nach dem Zeitpunkt des Drucks oder Ausdrucks nicht mehr aktuell, da Einschübe und Veränderungen nicht möglich sind. Neue Katalogdaten können nur durch eine Katalog-Neufassung oder durch Ergänzungen in einem Supplementband bekannt gemacht werden.

Kartenkatalog (Zettelkatalog): Die Titelaufnahmen sind auf je einer Katalogkarte im internationalen Bibliotheksformat (7,5 x 12,5 cm) aufgeführt. Die Karten sind in Karteikästen geordnet und durch Stangen gegen Herausnehmen gesichert. Es ist die Möglichkeit gegeben, den Katalog stets aktuell zu halten, d.h. Katalogkarten für Neuerwerbungen zusätzlich einzuordnen und Karten für Abgänge aus dem Katalog zu entfernen. Allerdings ist die Ordnung eines Kartenkatalogs zerstörbar. Außerdem hat der Katalogbenutzer auf einen Blick immer nur eine Titelaufnahme vor sich.

Mikrofichekatalog: MF-Kataloge enthalten Kopien von Titelaufnahmen in stark verkleinerter Form auf Filmmaterial, das nur mit einem Lesegerät benutzt werden kann. Sie stellen die moderne Form des Bandkatalogs dar. Beim COM-Verfahren (Computer Output on Microform) werden die maschinell erfaßten Daten direkt auf Mikrofilm oder Mikrofiche ausgegeben.

Mikrokataloge setzen sich in großen Bibliotheken immer stärker durch, da sie schnell, preiswert und somit auch in großer Exemplarzahl herzustellen sind. Sie sind platzsparend, haben allerdings den Nachteil, daß sie schon nach Ausdruck nicht mehr auf dem aktuellen Stand sind, da sie Einschübe nicht zulassen. Dies kann jedoch bis zum nächsten Ausdruck durch Ergänzungslisten in Papierform oder auch als Mikrofiche ausgeglichen werden. Die Mikrofiches sind Filmblätter in DIN A 6-Format (Postkartenformat). Sie werden sichtbar und geordnet neben dem Lesegerät aufbewahrt, ggf. mit einer Benutzungsanleitung für Benutzer, die mit dieser Katalogform noch nicht vertraut sind. Abgenutzte Kartenkataloge können durch Verfilmung auf Mikrofiche vor dem Verschleiß bewahrt werden.

Katalog auf CD-ROM: Die Katalogdaten sind auf einer CD (Compact Disc-Laserplatte) gespeichert und von dort abrufbar. ROM ist eine Abkürzung für Read Only Memory und bedeutet, daß es sich dabei um eine nur lesbare (nicht veränderbare) Speicherplatte handelt. Die Katalogdaten sind nach vielen Kriterien, Suchwegen auffindbar. Da die CD über eine große Speicherkapazität verfügt, wird dieses Medium immer stärker für Bibliographien, umfangreiche Kataloge und Buchhandelsverzeichnisse eingesetzt. Aber auch hier gelten die Nachteile des Bandkatalogs, vor allem garantiert die geschlossene Datenmenge niemals den neuesten Informationsstand (s. auch S. 286 f).

OPAC (Online Public Access Catalog): Beim OPAC handelt es sich um einen Online-Katalog, der immer den aktuellen Stand des Bestandes wiedergibt. Er ist so strukturiert, daß Benutzer auf verschiedenen Suchwegen und mit einfacher Handhabung an die Kataloginformationen gelangen (s. auch S. 283, 287 f).

Formalkatalog - Sachkatalog

Je nach Fragen, die an Kataloge gestellt werden, und den Aufgaben, die Kataloge zu erfüllen haben, unterscheidet man Formalkataloge und Sachkataloge.

Formalkataloge erschließen den Bestand nach formalen Gesichtspunkten, also nach dem Alphabet der Anfangsbuchstaben oder nach der Ziffernfolge. Sie dienen z.B. der Beantwortung von Fragen nach bestimmten Verfassern oder Titeln. Zu den Formalkatalogen gehören unter anderen der Alphabetische Katalog (AK), der Titelkatalog und der EDV-Nummernkatalog.

Sachkataloge erschließen den Bestand nach inhaltlichen Gesichtspunkten. Sie sollen die Frage beantworten, welche Bücher zu einem bestimmten Thema oder Themenbereich vorhanden sind. Dazu zählen z.B. der Schlagwortkatalog und der Systematische Katalog.

2.3.6 Der Alphabetische Katalog (AK) und seine Regelwerke

Er ist genauer ein alphabetischer Verfasser-, Sachtitel- und Körperschaftenkatalog.

Der AK verzeichnet die in der Bibliothek vorhandenen Werke nach formalen Gesichtspunkten in alphabetischer Reihenfolge. Die formalen Elemente, nach denen die Werke im AK verzeichnet werden, sind durch das Regelwerk festgelegt. In heutigen Katalogen sind diese Elemente Namen von Verfassern oder Körperschaften sowie Sachtitel.

Der AK gibt Auskunft zu folgenden Benutzerfragen:

- Welche Werke eines bestimmten persönlichen oder korporativen Verfassers sind vorhanden?
- Ist ein bestimmtes Werk eines bestimmten persönlichen oder korporativen Verfassers vorhanden?
- Ist ein bestimmtes Sachtitelwerk vorhanden?
- In welcher Ausgabe ist ein bestimmtes Verfasser- oder Sachtitelwerk vorhanden?

Zur Beantwortung dieser Fragen finden sich im Katalog verschiedene Arten von Eintragungen. Sie werden nach Regelwerken vorgenommen, die vorschreiben, wie die Titelaufnahmen angelegt, angesetzt und eingeordnet werden.

Regelwerke zur alphabetischen Katalogisierung

Instruktionen für die alphabetische Katalogisierung der preußischen Bibliotheken 1899. 2. Ausg. 1908, sog. Preußische Instruktionen (PI)
Die PI sehen keine Eintragung unter korporativen Verfassern vor. Im AK werden die Sachtitel nach Ordnungswörtern geordnet. Deren Festlegung geschieht nach dem grammatikalischen Prinzip, d.h. nach dem ersten grammatikalisch selbständigen Substantiv, sodann nach der weiteren grammatikalischen Abhängigkeit. Ausgenommen davon sind Titel in Satzform. In der Buchstabenfolge wird kein Unterschied zwischen i und j gemacht; beide sind gleichgeordnet.

Die Reihenfolge der bibliographischen Beschreibung für Sachtitel, Untertitel und Verfasserangabe richtet sich nach der Vorlage; die übrigen Teile der Aufnahme erscheinen in einer genormten Abfolge. Die Terminologie entspricht nicht mehr der neuerer Regelwerke. Kenntnisse über die Grundregeln der PI sind auch heute noch angebracht, da manche Wissenschaftliche Bibliotheken noch immer die PI anwenden, bzw. viele alte Kataloge und Bibliographien nach diesem Regelwerk aufgebaut sind.

Anweisung für den alphabetischen Katalog der Volksbüchereien 1938, sog. Berliner Anweisungen
Die Sachtitel werden im Gegensatz zu den PI nach der mechanischen, d.h. gegebenen Wortfolge geordnet. Auch hier sind die Buchstaben i und j gleichgesetzt. Eintragungen unter korporativen Verfassern gibt es ebenfalls nicht. Dieses Regelwerk ist vor allem in kleineren und mittleren Öffentlichen Bibliotheken noch immer gebräuchlich.

Regeln für die alphabetische Katalogisierung (RAK)
Die RAK sehen eine genormte Reihenfolge in der bibliographischen Beschreibung vor. Ordnungsprinzip ist die mechanische Wortfolge. Neben den Eintragungen unter Verfassern und Sachtiteln kommen diejenigen unter korporativen Verfassern, Körperschaften, hinzu. Neben Muß-Vorschriften gibt es fakultative (Kann-)Vorschriften, die die Anwendung für jede Bibliotheksgröße und jeden Bibliothekstyp ermöglichen. Auf der Basis der Grundregeln (*Voll-RAK*) gibt es heute zwei Ausgaben, die den Erfordernissen der unterschiedlichen Bibliothekstypen gerecht werden: *RAK-WB* und *RAK-ÖB*. Für die formale Erschließung von speziellen Bibliotheksmaterialien sind Sonderregeln auf der Grundlage von RAK entstanden, so für Musikalien und Musiktonträger *(RAK-Musik)*; für karthographische Materialien *(RAK-Karten)*, für AV-Materialien *(RAK-AV)* sowie für die Ansetzung von Körperschaftsnamen und für unselbständige Werke.

Der Alphabetische Katalog nach RAK

Das Regelwerk (s. Literaturverzeichnis im Anhang, S. 315) enthält folgende Kapitel: Grundbegriffe; allgemeine Regeln; allgemeine Ansetzungsregeln; Ansetzung der Namen von Personen; Ansetzung der Namen von Körperschaften; Ansetzung von Sachtiteln und Bestimmung des Einheitssachtitels; Haupt- und Nebeneintragungen unter Personen, Körperschaften und Sachtiteln; Bestimmung des Sachtitels oder des Titels für Haupt- und Nebeneintragungen; Ordnung der Eintragungen; Anlagen.

Nach RAK gibt es folgende *Eintragungsarten*:

Haupteintragung: vollständige Eintragung mit allen bibliographischen Daten entsprechend den Ansetzungsregeln;

Nebeneintragung: zusätzliche Eintragung, die auf der Haupteintragung beruht und die dort gemachten Angaben unter einem anderen Kopf, also unter anderen Ordnungsmerkmalen, wiederholt;

Verweisung: Eintragung, die keine Literatur nachweist, den Benutzer aber auf die Katalogstelle hinweist, an der er Literatur findet;

siehe-auch-Hinweise: sie verknüpfen zwei oder mehrere Eintragungsstellen des Katalogs oder geben pauschal Einordnungsstellen an, z.B. Dr. s. auch Doktor; Centralverband s. auch Zentralverband;

Namenseintragungen: sie verzeichnen unter der Ansetzungsform des Namens einer Person oder Körperschaft deren abweichende Namen bzw. Namensformen, z.B.

Arbeitsgemeinschaft Rechentechnik
Später s. Gesellschaft für Rechentechnik

Die Ansetzung von *Personennamen* erfolgt nach dem *Staatsbürgerprinzip*. Eine Person wird stets unter demselben Namen und in derselben Namensform angesetzt (§ 301-342 des Regelwerkes). Als Hilfe zur einheitlichen Ansetzung von Personennamen bis etwa 1850 dient die *Personennamendatei (PND)*. Als gemeinsames Unternehmen mehrerer Bibliotheken enthält sie fast 240000 Namenseintragungen mit rund 150000 Verweisungsformen.

Körperschaften werden im allgemeinen unter ihrem offiziellen Namen angesetzt (§ 401-486). Als Hilfe kann die *Gemeinsame Körperschaftsdatei (GKD)* dienen. Sie ist ein gemeinsames Unternehmen der Deutschen Bibliothek, der Bayerischen Staatsbibliothek und der ehem. Staatsbibliothek Preußischer Kulturbesitz (Berlin-West) und enthält über 300 000 Körperschaften mit mehr als 600 000 Namensformen, die für die Titelaufnahmen nach RAK benötigt werden.

Ein *Sachtitel* wird im allgemeinen in der vorliegenden Form angesetzt (§ 501-525).

2.3.7 Einführung in die Katalogisierung nach RAK-ÖB für einfache Titelaufnahmen

Die folgende Einführung bezieht sich auf einfache Titelaufnahmen, d.h. es werden die gebräuchlichsten Regeln anhand von Beispielen, die in Öffentlichen

Bibliotheken häufig vorkommen, beschrieben, allerdings nicht die Ansetzung von Körperschaften, Bildbänden, Gesetzen und anderen schwierigen Titelaufnahmen.

Der Bestand einer Bibliothek wird in Katalogen nachgewiesen. Hierzu wird für jedes Werk in jeder Ausgabe im Alphabetischen Katalog eine *Einheitsaufnahme* (Titelaufnahme) angelegt (§ 109). Diese Aufnahme bildet die Grundlage für die Haupt- und Nebeneintragungen im AK (§ 108). Die Haupteintragung ist der vollständigste Nachweis für eine Ausgabe (§ 182,1). Nebeneintragungen sind zusätzliche Nachweise, für die die Einheitsaufnahme mit zusätzlichem Kopf verwendet wird (§ 183, 1 und 3). Als Kopf werden die Teile (1. und ggf. 2. *Ordnungsblock*, vgl. hierzu S. 181 f) bezeichnet, die für die Einordnung im AK vorrangig von Bedeutung sind. Hierbei kann es sich um Namen von Verfassern, von Urhebern oder Sachtiteln handeln (§ 175). Der erste Ordnungsblock wird durch Unterstreichung, Fettdruck oder dgl. hervorgehoben (§ 176,2).

Gliederung der Einheitsaufnahme (§ 114)
Die Titelaufnahme besteht grundsätzlich aus zwei Teilen, zum einen aus den Angaben, die für die Einordnung im Katalog maßgeblich sind, also dem Kopf und den Nebeneintragungs- und den Verweisungsvermerken; der andere Bestandteil ist die bibliographische Beschreibung des Werkes. Die bibliographische Beschreibung besteht aus folgenden Gruppen, wobei nicht zu allen Gruppen Angaben in der Vorlage vorhanden sein müssen:

1. Sachtitel- und Verfasserangabe
1.1 Hauptsachtitel
1.2 Zusätze zum Sachtitel
1.3 Verfasserangabe
2. Ausgabebezeichnung
2.1 Ausgabe
2.2 In Verbindung mit der Ausgabe genannte Personen
3. Erscheinungsvermerk
3.1 Erscheinungsort
3.2 Verlag
3.3 Erscheinungsjahr
4. Kollationsvermerk
4.1 Umfangsangabe
4.2 Illustrationsangabe
4.3 Formatangabe (bei alten Drucken)
4.4 Angabe von Begleitmaterial
5. Gesamttitelangabe
6. Fußnoten
7. ISBN bzw. ISSN
8. Aufführung der Bände

Zeilengestaltung und Zeichensetzung (§ 119-122)
Unabhängig davon, wie die Angaben in der Vorlage geordnet sind, wird der Text der bibliographischen Beschreibung fortlaufend geschrieben. Auf neuer Zeile beginnt man aber mit den Fußnoten, der ISBN bzw. ISSN und der Aufführung der Bände. Möglich ist dies auch für den Erscheinungsvermerk, die Gesamttitelangabe, für jede einzelne Fußnote und für jede einzelne Bandaufführung.

Vor den einzelnen Teilen der Titelaufnahme werden vorgeschriebene Zeichen (Deskriptionszeichen) gesetzt, außer vor der 1. und 6.-8. Gruppe. Als *Deskriptionszeichen* werden verwendet

: , ; / . - und +

Beim Doppelpunkt, dem Semikolon, dem Schrägstrich und dem Pluszeichen werden davor und dahinter jeweils ein *Spatium*, eine Leertaste eingefügt. Beim Verfasser oder Urheber als Kopf sowie bei Nebeneintragungsvermerken wird beim Doppelpunkt und dem Semikolon auf das erste Spatium verzichtet. Beim Komma, dem Punkt und dem Gedankenstrich wird ein Spatium nur dahinter eingefügt. In die Titelaufnahme eingesetzt und den jeweiligen Angaben zugeordnet, heißt das:

Kopf in Ansetzungsform
Sachtitel : erster Zusatz zum Sachtitel ; zweiter Zusatz zum Sachtitel / Verfasserangabe. - Ausgabebezeichnung / in Verbindung mit der Ausgabebezeichnung genannte Person. - Erscheinungsort : Verlag, Erscheinungsjahr. - Umfangsangabe : Illustrationsangabe + Angabe von Begleitmaterial. - (Gesamttitel ; Bandzählung)
Erste Fußnote. - Weitere Fußnote. - Letzte Fußnote
ISBN
Aufführung des ersten Bandes - Aufführung des zweiten Bandes - Aufführung des letzten Bandes
NE: 1. Nebeneintragungsvermerk; 2. Nebeneintragungsvermerk

Informationsquellen für die Bestandteile der Einheitsaufnahme (§ 115)

Die Angaben, die für die Titelaufnahme benötigt werden, können von der Haupttitelseite, von der Rückseite der Haupttitelseite, der Vortitelseite, dem Kolophon (Schlußvermerk), dem Buchrücken sowie von allen anderen in der Vorlage enthaltenen Seiten mit Titelangaben, von den übrigen Teilen der Vorlage (z.B. Vorwort, Nachwort, Text, Beilagen) oder von Quellen außerhalb der Vorlage stammen.

Als primäre Informationsquelle gelten für

Sachtitel- und Verfasserangabe	die Haupttitelseite
Ausgabebezeichnung und Erscheinungsvermerk	die Haupttitelseite, die Rückseite der Haupttitelseite, die Vortitelseite, der Kolophon, der Umschlag, der Rücken sowie alle anderen in der Vorlage enthaltenen Seiten mit Titelangaben

Kollationsvermerk und Gesamttitelangabe	die gesamte Vorlage
Fußnoten, ISBN bzw. ISSN	die gesamte Vorlage und andere Quellen
Bandangabe bei der Aufführung der einzelnen Bände	die gesamte Vorlage
Kopf, Nebeneintragungs- und Verweisungsvermerke	die gesamte Vorlage und andere Quellen

Alle Angaben, die nicht den jeweiligen primären Informationsquellen entnommen sind, werden in der Titelaufnahme in eckige Klammern [ ] gesetzt.

Sachtitel

Der Sachtitel wird im allgemeinen in der Form der Vorlage wiedergegeben (§ 127). Dabei werden Teile von sehr langen Sachtiteln, die für die Ansetzung unberücksichtigt bleiben, d.h. für die Identifizierung der Vorlage sowie für die Ordnung nicht notwendig sind, im allgemeinen weggelassen (§ 128,1 u. 502,2). Einzelne Wörter dürfen jedoch nicht abgekürzt werden. Ist im Sachtitel der Name einer Person, die Verfasser ist, enthalten und mit dem Sachtitel grammatikalisch verbunden, so wird sie als Bestandteil des Sachtitels angegeben (§ 128,2), z.B.

Schillers Dramen.

Allerdings wird der im Sachtitel enthaltene Name bei der Ansetzung nur dann berücksichtigt, wenn dieser gleichzeitig Bestandteil der Sachaussage oder im Innern oder am Ende des Sachtitels genannt ist (§ 502,3), z.B.

Das Tagebuch der Anne Frank.

Nicht aufgelöst im Sachtitel werden jedoch abgekürzte Vornamen von Familiennamen (z.B. C. G. Jung und die analytische Psychologie), Abkürzungen von juristischen Wendungen bei Körperschaftsnamen (z.B. Die Elektrizitäts-AG), von Maß- und Münzeinheiten (z.B. Tausend km), Folgen von Initialen und ähnlichen Buchstabenfolgen (z.B. Die Reform des StGB); ferner Abkürzungen, die nicht an ordnungswichtiger Stelle stehen, d.h. bei einem Werk, das unter dem Verfasser angesetzt ist, nur bei den ersten beiden Ordnungswörtern; bei einem Werk, das unter dem Sachtitel angesetzt ist, nur bei den ersten sechs Ordnungswörtern (§ 201).

Zusätze zum Sachtitel

Sie werden im allgemeinen vorlagegemäß übernommen, nicht mehr nach Möglichkeit abgekürzt. Der Hauptgrund für den Verzicht auf Abkürzungen liegt darin, daß in Online-Katalogen abgekürzte Wörter nur in der abgekürzten Form recherchiert werden können. Lange Zusätze werden auf die für die Sachaussage erforderlichen Teile gekürzt. Sind in der Vorlage Wörter abgekürzt, so werden sie aber in der vorliegenden Form übernommen. An anderer Stelle als der Haupttitelseite angegebene Zusätze, die Aussagekraft für das Werk haben, werden übernommen. Vermerke über textliche Beigaben, z.B. Tabellen, werden wie Zusätze zum Sachtitel behandelt (§§ 125, 134).

Verfasserangabe

In der Verfasserangabe werden, unabhängig davon, woher die Angaben stammen, mit der einführenden und verbindenden Wendung alle Verfasser aufgeführt, die eine Haupt- oder Nebeneintragung erhalten, sowie die sonstigen beteiligten Personen, die eine Nebeneintragung erhalten. Personalangaben, z.B. Berufsbezeichnungen, werden im allgemeinen weggelassen. Der Verfasser bzw. die Verfasser werden aufgeführt mit der einleitenden Wendung z. B. "von" oder "verfaßt von". Auf die Aufführung wird verzichtet, wenn Verfasser im Sachtitel oder im Zusatz zum Sachtitel und sonstige beteiligte Personen, die im Sachtitel, im Zusatz zum Sachtitel oder in der Ausgabebezeichnung genannt sind. Die Reihenfolge richtet sich im allgemeinen nach der Vorlage. Die Angaben der Haupttitelseite haben Vorrang, ebenso bei Verfasserwerken die Verfasser vor sonstigen beteiligten Personen. Mehrere Personen mit gleicher Funktion ohne verbindende Wendung werden durch Semikolon getrennt. Haben sie unterschiedliche Funktionen und ist keine verbindende Wendung genannt, so werden sie durch Punkt getrennt (§ 136-140).

Ausgabebezeichnung

Die Ausgabebezeichnung, z.B. Auflage, Ausgabe, Zählung nach Tausenden, Nachdruck, Neudruck, Taschenbuchausgabe, Originalausgabe, Stand 1.1.1972, wird im Wortlaut der Vorlage übernommen. Hierbei werden Zahlwörter durch arabische Ziffern angegeben und entsprechend der Liste der Abkürzungen abgekürzt. Eine nicht in der Vorlage genannte 1.Aufl. wird nicht ergänzt. Ist neben der Auflage noch eine Tausenderzählung genannt, so wird auf letztere verzichtet. Besteht eine Ausgabebezeichnung aus zwei Aussagen, so werden diese durch Komma getrennt. In Verbindung mit der Ausgabebezeichnung genannte Beigaben werden dort mitangegeben (§ 141-142).

Erscheinungsort

Als Erscheinungsort wird im allgemeinen der Verlagsort angegeben. Er wird in der Sprache, in der Rechtschreibung und im Kasus der Vorlage wiedergegeben. Auf postalische Bezeichnungen, z.B. Postleitzahl und Adresse, wird verzichtet. Namen von Ortsteilen und geographische Zusatze, z.B. "am Main" oder "i. Br.", werden jedoch in der Form der Vorlage ggf. abgekürzt übernommen. Es wird bei mehreren Erscheinungsorten nur der besonders hervorgehobene oder zuerst genannte angegeben. Die weggelassenen werden durch [u.a.] angedeutet (§ 144).

Verlag

Die Verlagsangabe erfolgt im Nominativ des Firmennamens in möglichst kurzer Form. Bei Verlagsnamen, die aus Familiennamen bestehen, wird nur der Nachname angegeben, der Vorname abgekürzt nur dann, wenn gleiche Familiennamen am gleichen Ort unterschieden werden sollen. Wendungen, die den juristischen Charakter einer Firma bezeichnen, z.B. GmbH, AG, VEB, werden weggelassen, wenn sie nicht zum Verständnis des Namens erforderlich sind. Verlagsnamen, die keinen Familiennamen enthalten, werden in der Form der Vorlage ggf. abgekürzt angegeben. Besteht die Verlagsangabe aus einem Familiennamen und einer sachlichen Benennung, so wird der hervorgehobene Teil angegeben. Ist keiner der beiden Teile hervorgehoben oder in Zweifelsfällen wird die gesamte Benennung aufgeführt. Sind mehrere Verlage genannt, so wird nur der besonders hervorgehobene oder zuerst genannte angegeben. Weggelassene Verlage werden durch [u.a.] angedeutet (§ 145-146).

Erscheinungsjahr
Das Erscheinungsjahr wird in arabischen Ziffern angegeben. Ist nur das Copyright-Jahr aufgeführt und ist zu vermuten, daß es sich nicht um das Erscheinungsjahr handelt, so wird das Jahr durch "c" gekennzeichnet (§ 147).

Umfangsangabe
Die Umfangsangabe wird mit ihrer deutschsprachigen Benennung, z.B. S., Bl., Sp.(Seiten, Blätter, Spalten), und im allgemeinen nach der Zählung der Vorlage angegeben. Die Zählung wird im allgemeinen der jeweils letzten bezifferten Seite entnommen. Mehrere vorliegende Zählungen, bis zu drei, werden durch Komma getrennt angegeben (§ 151).

Illustrationsangabe
Die in der Vorlage enthaltenen Illustrationen werden in kürzester Form angegeben. Unterschieden wird nach Illustrationen (Ill.), graphischen Darstellungen (graph. Darst.), Karten (Kt.) und Notenbeispielen. Eine Zählung oder eine Kennzeichnung, daß es sich um farbige Illustrationen handelt, wird nicht angegeben, sondern nur unterschieden zwischen wenigen (es wird nur die Bezeichnung angegeben) und vielen (die Bezeichnung wird mit "zahlr." versehen). Mehrere Angaben werden in der oben angegebenen Reihenfolge durch Komma getrennt. Bezieht sich "zahlr." auf mehrere Benennungen, so wird die letzte zugehörige Benennung durch "u." verbunden (§ 152).

Angabe von Begleitmaterial
Begleitmaterial, das einem Band beigegeben ist, z.B. Lösungshefte, Kartenbeilagen, Wörterverzeichnisse oder Schallplatten, wird in kurzer Form mit der in der Vorlage genannten Bezeichnung übernommen (§ 153).

Fußnoten
Fußnoten werden hauptsächlich verwendet für die Angabe des Einheitssachtitels bei Übersetzungen, für Begleitmaterial mit selbständigem Titel, für Angaben über Schrift, Sprache und Vollständigkeit der Vorlage sowie für Angaben über beigefügte und enthaltene Werke (§ 157-163).

ISBN bzw. ISSN
Die Angabe der Internationalen Standardbuchnummer wird eingeleitet durch ISBN. Ihre einzelnen Teile werden durch Bindestriche getrennt. Alle angegebenen ISBN werden getrennt durch Gedankenstrich aufgeführt. Die Angabe der Internationalen Standardnummer für fortlaufende Sammelwerke wird eingeleitet durch ISSN. Ihre beiden Teile werden durch Bindestrich getrennt (§ 164).

Beispiele zur einfachen Titelaufnahme
Beispiel 1
(vgl. Abb. 7a, S. 167)
Rückseite der Haupttitelseite: ISBN 3-447-00006-6
Umfang: 372 S.

Kluth, Rolf:
Grundriß der Bibliothekslehre / Rolf Kluth. - Wiesbaden: Harrassowitz, 1970. - 372 S.
ISBN 3-447-00006-6

Das Werk eines Verfassers erhält im allgemeinen die Haupteintragung unter dem Verfasser (§ 601,1). Im Kopf wird der Verfasser in umgekehrter Form, also Nachname, Vorname, angegeben und durch Unterstreichung hervorgehoben (§ 176,2). Der Sachtitel wird in der Form der Vorlage wiedergegeben (§ 127). Der Verfasser wird in der vorliegenden Namensform aufgeführt (§ 136,1). Die Verlagsangabe erfolgt im Nominativ des Firmennamens in möglichst kurzer Form durch Angabe des Familiennamens unter Auslassung des Vornamens, da an dem Ort kein zweiter Verlag mit gleichem Namen ansässig ist (§ 146, 1-3). Die Umfangsangabe wird mit ihrer deutschsprachigen Benennung, in diesem Fall Seiten, nach der Zählung der Vorlage angegeben (§ 151,1). Die Bestandteile der ISBN, für die die gesamte Vorlage und andere Quellen als primäre Informationsquelle gilt (§ 115,3), werden durch Bindestriche voneinander abgesetzt (§ 164,1).

Beispiel 2
(vgl. Abb. 7b, S. 167)
Rückseite der Haupttitelseite: Dr.-Ing. Siegfried Schwaigerer Düsseldorf
ISBN 3-540-12255-9
Umfang: XII, 217 S.; bei den Abbildungen handelt es sich um Illustrationen

Schwaigerer, Siegfried:
Festigkeitsberechnung im Dampfkessel-, Behälter- und Rohrleitungsbau : 19 Tab. / S. Schwaigerer. - 4., überarb. Aufl. - Berlin [u.a.] : Springer, 1983. - XII, 217 S.: zahlr. Ill.
ISBN 3-540-12255-9

ROLF KLUTH

Grundriß
der
Bibliothekslehre

1970

OTTO HARRASSOWITZ · WIESBADEN

Beispiel 1
Abb. 7a

S. Schwaigerer

Festigkeitsberechnung
im Dampfkessel-, Behälter-
und Rohrleitungsbau

Vierte, überarbeitete Auflage

Mit 236 Abbildungen und 19 Tabellen

Springer-Verlag
Berlin Heidelberg New York Tokyo 1983

Beispiel 2
Abb. 7b

Handbuch
der Ersten Hilfe

Von
M. Buchfelder, Erlangen
A. Buchfelder, München

Mit einem Geleitwort von
Prof. Dr. Dr. h. c. **K. Peter**, München

Mit 85 Abbildungen
und 17 Tabellen

Schattauer Stuttgart - New York 1989

Beispiel 3
Abb. 7c

Annette von
Droste-Hülshoff

Werke in einem Band

Carl Hanser Verlag

Beispiel 4
Abb. 7d

Vermerke über textliche Beigaben, wie hier Tabellen, gelten als Zusatz zum Sachtitel (§ 134,6). Die auf der Haupttitelseite vorliegende Namensform (hier: S. Schwaigerer) wird in der bibliographischen Beschreibung angegeben und nicht ergänzt wie in der Ansetzungsform für den Kopf (hier: Schwaigerer, Siegfried; § 137,2 u. 138,1). Personalangaben, wie Beruf oder akademische Grade (hier: Dr.-Ing.), werden weggelassen (§ 139,1). Die Ausgabebezeichnung wird im Wortlaut der Vorlage übernommen. Zahlwörter (hier: Vierte) werden in Ziffern umgesetzt (§ 141,1). Zum Verlag gehören mehrere Ortsangaben. Es wird nur der besonders hervorgehobene bzw. der erstgenannte Ort genannt, die übrigen durch [u.a.] angedeutet (§ 144,4). Die Illustrationen werden in kürzester Form angegeben. Hierbei handelt es sich bei den auf der Haupttitelseite vermerkten Abbildungen um viele Illustrationen. Somit werden sie als zahlreiche angegeben (§ 152, 1 und 2). Die Umfangsangabe besteht aus zwei Zählungen, die nacheinander, durch Komma getrennt, mit ihrer deutschsprachigen Benennung angegeben werden (§ 151,5).

Beispiel 3
(vgl. Abb. 7c, S. 167)
Rückseite der Haupttitelseite: Dr. med. Michael Buchfelder, Erlangen
Dr. med. Albert Buchfelder München
ISBN 3-7945-1248-0
Umfang: XI, 266 S.; bei den Abbildungen handelt es sich um Illustrationen

<u>Buchfelder, Michael</u>:
Handbuch der Ersten Hilfe : 17 Tab. / von M. Buchfelder ; A. Buchfelder. - Stuttgart [u.a.] : Schattauer, 1989. - XI, 266 S. : zahlr. Ill.
ISBN 3-7945-1248-0
NE: Buchfelder, Albert:

Ein gemeinschaftliches Werk von zwei oder drei Verfassern erhält im allgemeinen die Haupteintragung unter dem besonders hervorgehobenen bzw. zuerst genannten Verfasser (§ 601,2). Unter dem zweiten und dritten Verfasser wird eine zweiteilige Nebeneintragung gemacht (§ 602,1), d.h. bei der NE ist der erste Ordnungsblock der Name des zweiten bzw. dritten Verfassers, der zweite Ordnungsblock ist der zweite Ordnungsblock der Haupteintragung, also der Sachtitel (§ 186,2). Dieser wird im Kopf der Nebeneintragung mitangegeben (§ 186,5). Die NE hat demnach folgenden Kopf: Buchfelder, Albert: Handbuch der Ersten Hilfe. Anstelle der Angabe eines Ordnungsblockes wird, soweit möglich, durch Kurzbezeichnungen bzw. durch Abkürzungen wie "Verf.", "Hrsg." usw. auf den Teil der Einheitsaufnahme hingewiesen, der bereits den betreffenden Ordnungsblock für eine Nebeneintragung enthält. Das gilt auch für Personen, bei denen die vorliegende Namensform nur durch Umstellung den Ordnungsblock ergibt (§ 178,7). Der NE-Vermerk heißt hier also: NE: 2. Verf.

Es wird in den folgenden NE-Vermerken der Deutlichkeit halber die ausführliche Form gewählt.

Die Verfasserangabe wird in der Form der Vorlage einschließlich der einführenden und verbindenden Wendungen übernommen (§ 137,1). In der Verfasserangabe werden nur diejenigen sonstigen beteiligten Personen aufgeführt, die eine Nebeneintragung erhalten (§ 136,1b). Somit wird hier auf das Geleitwort verzichtet.

Beispiel 4
(vgl. Abb. 7d, S. 167)
Rückseite der Haupttitelseite: Herausgegeben von Clemens Heselhaus.
ISBN 3-446-14043-3
c 1984 Carl Hanser Verlag München Wien
letzte Seite: Hanser Klassiker
Umfang: 865 S.

Droste-Hülshoff, Annette von:
Werke : in einem Bd. / Annette von Droste-Hülshoff - München [u.a.] : Hanser, 1984. - 865 S. - (Hanser Klassiker)
ISBN 3-446-14043-3

gesonderte Verweisung:
Hülshoff, Annette D. von
s. Droste-Hülshoff, Annette von

Als Sammlung wird eine Vereinigung von mindestens zwei Einzelwerken oder Teilen von mindestens zwei Einzelwerken desselben Verfassers in einer Veröffentlichung bezeichnet, die in einem oder mehreren Teilen erschienen ist, und zwar unabhängig davon, ob die Einzelwerke vom Verfasser selbst oder von einer anderen Person vereinigt worden sind. Hierzu zählen auch Ausgaben von Aufsätzen, Reden und Briefen desselben Verfassers (§ 5,1). Eine Sammlung erhält die Haupteintragung unter dem Verfasser mit dem Hauptsachtitel. Hat die Sammlung einen übergeordneten Sachtitel, so wird die Haupteintragung mit diesem als Hauptsachtitel gemacht. Auf Nebeneintragungen mit den Sachtiteln enthaltener Werke wird verzichtet (§ 621,1 u. 2).

Die in dieser Sammlung enthaltenen Werke sind auf der Haupttitelseite nicht genannt. Ist dies jedoch der Fall, so werden zwei Titel als Fußnote mit der einleitenden Wendung "Enth.: ..." angegeben. Werden dabei Titel weggelassen, wenn es sich also um mehr als zwei enthaltene Werke handelt, so lautet die Wendung "Enth. u.a.: ..." (§ 162,8 a). Die Verfasserangabe entfällt bei Titeln von enthaltenen Werken einer Sammlung (§ 158,3).

Namensansetzung
Eine Person, unter deren Namen eine Eintragung gemacht wird, wird stets unter demselben Namen und in derselben Namensform angesetzt, wobei von vorliegenden, von der Ansetzung abweichenden Namen bzw. Namensformen verwiesen wird (§ 301).

Hat eine Person unter verschiedenen Namen geschrieben oder ihren Namen bzw. die Namensform geändert, so wird der am häufigsten verwendete oder bekannteste Name verwendet.

Bei modernen Vornamen in Staaten mit europäischen Sprachen wird im allgemeinen der erste Vorname vollständig, der zweite nur mit dem Anfangsbuchstaben abgekürzt angesetzt. Weitere Vornamen werden nicht berücksichtigt, z. B. Johann Wolfgang von Goethe wird angesetzt: Goethe, Johann W. von.

Für die Ansetzung eines modernen Personennamens wird die Form gewählt, die in dem Staat üblich ist, dessen Bürger die Person ist (Staatsbürgerprinzip). Dies birgt, wenn der Name aus einem einfachen Familiennamen und Vornamen besteht, keinerlei Schwierigkeiten. Ist dem Familiennamen jedoch eine Vorsilbe (Präfix) vorangestellt, so gelten für verschiedene Staaten unterschiedliche Regeln.

In Staaten mit deutscher Sprache werden Präpositionen (z.B. von), Artikel (z.B. der), unverschmolzene Präpositionen und Artikel am Anfang eines Namens (z.B. von der, aus der) sowie mehrere durch "und" verbundene Präfixe (z.B. von und zu, vom und zum) nicht in der Ordnungsgruppe des Familiennamens angesetzt. Da diese an den Schluß der Ordnungsgruppe der Vornamen gestellten Präfixe bei der Ordnung der Eintragungen übergangen werden (§ 822,3), werden diese im Kopf der Haupteintragung nicht unterstrichen.

Eine Verschmelzung von Präposition und Artikel (z.B. vom, aus'm) sowie Artikel romanischen Ursprungs (z.B. le, la) werden in der Ordnungsgruppe des Familiennamens angesetzt. Hierbei werden vorhandene Spatien weggelassen und die Anfangsbuchstaben der Präfixe groß geschrieben (z.B. VomBerg, Fritz). Als Hilfe für den Leser wird eine Verweisungskarte angelegt, bei der von der Namensform ohne das Präfix auf die vorliegende Namensansetzung verwiesen wird (§ 315). Eine solche Namensverweisung bezieht sich nicht auf ein bestimmtes Werk (§ 189), sondern wird nur einmal gemacht, unabhängig davon, wieviele Werke des Verfassers im Katalog verzeichnet sind. Verweisungen werden ebenfalls angelegt bei zusammengesetzten Namen (Doppelnamen), die in der Ordnungsgruppe des Familiennamens anzusetzen sind (§ 318,1 u. 2).

In Staaten mit englischer Sprache werden Präfixe am Anfang eines Namens (meist fremden Ursprungs, z.B. von der, de la, du, dos) in der Ordnungsgruppe des Familiennamens angesetzt (§ 314, 5C). Gleiches gilt für Verwandtschaftsbezeichnungen wie O', Mac, Mc oder M' (das stets in Form Mac angesetzt wird). In Staaten mit französischer Sprache werden Artikel oder Verschmelzungen von Präposition und Artikel (z.B. le, la, du, l') in der Ordnungsgruppe des Familiennamens angesetzt, nicht jedoch Präpositionen am Anfang eines Namens

Manuel R. Theisen

Die Aufgabenverteilung
in der
mitbestimmten GmbH

Eine empirische Untersuchung der
statutarischen Regelungsstruktur nach
dem Mitbestimmungsgesetz 1976

Hanstein

Beispiel 5
Abb. 8a

Ultraviolette
Strahlen

Herausgeber Jürgen Kiefer

Autoren
J. Bensel · H. Blume · H. Güsten · G. Heinrich
J. Kiefer · V. Schäfer · R. Schulze · H. Tronnier
I. Wienhard

W DE G

Walter de Gruyter · Berlin · New York 1977

Beispiel 6
Abb. 8b

Österreichisches
Theater *6 Theaterstücke*

H. v. HOFMANNSTHAL *Seite 5*
Cristinas Heimreise

ARTHUR SCHNITZLER *107*
Professor Bernhardi

MAX MELL *253*
Das Wiener Kripperl von 1919

ÖDÖN von HORVATH *289*
Geschichten aus dem Wiener Wald

Alex. LERNET-HOLENIA *381*
Lepanto (1571)

FRITZ HOCHWÄLDER *407*
Das heilige Experiment

Mit einem Nachwort von S. Melchinger
Büchergilde Gutenberg Frankfurt/Main

Beispiel 7
Abb. 8c

Wolf Biermann

Liedermacher und Sozialist

Herausgegeben von Thomas Rothschild

Mit Beiträgen von Eveljn Andergassen, Ernst Bloch,
Rudi Dutschke, Walter Eccli, Jürgen Fuchs,
Jean-Pierre Hammer, Robert Havemann,
Hansgünther Heyme, Hans-Klaus Jungheinrich,
Demosthenes Kourtowik, Domenico Marcolini,
Walter Moßmann, Rolf Schwendter und
Silvia Volckmann und einer Bibliographie
von Peter Meuer

ro ro ro

Rowohlt

Beispiel 8
Abb. 8 d

(§ 314, 5E). Für Präfixe aus Staaten mit anderen Sprachen gelten entsprechende Regeln (§ 314).

Eine im Sachtitel enthaltene Band- oder Umfangsangabe, die für die Ansetzung unberücksichtigt bleibt, wird im allgemeinen weggelassen. Steht eine Umfangsangabe am Ende des Sachtitels, so wird sie abgetrennt und als Zusatz zum Sachtitel behandelt (§ 128,7 u. 8). Zahlwörter werden im allgemeinen durch arabische Ziffern wiedergegeben, jedoch in Sachtiteln und Zusätzen zu Sachtiteln in der Form der Vorlage übernommen.

Der Herausgeber gilt als sonstige beteiligte Person. Er wird bei einem Verfasserwerk nicht angegeben (§ 136,3), da er keine Nebeneintragung erhält. Dies ist nur bei anonym begrenzten Werken der Fall (§ 603,1).

Als Schriftenreihe *(Serie)* wird ein fortlaufendes Sammelwerk bezeichnet, dessen einzelne Teile im allgemeinen nicht regelmäßig erscheinen und jeweils ein Werk (Einzelwerk, Sammlung oder Sammelwerk) mit eigenem Titel oder einem Band eines solchen Werkes enthalten (§ 12). Der Titel des Gesamtwerkes wird als Gesamttitel (hier: Hanser Klassiker), der Titel des Teiles als Stücktitel (hier: Werke) bezeichnet (§ 32,1). Auf die Gesamtaufnahme einer Schriftenreihe wird verzichtet, wenn von einer Bibliothek ein Nachweis aller vorhandenen Stücke unter dem Gesamttitel nicht für erforderlich gehalten wird (z.B. bei Verlegerserien: dtv, Fischer Taschenbuch, rororo) oder wenn die Teile einer Schriftenreihe im Verhältnis zum Gesamtwerk keine Zählung haben (§ 110,3).

Hat die Sammlung keinen übergeordneten Sachtitel, d.h. sind nur die enthaltenen Werke des Verfassers genannt, so wird die Haupteintragung mit dem Sachtitel des besonders hervorgehobenen bzw. zuerst genannten Werkes als Hauptsachtitel gemacht (§ 621,3). Die übrigen Werke sind beigefügte Werke. Es werden zwei der in der Sammlung enthaltenen und auf der Haupttitelseite genannten Werke, getrennt durch Punkt, angegeben. Weggelassene, auf der Haupttitelseite genannte Werke werden nicht berücksichtigt und durch "[u.a.]" angedeutet (§ 126,4), z.B.

Castaneda, Carlos:
Die Lehren des Don Juan. Eine andere Wirklichkeit [u.a.]. -

Das dritte enthaltene, beigefügte Werk 'Reise nach Ixtlan' wird weggelassen. Wenn die Titel beigefügter Werke nicht auf der Haupttitelseite genannt sind, wird *ein* Sachtitel unter der Fußnote "Enth. außerdem:", bei zwei oder mehr beigefügten Werken unter der Fußnote "Enth. außerdem u.a.:" angegeben (§ 162,8 a).

Beispiel 5
(vgl. Abb. 8a, S. 171)
Vortitelseite: Schriften zum Wirtschafts- und Arbeitsrecht. Herausgegeben von Prof. Dr. Dieter Reuter und Prof. Dr. Dr. Franz Jürgen Säcker. Band 10
Rückseite: c 1980 Peter Hanstein Verlag GmbH Königstein/Ts.
ISBN 3-7756-5310-4
Umfang: XXI, 264 S.

Theisen, Manuel R.:
Die Aufgabenverteilung in der mitbestimmten GmbH : eine empirische Untersuchung der statutarischen Regelungsstruktur nach dem Mitbestimmungsgesetz 1976 / Manuel R. Theisen. - Königstein/Ts. : Hanstein, 1980. - XXI, 264 S. - (Schriften zum Wirtschafts- und Arbeitsrecht; 10)
ISBN 3-7756-5310-4
NE: Schriften zum Wirtschafts- und Arbeitsrecht 10

Gesamtaufnahme für die Schriftenreihe
Schriften zum Wirtschafts- und Arbeitsrecht. - Königstein/Ts. : Hanstein
Bestand s. folgende Karten

Zunächst handelt es sich hier um das Werk eines Verfassers, das die Haupteintragung unter dem Verfasser erhält (§ 601,1). Zugleich ist das Werk in einer Schriftenreihe erschienen. Als Schriftenreihe (Serie; hier: Schriften zum Wirtschafts- und Arbeitsrecht) wird ein fortlaufendes Sammelwerk bezeichnet, dessen einzelne Teile im allgemeinen nicht regelmäßig erscheinen und jeweils ein Werk (Einzelwerk, Sammlung oder Sammelwerk; hier: das Einzelwerk von Manuel R. Theisen) mit eigenem Titel (hier: Die Aufgabenverteilung...) oder einen Band eines solchen Werkes enthalten (§ 12). Ein Werk, das in einer Schriftenreihe erschienen ist, erhält zum einen eine Stücktitelaufnahme, zum anderen für das Gesamtwerk eine Gesamtaufnahme. Auf die Gesamtaufnahme wird verzichtet, wenn von einer Bibliothek ein Nachweis aller vorhandenen Stücke unter dem Gesamttitel nicht für erforderlich gehalten wird (z.B. bei Verlegerserien) oder wenn die Teile einer Schriftenreihe im Verhältnis zum Gesamtwerk keine Zählung haben (§ 110,3). Schriftenreihen werden wie anonyme Werke behandelt, auch dann, wenn alle Teile das Werk von einem bis drei Verfassern sind (§ 628,1).

Die Gesamttitelangabe besteht hier aus dem Gesamttitel und der Zählung. Der Gesamttitel wird im allgemeinen in der vorliegenden Form des Stückes wiedergegeben (§ 155,1). Auf die Angabe von Zusätzen zum Sachtitel wird verzichtet (§ 155,5). Die Vorlage für die Gesamtaufnahme bildet im allgemeinen der erste bzw. der in der Bibliothek vorhandene früheste Band. In Kartenkatalogen wird meist so verfahren, daß eine Leitkarte (Gesamtaufnahme wie oben beschrieben), die nur einmal gemacht werden muß, den Nebeneintragungen der Stücktitelaufnahme vorangestellt wird. Die Nebeneintragungen werden bei gezählten Schriftenreihen entsprechend der Zählung dahinter sortiert, während die Haupteintragung der Stücktitelaufnahme nach ihren Ordnungsblöcken alphabetisch eingeordnet wird. Schafft die Bibliothek weitere Teile der Schriftenreihe an, so wird jeweils eine eigene Stücktitelaufnahme angelegt und die Nebeneintragung für die Schriftenreihe in die bereits bestehende Gesamtaufnahme numerisch eingeordnet.

Die Gesamtaufnahme kann auch derart gestaltet sein, daß nach den Angaben, die für die gesamte Schriftenreihe gelten, nur die Ordnungsblöcke der Stücktitelaufnahme (hier: 10. Theisen, Manuel R.: Die Aufgabenverteilung in der mitbestimmten GmbH) angegeben werden (§ 170,1).

Schriftenreihen können nicht nur aus Gesamttitel und Zählung bestehen. Der Gesamttitel kann untergliedert sein. Diese Untergliederung bezeichnet man als Unterreihe (§ 8,3). Bezieht sich die Zählung auf den Gesamttitel ohne Unterreihe, so folgt die Unterreihe nach der Zählung und Doppelpunkt, z.B. rororo ; 7365 : rororo-Sachbuch. Bezieht sich die Zählung auf die Unterreihe, so ist die Reihenfolge und Zeichensetzung Gesamttitel : Unterreihe ; Zählung der Unterreihe, z.B. rororo : rowohlts monographien ; 31.

Da die Herausgeber der Schriftenreihe keine Nebeneintragung erhalten, werden sie in der Gesamtaufnahme nicht genannt.

Beispiel 6
(vgl. Abb. 8b, S. 171)
Rückseite der Haupttitelseite: Herausgeber Professor Dr. Jürgen Kiefer, Gießen.
Autoren Joachim Bensel, Steinau, Dr. H. Blume, Köln usw.
Dieses Buch enthält 246 Abbildungen und 113 Tabellen
ISBN 3-11-001641-9
Umfang: VI, 660 S.; bei den Abbildungen handelt es sich sowohl um Illustrationen als auch um graphische Darstellungen.

<u>Ultraviolette Strahlen</u> : [113 Tab.] / Hrsg. Jürgen Kiefer. Autoren J. Bensel ... -
Berlin [u.a.] : de Gruyter, 1977. - VI, 660 S. : zahlr. Ill. u. graph. Darst.
ISBN 3-11-001641-9
NE: Kiefer, Jürgen [Hrsg.]; Bensel, Joachim

Ein gemeinschaftliches Werk von mehr als drei Verfassern wird wie ein anonymes Werk behandelt (§ 601,3), erhält also die Haupteintragung unter dem Sachtitel. Bei einem gemeinschaftlichen Werk von mehr als drei Verfassern wird unter dem besonders hervorgehobenen bzw. zuerst genannten eine Nebeneintragung gemacht, wenn er auf der Haupttitelseite, der Rückseite der Haupttitelseite oder einer anderen Titelseite genannt ist (§ 602,2). Desweiteren wird unter dem auf der Haupttitelseite, deren Rückseite oder einer anderen Titelseite genannten Herausgeber eine Nebeneintragung gemacht (§ 603,1). Es handelt sich dabei um einteilige Nebeneintragungen, d.h. der erste Ordnungsblock der Haupteintragung (hier: Ultraviolette Strahlen) wird zum zweiten Ordnungsblock der Nebeneintragung.

In der Verfasserangabe werden nur die Personen aufgeführt, die eine Nebeneintragung erhalten (§ 136,1b). Die weggelassenen Personen mit gleicher Funktion werden durch drei Punkte angedeutet (§ 136,3). Personen mit verschiedener Funktion und ohne verbindende Wendung werden durch Punkt getrennt (§ 140). Da es sich sowohl um zahlreiche Illustrationen als auch um graphische Darstellungen handelt, gilt das Adjektiv “zahlreiche” für beide Benennungen, und diese werden durch “u.” verbunden.

Beispiel 7
(vgl. Abb. 8c, S. 171)
Letzte Seite: Printed in Germany 1964
Umfang: 513 S.

Österreichisches Theater : 6 Theaterstücke. - Frankfurt/Main : Büchergilde Gutenberg, 1964. - 513 S.
Enth. u.a.: Cristinas Heimreise / H. von Hofmannsthal. Professor Bernhardi / Arthur Schnitzler
NE: Hofmannsthal, Hugo von: Cristinas Heimreise; Schnitzler, Arthur: Professor Bernhardi

Ein begrenztes Sammelwerk mit übergeordnetem Titel wird im allgemeinen wie ein anonymes Werk behandelt (§ 624,1) und die Haupteintragung unter dem Sachtitel gemacht (§ 696,1). Unter den Titeln der ersten beiden enthaltenen Werke, die in einer Fußnote angegeben werden, erfolgen Nebeneintragungen (§ 624,3). Als enthaltenes Werk (hier z.B. Hugo von Hofmannsthal: Cristinas Heimreise) wird ein Werk bezeichnet, das in einer Ausgabe eines anderen Werkes (Sammlung oder Sammelwerk) mit einem übergeordneten Titel (hier: Österreichisches Theater) erschienen ist und auf deren Haupttitelseite genannt ist (§ 14). Die Titel enthaltener Werke werden in der Fußnote angegeben. Sie wird eingeleitet durch "Enth.:" bei nur zwei enthaltenen Werken, durch "Enth. u.a.:" bei mehr als zwei enthaltenen Werken (§ 162, 8a). Die Titel enthaltener Werke werden im allgemeinen nach den Bestimmungen für die bibliographische Beschreibung angegeben (§ 158,1). Hierbei wird auf die Angabe von Zusätzen zum Sachtitel und sonstigen beteiligten Personen verzichtet (§ 158,2).

Beispiel 8
(vgl. Abb. 8d, S. 171)
Rückseite: Erstausgabe, 21.-40. Tausend November 1976
Veröffentlicht im Rowohlt Taschenbuch Verlag GmbH, Reinbek bei Hamburg
580-ISBN 3 499 14017 9
Umschlag: rororo 4017
Umfang: 251 S.

Wolf Biermann : Liedermacher und Sozialist / hrsg. von Thomas Rothschild. Mit Beitr. von Evelјn Andergassen ... - Erstausg., 21. - 40. Tsd. - Reinbek bei Hamburg : Rowohlt Taschenbuch Verl., 1976. - 251 S. - (rororo ; 4017)
ISBN 3-499-14017-9
NE: Rothschild, Thomas [Hrsg.]; Andergassen, Eveljn

Das vorliegende Werk ist kein gemeinschaftliches Werk von mehr als drei Verfassern, sondern ein begrenztes Sammelwerk mit übergeordnetem Titel. Dieses wird wie ein anonymes Werk behandelt und somit unter dem Sachtitel angesetzt. Unter dem besonders hervorgehobenen bzw. zuerst genannten Herausgeber (hier: Thomas Rothschild) wird eine Nebeneintragung gemacht (§ 603,1). Sind auf der Haupttitelseite ohne Angabe der Titel ihrer Werke mehr als drei Verfasser genannt, so wird unter dem besonders hervorgehobenen bzw. zuerst genannten (hier: Eveljn Andergassen) eine Nebeneintragung gemacht (§ 624, 2b). Sind Herausgeber und Mitarbeiter identisch, so reicht eine Nebeneintragung für den Herausgeber.

Besteht eine Ausgabebezeichnung aus zwei Aussagen (hier: Erstausgabe und Tausenderzählung), so werden diese durch Komma getrennt (§ 141,1). Da weder der Name des Firmenträgers des Verlags (hier: Rowohlt) noch die sachliche Benennung (hier: Taschenbuch Verlag) hervorgehoben ist, wird die ganze Benennung angegeben (§ 146,7). Auf die Gesamtaufnahme der Verlegerserie (hier: rororo) wird verzichtet (§ 110, 3a). Der zuweilen der ISBN vorangestellte Preis (hier: 580, d.h. 5,80 DM) wird nicht berücksichtigt.

Neben dem gemeinschaftlichen Werk von mehr als drei Verfassern, dem anonymen begrenzten Werk und dem Sammelwerk mit übergeordnetem Titel werden grundsätzlich wie anonyme Werke behandelt und, unabhängig von der Zahl der Verfasser, unter dem Sachtitel angesetzt: Loseblattausgaben, Schulbücher allgemeinbildender Schulen, Ausstellungs- und Museumskataloge, Drehbücher (§ 629); Bildbände und Bilderbücher, wenn die Werke zu einem wesentlichen Teil aus Bildern bestehen, es sei denn, Bilder und Text stammen von einer Person (§ 612); fortlaufende Sammelwerke (Zeitung, Zeitschrift, zeitschriftenartige Reihe).

Beispiel 9

(vgl. Abb. 9a, S. 177)
Rückseite der Haupttitelseite: Die Originalausgabe erschien 1961 bei Houghton Miflin Company, Boston- The Riverside Press, Cambridge, Mass. unter dem Titel Midcentury. Aus dem Amerikanischen übertragen von Paul Baudisch nach der Originalausgabe. 1.-5. Tausend August 1963
c Rowohlt Verlag GmbH, Reinbek bei Hamburg, 1963
Umfang: 590 S.

<u>DosPassos, John:</u>
Jahrhundertmitte : Roman ; eine zeitgenössische Chronik / John Dos Passos. - 1. - 5. Tsd. - Reinbek bei Hamburg : Rowohlt, 1963. - 590 S.
Einheitssacht.: Midcentury. - Aus d. Engl. übers.

Bei dem Verfasser handelt es sich um eine Person aus einem Staat mit englischer Sprache, d.h. das Präfix (hier: Dos) wird in der Ordnungsgruppe des Familiennamens angesetzt (§ 314, 5C). Das Werk liegt in deutscher Sprache mit dem Übersetzungstitel (hier: Jahrhundertmitte) vor. Es wurde aus der Originalsprache des Werkes mit dem entsprechenden Originaltitel (hier: Midcentury) übersetzt.

John
Dos Passos
Jahr
hundert
mitte
Roman
Eine zeitgenössische Chronik
Rowohlt

Beispiel 9
Abb. 9a

Das Große ABC des Fischens

Ein Lehrbuch für das Angeln auf Süßwasser- und Meeresfische

Herausgegeben von
COLIN WILLOCK

Aus dem Englischen übertragen, bearbeitet und für die deutsche Ausgabe erweitert von
HEINZ GÜNTHER JENTSCH

Mit 225 Abbildungen, davon 40 farbig

VERLAG PAUL PAREY · HAMBURG UND BERLIN

Beispiel 10
Abb. 9b

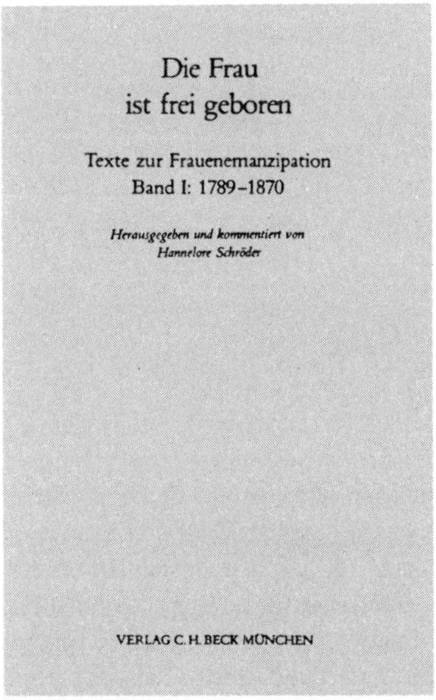
Die Frau
ist frei geboren

Texte zur Frauenemanzipation
Band I: 1789–1870

Herausgegeben und kommentiert von
Hannelore Schröder

VERLAG C. H. BECK MÜNCHEN

Beispiel 11
Abb. 9c

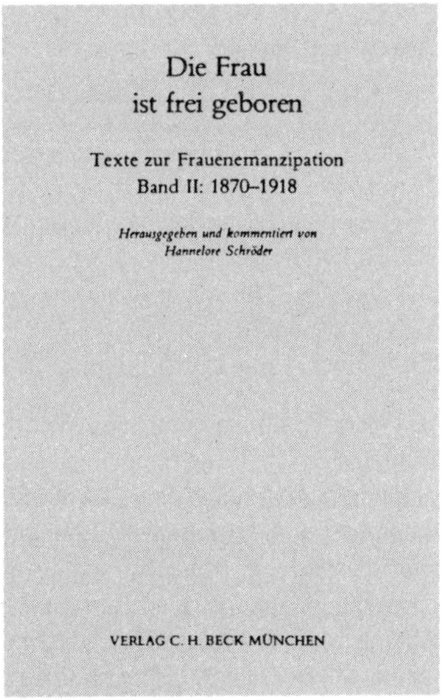
Die Frau
ist frei geboren

Texte zur Frauenemanzipation
Band II: 1870–1918

Herausgegeben und kommentiert von
Hannelore Schröder

VERLAG C. H. BECK MÜNCHEN

Beispiel 11
Abb. 9d

Um alle Ausgaben eines Werkes mit unterschiedlichen Sachtiteln identifizieren und in bestimmten Fällen an einer Stelle im Katalog nachweisen zu können, wird im allgemeinen *ein* Sachtitel - in der Ansetzungsform - als Einheitssachtitel für das Werk bestimmt (§ 504,1). Solche Einheitssachtitel werden u.a. bestimmt bei Werken der neueren Zeit, die aus europäischen Sprachen übersetzt sind (§ 504, 2f), und als Fußnote angegeben (§ 161,1). Zum Einheitssachtitel wird im allgemeinen der Sachtitel der ersten vollständigen Ausgabe in der Originalsprache eines Werkes bestimmt (§ 505,1). Nach den Alternativbestimmungen kann darauf aber auch verzichtet werden. Bei Verfasserwerken wird keine Nebeneintragung unter dem Einheitssachtitel gemacht (§ 704). Geht die Originalsprache (hier: Amerikanisch) aus der sonstigen bibliographischen Beschreibung nicht hervor - auf die Aufführung des Übersetzers mit der einführenden Wendung (hier: Aus dem Amerikanischen übertragen) als sonstiger beteiligter Person wurde verzichtet - und ist sie ohne besonderen Aufwand zu ermitteln, wird sie als in der Formulierung festgelegte Fußnote "Aus d. ... übers." angegeben (§ 162,7). In der Fußnote wird bei Übersetzungen aus dem Amerikanischen einheitlich "Aus d. Engl. übers." angegeben.

Beispiel 10
(vgl. Abb. 9b, S. 177)
Rückseite: Die Originalausgabe des Werkes erschien unter dem Titel *The abc of Fishing* im Verlag Andre Deutsch, London.
5. Auflage: Mai 1982 43.-57. Tausend
ISBN 3-490-46014-6
Umfang: 273 S.; bei den Abbildungen handelt es sich um Illustrationen.

Das <u>große ABC des Fischens</u> : ein Lehrbuch für das Angeln auf Süßwasser- und Meeresfische / hrsg. von Colin Willock. Aus d. Engl. übertr., bearb. u. für d. dt. Ausg. erw. von Heinz Günther Jentsch. - 5. Aufl. - Hamburg [u.a.] : Parey, 1982. - 273 S. : zahlr. Ill.
Einheitssacht.: The abc of fishing
ISBN 3-490-46014-6
NE: Willock, Colin [Hrsg.]; Jentsch, Heinz G.; The abc of fishing

Das Werk erhält als anonymes Werk, dessen Verfasser weder genannt noch ermittelt sind (§ 17), die Haupteintragung unter dem Sachtitel (§ 696,1). Wird die Haupteintragung unter dem Hauptsachtitel gemacht und ein Einheitssachtitel bestimmt (§ 504, 2f), hier der Originaltitel der vorliegenden Übersetzung, so wird unter diesem eine Nebeneintragung gemacht (§ 704,1). Personen mit unterschiedlicher Funktion (hier: Herausgeber, Übersetzer-Bearbeiter) werden durch Punkt getrennt (§ 140,1). Der Übersetzer und Bearbeiter erhält in der Nebeneintragung die Bezeichnung [Bearb.]. Auf die Angabe der neben einer Auflagebezeichnung (hier: 5. Auflage) genannten Zählung nach Tausendern (hier: 43.-57. Tausend) wird verzichtet (§ 141,7). Aus der bibliographischen Beschreibung

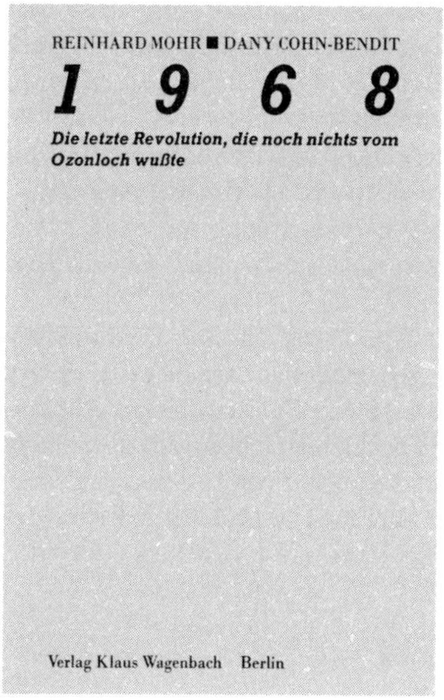

Beispiel 12
Abb. 10

geht die Originalsprache hervor (hier: Aus dem Englischen übertragen), somit ist die Angabe in der Fußnote nicht notwendig (§ 162,7).

Beispiel 11
(vgl. Abb. 9c und 9d, S. 177)
Rückseite von Band 1: 1979, ISBN 3 406 06001 3
Umfang: 255 S.
Rückseite von Band 2: 1981, ISBN 3 406 06031 5
Umfang: 315 S.

<u>Die Frau ist frei geboren</u> : Texte zur Frauenemanzipation / hrsg. u. kommentiert von Hannelore Schröder. - München : Beck
Erschienen: 1 (1979) - 2 (1981)
NE: Schröder, Hannelore [Hrsg.]
1. 1789-1870. - 1979. - 255 S.
ISBN 3-406-06001-3
2. 1870-1918. - 1981. - 315 S.
ISBN 3-406-06031-5

Das vorliegende Werk ist auf zwei Bände begrenzt. Es ist somit nach dem Erscheinen des zweiten Bandes abgeschlossen. Es handelt sich um ein begrenztes

Sammelwerk mit übergeordnetem Titel, das die Haupteintragung unter dem Sachtitel erhält. Nebeneintragungsvermerke, die sich auf alle Bände des Werkes beziehen, werden im allgemeinen vor der Bandaufführung, diejenigen, die nur zu einem Band gehören, jeweils nach dem betreffenden Band angegeben (§ 179,1).

Liegt ein mehrbändiges begrenztes Werk abgeschlossen vor, so wird in einer Fußnote durch "Erschienen: Zählung des ersten Bands (Erscheinungsjahr) - Zählung des letzten Bands (Erscheinungsjahr)" darauf hingewiesen (§ 174 u. 162,10). Liegt ein mehrbändiges Werk noch nicht abgeschlossen vor, fehlt diese Fußnote.

Die Bandaufführung enthält alle Angaben, die sich nur auf den jeweiligen Band beziehen (§ 166,1; hier: Sachtitel, Erscheinungsjahr, Umfang und ISBN). Sie wird eingeleitet durch die Bandangabe mit Punkt. Für Reihenfolge, Zeichensetzung und Form gelten die Bestimmungen der bibliographischen Beschreibung (§ 166,2). Bei der Bandaufführung wird auf die Angabe von Zusätzen verzichtet, jedoch nicht, wenn sie eine wesentliche Sachaussage enthalten oder für das Verständnis von Bedeutung sind (§ 166,3).

Beispiel 12
(vgl. Abb. 10, S. 179)
Rückseite: Originalausgabe
Wagenbachs Taschenbücherei 161
c 1988 Verlag Klaus Wagenbach, Ahornstraße 4, 1000 Berlin 30
ISBN 3 8031 2161 2
Umfang: 178 S; einige Illustrationen

<u>Mohr, Reinhard:</u>
1968: die letzte Revolution, die noch nichts vom Ozonloch wußte / Reinhard Mohr; Dany Cohn-Bendit. - Orig.-Ausg. - Berlin : Wagenbach, 1988. - 178 S. : Ill. - (Wagenbachs Taschenbücherei ; 161)
NE: Cohn-Bendit, Dany; Mohr, Reinhard: Neunzehnhundertachtundsechzig

gesonderte Verweisung:
Bendit, Dany C.
s. Cohn-Bendit, Dany

Zahlen, Symbole und sonstige Zeichen werden in Sachtiteln im allgemeinen vorlagegemäß angesetzt; d. h. sie werden nicht in aufgelöster Form angesetzt (§ 206,1). Steht aber am Anfang eines Sachtitels in einer der bekannteren Sprachen eine gewöhnlich in aufgelöster Form gesprochene Abkürzung, eine Zahl, ein Symbol oder ein sonstiges Zeichen, so wird bei Verfasserwerken mit, bei Sachtitelwerken unter dem Sachtitel mit der aufgelösten Abkürzung, Zahl usw. eine Nebeneintragung gemacht (§ 714,2).

Beispiele:

Vorlage:	Robert Louis Stevenson Dr. Jekyll and Mr. Hyde
Haupteintragung:	Stevenson, Robert L.: Dr. Jekyll and Mr. Hyde
Nebeneintragung:	Stevenson, Robert L.: Doctor Jekyll and Mr. Hyde

Vorlage:	Bad.-württ. Pfarrerzeitung
Haupteintragung:	Bad.-württ. Pfarrerzeitung
Nebeneintragung:	Baden-württembergische Pfarrerzeitung

Vorlage:	Heinrich VIII. und seine 6 Frauen
Haupteintragung:	Heinrich VIII. und seine 6 Frauen
Nebeneintragung:	keine, da die Zahl nicht am Anfang steht.

Einzelne Buchstaben aus nichtlateinischen Alphabeten werden jedoch in aufgelöster Form angesetzt.

Vorlage:	Christus, das A und Ω
Ansetzung:	Christus, das Alpha und Omega.

Einordnung in den AK

Die Eintragungen von Personennamen, Körperschaftsnamen und Sachtiteln werden in eine gemeinsame alphabetische Ordnung gebracht.

Ordnungselemente (OE) sind die 26 Buchstaben des deutschen Alphabets. Umlaute und der Buchstabe ß werden aufgelöst. Akzente und Zeichen, die eine bestimmte Aussprache anzeigen, werden nicht berücksichtigt.

Ein Ordnungswort (OW) besteht aus einem oder mehreren Ordnungselementen. Einzelbuchstaben und Buchstabenfolgen, die vorn und hinten durch ein Spatium (Zwischenraum) begrenzt sind, bilden je ein Ordnungswort (z.B. W. A. Mozart und seine Musik = 6 OW).

Eine *Ordnungsgruppe (OG)* besteht aus einem oder mehreren Ordnungswörtern und/oder einer oder mehreren Zahlen. Bei Namen von Personen bildet der persönliche Name, der Familienname eine OG. Die nachgestellten anderen Namensbestandteile, in der Hauptsache die Vornamen, bilden eine weitere Ordnungsgruppe,

z.B. 1.OG = Enzensberger (= 1 OW)
2.OG = Hans M. (= 2 OW).

Zur Unterscheidung übereinstimmender Ordnungsgruppen können *Ordnungshilfen (OH)* hinzugefügt werden,

z.B. Cranach, Lucas <der Ältere>; Cranach, Lucas <der Jüngere>
oder
Frankfurt <Main>; Frankfurt <Oder>

Ein *Ordnungsblock (OB)* besteht aus einer oder mehreren Ordnungsgruppen einschließlich der Ordnungshilfen. Es gibt folgende Arten von Ordnungsblöken: Namen von Personen, Namen von Körperschaften, Sachtitel,
z.B. Walther <von der Vogelweide> 1 OB = 1 OG + 1 OH.

Zunächst werden die alphabetischen Bestandteile des 1. Ordnungsblocks nach dem 1. Ordnungselement des 1. Ordnungswortes der ersten Ordnungsgruppe geordnet. Bei Übereinstimmung der ersten Ordnungselemente wird nach den weiteren bis zum Schluß des ersten Ordnungswortes geordnet,

z.B. H
Haab
Haag
Haagen

Stimmen die ersten Ordnungswörter überein, so wird nach dem 2. Ordnungswort ggf. bis zum Schluß der ersten Ordnungsgruppe geordnet,

z.B. Liebe
Liebe in Berlin
Liebe, Moral und Schicksalsschlag
Liebe Mutter, liebe Tochter
Liebenauer Brief

Bei Übereinstimmung der ersten Ordnungsgruppen werden die Eintragungen nach den Arten der ersten Ordnungsblöcke in der Reihenfolge Personen - Körperschaften - Sachtitel geordnet.

z.B.	Berlin, Alfred	Familienname
	Berlin, Irving	Familienname
	Berlin	Körperschaft
	Berlin / Oberverwaltungsgericht	Körperschaft
	Berlin	Sachtitel
	Berlin heute und morgen	Sachtitel

Bei Übereinstimmung aller Ordnungsblöcke wird nach dem Erscheinungsjahr geordnet. Ist dieses in allen Ordnungsblöcken identisch, wird nach dem Erscheinungsort geordnet. Bei Übereinstimmung der Erscheinungsorte werden der Verleger, dann ggf. noch Auflage und Seitenzahl herangezogen.

2.3.8 Sachkataloge

Systematischer Katalog (SyK)

Der Systematische Katalog verzeichnet die Bücher gemäß ihrem Inhalt nach einem System der Wissenschaften, wobei die einzelnen Wissensgebiete, verschlüsselt durch Notationen, in einer bestimmten sachlich-logischen Abfolge angeordnet sind. Der Systematische Katalog vereinigt also die Titel sachlich zusammengehöriger Literatur unter einer *Notation* und weist sie im Zusammenhang ihres größeren Sachgebietes nach.

Ueg 1 Meteorologie, Klimatologie
hier auch: Aeronomie

Meteorologie, Klimatologie, Klimageo-
graphie, regionale Klimatologie, re-
gionale Klimageographie

Klimageomorphologie s. Uel 1
Bioklimatologie s. Ufl 2, Ugl 2,
Uhm 2, Vbl

Abb. 11. Leitkarte einer Unterklasse mit verbaler Beschreibung und systematischen Verweisungen

Standortgebundener Systematischer Katalog

Die Ordnung im Systematischen Katalog nach der jeweiligen *Klassifikation* entspricht auch der systematischen Aufstellung der Bücher im Regal. Die *Notation* ist Teil der *Signatur*. Dies ist in Öffentlichen Bibliotheken der Normalfall.

Für jede Hauptklasse ist häufig noch eine Leitkarte mit der Übersicht der Unterklassen auf der 2. Ebene vorhanden (vgl. Abb. 12, unten).

Y Sport - Spiele - Basteln

Ya Allgemeines
Yb Sport
Yc Spiele
Yb Basteln
Yz Zeitschriften

Abb. 12. Leitkarte für eine Hauptklasse mit einer Übersicht der Unterklassen (2. Ebene)

Standortfreier Systematischer Katalog
Die Ordnung im Systematischen Katalog entspricht derjenigen der *Klassifikation*, ist aber unabhängig von der Aufstellung im Regal. Die *Signatur* ist also unabhängig von der *Notation*. Dies ist der Fall beispielsweise bei der Aufstellung von *Magazinbeständen* nach dem *numerus currens*, anzutreffen vor allem in Magazinbibliotheken, wie etwa Universitätsbibliotheken.
Verweisungen: Der Inhalt von Büchern, der die Stelle in der Klassifikation und im Systematischen Katalog bedingt und der durch die Notation ausgedrückt wird, kann sich auch auf mehrere Sachgebiete beziehen, so daß der Titel im SyK mehrfach verzeichnet werden muß. Die Eintragung wird an einer Hauptstelle - bei systematischer Aufstellung identisch mit dem Standort - und an einer oder mehreren Nebenstellen verzeichnet. Von dort wird auf die Haupteintragung, bei systematischer Aufstellung damit auch auf den Standort verwiesen.

Leitkarten: Für die Eintragung im Systematischen Katalog wird eine Katalogkarte des AK vervielfältigt mit Notation und ggf. Signatur. Die Ordnung innerhalb einer Systemgruppe bzw. Klasse, entspricht der des AK, erfolgt also alphabetisch nach Verfassern, Sachtiteln bzw. Körperschaften. Jeder Klasse vorangestellt ist eine Leitkarte. Diese enthält die Notation, die verbale Beschreibung der Klasse und eventuell systematische Verweisungen auf andere Klassen (vgl. Abb. 11, S. 183).
Wie bereits bei der Systematik erwähnt, ist für den Benutzer eine systematische Übersicht (*Klassifikation*) und ein alphabetisches *Schlagwortregister*, mindestens aber ein Stichwortregister vorhanden. Sie erleichtern ihm den Überblick über die Bestandsaufstellung und die Benutzung des Systematischen Katalogs.

Schlagwortkatalog
Der Schlagwortkatalog ist ein Sachkatalog, der den Inhalt eines Buches durch ein oder mehrere Schlagworte erschließt. Im Unterschied dazu erschließt der Systematische Katalog den Buchinhalt mit Hilfe der *Notation* als Ausdruck für eine Klasse.

Ein *Schlagwort* kennzeichnet knapp, aber genau und vollständig den Inhalt eines Buches. Gegebenenfalls muß ein Buch, das sich inhaltlich mit mehreren Themen beschäftigt, unter mehreren Schlagwörtern im Katalog eingetragen sein. Die Schlagwörter werden alphabetisch geordnet, so daß die sachliche Zusammengehörigkeit von Begriffen, im Gegensatz zum Systematischen Katalog, unberücksichtigt bleibt. Auf jeder Katalogkarte im Schlagwortkatalog ist außer der Titelaufnahme die Signatur des Buches angegeben.
Es gibt folgende Arten von Schlagwörtern (SW):

Personen-SW	z.B.: Brecht, Bertolt
Orts-, geograph. u. ethnogeograph.SW	z.B.: Kassel, Griechenland, Westgoten
Sach-SW	z.B.: Tierversuche, Farben

Zeit-SW z.B.: Mittelalter
Form-SW z.B.: Aphorismen
Körperschafts-SW z.B.: UNESCO

Zu unterscheiden sind im Schlagwortkatalog bestimmte und unbestimmte *Verweisungen.* Bestimmte führen mit *siehe-Vermerk* von einem ähnlichen Begriff auf den als Schlagwort gewählten Begriff hin, z.B.

Fremdenverkehr s. Tourismus

sowie mit *siehe-auch-Verweisungen* auf speziellere Begriffe, z.B.

Gesetze s. auch Naturgesetze.

Unbestimmte Verweisungen dienen als generelle Regelung für alle Fragen, die sich auf diesen Begriff beziehen, z.B.

Literatur einzelner Völker s. diese.

Ferner ist zu unterscheiden zwischen engen und weiten Schlagwörtern. Ein weites Schlagwort drückt einen übergeordneten Begriff zum Inhalt eines Buches aus; das enge Schlagwort erfaßt den Buchinhalt eindeutiger, differenzierter. Je nach dem Bestand müssen weite Schlagwörter dann unterteilt werden, wenn dort sehr viel Literatur anfällt und die Übersicht dadurch beeinträchtigt werden würde, z.B.

ein Buch über Geschwulstkrankheiten
enges SW: Geschwulstkrankheiten;
weites SW: Innere Medizin.

In diesem Fall muß vom weiten SW Innere Medizin auf das enge SW Geschwulstkrankheiten verwiesen werden, und zwar

Innere Medizin s. auch Geschwulstkrankheiten.

Bei der Vergabe von Schlagwörtern ist außerdem folgendes zu beachten: Haben zwei Wörter inhaltlich die gleiche Bedeutung (*Synonyme*), so wird das gebräuchlichere genommen; vom weniger gebräuchlichen wird darauf verwiesen mit einer siehe-Verweisung z.B.

Fremdenverkehr s. Tourismus.

Haben gleichlautende Wörter mehrere Bedeutungen (*Homonyme*), so wird durch Zusätze erläutert, welche Bedeutung gemeint ist, z.B.

Spinnen (Textilgewerbe); Spinnen (Tiere).

Manche Inhalte von Büchern lassen sich nicht durch einen einzigen Begriff beschreiben. Dann bildet man entweder zusammengesetzte Wörter (Komposita) z.B.

anstelle Basteln von Flugmodellen das SW Flugmodellbasteln,

oder man erläutert den Hauptbegriff (weites SW) durch einen Unterbegriff näher, indem man zu dem Hauptschlagwort noch ein Unterschlagwort hinzufügt z.B.

England / Geschichte
Italien / Literatur
Deutschland / Geschichte / Bibliographie.

Solche *Schlagwortketten* können neben dem Hauptschlagwort bis zu fünf Unterschlagwörter haben. Es können Haupt- und Unterschlagwörter vertauscht, *per-*

mutiert werden und somit zusätzliche Eintragungen gebildet werden, sofern die Reihenfolge der Schlagwortarten zulässig ist,

z.B. Europa / Naturpark / Führer
Naturpark / Europa / Führer.

So gibt es eine Vielzahl von Grundsätzen, Regeln, die für die Erstellung eines Schlagwortkatalogs zu beachten sind. Das wichtigste und umfassendste Regelwerk sind *die Regeln für den Schlagwortkatalog (RSWK)*. Bei der Anlage eines Schlagwortkatalogs in der Bibliothek ist die Übernahme bereits genormter Schlagwörter sinnvoll. Hier ist als Hilfe die *Schlagwortnormdatei (SWD)* der Deutschen Bibliothek zu nennen. Diese enthält ca. 245 000 nach RSWK festgelegte Ansetzungen und 240 000 Verweisungen von Schlagwörtern und ist auf Mikrofiche und Magnetband erhältlich.

Die Ordnung im Schlagwortkatalog erfolgt alphabetisch nach den Schlagwörtern. Die einzelnen Titel, die zu einem Schlagwort vorhanden sind, können alphabetisch nach der Ansetzung oder chronologisch nach Erscheinungsjahren geordnet werden, so daß die aktuelle Literatur zu einem Schlagwort vorne im Katalog steht.

Schlagwortregister

Im Schlagwortkatalog wird unter dem Schlagwort alle Literatur zu dem entsprechenden Thema mit ihrem jeweiligen Standort nachgewiesen. Ein alphabetisches Schlagwortregister hingegen führt keine Literatur auf, sondern gibt zu jedem Begriff (Schlagwort) nur die zugehörige Notation des *Systematischen Katalogs* an. Das Schlagwortregister ermöglicht also dem Benutzer, über das Schlagwort die entsprechende Klasse zu ermitteln, in der er Literatur zu einem gesuchten Begriff oder Thema im Systematischen Katalog oder auch bei systematischer Aufstellung im Regal findet. Wenn in der Bibliothek kein Schlagwortkatalog vorhanden ist, erleichtert ein Schlagwortregister dem Leser die Handhabung systematischer Kataloge bzw. die Nutzung der systematischen Aufstellung erheblich.

Ein Schlagwortregister zur Systematik ist einem *Stichwortregister* vorzuziehen, da letzteres nur diejenigen Begriffe aufführt, die im Klassifikationstext vorkommen. Das Schlagwortregister kann dagegen mehr Begriffe auflisten als in den Klassenbeschreibungen enthalten sind.

z.B.	Klassifikation	Xen 3 Handarbeiten	
	Stichwortregister:	Handarbeiten	Xen 3
	Schlagwortregister:	Handarbeiten	Xen 3
		Sticken	Xen 3
		Stricken	Xen 3
		Weben	Xen 3

Auszug aus einem Schlagwortregister

Curling	Ybs 3
Curricula, berufliche	Nlk 044
Curricula in d. Erwachsenenbildung	Nmc 4
Cypern	Cem 328
Cypern - Geschichte	Eln 3
Cypern - Vorgeschichte	Efl
DAAD	Ack 7
Dachbelaege	Wmo 4
Dachdecker	Wmo 4

2.3.9 Mischformen von Formal- und Sachkatalog

Kreuzkatalog

Als Mischform von Formal- und Sachkatalog gilt der Kreuzkatalog.

Er enthält sowohl formale Elemente, Eintragungen unter dem Verfasser und dem Sachtitel, als auch sachliche Elemente, Eintragungen unter dem Schlagwort, manchmal zusätzlich auch unter dem Stichwort.

Für jedes Werk sind also mindestens drei Eintragungen zu finden, abgesehen von Nebeneintragungen und Verweisungen. Durch diese Mehrzahl von Eintragungen wird der Kreuzkatalog sehr umfangreich und bei größeren Beständen unübersichtlich. Das Prinzip des Kreuzkatalogs wird aber nicht selten in Bibliographien und Buchhandelsverzeichnissen angewendet, z.B. bei der *Deutschen Nationalbibliographie Reihe A und B* als Kreuzregister. Diese Form des Katalogs ist vor allem in den USA verbreitet als 'dictionary catalog'.

Stichwortkatalog

Das Stichwort ist ein sinntragendes Wort aus dem Titel einer Veröffentlichung. Da es formal dem Titel entnommen ist, andererseits aber Informationen über den Inhalt gibt, stellt der Stichwortkatalog eine Mischform von Formal- und Sachkatalog dar. Häufig wird heute zur inhaltlichen Erschließung ein Stichwortkatalog per EDV hergestellt. Ausgeschlossen werden dabei selbstverständlich Wörter, die keine Aussagekraft haben wie Artikel, Konjunktionen u.ä. Sinnvoll ist dieser Katalog nur zur Erschließung von *Sachbuch*beständen, vor allem wissenschaftlicher Literatur.

Es gibt zwei Arten des automatisch hergestellten Stichwortkatalogs, den *KWIC* (Key Word in Context) und den *KWOC* (Key Word out of Context).

KWIC ist ein automatisch hergestellter Stichwortkatalog, bei dem per Programm das Stichwort im Textzusammenhang des Titels ausgedruckt wird. Sämtliche Schlüsselworte werden dabei durch Verschiebung des Druckbildes in die Zeilenmitte senkrecht untereinandergesetzt. Die Reihung erfolgt alphabetisch. Man muß also bei der Titelsuche von der Mitte des Druckbildes ausgehen,

z.B. Handbuch der Öffentlichen Bibliotheken
Die wissenschaftlichen Bibliotheken heute
Bibliotheken in den USA

KWOC ist ein automatisch hergestellter Stichwortkatalog, bei dem das Stichwort per Programm aus dem Textzusammenhang herausgenommen und an die Spitze der Zeile gestellt wird. Die Reihung ist ebenfalls alphabetisch. Beispiel:

Katalogisierung. - Einführung neuer Regeln für die alphabetische
Katalogisierung. - Entstehung, Strukturen und Anwendung der
Katalogisierung. - Kurzfassung der Regeln für die alphabetische
Katalogisierung. - Die Reform der alphabetischen

2.3.10 Sonderkataloge

Eine Sonderform von Katalogen ist z.B. der *Zentralkatalog* (ZK). Er verzeichnet Bestände mehrerer Bibliotheken meist in der Anlage eines AK. Dies geschieht innerhalb eines Großstadtsystems oder auch auf der Ebene einer Leihverkehrsregion wie z.B. der Zentralkatalog Nordrhein-Westfalen in Köln. In Großstadtbibliotheken gibt es häufig zum alphabetischen Zentralkatalog einen systematischen ZK.

Ansonsten verzeichnen Sonder- oder Spezialkataloge eine bestimmte Auswahl aus dem Gesamtbestand. Sie dienen der leichteren Benutzung und der besseren Erschließung von Teilbeständen. In der Regel geschieht die Verzeichnung sowohl im Hauptkatalog (Gesamtbestand) als auch im Sonderkatalog. Häufig ist in Sonderkatalogen auch unselbständige Literatur verzeichnet, z.B. sind im Interpretationenkatalog auch die einzelnen Interpretationen aus einem Sammelwerk enthalten.

Die Erstellung eines Sonderkatalogs kann von *formal*en Kriterien (Medium, Publikationsform, Aufstellung u.a.) bestimmt sein. Als Beispiele für formale Sonderkataloge seien genannt: Katalog der Handbibliothek, für fremdsprachige Literatur, für Schallplatten, für Tonkassetten, für Videokassetten, für Zeitschriften und Serien, für Kunstwerke, Kataloge der Lehrbuchsammlung, der Landkarten, der Dissertationen, Titelkataloge für Romane, Interpretenkataloge.

Die Auswahl für einen Sonderkatalog kann auch *inhaltlich-sachliche* Gründe haben, so daß z.B. nur eine bestimmte Schlagwortart ausgegliedert wird. So entsteht der biographische Katalog, der Ortskatalog, der Interpretationenkatalog, der Stoffkreisführer für die Schöne Literatur (ein Katalog, der die Belletristik nach inhaltlichen Gesichtspunkten, etwa historischen, Abenteuer-, Familienromanen erschließt), ferner ein solcher, der nach Nationalliteraturen oder nach Epochen der Literaturgeschichte ordnet, dann der Besetzungskatalog für Musikalien, auch der Regionalkatalog, der Literatur über ein Land, eine Landschaft usw. verzeichnet.

2.4 Bestandskontrolle

Sie wird in dreifacher Absicht durchgeführt

- zur Überwachung der Bestandsvollständigkeit (*Bestandsrevision*),
- zur Überprüfung des Erhaltungszustandes der Bücher/Medien,
- zur Ermittlung der Benutzungshäufigkeit der Bücher/Medien.

Zur **Vollständigkeitskontrolle** werden die Bestände im Regal zunächst so geordnet, daß die Reihenfolge ihrer Aufstellung mit der Ordnung der Karten im *Standortkatalog* übereinstimmt. Da der Standortkatalog ein Spiegelbild der Bestandsaufstellung darstellt, muß auch zu jeder Katalogkarte das entsprechende Buch/Medium vorhanden sein. Ist das nicht der Fall, so wird geprüft, ob darüber eine Ausleihverbuchung vorliegt. *EDV*-anwendende Bibliotheken nutzen eine um die Entleihungen gekürzte, ausgedruckte Bestandsliste zur Kontrolle. Bei Fehlanzeige wird ermittelt, ob das Gesuchte sich an anderer Stelle im Hause befindet, bei einem Sachbearbeiter, beim Buchbinder o.a. Ist auch hier das Ergebnis negativ, so muß mit dem Verlust gerechnet werden. Das wird auf der Standortkatalogkarte sowie im Zugangsbuch mit Datum vermerkt.

Am Schluß der Revision werden die Gesamtverluste aufgelistet erfaßt. Nach einer angemessenen Wartezeit erfolgt dann das endgültige *Absetzen*, das Löschen im Bestand. Dazu werden die entsprechenden Katalogkarten aus allen Karteien gezogen und vernichtet; lediglich die Standortkatalogkarte bleibt erhalten und wird in die *Abgangskartei* eingeordnet. Das geschieht in der Regel nach Haushaltsjahren und innerhalb derer alphabetisch.

Die Abgangskartei dient als Nachweis der Bestandsveränderungen. Die in ihr erfaßten Verluste können unter Umständen Hinweise darauf geben, welche Bestandsgruppen besonders verlustanfällig sind. Die Wertsumme der Abgänge wird jährlich derjenigen Verwaltungsstelle mitgeteilt, die mit der Erfassung der Vermögenswerte beauftragt ist; dorthin müssen auch die Bestandszugangswerte jährlich gemeldet werden. Bei der Wertermittlung wird in der Regel der Wiederbeschaffungs- bzw. Neuanschaffungspreis der Bücher/Medien zugrundegelegt.

Vollständigkeitskontrollen erfordern einen erheblichen Personal- und Zeitaufwand. Eine *Totalrevision* ist nur bei Schließung der Bibliothek für den Publikumsverkehr möglich. Sie wird kaum noch oder nur in kleinen Bibliotheken durchgeführt. Üblicher sind *Teilrevisionen*, die sich auf Einzelgebiete des Bestandes beschränken und so schrittweise zu einer Gesamtüberprüfung führen. Dabei brauchen dann nur die jeweils betroffenen Bestandsgebiete für die Benutzung gesperrt zu werden.

Unerläßlich ist die laufende Vollzähligkeitskontrolle von frei zugängig ausliegenden *Zeitschriftenheften*, vor allem dann, wenn sie für ein späteres Aufbinden zu Jahresbänden vorgesehen sind. Eventuell fehlende Einzelhefte werden rechtzeitig beim Verlag nachbestellt, da sie dort am Jahresende häufig schon vergriffen sind. Das gleiche wird bei *Lieferungswerken* berücksichtigt.

Stichprobenrevisionen sind solche, die gelegentlich durch prüfende Stellen, etwa dem Rechnungsprüfungsamt, vorgenommen werden. Hierbei muß die Bibliothek, von der Rechnung ausgehend, über Zugangsnachweis und Standortkatalog bis hin zum Regal- bzw. Magazinbestand bzw. zur Ausleihverbuchung den Besitz nachweisen oder es muß über die *Abgangskartei* die Absetzung bewiesen werden.

Die **Zustandskontrolle** befaßt sich mit dem Erscheinungsbild des Bestandes. Deutliche Anzeichen von Verschleiß beeinträchtigen die Benutzbarkeit von Büchern/Medien. Systematisch wird daher Buch für Buch am Regal auf die Beschaffenheit seines Einbandes, dessen Ansehnlichkeit, auf schwerwiegende Benutzungsspuren im Buchinnern, auf Vollzähligkeit der Seiten sowie auf Lesbarkeit der Rückensignaturen und übrigen Bibliothekskennzeichnungen (Interessenkreisaufkleber, Farbstreifen u.ä.) überprüft. Alles Schadhafte wird aussortiert und der Buchreparatur bzw. Buchpflege zugeführt. Auch diese Kontrollarbeiten werden gewöhnlich in Teilbereichen des Bestands durchgeführt.

Laufende Zustandskontrolle erfolgt dagegen in den Beständen der *AV-Materialien* (ob bei Ton- bzw. Videokassetten etwa ein "Bandsalat", bei Schallplatten Kratzer festzustellen sind); dann bei den *Spielen* (ob sie vollzählig sind hinsichtlich der Spielsteine, Würfel etc). Ersatz gerade hierin liefern meistens die Herstellerfirmen, auch die ekz. Schadhafte bzw. unvollständige Medien werden aus der Ausleihe genommen, wenn möglich ergänzt oder instandgesetzt (vgl. Abschnitt B 2.6, S. 196 ff). Bei erheblichen Schäden muß der Benutzer Ersatz leisten bzw. den Neubeschaffungspreis entrichten. Um zu verhindern, daß der Entleiher die Schuld auf den Vorgänger zu schieben sucht, wird jede durchgeführte Kontrolle auf dem Fristzettel der Bücher/Medien durch das Handzeichen des/der Prüfenden bescheinigt.

Weniger arbeitsaufwendig ist die Kontrolle unmittelbar bei der Rücknahme der Bücher/Medien an der Verbuchungstheke. Dieses Verfahren beschränkt sich dann zwar nur auf den in Benutzung befindlichen Bestand, erweist sich in der Regel aber als ausreichend.

Bestandskontrolle wird schließlich auch zur Ermittlung der **Benutzungshäufigkeit** der einzelnen Bücher/Medien durchgeführt. Sie beantwortet dann die Frage, ob der Bibliotheksbestand der Benutzernachfrage gerecht wird oder ihr nur teilweise angemessen ist, d.h. ob sich darunter ungenutzte Bestandsstücke befinden, die unnötig Stellfläche beanspruchen und außerdem noch die statistisch errechneten *Umsatzzahlen* (Entleihungen : Bestand) verfälschen. Die Untersuchungen zur Benutzungshäufigkeit finden in denjenigen Bibliotheken am Regalbestand statt, die ihre Bestände und Entleihungen noch nicht mittels EDV erfaßt haben. An den Stempelaufdrucken des Fristdatums läßt sich mühelos feststellen, wenn ein Buch/Medium über einen längeren Zeitraum - etwa innerhalb von fünf bis sechs Jahren - nicht oder nur spärlich entliehen wurde. Wo das zutrifft, geht man davon aus, daß der Inhalt veraltet ist und insofern kein Interesse erweckt. Die betreffenden Bestandsstücke werden ausgesondert.

Im Zweifelsfall prüft der/die zuständige *Lektor/in* bzw. *Fachreferent/in*, ob der Titel noch im (Altbestands-)Magazin aufbewahrt (separiert) wird, auch ob er durch eine aktualisierte Neuauflage ersetzt werden muß. Insbesondere Öffentliche Bibliotheken, deren Aufgabe die Berücksichtigung vor allem aktueller Kenntnisvermittlung ist, scheiden in regelmäßigen Abständen inhaltlich veraltete bzw. überholte Literatur aus. Regional werden auch sog. *Löschlisten* erarbeitet, die in längeren Zeitabschnitten erscheinen und von entsprechenden Arbeitsgruppen zusammengestellt sind; nach Sachgebieten geordnet, enthalten sie Empfehlungen zum Aussondern bestimmter Titel. Die Untersuchung zur Benutzungshäufigkeit führt auch vor Augen, wo im Bestand sich Doppel- und Mehrfachstükke als nicht mehr notwendig erweisen; sie werden ebenso abgesetzt.

2.5 Bestandserhaltung

Einband und Buchblock sind bei neuangeschafften Büchern von unterschiedlicher Qualität, besonders hinsichtlich der Brauchbarkeit in Bibliotheken. Gewöhnlich ist der maschinell angefertigte Verlagseinband (Originaleinband) nur von geringer Strapazierfähigkeit, die für den privaten Gebrauch genügt. In Bibliotheken mit hohen Jahresumsätzen pro Buch sind Maßnahmen zur Bestandserhaltung dringlicher als in solchen mit geringeren Umsätzen. Auch der Buchblock wird vom Hersteller selten so haltbar geliefert, daß er stärkerer Bibliotheksinanspruchnahme standhält. Immerhin sind Fadenheftungen grundsätzlich dauerhafter als Klammer- (Draht-)heftungen. Klebebindungen (Lumbeckverfahren), wenn auch sehr von der Qualität des Klebers abhängig, sind weniger haltbar als Heftungen. Dagegen bleiben spezielle *Bibliothekseinbände* erheblich widerstandsfähiger und verleihen dem Buchkörper eine längere Lebensdauer. Natürlich sind Bibliothekseinbände kostenaufwendiger. Daher entscheidet die Bibliothek im Einzelfall von der zu erwartenden Benutzungshäufigkeit eines Buches her (und die richtet sich nach dem Inhalt), ob ein Buch im Originaleinband verbleibt oder in einen Bibliothekseinband gebunden wird (vgl. S. 194).

Die Mehrzahl der in die Bibliothek eingestellten Bücher behält den Verlagseinband. Soweit er eine feste Decke (hard cover) hat, wird diese - vor allem in Öffentlichen Bibliotheken - mit einer Klarsichtfolie überzogen. Sie verleiht dem Einband einen zusätzlichen Schutz vor Feuchtigkeit, Schmutz und anderen Beschädigungen; sie ist abwaschbar und erhöht zudem die Haltbarkeit des Einbandes. Da sie durchsichtig ist, bleiben der Originalaufdruck auf Buchrücken und Einbanddecke oder auch das Bild des Schutzumschlages sichtbar. Es gibt selbstklebende und nichtklebende Klarsichtfolien, wobei die erstere üblicherweise verwendet wird. Für Weichbroschuren und *Paperbacks* benutzt die Bibliothek häufig Hartfolien, die einem biegsamen Umschlag noch einen stärkeren Halt gibt.

Das Foliieren gehört zu den häufigsten Buchpflegearbeiten (Näheres s. Abschnitt B 2.6, S. 196 ff).

Bei den Arbeiten zur Bestandserhaltung sind Kenntnisse der Einbandherstellung unerläßlich. Grundsätzlich liefern die Verlage Bücher in unterschiedlichen Einbandarten.

2.5.1 Einbandarten

Man unterscheidet

- Broschuren
- Kartonagen
- Pappbände
- Gewebebände, Leinenbände
- Lederbände
- Kunststoff-, Kunstlederbände
- Pergamentbände.

Bei einer **Broschur** ist der geklebte oder auch geheftete Buchblock nicht mit einer festen Buchdecke umgeben, sondern der Block ist in einen gefalzten Papierumschlag eingeleimt ("eingehängt"). Verwendet wird diese Weichbroschur für Drucksachen, bei denen von vornherein eine geringe Lebensdauer vorausgesetzt wird. Besteht der Umschlag aus Karton, so spricht man von **Kartonage**, die schon etwas stabiler ist. Einbände von Taschenbüchern und Paperbacks sind meistens Kartonagen. Bei Steifbroschuren werden die aus Pappe gefertigten Buchdeckel auf der Buchrückseite noch mit einem übergeklebten Gewebestreifen zusammengehalten.

Der **Pappband** ist im Unterschied dazu ein echter Einband. Jeder Einband besteht immer aus zwei Buchdeckeln und einem, damit fest verbundenen beweglichen Rücken(-teil). In die Einbanddecke wird der Buchblock eingehängt, d.h. mit Gazestreifen in die Innenseite der Buchdeckel eingeklebt; darüber kommt das Vorsatz(blatt). Bücher mit Einband erkennt man stets daran, daß sie einen Hohlrücken haben (vgl. Abb. 13a und b, S. 193).

Bei **Leinenbänden** ist der Pappeinband ganz oder teilweise mit Leinen überzogen; der Ganzleinenband hat einen Rundum-Gewebeeinband; beim Halbleinenband bestehen nur der Rücken und evtl. noch die Einbandecken aus Leinen, die Decken dagegen sind aus mit Papier überklebter Pappe. Zum Leinen zählen auch Überzugsmaterialien aus Baumwolle oder Zellstoff. Sogenanntes Bibliotheksleinen ist von ganz fein gewebter, fast glatter Struktur.

Von **Lederbänden** spricht man, wenn die Einbanddecke ganz oder teilweise (Halbleder) mit Leder überzogen ist. Sie sind unter den Verlagseinbänden die dauerhaftesten, aber auch die kostspieligsten. Heute fertigt man Ganzledereinbände nur für Bücherliebhaber (Bibliophile) an; Halbledereinbände werden dagegen für stark benutzte großformatige Bücher verwendet, für Nachschlagewerke, auch Atlanten o.ä. Die Buchdeckel von Ganzlederbänden bestanden im

Mittelalter und der beginnenden Neuzeit meist aus Holz, was bei der Instandsetzung alter Folianten noch heute berücksichtigt wird.

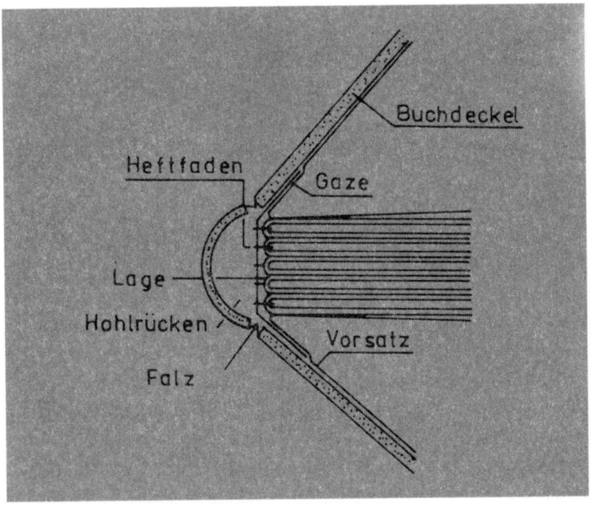

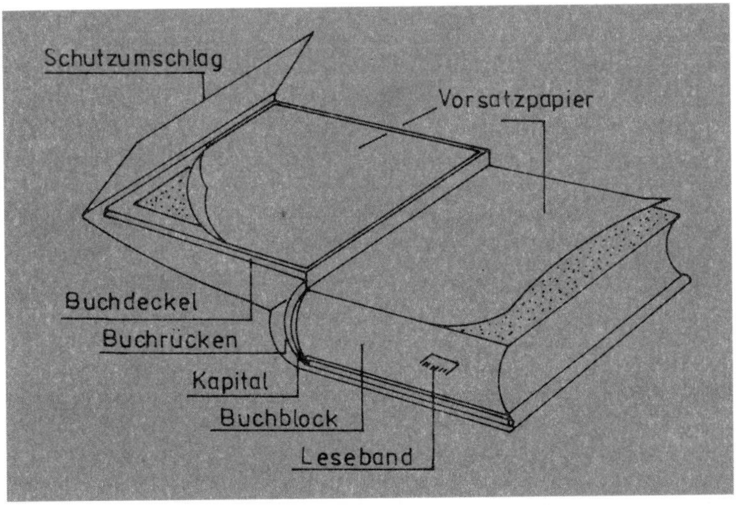

Abb. 13a und 13b. Das Buch und seine Bestandteile

Der *Franzband* – eine alte Einbandart aus Frankreich – besteht aus Kalbsleder; er ist zu erkennen an den quer über Rücken und Buchdeckel laufenden Wulsten, unter denen die Bünde laufen, die die Deckel innen zusammenhalten. Heute wird diese äußere Kennzeichnung nur noch imitiert. In jüngerer Zeit verwenden die Verlage Kunstleder oder Kunststoffe anstelle des Leders.

Pergament, schon im Altertum ein Beschreibstoff aus Tierhaut, fand vor und neben dem Papier Verwendung. Später wurde es, wie noch heute (wenn auch häufig künstlich hergestellt) als Überzug von Einbanddecken kostbarer Bücher genutzt. Seine Beanspruchbarkeit entspricht der des Leders.

Der **Bibliothekseinband** wird als *Spezialeinband* für Bibliotheken hergestellt. Seine Haltbarkeit ist erheblich größer als bei jedem, auch foliierten Verlagseinband; das betrifft Buchblock und Einband. Es werden beim Buchblock die einzelnen Papierlagen nicht wie beim Verlagseinband auf weitmaschige Gazestreifen, sondern auf Leinwandstreifen (Bänder) geheftet und in die Buchdeckel eingeklebt. Außerdem erhält die Einbanddecke eine verstärkte Verbindung zwischen Buchrücken und den Buchdeckeln. Schließlich wird das Vorsatz(papier), das die Verbindung von Buchblock zur Einbanddecke herstellt, nicht bloß wie beim Verlagseinband mit seinen beiden Außenseiten in die Deckelinnenseite geklebt; vielmehr umschließt das Vorsatz die erste und die letzte Lage des Buchblocks und wird zusammen mit diesen geheftet. Dadurch wird die Einhängung des Buchblocks in die Einbanddecke wesentlich verstärkt. Mitunter wird das Vorsatz auch noch an einen Gewebestreifen aus Baumwolle (Schirting) geklebt und das Ganze dann mit der ersten und letzten Lage geheftet. Aus diesen Verbesserungen sind die Schwachstellen der Verlagseinbände ersichtlich.

Spezialeinbände sind nicht billig, sie überdauern aber bis zu fünfzig Entleihungen und mehr. Bei Nutzung von Spezialeinbänden beschränken sich Bibliotheken auf Bücher mit hohem Umsatz oder überdurchschnittlich starker Beanspruchung wie Kinderbücher, auch Lehrbücher, Reiseführer u.ä. Hergestellt werden Spezialeinbände in Buchbindewerkstätten, auch bei der ekz. Bücher im Spezialeinband aus ihrem Lagerbestand zeigt die ekz im BA und ID an. Für Paperbacks und Broschuren erstellt die ekz auch eine *Sonderbindung*, eine strapazierfähige Klebebindung mit foliiertem Pappeinband; deren Lagerhaltung wird in gleicher Weise angezeigt.

2.5.2 Buchreparaturen

Größere Buchreparaturen werden in der Hausbuchbinderei der Bibliothek (Regiebetrieb) oder in Auftragsvergabe an Werkstätten außer Hause vorgenommen. Auch die ekz verfügt über eine Buchreparaturwerkstatt. In der Bibliothek erfolgen die Reparaturarbeiten an Büchern usw. laufend. Den entsprechenden Bänden werden Laufzettel beigelegt, auf denen die nötigen Arbeitsanweisungen stehen; sie sind meistens Kopien einer Buchbinderkartei. Zweigbibliotheken fügen ihrer, der Zentralbibliothek zugeleiteten Buchbindersendung lediglich eine Titelliste bei und behalten sich davon eine Kopie, die der Rücknahmekontrolle dient.

Für Buchbindersendungen außerhalb des Hauses fertigt die Bibliothek einen formellen Auftrag, meist auf entsprechendem Vordruck. Ihm wird eine Liste (*Buchbinderliste*) beigefügt, die für jeden Reparaturband Titel, Signatur, gewünschte Bindeart, evtl. Rückenprägung (Rückenaufdruck) und mitgegebene Musterbände enthält. Eine Kopie verbleibt zur Lieferungskontrolle in der Bibliothek, gewöhnlich in der Einbandstelle. In Wissenschaftlichen Bibliotheken werden die Kopien der Aufträge an die verschiedenen Werkstätten im sog. Buchbinderjournal zusammengefaßt. Eine weitere Kopie der Buchbinderliste kann der Buchbinder als Rechnung verwenden. Größere Bibliotheken legen nach den Buchbinderlisten auch Buchbinderkarteien an, die den Verbleib der Reparatur- und auch der Musterbände vom Titel her nachweisen. Die Karteikarten werden nach Rückkehr der Bücher gezogen und vernichtet.

Die Vorbereitung des gesamten Bindegutes zu einer *Buchbindersendung* wird in größeren Bibliotheken von der **Einbandstelle** vorgenommen, ebenso die Kontrolle der Rücklieferung. Die Einbandstelle sammelt zunächst alle reparaturbedürftigen Bücher, die aufzubindenden Lieferungen von Fortsetzungs- und Serienwerken sowie die Zeitschriftenhefte, die, zu Jahresbänden zusammengefaßt, gebunden werden sollen. Sie prüft die innere Vollständigkeit der Bücher (Kollationierung) und die Anzahl der Hefte, die zu einem Zeitschriftenjahrgang gehören. Nicht selten schicken die Verlage ihren Kunden Einbanddecken am Jahresende bzw. bei Abschluß eines Bandes, dazu auch Titelblatt, Inhaltsverzeichnis und Register. Die Einbandstelle prüft deren Eingang und ordnet sie der richtigen Stelle innerhalb des zu bindenden Bandes zu. Ebenso entfernt sie aus den Zeitschriftenheften alles, was nicht mitgebunden werden soll (Umschlag- und Reklameseiten). Das sind die sog. *Vorrichtungsarbeiten.*

Dann entscheidet die Einbandstelle aber auch über die jeweilige Bindeart und den Rückenaufdruck. Sie liefert dem Buchbinder *Musterbände* bzw. überzogene Musterpappen mit, aus denen er beim Aufbinden von Zeitschriften, Fortsetzungswerken etc. die passende Einbandart, Einbandstoff und -farbe sowie den erforderlichen Rückenaufdruck ersieht; Zusammengehöriges muß das gleiche Erscheinungsbild bekommen.

Von seiten der Einbandstelle wird auch mit dem Buchbinder die Preisgestaltung einer in Auftrag zu gebenden Sendung abgesprochen. Nicht selten leisten Bindewerkstätten der Bibliothek gegenüber sog. *Partiearbeit*, d.h. sie berücksichtigen dann einen günstigeren Mengenpreis. Bei Reparaturbüchern mit sehr starken Schäden, werden die Kosten vorher einzeln ermittelt und mit dem Neuanschaffungspreis verglichen; häufig lohnen sich da die Bindekosten nicht - es sei denn, die Bibliothek wünscht einen Spezialeinband oder das betreffende Buch ist im Handel vergriffen.

2.6 Bestandspflege

Die Einbandstelle versieht aber vor allem die Arbeiten zur Bestandspflege. In Öffentlichen Bibliotheken beginnt das mit dem *Foliieren* der Bücher. Hierzu wird bei Neuzugängen zunächst der Schutzumschlag abgenommen, die vordere Bildseite ausgeschnitten und auf den vorderen Buchdeckel geklebt. Der Benutzer soll das Bibliotheksbuch so wiedererkennen, wie er es im Schaufenster der Buchhandlung oder in anderer Buchwerbung gesehen hat. Dann wird die in Rollen unterschiedlicher Buchgrößenformate gelieferte Folie in der für einen Bucheinband nötigen Länge auf den Arbeitstisch ausgerollt, das aufgeschlagene Buch zum Maßnehmen daraufgelegt und die Folie unter Zugabe eines zum Einschlagen nötigen Randes seitlich abgeschnitten.

Bei selbstklebenden Folien zieht man zunächst das Abdeckpapier ab, legt die Folie mit der Klebeseite nach oben auf den Tisch und darauf das geschlossene Buch mit seiner Deckelrückseite nach unten. An den drei Kanten des Buches, oben rechts und unten läßt man dabei einen ca. 3 cm breiten Rand überstehen;

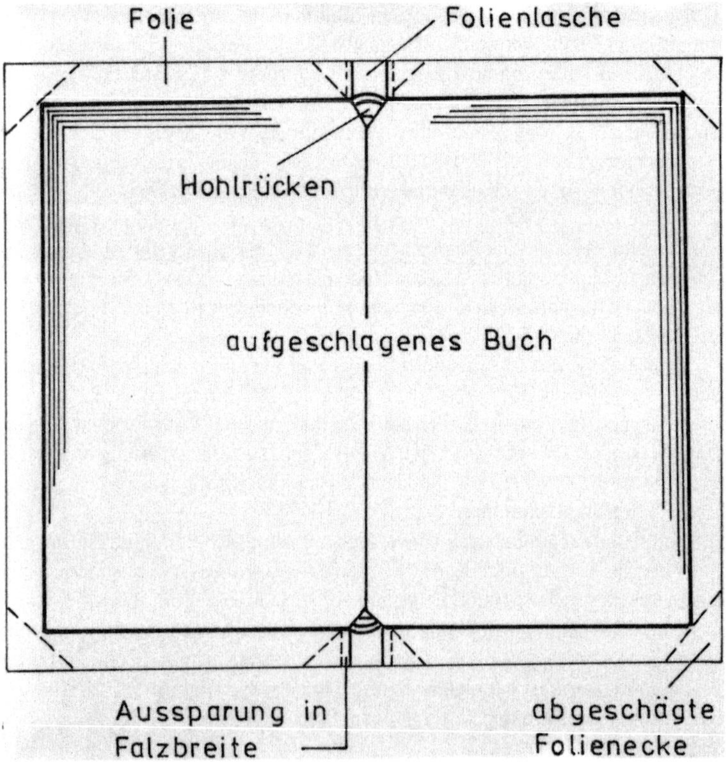

Abb. 14. Vorbereitete Folie zum Einschlagen eines Buches

links verbleibt die restliche Folienbahn. Nun klappt man das Buch, über den Buchrücken abrollend, so um, daß es mit dem vorderen Buchdeckel auf diese Folienbahn zu liegen kommt und trennt unter Belassung eines ca. 3 cm breiten Randes die Folienbahn ab. Die überstehenden Randstreifen der Folie werden um alle Buchdeckelkanten nach innen eingeschlagen, wozu man vorher die rechtwinkligen Folienecken mit der Schere abgeschrägt sowie oben und unten in Höhe der Falzrillen auf dem Buchrücken Aussparungen in der Breite des Falzes ausgeschnitten hat (vgl. Abb. 14, S. 196).

Die am Einbandrücken oben und unten überstehenden Streifen (Laschen) der Folie werden mit dem *Falzbein* in den Hohlrücken geschoben und an die Innenseite des Buchrückens fest angedrückt. Dazu wird das Buch aufgeschlagen und mit den Buchdeckeln nach oben auf den Tisch gelegt. Bei Büchern ohne Hohlrücken (Broschuren, Paperbacks) werden die überstehenden Folienstreifen oben und unten bündig mit den Einbandkanten abgeschnitten. Zum Schluß wird die Folie rundum mit dem Handballen oder mit dem Falzbein glattgestrichen und dabei fest angedrückt. Das foliierte Buch wird geschlossen und leicht beschwert bzw. gestapelt und bis zur Weiterbearbeitung beiseite gelegt.

Es gehört einige Übung dazu, Klebefolie blasenfrei aufzuziehen. *Foliierbürsten* erleichtern die Arbeit. Zum Abrollen, zum genauen Zuschneiden der Folie gibt es im Handel auch entsprechende Geräte, die die Arbeit erleichtern. Auch sind fertige Folienzuschnitte in unterschiedlichen Größen im Handel zu haben. Selbstklebende Hartfolie, bei Broschuren und Kartonagen verwendet, wird lediglich auf die beiden Umschlagdeckel geklebt und an den Kanten bündig geschnitten. Der Umschlagrücken erhält sodann eine biegsame Verbindung der beiden Deckel, indem man über ihn einen entsprechend zugeschnittenen Streifen aus Weichfolie klebt, der die Hartfolienkanten überlappt. Fertige Taschenbuchverstärker bietet der Handel an.

Bereits gebrauchsfertig foliierte Bücher mit eingearbeitetem Schutzumschlagbild liefert auch die ekz. Die Titel solcher Bücher aus dem Lagerbestand werden in BA und ID angezeigt. Natürlich kann die Bibliothek größere Posten an Buchreparaturen einschließlich der Foliierungsarbeiten an eine Buchbindewerkstatt, auch an die ekz in Auftrag geben. Die ekz besorgt sogar die dazugehörigen Schutzumschlagbilder, selbst für bereits ältere Titel.

Bibliotheksbücher sind laufend erheblichem Verschleiß ausgesetzt. Was die Bibliothek ohne buchbinderisches Fachpersonal an Reparaturen selbst bewerkstelligen kann, beschränkt sich im wesentlichen auf Arbeiten zur *Buchpflege*. Zu unterscheiden sind Schäden am Buchblock und solche am Einband. Zu den ersteren zählen Risse und Knicke an einzelnen Blättern, dann auch gelöste Blätter. Jedes Einkleben von Blättern, Überkleben von Rissen usw. geschieht mit selbstklebendem Fälzelpapier, Klebebändern aus *Japanpapier* (Reispapier) oder vergleichbarem Material. Es ist seidenweich, durchscheinend, sehr fest und dauerhaft, vor allem hauchdünn, trägt insofern nicht auf und belastet nicht die Bindung.

Abgerissene Ecken eines Blattes werden geradegeschnitten, die Schnittstelle mit gleichartigem Papier unterlegt und beides mit Japanpapier aneinandergeklebt. Geknickte Blätter, sog. Eselsohren werden leicht befeuchtet und mit dem Falzbein geglättet; das Buch anschließend beschwert. Bei der Belastung von Büchern ist stets darauf zu achten, daß der Bereich des Buchrückens davon ausgeschlossen wird.

Zur Fleckenentfernung auf Einzelblättern oder dem Einband liefert die ekz in ihrer *Buchpflegeapotheke* sowohl Reinigungsmittel als auch eine Fleckenentfernungstabelle mit Behandlungsvorschlägen zur Beseitigung von Flecken unterschiedlichster Art.

Leichte Schäden an der foliierten Einbanddecke lassen sich durch Überkleben mit vorgefertigten Folienleisten, z.B. bei Kantenbeschädigungen, und Folienkappen bei Eckenbeschädigungen beheben. Folie läßt sich stets über Folie kleben. Schadhafte Folie wird daher nicht von der Einbanddecke heruntergerissen; dadurch beschädigt man nur Decke oder Umschlag zusätzlich. Schmutzige Folie läßt sich mit lauwarmem Wasser, unter Umständen unter Zugabe von Seife oder etwas Waschmittel abwaschen. Der Handel bietet auch *Buchreinigungsautomaten* an, die der Benutzer selbst bedienen kann, allerdings nur zum Reinigen des Folieneinbandes.

Zur Verhütung typischer Gebrauchsschäden werden Paperbacks und Broschuren - besonders wenn sie hartfolienverstärkt wurden - noch bevor sie in die Ausleihe gelangen, mit Klebestreifen aus Gewebeband innen im Falz zwischen Buchdeckel und Buchblock überklebt. Dieses Falz ist nämlich die Schwachstelle in allen Verlagseinbänden. Daß Buchdecke und Buchblock sich lockern, kündigt sich hier schon nach wenigen Ausleihen dadurch an, daß das Vorsatz reißt. Durch Überkleben des Risses mit einem Gewebebandstreifen verleiht man dem Buch wieder den nötigen Halt.

Ein auch häufig eintretender Gebrauchsschaden ist der oben eingerissene Buchrücken. Wenn Bücher eng gedrängt auf dem Regalbrett stehen, zerrt der Benutzer allzu gern an der Oberkante des Einbandrückens, um ein Buch herauszubekommen. Trotz Folie hält dem der Rücken nicht lange stand und reißt ein. Zur Instandsetzung löst man zunächst vorsichtig die Klebefolie aus dem Hohlrükken des aufgeschlagenen Buches und ebenso ein Stück auf der Rückenaußenseite. Dann schneidet man einen Leinenstreifen in der Farbe des Einbandes und in der Breite des Buchrückens zurecht und bestreicht ihn mit Bundebindeleim. Das längere Stück des Leinenstreifens schiebt man nun mit dem Falzbein in den Hohlrücken, das kürzere läßt man die Kante des Buchrückens nach außen überlappen. Während des Trocknens drückt man den Leinenstreifen mit dem Falzbein fest an die Rückeninnen- und -außenseite an.

Gebrochene und geknickte Einbandecken lassen sich reparieren, indem man zunächst an dieser Stelle vorsichtig die Folie löst. Dann schneidet man einen Streifen zum Einband passenden Bezugsmaterials (Elefantenhaut, Baumwoll- oder Zellstoffgewebe etc.) in der erforderlichen Breite zu, bestreicht ihn mit Leim und faltet ihn dann von außen nach innen um die Ecke, die dann völlig eingeschlagen sein muß. Dabei überlappt der geklebte Streifen die Bruchstelle um 1 bis 2 cm. Nach dem Trocknen klebt man noch ein dem Vorsatz vergleichbares Stück Papier auf der Deckelinnenseite dagegen. Das Ganze wird leicht gepreßt und dabei getrocknet. Anschließend erfolgt das Foliieren.

Auch die **Pflege der Tonbandkassetten** gehört zu den Arbeiten der Bestandserhaltung. Zum Reinigen der Tonköpfe (Aufnahme-/Wiedergabe- und Löschkopf) im Recorder bietet der Handel Reinigungskassetten an, die bei gestartetem Tonbandgerät die Reinigung automatisch vornehmen. Zum Reinigen der Tonköpfe von Hand benutzt man einen in Spiritus oder Reinigungsbenzin getauchten Leinenlappen. Dabei ist zu beachten, daß die Tonköpfe nicht mit einem metallischen oder harten Gegenstand berührt werden dürfen.

Um zu verhindern, daß Kassettenentleiher eine in der Bibliothek hergestellte Bandaufzeichnung löschen, bricht man die Sicherungsnasen, die sich auf dem Kassettenrücken in Höhe der Seitenkennzeichnung (A oder B bzw. 1 oder 2) befinden, heraus. Kassetten mit Fremdaufzeichnungen sind bereits handelsüblich gegen ein Löschen geschützt, sie besitzen keine Sicherungsnase.

Zum Entwirren des sog. Bandsalats nimmt man die Kassette aus dem Recorder heraus, spult das Tonband von Hand vorsichtig bis zum Bandanfang ab, steckt dann einen Bleistift o.ä. als Welle durch die Bandlauföffnung der Kassette und spult damit das Band langsam wieder auf. Dabei muß beachtet werden, daß das Band sich nicht verdreht, d.h. es muß oben immer die gleiche Bandspur zu sehen sein.

Bandrisse bzw. Bandsalat bei **Videokassetten** werden nicht selten von den kommunalen Bildstellen sachgemäß repariert; das Herausschneiden kurzer Abschnitte und auch das Kleben der Bänder ist möglich. Beschädigungen darüberhinaus sind gewöhnlich irreparabel bzw. eine Instandsetzung unwirtschaftlich. Das Anbringen von empfehlenden Hinweisen auf dem Cover zur schonenden Behandlung der Kassette durch den Benutzer ist üblich. Als Sicherung gegen mißbräuchliches Öffnen der Kassetten werden die Schmalseiten mit dünner Plombierfolie (etwa von der ekz) überklebt.

Die Lebensdauer von Ton- und Videokassetten, auch diejenigen von Ton- und Bildköpfen in den Recordern liegt erfahrungsgemäß zwischen 2 und 5 Jahren.

2.7 Technische Bestandsbearbeitung

In den meisten Bibliotheken erledigt die Einbandstelle auch das Anfertigen und Anbringen von **Signaturschildern** bzw. anderer Bibliothekskennzeichnungen auf dem Buchrücken. Bei Medienhüllen bzw. Diarahmen kommen noch die Eigentumsetiketten dazu. Signaturschilder erhalten alle den gleichen Abstand von der unteren Buchkante bzw. Kante der Medienhülle, damit sie bei Aufstellung im Regal leicht zu erkennen sind. Die Signaturen werden von Hand, z.B. mit einem Faserschreiber, meistens aber mit Hilfe einer Schriftschablone auf selbstklebende Etiketten geschrieben. Verwendet wird auch Signierband, das ebenso beschriftet werden kann und je nach Breite des Buchrückens zugeschnitten wird.

Etiketten wie auch Signierband gibt es in verschiedenen Größen und Farben. Schriftschablonen bietet der Handel in verschiedenen Schriftgrößen an, auch für Ziffern und Symbole. Zum Schreiben mit Schablone dienen Tuschezeichner oder Signierstifte. Signaturschilder lassen sich auch mit der Schreibmaschine beschriften. Arbeitsersparend sind dabei elektronische Beschriftungsgeräte mit Arbeitsspeicher (für unterschiedliche Schriftarten, Schriftgrößen, Mehrfachzeilen, Mehrfachausdrucke etc.) oder entspr. Software für Computersysteme. Außerdem gibt es Geräte, die dabei die Signaturschilder nach dem Beschriften automatisch mit einer Klarsichtfolie überziehen (kaschieren). Das Aufbringen der Signaturschilder auf den Buchrücken geschieht oft mit einem kleinen elektrischen Handbügler, den ebenso der Handel anbietet. Von Hand beschriftete Signaturschilder müssen nach dem Aufkleben noch mit einem Streifen von Klarsichtfolie überzogen werden.

Möglich ist auch das Prägen von Signaturschildern. Hierzu dient ein *Handprägeapparat*, der sich auf Fertigung unterschiedlicher Schriftgrößen, auch Ziffern einstellen läßt. Dazu benötigtes Prägeband ist in verschiedenen Farben zu haben. Interessenkreisaufkleber können mit der Schreibmaschine hergestellt werden; man kann sie aber auch bereits fertig bedruckt beziehen, etwa bei der ekz, mit themenbezogenen und benutzerorientierenden Begriffen (z.B. "Zeitgeschichte" oder "Erstes Lesealter" etc.).

Mitunter übernimmt die Einbandstelle auch die Beschriftung von Buchstützen, Regalbrettern, Katalogkästen u.ä.m. Hierbei werden meistens Klebebuchstaben verwendet. Es gibt sie in verschiedenen Größen, Schriftarten, auch als Ziffern. *Stanzgeräte* ermöglichen die Selbstherstellung von Klebebuchstaben und -ziffern in verschiedenen Größen. *Montagepapiere* stellen sicher, daß die Buchstaben etc. in gleichmäßigem Abstand zueinander und auf gerader Grundlinie aufgebracht werden. Fertige Buchstabensätze, betextete Schilder etc. gibt es im Handel.

In der Einbandstelle werden auch *Fristblätter* in die Bücher bzw. auf die Medienhüllen geklebt. Bei Büchern verzichten zwar viele Bibliotheken darauf und stempeln auf das Vorsatzpapier. Das Einkleben von Buchkartentaschen bzw. Lochkartentaschen und deren anschließendes Beschriften geschieht ebenso in der Einbandstelle, wie auch das Einkleben von Annotationen u.ä.

Vervielfältigungsarbeiten werden, soweit sich in der Bibliothek keine eigene Hausdruckerei oder Vervielfältigungsstelle befindet, häufig auch von der Einbandstelle übernommen. Zum Vervielfältigen bzw. Drucken von Katalogkarten werden unterschiedliche Verfahren angewendet. Sie sind in Abschnitt B 3.4.2 (S. 241 ff) näher beschrieben.

3 Die Benutzung der Bibliothek

3.1 Benutzungsdienst

3.1.1 Benutzungsordnung

Der Benutzer einer Bibliothek wird bei seiner Anmeldung mit der Benutzungsordnung vertraut gemacht. Sie bildet die rechtliche Grundlage für die Bibliotheksbenutzung und wird meistens zur möglichen Einsichtnahme in der Bibliothek ausgehängt oder auch in Einzelexemplaren (Faltblatt) dem Anmeldenden ausgehändigt. Die Benutzungsordnung regelt die Rechte und Pflichten der Bibliothek gegenüber dem Benutzer und ebenso die der Benutzer gegenüber der Bibliothek. Wird die Benutzungsordnung von der Bibliothek selbst erlassen, so hat sie stets privatrechtlichen Charakter. Bei Bibliotheken in öffentlicher Trägerschaft wird sie meistens vom Bibliotheksträger (nach Verabschiedung durch die zuständige politische Vertretung) erlassen - unter Umständen auch als *Satzung*.

Der Träger behandelt das Verhältnis zum Benutzer in der Regel auch als *öffentlich-rechtliches*. Anzutreffen ist aber auch die Auffassung, zwischen Bibliotheken der öffentlichen Hand und ihren Benutzern besteht ein *privatrechtliches Vertragsverhältnis*. Im ersten Fall verpflichtet die Benutzungsordnung den Benutzer zum Einhalten der in ihr enthaltenen Bestimmungen grundsätzlich, ohne daß der Benutzer sie schriftlich anerkennen muß; im zweiten Fall muß sich der Benutzer durch Unterschrift verpflichten, die Benutzungsordnung einzuhalten. Das geschieht auf der sog. *Verpflichtungskarte*, ohne die der Benutzer sonst keinen Benutzerausweis erhält.

Die Inhalte einer Benutzungsordung umfassen im allgemeinen folgende Abschnitte

- rechtliches Verhältnis zwischen Bibliothek und Benutzer
- Benutzerkreis (jedermann oder nur Einwohner, Schüler, Institutsangehörige usw.)
- Anmeldung (mit Personalausweis oder mit Paß in Verbindung mit einer Meldebescheinigung des zuständigen Einwohnermeldeamtes; Unterschriftsleistung, evtl. der/des Erziehungsberechtigten; Aushändigen des Benutzerausweises; Verhalten bei Verlust des Ausweises, bei Adressenänderung; besondere Bedingungen bei Kindern und Jugendlichen; Benutzungsgebühr)
- Entleihung (Leihfrist, Regelungen für Präsenzbestände)
- Fristverlängerungen
- Vormerkungen
- Inanspruchnahme des Auswärtigen Leihverkehrs
- Behandlung der entliehenen Medien sowie des

Benutzerausweises; Haftung (sorgfältige Behandlung, Verlust, Beschädigung)
- Säumnisentgelte, Einziehungsverfahren (Folgen der Fristüberschreitung: Mahngebühren, Botengang, Rechtsweg)
- Hausordnung (vor allem hinsichtlich des Verhaltens in den Bibliotheksräumen)
- Ruhen des Benutzungsverhältnisses; Ausschluß von der Benutzung
- Öffnungszeiten.

Oft sind die in der Benutzungsordnung aufgeführten Gebühren oder Entgelte als *Gebührensatzung* auf einem gesonderten Blatt nach jeweiligen Tarifen (Erwachsene, Jugendliche, Arbeitslose, Rentner usw.) aufgeschlüsselt, da diese Tarife sich öfter ändern als die grundlegenden Teile der Benutzungsordnung; das gleiche gilt für die Öffnungszeiten der Bibliothek.

3.1.2 Verbuchungsverfahren

Die Bibliothek leiht auf bestimmte Zeit ihr Eigentum bzw. das des Trägers an Benutzer aus. Damit gewährleistet ist, daß die Bücher/Medien zurückgebracht werden, ist eine Registrierung der Ausleihen und aller zugehörigen Daten notwendig. Prinzipiell soll ein Verbuchungsverfahren die folgenden Fragen beantworten können (wobei neben Büchern auch andere Medien gemeint sind):
- Welche Bücher hat ein bestimmter Benutzer ausgeliehen?
- Welcher Benutzer hat ein bestimmtes Buch ausgeliehen?
- Welche Bücher sind an einem bestimmten Datum zur Rückgabe fällig?

Darüber hinaus muß ein Verbuchungsverfahren aber auch noch weitere Leistungen erbringen können, wie die Möglichkeiten der Fristverlängerung, der Vormerkung und die Erstellung von Statistiken.

Im folgenden wird auf die Verbuchungsverfahren für Bücher eingegangen. Ausgeschlossen bleiben Sonderverfahren für Zeitschriften, AV-Medien, Magazinbestände, Ausnahmeregelungen für Präsenzbestände und den auswärtigen Leihverkehr, die in Bibliotheken unterschiedlich gehandhabt werden. Beschränkt bleibt die Beschreibung auf die vor allem in Öffentlichen Bibliotheken noch verbreiteten traditionellen Verfahren. Hier setzt sich allerdings immer stärker die EDV-Verbuchung durch (s. hierzu Abschnitt B 4.8, S. 290 ff).

Zu jeder Beschreibung eines *Ausleihverfahrens* gehören die folgenden Bestandteile:

- Anmeldung:	Registrierung der Benutzer, Führen der Leserkartei
- Ausleihe:	Registrierung der entliehenen Bücher
- Rückgabe:	Registrierung der Rückgabe bzw. Löschung der Ausleihe
- Fristverlängerung:	Behandlung der Fristverlängerung bei schriftlichem Antrag und bei persönlichem Erscheinen
- Vormerkung:	Registrierung und Behandlung von Vorbestellungen auf zur Zeit ausgeliehene Bücher

- Mahnung: Zusammenstellung der für die Mahnschreiben notwendigen Leser- und Buchdaten
- Statistik: Ermittlung und Erfassung von aus der Benutzung folgenden zahlenmäßigen Leser- und Buchdaten

Die Handhabung des *Mahnverfahrens* einschließlich der Mahngebühren ist von Bibliothek zu Bibliothek unterschiedlich. Die Höhe der Mahngebühren richtet sich nach der vom Träger erlassenen Benutzungsordnung bzw. Gebührensatzung. Es läßt sich daher kaum eine allgemeingültige Abfolge feststellen. Vielfach wird es wie folgt gehandhabt:

Erinnerung: nach Ablauf der Leihfrist kostenlos, teilweise auch mit einer Verwaltungsgebühr;

1. Mahnung erfolgt 1 Woche nach Ablauf der Leihfrist, mit Mahngebühren;

2. Mahnung erfolgt 2 Wochen nach Ablauf der Leihfrist mit erhöhten Mahngebühren;

3. Mahnung als Einschreiben erfolgt 4 Wochen nach Ablauf der Leihfrist mit nochmals erhöhten Mahngebühren zuzüglich Portokosten und Verwaltungsgebühren;

Botengang: zusätzlich zu den bisher entstandenen Kosten entstehen Gebühren für den Botengang. Weigert sich der Angemahnte, so erfolgt ein *Einziehungsverfahren* auf dem Wege gerichtlicher Vollstreckung (privatrechtlich) oder im Verwaltungszwangsverfahren (öffentlich-rechtlich).

Beispiel einer Gebührenliste:

Erinnerung:	kostenlos
1. Mahnung:	2.– DM pro Buch bzw. Medium
2. Mahnung:	4.– DM pro Buch bzw. Medium
3. Mahnung als Einschreiben:	6.– DM pro Buch bzw. Medium
	+ 4.50 DM Porto/Einschreiben
	+ 5.– DM Verwaltungsgebühren
Botengang:	6.– DM pro Buch bzw. Medium
	+ 9.50 DM bisher entstandene Kosten
	+ 20.– DM Botengang

Besitzt ein Leser das angemahnte Buch nicht mehr, so muß er es ersetzen. Ist das Buch noch lieferbar, so wird er aufgefordert, den fraglichen Titel als Ersatzleistung zu beschaffen. Ist dies nicht möglich, so ist der Kaufpreis zu entrichten, den die Bibliothek bei der Anschaffung gezahlt hat. Häufig wird auch der derzeitige Ladenpreis berechnet.

Diese Einnahmen fließen der Bibliothek nur dann zu, wenn sie über einen entsprechenden Einnahmeansatz im Haushalt verfügt. Andernfalls vereinnahmt die Stadtkasse die Einzahlung, so daß die Bibliothek die Wiederbeschaffung aus ihren laufenden Mitteln bezahlen muß. Das gilt ebenso im Falle der Ersatzleistung für beschädigte Bücher/Medien.

3.1.3 Buchkartenverfahren

Neben der Anwendung der elektronischen Datenverarbeitung sind in Öffentlichen Bibliotheken noch das Buchkartenverfahren und auch die Fotoverbuchung anzutreffen.

Beim Buchkartenverfahren unterscheidet man das vereinfachte Buchkartenverfahren und das Leserklappkartenverfahren.

Vereinfachtes Buchkartenverfahren

Für das *vereinfachte Buchkartenverfahren* werden als Verbuchungselemente benötigt: Buchkarte, Fristblatt (ggf. Fristkarte), Leserausweis.

Für jedes in der Bibliothek vorhandene Buch existiert eine Buchkarte (DIN A 6 Hochformat). Auf ihr sind eingetragen: Notation (bzw. Signatur), Verfasser und Titel des Buches (ggf. die gesamte Titelaufnahme mit einer Annotation und Zugangsnummer). Darüber hinaus können weitere Angaben gemacht werden, zum Beispiel die Kennzeichnung als zur Handbücherei gehörend. Der übrige Teil der Vorderseite sowie die gesamte Rückseite bieten Spalten für die Eintragung der Ausleihdaten (Lesernummer, Friststempel). Die Buchkarte befindet sich im Buch. Sie steckt in einer Buchkartentasche, auf der nochmals die Zugangsnummer oder ein anderes Identifikationsmerkmal angebracht ist, damit besonders bei Mehrfachexemplaren sichergestellt ist, daß sich die richtige Buchkarte im richtigen Exemplar befindet.

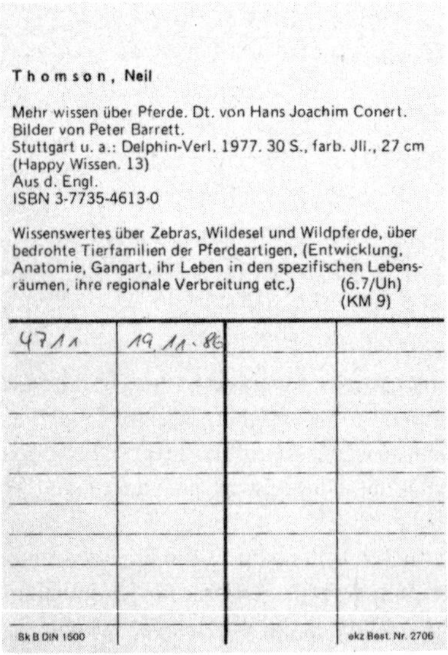
Thomson, Neil

Mehr wissen über Pferde. Dt. von Hans Joachim Conert.
Bilder von Peter Barrett.
Stuttgart u. a.: Delphin-Verl. 1977. 30 S., farb. Jll., 27 cm
(Happy Wissen. 13)
Aus d. Engl.
ISBN 3-7735-4613-0

Wissenswertes über Zebras, Wildesel und Wildpferde, über bedrohte Tierfamilien der Pferdeartigen, (Entwicklung, Anatomie, Gangart, ihr Leben in den spezifischen Lebensräumen, ihre regionale Verbreitung etc.) (6.7/Uh) (KM 9)

4711	19.11.86		

BkB DIN 1500 ekz Best. Nr. 2706

Abb. 15. Buchkarte mit eingetragener Lesernummer und Fristdatum

In jedem Buch befindet sich ein *Fristblatt*. Darauf wird das Fristdatum (spätester Rückgabetermin) des entliehenen Buches gestempelt. Statt des ins Buch geklebten Fristblatts kann auch eine im voraus gestempelte *Fristkarte* verwendet werden. Diese wird bei jeder Entleihung in das Buch eingelegt. Bei der Rückgabe wird die Fristkarte entnommen und kann für weitere Ausleihvorgänge verwendet werden, bis sie vollgestempelt ist. So kann allerdings die Anzahl der Ausleihen eines bestimmten Buches nur mittels des Fristblattes oder der Buchkarte, nicht aber mittels der Fristkarte festgestellt werden.

Jeder Leser bekommt nach der Anmeldung einen *Leserausweis*. Darauf stehen sein Name, Adresse, Geburtsdatum und *Lesernummer*. Gegebenenfalls sind auch der Tag der Anmeldung und der Beruf, vielfach auch durch einen Berufsgruppenbuchstaben ausgedrückt, vermerkt.

Bei der Anmeldung füllt der Leser eine Anmeldekarte (häufig zugleich *Leserverpflichtungskarte*) mit Name, Adresse, Geburtsdatum und Beruf aus. Auf die Anmeldekarte wird die Lesernummer geschrieben. Diese Karte bleibt in der Bibliothek und wird in die numerische *Leserkartei*, die nach den Lesernummern sortiert ist, eingeordnet. Der Leser erhält daraufhin seinen Leserausweis. Zusätzlich zur numerischen wird häufig auch eine alphabetische Leserkartei geführt.

Für die Registrierung der Ausleihe trägt der Leser auf der Buchkarte des Buches, das er ausleihen möchte, seine Lesernummer ein. Zur Überprüfung legt er an der Verbuchungstheke Buch mit Buchkarte und seinen Leserausweis vor. Eine bereits gestempelte Fristkarte kommt ins Buch, bzw. Fristblatt oder Vorsatz werden mit dem Fristdatum gestempelt. Die Buchkarten eines Tages werden gesammelt (s. Statistik, S. 207) und am nächsten Tag in den *Absenzkasten* eingeordnet. Dieser enthält die Buchkarten der zur Zeit ausgeliehenen Bücher, nach Fristdaten geordnet. Innerhalb eines Fristdatums sind die Buchkarten wie folgt geordnet: die der Sach- und Kinderliteratur systematisch, innerhalb einer Sachgruppe alphabetisch nach der alphabetischen Ansetzung, die der Romane alphabetisch nach Verfassern.

Gibt der Leser das Buch zurück, so werden der Zustand des Buches auf eventuelle Beschädigungen sowie das Fristdatum kontrolliert. Bei Überschreiten der Leihfrist müssen die entstandenen *Säumnisgebühren* gezahlt werden. Die zugehörige Buchkarte wird anhand des Fristdatums sowie des Buches (Notation, Verfasser, Titel) und der Zugangsnummer als zusätzliche Kontrolle aus dem Absenzkasten gezogen. Die Buchkarte kommt ins Buch. Damit ist die Rückgabe registriert. Das Buch wird wieder ins Regal gestellt.

Einen Tag nach Ablauf der Leihfrist, bei Einräumung einer Karenzzeit eine Woche später, stellen die im Absenzkasten hinter dem entsprechenden Fälligkeitsdatum verbliebenen Buchkarten die Mahnfälle dar. Die auf der Buchkarte eingetragene Lesernummer gibt Auskunft über den säumigen Leser, dessen Name und Adresse über die numerische Leserkartei ermittelt wird. Das auszufüllende *Mahnschreiben* (Vordruck) erhält die Angaben des Lesers (aus der numerischen Leserkartei) und die Angaben zum Buch (von der Buchkarte). Die

Mahnung wird verschickt. Die Buchkarten werden im allgemeinen wieder unter dem alten Fristdatum in den Absenzkasten gestellt. Eine gesonderte Aufbewahrung dieser Buchkarten ist auch möglich. Bei Rückgabe der angemahnten Bücher werden die Mahngebühren kassiert und die Buchkarten in die zurückgenommenen Bücher gesteckt.

Eine *Fristverlängerung* ist nur möglich, wenn das Buch nicht vorgemerkt ist. Erscheint der Leser persönlich mit dem Buch, wird die Fristverlängerung gehandhabt wie eine erneute Ausleihe, d.h. das Fristblatt wird mit dem neuen Fristdatum gestempelt und die Buchkarte nach der statistischen Erfassung unter dem neuen Fristdatum in den Absenzkasten einsortiert.

Bittet der Leser schriftlich oder telefonisch um Fristverlängerung, so muß er Fristdatum, Notation, Verfasser, Titel und Lesernummer angeben oder der Bibliothek einen entsprechenden Vordruck ausgefüllt zusenden. Auf der Buchkarte wird die Fristverlängerung vermerkt, und die Karte wieder unter dem alten Fristdatum in den Absenzkasten eingeordnet, weil im Buch noch das alte Fristdatum vermerkt ist. Es ist auch möglich, eine gesonderte Fristverlängerungskartei zu führen, die allerdings nicht nach Fristdaten geordnet werden sollte, da der Leser das neue Fristdatum vergessen haben kann.

Sollte das Buch, für das der Leser eine Fristverlängerung beantragt hat, aber vorgemerkt sein, so wird ihm schriftlich mitgeteilt, daß seiner Bitte um Fristverlängerung nicht stattgegeben werden kann und er das Buch innerhalb einer bestimmten Frist zurückgeben muß.

Möchte der Leser ein Buch vormerken, so füllt er eine *Vormerkkarte* mit den Buchdaten, seinem Namen und seiner Adresse aus. Die Buchangaben werden seitens der Bibliothek am Katalog und am Regal überprüft. Es gibt nun drei Verfahrensmöglichkeiten:

1. Jeden Morgen nach Einstellen der zurückgegebenen Bücher wird mit der *Vormerkkartei*, geordnet systematisch bzw. alphabetisch, am Regal überprüft, ob eins der vorgemerkten Bücher verfügbar ist. Ist dies der Fall, so wird das Buch aus dem Regal genommen. Der Leser wird benachrichtigt, das Buch für ihn eine Woche zum Abholen zurückgelegt.

2. Es wird ein Buchklotz, an der Seite mit Notation, Verfasser und Titel versehen, an diejenige Stelle ins Regal gestellt, an der das vorgemerkte Buch stehen müßte (*Klotzverfahren*). Beim Einstellen der zurückgegebenen Bücher stellt man sofort fest, daß eine Vormerkung vorliegt. Zusätzlich muß aber die Vormerkkartei geführt werden, um die Leserdaten zwecks Benachrichtigung festzuhalten.

3. Die ausgefüllte Vormerkkarte wird an die entsprechende Buchkarte im Absenzkasten geheftet. Beim Ziehen der Buchkarte nach Rückgabe des Buches ist sofort zu erkennen, daß es sich um ein vorgemerktes Buch handelt. Vorteilhaft ist daran, daß bei Fristverlängerungen nicht zusätzlich die Vormerkkartei kontrolliert werden muß. Nachteilig ist allerdings, daß zunächst einmal im Absenzkasten die Buchkarte unter dem nicht bekannten Fristdatum gefunden werden

muß. Außerdem ist es problematisch bei Mehrfachexemplaren, da man nicht wissen kann, welches Exemplar am ehesten zurückgegeben wird.

Für die *Statistik* werden vor dem Ordnen und Einsortieren der Buchkarten in den Absenzkasten die Buchkarten am nächsten Morgen gezählt. Damit kann die Gesamtausleihe des abgelaufenen Tages festgestellt werden. Es ist üblich, auch die Anzahl der Ausleihen in den einzelnen Sachgruppen festzuhalten. Dazu müssen die Buchkarten nach Sachgruppen sortiert werden. Die Zählergebnisse werden täglich notiert und durch Addition am Ende des Monats zu einer Monatsstatistik zusammengeführt. Zusätzlich kann, wenn bei der Ausleihe auch der Berufsgruppenbuchstabe vermerkt wurde, auch die Ausleihe nach Berufsgruppen gezählt werden. Diese Art der Erfassung nennt man *Kreuzstatistik*. Sie weist nach, wieviele Bücher aus jeder Buchgruppe an jede Berufsgruppe ausgeliehen wurden.

Leserklappkartenverfahren

Verbuchungselemente sind die *Leserklappkarte*, auf deren Vorderseite die Angaben zum Leser (Lesernummer, Name, Beruf, Alter und Adresse) eingetragen sind, ferner die Buchkarte, der Leserausweis und das Fristblatt.

Bei der Anmeldung füllt der Leser eine *Leserverpflichtungskarte* aus. Diese wird mit der Lesernummer versehen und in die alphabetische *Leserkartei* eingeordnet. Der Leser erhält den Benutzerausweis. Außerdem wird für ihn eine Leserklappkarte, die in der Bibliothek bleibt, angelegt. Es ist auch möglich, auf die Anmeldekarte zu verzichten und statt dessen die Leserklappkarte gleichzeitig als Verpflichtungsnachweis zu verwenden.

Der Ausleihfall wird verbucht, indem die Buchkarte aus dem Buch genommen und mit dem Fristdatum gestempelt in dic Klappkarte eingelegt wird. In das Buch wird das Fristdatum gestempelt.

Die Leserklappkarten werden nach Lesernummern geordnet in den Ausleihkasten eingestellt. Es ist ebenso möglich, die Leserklappkarten nach wöchentlichen Fristdaten zu ordnen. Hat ein Leser Bücher von verschiedenen Fristdaten ausgeliehen, so steht die Klappkarte unter dem ältesten Datum, wobei die Buchkarten jüngerer Fristdaten quergelegt werden.

Gibt der Leser die Bücher zurück, so werden anhand der Lesernummer vom Ausweis seine Leserklappkarte gezogen, dann die Buchkarten der zurückgegebenen Bücher anhand von Notation, Verfasser und Titel herausgenommen und in die Bücher gesteckt. Die Bücher werden ins Regal gestellt, die Leserklappkarte kommt wieder in den numerisch geordneten Aufbewahrungskasten.

Bei der oben beschriebenen Möglichkeit der Ordnung nach Fristdaten ergeben sich folgende Vorgänge: anhand des Fristdatums im Buch und der Nummer des Leserausweises werden die Klappkarte gezogen und die Buchkarten der zurückgegebenen Bücher herausgenommen. Befinden sich noch weitere Buchkarten in der Klappkarte, so wird diese wieder unter das nun älteste Fristdatum eingeordnet. Problematisch wird es, wenn der Leser zuerst die Bücher mit dem jüngeren Fristdatum zurückgibt, da das im Buch eingestempelte Fristdatum nicht mit dem Datum übereinstimmt, unter dem die Leserklappkarte steht.

Die Buchkarten werden in den Leserklappkarten regelmäßig auf das Fristdatum hin überprüft. Anhand der Daten über das Buch auf der Buchkarte und des Lesers auf der Klappkarte wird das *Mahnschreiben* angefertigt. Auf der Klappkarte wird ein Vermerk über die Mahnung eingetragen. Die Karten werden entweder wieder einsortiert oder als Mahnfälle gesondert gestellt.

Bei der Ordnung der Klappkarten nach Fristdaten gestaltet sich die Mahnung einfacher. Die nach Ablauf der Leihfrist unter einem Fristdatum verbliebenen Leserklappkarten mit den Buchkarten stellen Mahnfälle dar, und die entsprechenden Leser werden angemahnt.

Eine *Fristverlängerung* ist nur möglich, wenn das Buch nicht vorgemerkt ist. Erscheint der Leser persönlich mit dem Buch, wird dies gehandhabt wie eine erneute Entleihung. Beantragt der Leser schriftlich eine Fristverlängerung, so muß er seine Lesernummer sowie Notation, Verfasser und Titel des Buches angeben. Auf der Buchkarte wird dann das neue Fristdatum vermerkt. Die Leserklappkarte wird wieder eingestellt. Bei einer Ordnung der Klappkarten nach Fristdaten muß der Leser zusätzlich das Fristdatum angeben. Entweder werden die Karten unter dem alten Fristdatum mit einem Verlängerungsvermerk oder in einer gesonderten Verlängerungskartei eingestellt.

Für *Vormerkungen* ist es hier möglich, das Verfahren der Vormerkkartei oder das Klotzverfahren anzuwenden. Das Anheften der Vormerkkarte an die entsprechende Buchkarte wäre zu aufwendig.

Die Gesamtzahl der Entleihungen eines Tages kann mittels eines Statistikzählers (Handzählapparats) festgestellt werden. Eine differenzierte *Statistik* nach Buchgruppen kann nur repräsentativ ermittelt werden. Dazu werden die Buchkarten der ausgeliehenen Bücher pro Tag über einen bestimmten Zeitraum, der repräsentativ sein muß - nicht etwa die Ferienzeit - mittels Strichliste nach Sachgruppen ausgezählt. Dies wird dann auf die Jahresausleihe hochgerechnet.

3.1.4 Transaktionskartenverfahren (Ausleihnummernverfahren)

Die bisherigen Buchkartenverfahren zeichneten sich dadurch aus, daß die Verbuchungsunterlagen sich aus denen des Buches (Buchkarte) und des Lesers (Lesernummer auf dem Leserausweis bzw. auf der Leserklappkarte) zusammensetzten. Kennzeichnend für das Transaktionskartenverfahren ist die fortlaufende Kennzeichnung des *Ausleihvorgangs* mit Nummern.

Ursprünglich lief das Verfahren folgendermaßen ab: jede Entleihung wurde numerisch fortlaufend in ein Ausleihjournal eingetragen. Der Leser hatte eine Ausleihkarte, auf der diese Ausleihnummern übertragen wurden. Bei Rückgabe wurden die Nummern der Leihkarte im Journal gestrichen. Die nach Ablauf der Leihfrist im Journal noch nicht gelöschten Ausleihnummern waren Mahnfälle.

Die heute übliche Fotoverbuchung ist ein solches Verfahren. Das Ausleihjournal ist heute der Film, auf dem die Ausleihfälle numerisch aufgezeichnet werden. Der Leihkarte entspricht die Lochkarte, die sich im Buch befindet.

Fotoverbuchung mit Randlochkarten

Folgende Verbuchungsunterlagen bzw. Geräte sind notwendig: Leserausweis, Randlochkartensätze, Mikrofilmaufnahmegerät mit Filmkassette, Gerät zur optischen Nummernkontrolle, Lesegerät oder Lese-Rückvergrößerungsgerät, Kartentasche (im Buch). Jedes Buch muß mit einer Kartentasche ausgestattet sein. Darauf müssen alle zur Identifikation des Buches notwendigen Angaben eingetragen sein: Notation, Verfasser, Titel, Zugangsnummer.

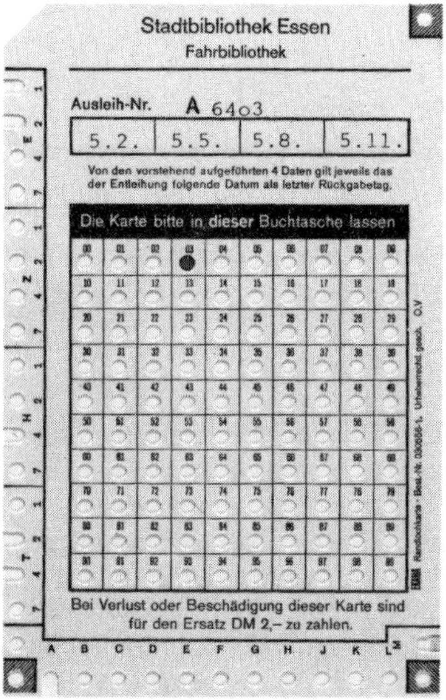

Abb. 16. Randlochkarte

Die *Randlochkarte* enthält ihre Ausleihnummer in zweifacher Weise: in Zahlen ausgedrückt oben auf der Kartenfläche und verschlüsselt durch Kerbungen am linken Kartenrand. Der Kartenrand ist im allgemeinen in 4 Randlochfelder für Einer, Zehner, Hunderter und Tausender eingeteilt. Bei Bibliotheken mit hohen Ausleihzahlen ist auch eine Stelle für Zehntausender möglich. Jedes Feld hat 4 Löcher, die mit 1, 2, 4 und 7 beziffert sind. Mit diesen Ziffern läßt sich jede einstellige Zahl nach einem additiven Verschlüsselungssystem ausdrücken. Die

Zahlen, die eine jeweilige Randlochkarte bezeichnet, sind gekerbt. Die Ziffernkerbung wird wie folgt vorgenommen:

0 = keine Kerbung — 1 = Kerbung bei 1
2 = Kerbung bei 2 — 3 = Kerbung bei 1 und 2
4 = Kerbung bei 4 — 5 = Kerbung bei 1 und 4
6 = Kerbung bei 2 und 4 — 7 = Kerbung bei 7
8 = Kerbung bei 1 und 7 — 9 = Kerbung bei 2 und 7

Beispiel: Die Ausleihnummer 6403 wird durch folgende Kerbung in den 4 Randlochfeldern für die jeweilige Dezimalstelle ausgedrückt:

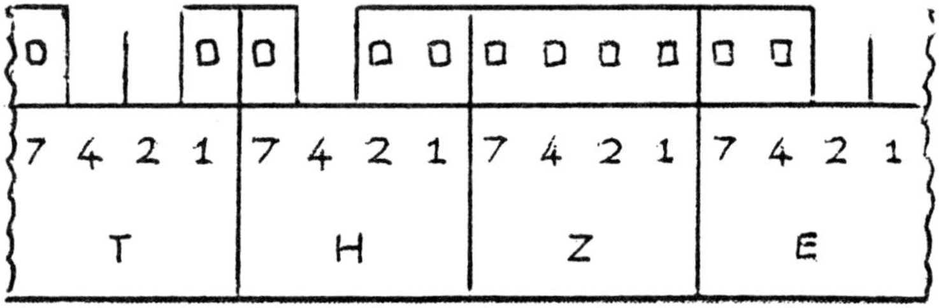

6=4+2 4 0 3=2+1

Außerdem sind die beiden letzten Stellen (Einer und Zehner) der Ausleihnummer noch einmal dargestellt: Der mittlere Teil der Karte ist in 100 Felder (10 Reihen x 10 Spalten) eingeteilt, die den Zahlen 0 - 99 entsprechen. 99 dieser 100 Felder sind gelocht. Nur das Feld, dessen Nummer den beiden letzten Stellen der aufgedruckten Ausleihnummer entspricht, ist nicht gelocht.

Auf der Randlochkarte sind 4 Fristdaten aufgeführt, die jeweils ein Vierteljahr auseinanderliegen (z.B.: 5.2., 5.5., 5.8., 5.11.). Von den 4 aufgeführten Daten gilt das jeweils der Entleihung folgende Datum als letzter Rückgabetag, als Fristdatum. Der Grund dafür, daß 4 Fristdaten aufgeführt sind, liegt darin, daß ein solcher Wochensatz 4mal im Jahr verwendet werden kann. Im oben aufgeführten Beispiel heißt das: Der Wochensatz wird in den Wochen

1. 1. - 7. 1. mit dem Fristdatum 5. 2.
1. 4. - 7. 4. mit dem Fristdatum 5. 5.
1. 7. - 7. 7. mit dem Fristdatum 5. 8.
1.10. - 7.10. mit dem Fristdatum 5.11. ausgegeben.

So sind für das gesamte Jahr nur 13 Wochensätze erforderlich. Um welchen Wochensatz es sich jeweils handelt, ist entweder durch einen farbigen Randstreifen oder durch eine Kerbung am unteren Rand (Kerbung für A-M oder Randlochfelder für die Nummer des Wochensatzes) gekennzeichnet (vgl. Abb. 16, S. 209).

Bei der Anmeldung füllt der Leser eine *Verpflichtungskarte* aus. Sie verbleibt in der Bibliothek und wird in die alphabetische Leserkartei eingeordnet. Der Leser erhält einen Leserausweis mit Name, Adresse und Geburtsdatum. Teilweise enthält der Ausweis noch eine Rubrik mit Ziffern von 0-9 für die jährliche

Zählung der aktiven Leser. Damit ist auch meist eine Überprüfung der vom Leser bei der Anmeldung gemachten Angaben verbunden. Es wird jeweils die Einerstelle des Jahres angekreuzt, in dem er aktiver Leser ist (1991 wird die 1 gekennzeichnet).

Für die Registrierung der Ausleihe liegt der für diese Woche festgelegte Wochensatz von Ausleihkarten bereit, die Karte mit der niedrigsten Nummer oben. In die Kamera ist ein Film eingelegt, der bis zu 3000 Aufnahmen macht. Der Leser legt seinen *Leserausweis* mit den Büchern, die er entleihen möchte, an der Verbuchungstheke vor. Die oberste Ausleihkarte wird in die *Kartentasche* gesteckt. Auf die Aufnahmefläche für die Kamera werden der Leserausweis und das aufgeklappte Buch mit der Kartentasche und der darin befindlichen Ausleihkarte gelegt. Durch Anschlag des Buchdeckels an einen Auslöseknopf - ein manueller Auslöser ist zusätzlich vorhanden - werden die Daten fotografiert und zwar

- Angaben zum Leser vom Leserausweis
- Angaben zum Buch von der Kartentasche
- Angaben zur Ausleihe von der Randlochkarte (Ausleihnummer).

Das Buch wird mit der Randlochkarte und dem Ausweis dem Leser ausgehändigt. Als Verbuchungsunterlage verbleibt in der Bibliothek nur der Film mit den fotografierten Daten.

Wenn der Leser das Buch zurückgibt, wird es auf seinen Zustand und die Einhaltung der Leihfrist geprüft. Eventuelle Mahngebühren werden erhoben. Dann wird die Randlochkarte aus dem Buch genommen, das Buch ins Regal gestellt. Die Randlochkarte wird getrennt nach Wochensätzen abgelegt.

Alle zu einem Fälligkeitsdatum gehörenden, zurückgenommenen Randlochkarten (=1 Wochensatz) werden nach Ablauf der Leihfrist wieder numerisch geordnet. Wären alle Bücher pünktlich zurückgekommen, so dürfte keine Karte fehlen, d.h. alle Nummern von Randlochkarten, die fehlen, stellen Mahnfälle dar. Um eben die fehlenden festzustellen und auch den Wochensatz für die nächste Ausleihe bereit zu haben, muß der Wochensatz numerisch geordnet werden. Das Sortieren geschieht durch das sogenannte *Nadeln*. Es vollzieht sich in zwei Schritten:

1) *Grobnadeln*: Die Karten werden nach der Tausender- und Hunderterstelle sortiert. Eine Sortiernadel wird (bei der Tausender- und Hunderterstelle von links nach rechts) durch die Randlöcher bzw. Kerbungen gesteckt und das Kartenbündel angehoben. Die ungekerbten Karten bleiben auf der Nadel, die gekerbten fallen herunter und werden zur weiteren Nadelung wieder hinten angelegt. Ist das Nadeln beendet, ist der Satz nach der Tausender- und Hunderterstelle sortiert.

2) *Feinnadeln*: Die Karten eines Hunderterstapels müssen jetzt feinsortiert, in die genaue numerische Reihenfolge gebracht werden. Das geschieht so wie oben beschrieben, allerdings bei Einern und Zehnern von rechts nach links. Ein Hunderterstapel ist jetzt geordnet.

Jeder Hunderterstapel muß nun auf fehlende Nummern (=Mahnfälle) durchgesehen werden. Hierzu dient das mittlere Feld der Ausleihkarte mit den 99 gelochten und dem einen geschlossenen Feld. Übereinandergelegt ergeben die 100 Karten eines Hunderterstapels eine "lochlose" Fläche, weil jedes Feld einmal abgedeckt ist. Fehlen aber Karten, so bleiben an diesen Stellen Löcher frei, Licht kann durchfallen. Der Hunderterstapel wird daher auf eine von unten beleuchtete Glasplatte (*optische Nummernkontrolle*) gelegt. Dringt Licht durch, fehlen Karten. Mittels einer Ableseschablone werden die fehlenden Nummern festgestellt und dann notiert.

Beispiel: Im Stapel 8400-8499 dringt an den Stellen 73 und 84 Licht durch; d.h. die Randlochkarten 8473 und 8484 sind nicht da, die Bücher, die diese Lochkarten in der Kartentasche tragen, sind noch nicht zurückgegeben. Der mittlerweile entwickelte Film (in einer Kassette), auf dem die Ausleihen mit den Nummern 8473 und 8484, den fehlenden Nummern, festgehalten worden sind, wird in das *Leserückvergrößerungsgerät* eingespannt und auf die entsprechenden Filmabschnitte hin (fortlaufend nach Nummern) durch Abrollen untersucht.

Hat man den entsprechenden Abschnitt gefunden, so werden entweder die dort festgestellten Angaben von Buch, Leser und Fristdatum aufgeschrieben und auf ein *Mahnschreiben* übertragen, oder es wird, wenn das Gerät zugleich eine Kopiervorrichtung hat, direkt vom Filmabschnitt eine Fotokopie hergestellt, die dann als Mahnung verschickt wird.

Bei der Fotoverbuchung können die Vormerkkartei oder das Klotzverfahren für die Abwicklung von Vormerkungen angewendet werden.

Kommt der Leser zwecks *Fristverlängerung* persönlich mit dem Buch vorbei, so wird dies gehandhabt wie eine erneute Ausleihe. Beantragt der Leser schriftlich eine Fristverlängerung, so muß er folgende Daten angeben: Wochensatz, Kartennummer, Fristdatum, Signatur, Verfasser, Titel, Name und Adresse. Dies wird auf einer Fristverlängerungskarte notiert, mit einer Randlochkarte des augenblicklich ausgegebenen Wochensatzes verbucht, zusammengesteckt und nach der alten Ausleihnummer geordnet abgestellt. Gibt der Leser das Buch zurück, wird anhand der im Buch befindlichen Ausleihkarte der Verlängerungszettel mit der neuen Karte gezogen. Bei der Feststellung der Mahnfälle muß selbstverständlich in der Verlängerungskartei geprüft werden, ob die beim Sortieren festgestellten fehlenden Nummern eventuell Fristverlängerungen und damit keine Mahnfälle sind.

Die Gesamtausleihe wird für die *Statistik* festgestellt durch die Anzahl der ausgegebenen Randlochkarten. Will man nach Schöner Literatur, Sachliteratur und Kinder- und Jugendliteratur differenzieren, so kann man dies nur mit drei Handzählapparaten tun. Eine differenzierte Sachgruppenstatistik ist allerdings nur mit einer Repräsentativzählung oder Auswertung des Films möglich.

Fotoverbuchung mit Maschinenlochkarten

Die Fotoverbuchung mit Maschinenlochkarten läuft vom Prinzip her genauso ab wie das oben beschriebene Verfahren. Statt der Randlochkarte wird eine Maschinenlochkarte verwendet. Diese trägt ebenfalls die Kennzeichnung des Wochensatzes und die Ausleihnummer. Die Ausleihnummer ist dagegen nicht durch eine Kerbung ausgedrückt, sondern durch Stanzungen codiert. Diese Karten haben keine Fristdaten aufgedruckt, so daß zusätzlich eine vorgestempelte Fristkarte oder das Stempeln des Fristblattes notwendig ist.

Der Vorteil dieser Maschinenlochkarten liegt darin, daß sie maschinell sortiert werden. Nach dem Sortieren wird eine Liste der fehlenden Karten bzw. Nummern als Mahnliste ausgedruckt. Dazu müssen dann aber manuell die Filmabschnitte herausgesucht und die Mahnschreiben angefertigt werden.

3.1.5 Leihscheinverfahren

In Wissenschaftlichen Bibliotheken mit geschlossenen Magazinen ist, wo noch keine EDV-Verbuchung stattfindet, die Verbuchung mittels des dreigeteilten Leihscheins am gebräuchlichsten. Der Bestell-/Leihschein besteht aus drei Abschnitten, dem *Stammabschnitt* (linker unterer Teil bis zur rechten Trennlinie), dem rechten seitlichen Abschnitt (*Kupon*) und dem oberen *Löschabschnitt* (vgl. Abb. 17).

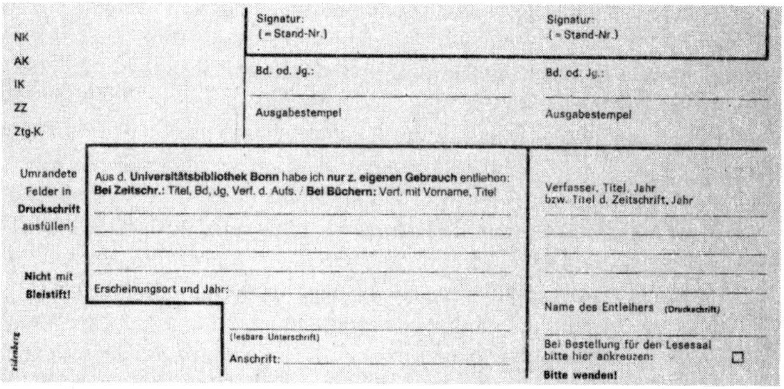
NK
AK
IK
ZZ
Ztg-K.

Signatur:
(= Stand-Nr.)
Bd. od. Jg.:
Ausgabestempel

Signatur:
(= Stand-Nr.)
Bd. od. Jg.:
Ausgabestempel

Umrandete Felder in **Druckschrift** ausfüllen!

Nicht mit Bleistift!

Aus d. **Universitätsbibliothek Bonn** habe ich **nur z. eigenen Gebrauch** entliehen:
Bei Zeitschr.: Titel, Bd, Jg, Verf. d. Aufs. / **Bei Büchern:** Vert. mit Vorname, Titel

Erscheinungsort und Jahr:

(lesbare Unterschrift)

Anschrift:

Verfasser, Titel, Jahr
bzw. Titel d. Zeitschrift, Jahr

Name des Entleihers (Druckschrift)

Bei Bestellung für den Lesesaal bitte hier ankreuzen: ☐

Bitte wenden!

Abb. 17. Dreigeteilter Leihschein

Der Leihschein ist zunächst Bestellschein, um ein Buch aus dem Magazinbestand zu bekommen. Hierzu ermittelt der Leser im Katalog die Signatur und füllt die übrigen Rubriken, Angaben zum Buch und zu seiner Person, aus. Die *Leihstelle* überprüft die angegebene Signatur an den entspr. Katalogen (hier z.B. am AK alt und neu, am Interimskatalog, Zeitschriften- bzw. Zeitungskatalog, vgl. Abb. 17, Feld oben links). Anhand des Bestellscheins wird das Buch aus dem Magazin geholt und, zumeist am nächsten Tag, für den Leser in der Leihstelle zurückgelegt. Eine Sofortausleihe ist durchgängig selten anzutreffen. In der Leihstelle sind die für eine bestimmte Frist zurückgelegten Bücher mit dem Bestellschein nach

Lesernamen oder Lesernummern abholbereit aufbewahrt. Ist das Buch nicht an seinem Standort, also ausgeliehen, so wird dies auf dem Bestellschein vermerkt, meist durch o. Auch diese Bestellscheine werden, um dem Leser diese Information geben zu können, einige Tage aufbewahrt.

Ist das Buch in die Leihstelle gelangt, so wird es dort *absigniert*, d.h. es wird überprüft, ob das aus dem Magazin geholte Buch mit dem bestellten übereinstimmt. Ggf. werden noch fehlende Angaben auf dem Bestellschein ergänzt. Kommt der Leser vorbei, um sein bestelltes Buch abzuholen, legt er seinen Benutzerausweis vor. Das Buch wird anhand des Lesernamens bzw. der Lesernummer aus dem Regal geholt, die Angaben zum Leser und zum Buch werden noch einmal verglichen. Auf den Löschabschnitt und den Kupon wird das Fristdatum gestempelt, ins Buch wird eine Fristkarte gelegt.

Durch die Entleihung wird der Bestellschein zum Leihschein. Der Kupon wird vom Leihschein abgetrennt und in eine nach Signaturen geordnete *Kuponkartei* eingeordnet. Der Stammabschnitt mit dem Löschabschnitt wird in die Benutzerkartei unter den Lesernamen oder den Lesernummern einsortiert. Zuweilen verwendet man in der Benutzerkartei sog. *Benutzertaschen*. Diese werden bei der Anmeldung eines Lesers angelegt. So ist die Benutzerkartei gleichzeitig eine Kartei der zur Zeit eingetragenen Leser.

Wenn der Leser das Buch zurückgibt, wird es auf seinen Zustand und das Fristdatum überprüft. Eventuelle Mahngebühren müssen vom Leser bezahlt werden. Aus der Benutzerkartei wird anhand des Lesernamens bzw. der Lesernummer der Stammabschnitt mit dem Löschabschnitt gezogen. Der Stammabschnitt wird vom Löschabschnitt getrennt und dem Leser als Rückgabequittung ausgehändigt. Mittels des Löschabschnittes oder des Buches selber wird der Kupon aus der Kuponkartei gezogen und vernichtet.

Um dem säumigen Leser eine *Mahnung* zukommen zu lassen, muß die Benutzerkartei regelmäßig auf abgelaufene Fristdaten überprüft werden. Auf dem Stammabschnitt werden die Mahnvorgänge vermerkt.

Möchte ein Leser eine Leihfrist verlängern, so wird, wenn er persönlich mit dem Buch in die Bibliothek kommt, auf dem Löschabschnitt das neue Fristdatum vermerkt und eine neue Fristkarte ins Buch gelegt. Bei einer schriftlichen Verlängerung benötigt die Bibliothek Lesernamen bzw. Lesernummer und die Signaturen der Bücher. Auf dem Löschabschnitt wird das neue Fristdatum festgehalten.

Möchte ein Leser ein Buch vormerken, das zur Zeit ausgeliehen ist, so kann mittels der Signatur vom Bestellschein in der Kuponkartei der gegenwärtige Entleiher ermittelt werden. Entweder wird der neue Bestellschein (*Vormerkung*) an den Stammabschnitt in der Benutzerkartei geheftet oder auf diesem der Vermerk "vorgemerkt" (Stempel) angebracht und der neue Bestellschein separat aufbewahrt. Wird das vorgemerkte Buch vom Leser zurückgegeben, so erkennt man beim Ziehen des Stammabschnitts, daß eine Vormerkung vorliegt und daß eine eventuelle Fristverlängerung nicht möglich ist. Der Leser, der die Vormerkung beantragt hatte, wird benachrichtigt, daß er sein Buch innerhalb einer festgesetzten Frist abholen kann.

Statistisch gezählt werden, meist im Magazin, die positiv erledigten Bestellscheine, also die Entleihungen. Die Zahl der nicht erledigten Bestellungen ergibt sich aus der Differenz zwischen den eingegangenen und den positiv erledigten Bestellungen.

Die *Ausleihverbuchung mittels EDV* wird in Abschnitt 4.8 (S. 290 ff) behandelt.

3.2 Auskunftsdienst

3.2.1 Funktion des Auskunftsdienstes

Aufgabe des Auskunftsdienstes ist es, dem Leser bei der Suche nach Informationen und Literatur zu helfen. Es werden nicht die Informationen selbst geliefert, sondern mit Hilfe von *Auskunftsliteratur* dem Leser das Ermitteln von Informationen ermöglicht.

Die Auskunftserteilung kann mündlich während der Öffnungszeiten der Bibliothek geschehen, wenn der Leser im Auskunftsdienst persönlich erscheint. Üblich sind auch telefonische Auskünfte, weil der Leser, bevor er sich in die Bibliothek begibt oder falls er keine Gelegenheit dazu hat, sich im vorhinein vergewissern will, ob die Bibliothek über die benötigten Informationen verfügt. Darüber hinaus wird insbesondere von auswärtigen Benutzern die Form der schriftlichen Anfrage in Anspruch genommen.

Die Auskunftserteilung erstreckt sich auf folgende Bereiche: Standortauskünfte, bibliographische Auskünfte, Sachauskünfte und Beratung. Die *Standortauskunft* bedeutet den Hinweis auf die Aufstellung von Bestandsgruppen, auf die Systematik und auf Kataloge. Dies sollte bereits durch ein gutes Leitsystem und Beschilderungen sowohl für die Regale als auch die Arbeitsinstrumente gewährleistet sein. Vielfach ist hier aber Hilfestellung zu geben.

Die *bibliographische Auskunft* bezieht sich auf die Beantwortung von Fragen nach dem Vorhandensein von bestimmten Titeln, auf Literaturzusammenstellungen zu bestimmten Themen oder auf die bibliographische Recherche bei nicht vorhandenen Titeln. Hilfsmittel hierzu sind die *Kataloge* der Bibliothek, *Bibliographien* und ggf. *Nachschlagewerke* mit Literaturangaben.

Die *Sachauskunft* ist die Hilfestellung bei der Suche nach Sachverhalten. Die hierzu verfügbare Literatur ist fast der gesamte Bibliotheksbestand, vor allem aber sind es Nachschlagewerke allgemeiner und spezieller Art, ferner Handbücher, also das gesamte Informationsmaterial.

Darüber hinaus geht die *Beratung*, die in Öffentlichen Bibliotheken eine wesentliche Rolle spielt, insbesondere für die Belletristik und Kinder- und Jugendliteratur. Dabei werden vom Benutzer Empfehlungen für bestimmte Titel, die seiner Frage- bzw. Erwartungshaltung entsprechen, erwartet. Hierfür sind umfangreiche Literaturkenntnisse und meist Berufserfahrung notwendig.

3.2.2 Allgemeine Auskunftsliteratur

Die wesentlichen Hilfsmittel zur Auskunftserteilung neben dem Bibliothekskatalog sind: Enzyklopädien, Lexika, biographische Nachschlagewerke, Anschriftenverzeichnisse, fachspezifische Nachschlagewerke, Buchhandelsverzeichnisse und Bibliographien, die vielfach heute nicht nur in Buchform, sondern auch als CD-ROM erscheinen.

Die **Enzyklopädie** ist ein nach weitgefaßten *Schlagwörtern* alphabetisch geordnetes Nachschlagewerk mit einer eng begrenzten Anzahl von Artikeln in ausführlicherer wissenschaftlicher Darstellung. Im Unterschied dazu enthält ein Lexikon eine Vielzahl allgemeinverständlicher, geraffter Darstellungen zu eng gefaßten Schlagwörtern, ebenso alphabetisch angelegt. Das sog. *Enzyklopädische Lexikon* versucht, beide Arten in sich zu vereinen, indem es zwischen die kurzen, nach engen Schlagwörtern geordneten Artikel, ausführlichere Abhandlungen zu weitgefaßten Schlagwörtern einschiebt. In der Praxis erscheinen allerdings eher Mischformen beider. Ist ein Nachschlagewerk *allumfassend*, wird es vom Verlag häufig schon *Enzyklopädie* genannt, unabhängig von seiner Anlage.

Mit Begriffen wie Handlexikon, Taschenlexikon, Universallexikon, Enzyklopädie unterscheiden Verlage häufig auch die mehr oder weniger umfangreichen Ausgaben des gleichen **Lexikons**. Es gibt allgemeine, d.h. alle oder mehrere Wissensgebiete umfassende Lexika; für sie trifft die Bezeichnung Universallexikon zu, im Unterschied zu speziellen Sachlexika, die auch unter dem Titel Sachwörterbuch oder Handwörterbuch ein einzelnes Fach- oder Wissenschaftsgebiet auflisten.

Die meisten *Nachschlagewerke* leisten neben ihrer sachlichen Auskunftserteilung auch bibliographische Dienste, da oft zu den Artikeln mehr oder minder umfangreiche Literaturangaben, Primär- und Sekundärliteratur, aufgeführt sind.

Fertigung und Auslieferung eines mehrbändigen Nachschlagewerks erstrekken sich meist über einen längeren Zeitraum, manchmal über mehrere Jahre. In dieser Zeit veralten manche Inhalte und Daten bereits. Um diesem Mangel abzuhelfen, wenden die Verlage verschiedene Möglichkeiten der Aktualisierung an. Entweder werden bereits nach Erscheinen einer bestimmten Zahl von Einzelbänden eingearbeitete Nachträge mitgeliefert oder es erfolgt die Lieferung ganzer Nachtragsbände nach Abschluß des Gesamtwerks. Um das nun an sich abgeschlossene Werk darüber hinaus mit aktuellen Daten zu ergänzen, gibt es die Publikation des Jahrbuchs.

Allgemeine Jahrbücher

Ein Jahrbuch enthält alle wesentlichen Daten und Fakten eines abgelaufenen Jahres und damit verbundene Informationen auf dem neuesten Stand. Das Jahrbuch wird auch bei *Enzyklopädien* als Mittel zur Aktualisierung benutzt. Zu beachten ist, daß das im Titel des Jahrbuchs angegebene Jahr nicht unbedingt identisch ist mit dem Zeitraum, über den berichtet wird. Jahrbücher zu Enzyklopädien und Lexika sind alphabetisch angelegt. Darüber hinaus gibt es auch selbständig erscheinende Jahrbücher, die chronologisch oder auch systematisch ordnen.

Allgemeine biographische Nachschlagewerke

Biographische Nachschlagewerke geben Auskünfte über *Personen*. Sie enthalten Sammlungen knapper Lebensbeschreibungen. Zum Inhalt eines Artikels in einem biographischen Nachschlagewerk gehören außer dem vollständigen Namen im wesentlichen: Geburts- und Sterbedaten, Eltern - Heirat - Kinder, Lebensweg, beruflicher Werdegang, Adresse, Mitgliedschaften, Ehrungen, Werkverzeichnis (Literatur, Gemälde, Bauwerke u.a.), Sekundärliteratur, Bild (Foto) oder Nachweis von einem Bild, etwa in einem Porträtverzeichnis. Wegen der aufgeführten Primär- und Sekundärliteratur eignen sich biographische Lexika zuweilen auch zur bibliographischen Ermittlung.

Biographische Nachschlagewerke gibt es auf internationaler, nationaler, regionaler und auch lokaler Ebene. Sie können als einmaliges, abgeschlossenes Werk erscheinen oder in regelmäßigen Abständen, jeweils auf den neuesten Stand gebracht. Auch die Form der *Loseblattsammlung* ist üblich. Der Kreis der erfaßten Personen kann allgemein sein oder sich auf ein Fachgebiet oder einen Berufsstand beziehen. Zu berücksichtigen ist bei der Benutzung eines biographischen Nachschlagewerks, ob es nur verstorbene oder nur lebende Personen oder beide Arten beinhaltet.

Allgemeine Anschriften- und Institutionenverzeichnisse

Dort sind Institutionen, Ämter, Behörden, Parlamente, Gesellschaften, Organisationen, Vereine, Verbände, Firmen, Stiftungen u.ä. verzeichnet. Dabei handelt es sich um die Angabe von Name, Adresse, Gliederung, Aufgabe, Leitung, Arbeitsgebiet und Mitgliedschaft in anderen Organisationen und Verbänden. Diese Nachschlagewerke haben auch bibliographische Funktion, wenn dort Veröffentlichungen, Tagungsberichte, eigene Zeitschriften und andere Publikationen oder Literatur über die Tätigkeit dieser Institutionen aufgeführt sind.

Derartige Verzeichnisse gibt es für verschiedene Einrichtungen, z.B. für wissenschaftliche Institutionen, für Lehr- und Forschungsstätten, für Gesellschaften, Organisationen, Akademien, Vereine und Institute, für Archive und Bibliotheken u.a.

Im weiteren Sinne zählen zu diesem Bereich auch Firmenadressbücher, Branchenverzeichnisse, Einwohner-Adressbücher, Telefonbücher und das Postleitzahlenverzeichnis. Ebenso gehören dazu etwa Fahrpläne, Kursbücher, schließlich Stadtpläne und ähnliche Informationshilfen. Ferner rechnet man dazu Vorlesungs- und Veranstaltungsverzeichnisse von Hochschulen, Volkshochschulen, Fortbildungs- und Weiterbildungseinrichtungen und kultureller Einrichtungen wie z.B. Theater, Museum, Kino, ferner Veranstaltungskalender auf lokaler und regionaler Ebene, die Kongresse, Messen, Ausstellungen u.ä., auch den *alternativen* Bereich berücksichtigen.

Allgemeine Abkürzungsverzeichnisse

Abkürzungen sind in der Umgangssprache und insbesondere aber in der Sach-

und Fachliteratur weit verbreitete Hilfsmittel zur schnelleren Erfassung eines Textes, oder sie dienen als prägnante Symbole für komplizierte Begriffe, als Vereinfachungen für ausführliche Bezeichnungen, Überschriften und Titel. Die Bedeutung von Abkürzungen zeigt sich schon darin, daß in vielen Fachbüchern ein Abkürzungsverzeichnis enthalten ist (s. auch hier S. 316 ff).

Neben allgemeinen Abkürzungsverzeichnissen, die sich Abkürzungen aus mehreren Gebieten widmen, gibt es auch Verzeichnisse, die nur die Abkürzungen von Organisationen und Vereinen erklären. In der Bibliotheksarbeit sind am gebräuchlichsten Verzeichnisse, die Titelabkürzungen von Zeitschriften, Zeitungen, Handbüchern, Wörterbüchern, Gesetzen, Standardwerken u.a. auflösen.

Fachspezifische Nachschlagewerke

Fachspezifische Nachschlagewerke berücksichtigen nur ein bestimmtes Fachgebiet. Für alle Sachgebiete existieren Fachlexika. Darüber hinaus sind bestimmte Nachschlagewerke typisch für einige Fachgebiete, so z.B. im Bereich der Kunst und der Literaturwissenschaft biographische Nachschlagewerke, in der Wirtschaft Firmenadressverzeichnisse, in den Naturwissenschaften und im juristischen Bereich spezielle Abkürzungsverzeichnisse, in der Mathematik Formelsammlungen, im Rechtswesen Fundstellennachweise von Gesetzen und Verordnungen. Die Sprachwissenschaft kennt Fremdsprachen- und etymologische (die Wortherkunft erklärende) Wörterbücher, die Biologie Bestimmungsbücher für Pflanzen- und Tierarten.

3.2.3 Buchhandelsverzeichnisse

Buchhandelsverzeichnisse geben einen Überblick über die zu einem bestimmten Zeitpunkt im Handel befindliche Buchproduktion eines Landes. Voraussetzung für die Aufnahme eines Titels in ein Buchhandelsverzeichnis ist also, daß das Buch lieferbar ist, unabhängig davon, wann es erschienen ist. Rückschauend besteht keine zeitliche Begrenzung. Vielfach werden aber auch Titel vorangekündigt, die noch nicht erschienen sind (nur mit ca.-Angaben). Vereinzelt findet man allerdings auch zur Zeit vergriffene Titel. Diese sind aber zumeist entsprechend gekennzeichnet. Zu den Buchhandelsverzeichnissen zählen auch die Kataloge der Barsortimenter.

Buchhandelsverzeichnisse erscheinen im allgemeinen jährlich im Herbst zur Zeit der Frankfurter *Buchmesse*. Ihr Inhalt wird im Laufe des Jahres durch Nachträge ergänzt. Die Titelaufnahmen sind meistens nicht nach bibliothekarischen Regeln erstellt. So kann sich die Ansetzung eines Titels im Bibliothekskatalog von derjenigen im Buchhandelsverzeichnis unterscheiden. Berücksichtigt sind stets die für den Buchhandel wichtigen Angaben. Das sind außer der Titelei Preis, Einbandart, Abbildungen. Buchhandelsverzeichnisse enthalten nicht nur Bücher, sondern auch Karten, Kalender, Sprach- und Literaturkassetten, Videos, Computerprogramme und Disketten.

Wegen der Menge der erfaßten Titel und der Aktualität sind Buchhandelsverzeichnisse auch für Bibliotheken unentbehrlich. Sie werden zur *Sichtung des Buchmarktes* herangezogen, bei Ersatzbeschaffungen für verlorengegangene Exemplare, zur Ermittlung von Preisen in Fällen der Ersatzleistung, häufig auch zur Ermittlung von Titeln zu einem bestimmten Thema, also zur *Auskunftserteilung*. Die Entwicklung der letzten Jahre zeigt, daß die Datenmengen auch als Datenbanken genutzt werden, im Buchhandel vor allem für das Bestellwesen.

Das wichtigste Buchhandelsverzeichnis in der Bundesrepublik ist das *Verzeichnis lieferbarer Bücher (VLB)*, das seit 1971 erscheint. Es wird vom Börsenverein des Deutschen Buchhandels herausgegeben und erscheint jährlich im Herbst mit einem Ergänzungsband im Frühjahr. Es enthält ca. 600 000 lieferbare Titel aus 9000 Verlagen aus der Bundesrepublik, Österreich, der Schweiz und vereinzelt auch aus anderen Ländern. Der deutsche Buchmarkt ist fast vollständig erfaßt. Die bibliographischen Angaben werden ergänzt durch die Aufführung des Barsortimentssigels und der Verlagsauslieferung in Deutschland, Österreich und der Schweiz. Die Eintragungen basieren auf freiwilliger Meldung der Verlage; es sind auch noch nicht lieferbare Titel und vereinzelt nicht mehr lieferbare Titel aufgeführt. Diese sind gekennzeichnet durch *iVb* (= in Vorbereitung) bzw. *vergriffen*.

Das VLB ist gegliedert in zwei Hauptteile. Zum einen gibt es den Autoren-Titel-Stichwörter-Teil (in grünem Einband). Er enthält zusätzlich zu den Eintragungen (unter dem Autor bzw. Titel und Verweisungen von Titel und Stichwörtern auf die Haupteintragung) eine Reihenübersicht mit 14 000 in diesem Teil genannten Reihen; hinzu kommt ein Verlagsregister, das zur Verlagskurzbezeichnung den vollständigen Verlagsnamen, dessen Anschrift und den *ISBN-Teil* des Verlages nennt, sowie ein numerisches Verzeichnis der ISBN-Verlagsnummern. Im dazugehörigen ISBN-Register wird zu jeder ISBN die Seite, die Spalte und die Position in der Spalte für die Eintragung angegeben.

Den zweiten Hauptteil bildet das Schlagwortverzeichnis, das die Titel des Autoren-Titel-Stichwörter-Teils mit Ausnahme der Belletristik nach Schlagwörtern erschließt. Außerdem gehört eine alphabetische Übersicht der Schlagwörter einschließlich der Verweisungen sowie ein Verlagsregister dazu.

Das VLB ist auch als Magnetband, als Online-Version und als CD-ROM mit integrierten Barsortimentsverzeichnissen verfügbar. Die CD-ROM wird durch Lieferung einer neuen CD neunmal pro Jahr auf den aktuellen Stand gebracht. Titel sind nach allen Kriterien auffindbar: Autor, Titel, Verlag, Erscheinungsjahr, Stichwort, Schlagwort, Reihe, Preis, ISBN und durch Verknüpfung dieser Kriterien.

Außer dem VLB gibt es seit 1987 noch das *VLS, Verzeichnis lieferbarer Schulbücher*, das jährlich erscheint. Es enthält ca. 40 000 Titel von Lehrwerken für Schulen, von Sprachlehrwerken, Klassenlektüren, Repetitorien, Schulwörterbüchern sowie Lehr- und Arbeitsmaterial. Im Bibliotheksbereich ist es vor allem für Schulbibliotheken und -mediotheken von Bedeutung.

3.2.4 Bibliographische Nachschlagewerke

Eine **Bibliographie** ist ebenso wie ein Bibliothekskatalog ein nach bestimmten Gesichtspunkten geordnetes Verzeichnis von Publikationen. Während der Katalog Bestände einer oder mehrerer Bibliotheken nachweist, verzeichnet die Bibliographie grundsätzlich Bücher, Zeitschriften und andere Medien ohne Rücksicht auf ihr Vorhandensein in einer Bibliothek. Zweck einer Bibliographie ist es, die unübersehbare Menge an Veröffentlichungen zu verzeichnen, zu ordnen und mit Hilfe genauer Titelaufnahmen formal zu beschreiben.

Eine besondere Aufgabe fällt dabei der *Nationalbibliographie* zu. Sie kann in unterschiedlicher Weise Publikationen eines Landes nachweisen. Zum einen kann sie nur das in dem jeweiligen Land erschienene Schrifttum verzeichnen (*Territorialkonzeption*). Darüber hinaus kann sie auch das in der Landessprache im Ausland erschienene Schrifttum erfassen (*Sprachkreiskonzeption*). Am weitesten geht diejenige Konzeption, die auch das Schrifttum enthält, das *über* das Land erschienen ist, möglicherweise auch die fremdsprachigen Übersetzungen von Werken aus dem eigenen Sprachkreis oder Territorium. Eine Nationalbibliographie wird meist von der jeweiligen *Nationalbibliothek* herausgegeben, da diese gewöhnlich als zentrale *Archivbibliothek* über das Pflichtexemplarrecht verfügt und insofern alle entsprechenden Veröffentlichungen sammelt.

Bibliotheken nützen Bibliographien nicht nur zur Sichtung des Buchmarktes und zur Überprüfung der Neuerscheinungen; sie benötigen Bibliographien vor allem im Auskunftsdienst und Leihverkehr, um fehlende Daten zu ergänzen bzw. vorgegebene Daten zu bestätigen oder zu korrigieren.

Man kann folgende **Arten von Bibliographien** unterscheiden:

Selbständige Bibliographien; sie stellen eine selbständige Veröffentlichung dar; unselbständige Bibliographien, die in einer anderen Veröffentlichung enthalten sind; abgeschlossene, retrospektive Bibliographien, die Veröffentlichungen einer fest eingegrenzten Zeit erfassen; laufende, periodische Bibliographien, die in regelmäßigen Abständen das neu erschienene Schrifttum verzeichnen; allgemeine Bibliographien, die Titel aus allen Sachgebieten enthalten; Fachbibliographien, die Titel aus nur einem Sachgebiet nachweisen; alle Schriftengattungen enthaltende Bibliographien im Unterschied zu solchen, die nur bestimmte Gattungen verzeichnen (Tonträger, Zeitschriften, Zeitungen, Notenwerke usw.).

Internationale Bibliographien weisen Literatur aus allen Ländern nach, nationale Bibliographien nur aus einem Land; regionale Bibliographien verzeichnen Literatur aus bzw. über eine Region, lokale Bibliographien Literatur aus bzw. über eine Stadt. Bei Primärbibliographien ist die Titelaufnahme vom vorliegenden Werk erstellt (nach Autopsie); Sekundärbibliographien entnehmen die Titelaufnahme einem anderen Verzeichnis. Titelbibliographien enthalten nur die formalen Titelaufnahmen; bei annotierten Bibliographien sind der Titelaufnahme zusätzlich inhaltliche Erläuterungen beigefügt.

Die Ordnung der *Titelaufnahmen* in Bibliographien kann unterschiedlich erfolgen. Möglich ist eine alphabetische Ordnung nach Verfassern, Sachtiteln, Körperschaften, auch nach Schlagwörtern. Eine Kreuzordnung enthält Eintragungen unter dem Autor, dem Sachtitel und dem Schlagwort. Schließlich gibt es die systematische Ordnung. Seltener sind die topographische Ordnung, in der die Titel nach geographischen Begriffen geordnet sind, oder die chronologische Ordnung nach Erscheinungsjahren. Zusätzlich zu dem angewandten Ordnungsprinzip einer Bibliographie können Register das Titelmaterial in einer anderen Form nachweisen.

Bibliographien deutschsprachigen Schrifttums in der Bibliothek

1) Gesamtverzeichnis des deutschsprachigen Schrifttums (GV) 1700-1910

Berichtszeit:	1700-1910
formaler Umfang:	Erscheinungen innerhalb und außerhalb des Buchhandels; Bücher, Zeitschriften, Reihen, Zeitungen, Karten, Pläne
geographischer Umfang:	deutschsprachiges Schrifttum und fremdsprachiges Schrifttum aus dem deutschsprachigen Raum
Grundlage:	178 ältere bibliographische Nachschlagewerke, die vollständig oder teilweise ausgewertet sind und deren Titelaufnahmen abfotografiert wurden
Titelaufnahme:	unterschiedliche Regelwerke
Ordnung:	alphabetisch nach Verfassern bzw. Sachtiteln
Register:	-

2) Gesamtverzeichnis des deutschsprachigen Schrifttums (GV) 1911-1965

Berichtszeit:	1911-1965
formaler Umfang:	Erscheinungen innerhalb und außerhalb des Buchhandels; Bücher, Landkarten, Zeitschriften nur in Auswahl
geographischer Umfang:	s. GV 1700-1910
Grundlage:	15 Bibliographien; u.a. Deutsches Bücherverzeichnis 1911-1965, Deutsche Bibliographie, Fünfjahresverz. 1945-1965,

	Jahresverzeichnis deutscher Hochschulschriften
Titelaufnahme:	unterschiedliche Regelwerke, meist nach Preußischen Instruktionen (PI)
Ordnung:	alphabetisch nach Verfassern bzw. Sachtiteln
Register:	-

Die beiden GV sind auch als Mikrofiche-Ausgabe erhältlich.

Daneben gibt es das *GVB (Gesamtverzeichnis des deutschsprachigen Schrifttums außerhalb des Buchhandels 1966-1980)* und das *GVH (Gesamtverzeichnis deutschsprachiger Hochschulschriften 1966-1980).*

3.2.5 Deutsche Nationalbibliographie (früher Deutsche Bibliographie)

Die Deutsche Bibliothek in Frankfurt am Main hatte bis Oktober 1990 die Aufgabe, das deutsche Schrifttum seit 1945 zu sammeln und in einer Nationalbibliographie zu verzeichnen. Das Gesetz über die Deutsche Bibliothek vom 31.3.1969, erweitert um das Gesetz zum Einigungsvertrag vom September 1990, bestimmt die Deutsche Bibliothek zur zentralen *Archivbibliothek* der Bundesrepublik Deutschland. Sie sammelt, inventarisiert und verzeichnet bibliographisch

1. die ab 1913 in Deutschland verlegten oder hergestellten Druckwerke bzw. Tonträger, sowie
2. die ab 1913 im Ausland verlegten oder hergestellten deutsch-sprachigen Druckwerke, ferner die Übersetzungen deutscher Druckwerke in andere Sprachen und die fremdsprachigen Druckwerke über Deutschland und
3. die zwischen 1933 und 1945 von deutschsprachigen Emigranten verfaßten oder veröffentlichten Druckwerke.

Soweit sich die Aufgaben auf Musiknoten und Musiktonträger beziehen, ist zu ihrer Erfüllung als Abteilung der Deutschen Bibliothek das *Deutsche Musikarchiv* in Berlin zuständig.

Aufgrund des Einigungsvertrages wurde die Funktion der zentralen Archivbibliothek und des nationalbibliographischen Zentrums auf die *Deutsche Bibliothek* in Frankfurt am Main und die *Deutsche Bücherei* in Leipzig übertragen. Hinzukommt für den Bereich der Musikalien und Musiktonträger die Musikaliensammlung der Deutschen Bücherei zusätzlich zum *Deutschen Musikarchiv.* Unter dem übergreifenden Namen *Die Deutsche Bibliothek* werden nun die drei Abteilungen Deutsche Bücherei Leipzig, Deutsche Bibliothek Frankfurt am Main und Deutsches Musikarchiv Berlin zusammengefaßt.

Die bibliographische Verzeichnung erfolgt in verschiedenen Stufen. Das **Wöchentliche Verzeichnis** ist das Grundverzeichnis; es beruht auf Autopsie, d.h. das Buch liegt zur Titelaufnahme vor. Das Wöchentliche Verzeichnis wird weiterverarbeitet, und die Daten werden zusammengefaßt (kumuliert) auf der Grundlage bereits vorliegender Daten.

Das Wöchentliche Verzeichnis ist seit 1965 in **verschiedene Reihen** aufgeteilt und durch neue Verzeichnisse ergänzt worden. Bisher außerhalb der Reihen geführte Verzeichnisse wurden 1991 als Reihen D, E, F integriert. Mit Beginn des Jahres 1991 wurde die Deutsche Bibliographie umbenannt in *Deutsche Nationalbibliographie und Bibliographie der im Ausland erschienenen deutschsprachigen Veröffentlichungen.* Diese umfaßt nun auch die in den fünf neuen Bundesländern erscheinende Literatur, die bislang von der *Deutschen Bücherei Leipzig* gesammelt und bibliographisch in der bis 1990 dort erschienenen Deutschen Nationalbibliographie verzeichnet wurde. Es enthalten:

Reihe A	*Monographien und Periodika des Verlagsbuchhandels* seit 1965
Reihe B	*Monographien und Periodika außerhalb des Verlagsbuchhandels* seit 1965
Reihe C	*Karten* seit 1965
Reihe D	*Monographien und Periodika – Halbjahresverzeichnis* seit 1951
Reihe E	*Monographien und Periodika – Fünfjahresverzeichnis* (Deutsches Bücherverzeichnis) seit 1945
Reihe F	*Zeitschriftenverzeichnis*
Reihe G	*Fremdsprachige Germanica und Übersetzungen deutschsprachiger Werke*
Reihe H	*Hochschulschriften* seit 1971
Reihe M	*Musikalien und Musikschriften* seit 1976
Reihe N	*Vorankündigungen Monographien und Periodika (CIP),* früher: *Neuerscheinungen Sofortdienst* seit 1975
Reihe T	*Musiktonträger* seit 1974

Als CD-ROM sind alle Titel aus den Reihen A, B, C, G, H und N der Deutschen Nationalbibliographie seit 1986 erhältlich. Die CD-ROM erscheint viermal jährlich und ist seit 1993 aufgeteilt in *Deutsche Nationalbibliographie 1986-1992* (abgeschlossen) und *Deutsche Nationalbibliographie aktuell* mit Titeln ab 1993.

Deutsche Nationalbibliographie Reihe A: Monographien und Periodika des Verlagsbuchhandels

Berichtszeit:	1965-
Erscheinungsweise:	wöchentlich, geheftet
formaler Umfang:	Bücher, Zeitschriften, Kalender, Kartenwerke, literarische Tonträger, AV-Medien
geographischer Umfang:	Pflichtexemplare der in der Bundesrepublik Deutschland verlegten Veröffentlichungen und die Beleg-, Kauf- und Tauschexemplare

	(deutschsprachige) aus anderen Ländern, insbesondere Österreich und der deutschsprachigen Schweiz
Inhalt:	Erscheinungen des Verlagsbuchhandels
Titelaufnahme:	nach RAK-WB, mit Angabe von Schlagwörtern
Ordnung:	nach 65 Sachgruppen; innerhalb der Sachgruppe alphabetisch nach Verfassern, Sachtiteln bzw. Körperschaften
Register:	Verfasser-, Titel-, Schlagwort- und Stichwortregister (zusammen mit Reihe B) ISSN/ISBN-Register (zusammen mit Reihe B), Verlagsregister (nur Reihe A)
Kumulationen:	Titelmaterial s. Reihe D und E: Halbjahres- und Fünfjahresverzeichnis, Register: jeweils 4 oder 5 Wochenregister werden zum Monatsregister kumuliert, das zugleich das 4. bzw. 5. Wochenregister eines jeden Monats ersetzt.

Deutsche Nationalbibliographie Reihe B: Monographien und Periodika außerhalb des Buchhandels

Berichtszeit:	1965-
Erscheinungsweise:	wöchentlich, geheftet
formaler Umfang:	s. Reihe A
geographischer Umfang:	s. Reihe A
Inhalt:	Erscheinungen außerhalb des Verlagsbuchhandels
Titelaufnahme:	s. Reihe A
Ordnung:	s. Reihe A
Register:	s. Reihe A
Kumulationen:	s. Reihe A

Deutsche Nationalbibliographie Reihe C: Karten

Berichtszeit:	1965-
Erscheinungsweise:	vierteljährlich, geheftet
formaler Umfang:	Einzelkarten (Atlanten dagegen in Sachgruppe 62 Reihe A und B)
geographischer Umfang:	s. Reihe A
Inhalt:	Karten inner- und außerhalb des Verlagsbuchhandels
Titelaufnahme:	RAK-Karten (Sonderregeln für kartographische Materialien)

Ordnung:	alphabetisch nach dem Sachtitel
Register:	Verfasser-, Titel- und Stichwortregister, Verlagsregister, ISSN/ISBN-Register
Kumulationen:	Titelmaterial s. Reihe D und E: Halbjahres- und Fünfjahresverzeichnis.

Deutsche Nationalbibliographie Reihe D: Monographien und Periodika – Halbjahresverzeichnis

Berichtszeit:	1951-
Erscheinungsweise:	halbjährlich, in Bänden
Inhalt:	Daten des Halbjahres der Reihen A, B und C
Ordnung:	Teil 1 alphabetisches Titelverzeichnis nach Verfassern, Sachtiteln, Körperschaften
Register:	Teil 2 Schlag- und Stichwortregister mit systematischer Übersicht der vorkommenden Schlagwörter; einige Titel werden nur durch Stichwörter erschlossen, z. B. Romane, Kinder- u. Jugendliteratur, Kalender, Karten
Kumulationen:	s. Reihe E: Fünfjahresverzeichnis.

Deutsche Nationalbibliographie Reihe E: Monographien und Periodika – Fünfjahresverzeichnis (Deutsches Bücherverzeichnis)

Berichtszeit:	1945-
Erscheinungsweise:	alle 5 Jahre; in Lieferungen
Inhalt:	Daten der 10 Halbjahresverzeichnisse
Ordnung:	Teil 1 alphabetisches Titelverzeichnis nach Verfassern, Sachtiteln, Körperschaften
Register:	Teil 2 Schlag- und Stichwortregister mit alphabetischer und systematischer Übersicht der vorkommenden Schlagwörter; wie bei der Reihe D: Halbjahresverzeichnis werden einige Literaturgruppen nur unter dem Stichwort nachgewiesen.

Deutsche Nationalbibliographie Reihe F: Zeitschriftenverzeichnis

Das Zeitschriftenverzeichnis erschien bislang mit wechselnden Berichtszeiträumen. Für die Jahre 1945-1952 und 1953-1957 liegt jeweils ein Zeitschriftenverzeichnis vor. Die folgenden für die Jahre 1958-1970, 1971-1976, 1977-1980 und 1981-1985 enthielten im Anschluß an die jeweils vorhergehenden Verzeichnisse Neuerscheinungen von Zeitschriften sowie Periodika mit wesentlichen bibliographischen Änderungen (z.B. Titel und Verlagsänderungen, Einstellen des Erscheinens). Das Zeitschriftenverzeichnis enthält, jetzt alle fünf Jahre erscheinend, in einem nach Sachgruppen geordneten Textteil die in Deutschland und im deutschsprachigen Ausland neu erschienenen oder geänderten periodischen Publikationen mit einem Verfasser-, Titel-, Schlagwort- und Stichwortregister.

Deutsche Nationalbibliographie Reihe G: Fremdsprachige Germanica und Übersetzungen deutschsprachiger Werke

Berichtszeit:	1989-
Erscheinungsweise:	vierteljährlich
formaler Umfang:	Monographien
Inhalt:	fremdsprachige Werke über Deutschland und Persönlichkeiten des deutschen Sprachgebietes, wenn sie außerhalb Deutschlands erscheinen, und Übersetzungen aus der deutschen Sprache in fremde Sprachen, wenn sie außerhalb Deutschlands erscheinen
Titelaufnahme:	nach RAK-WB
Ordnung:	nach 65 Sachgruppen
Register:	Verfasser-, Titel-, Schlagwort- und Stichwortregister, Sprachregister, Verlagsregister
Kumulationen:	Titelmaterial keine, Jahresregister.

Deutsche Nationalbibliographie Reihe H: Hochschulschriften

Berichtszeit:	1971-
Erscheinungsweise:	monatlich, geheftet
formaler Umfang:	Dissertationen, Habilitationen
geographischer Umfang:	Hochschulschriften der Hochschulen der Bundesrepublik Deutschland
Titelaufnahme:	nach RAK-WB
Ordnung:	nach 65 Sachgruppen
Register:	Verfasser-, Titel-, Schlagwort- und Stichwortregister
Kumulationen:	Titelmaterial keine, Register jährliches Verfasser-, Titel-, Schlagwort- u. Stichwortregister.

Auf CD-ROM (Diss-CD) liegt für den Berichtszeitraum 1945-1992 eine Zusammenfassung der deutschen Hochschulschriften vor.

Deutsche Nationalbibliographie Reihe M: Musikalien und Musikschriften

Berichtszeit:	1976-
Erscheinungsweise:	monatlich, geheftet
formaler Umfang:	Teil I Musikalien, auch nicht im Handel erhältliche Teil II Musikschriften

geographischer Umfang:	Pflichtexemplare aus der Bundesrepublik Deutschland und Beleg-, Kauf- und Tauschexemplare aus anderen Ländern
Titelaufnahme:	nach RAK-Musik (Regeln für Musikalien und Musiktonträger)
Ordnung:	nach 11 Sachgruppen
Register:	Teil I Verlagsregister, Namens- und Titelregister Teil II Verfasser-, Titel-, Schlagwort- und Stichwortregister
Kumulationen:	Titelmaterial keine, gemeinsames Jahresregister.

Deutsche Nationalbibliographie Reihe T: Musiktonträger

Berichtszeit:	1974-
Erscheinungsweise:	monatlich
formaler Umfang:	Musiktonträger: Langspielplatten, Kassetten, Singles, CDs
geographischer Umfang:	s. Reihe M
Titelaufnahme:	s. Reihe M
Ordnung:	s. Reihe M
Register:	Firmenregister, Namens- und Titelregister
Kumulationen:	Titelmaterial keine, Register jährliches Namens- und Titelregister.

Deutsche Nationalbibliographie Reihe N: Vorankündigungen Monographien und Periodika (CIP) (früher: *Neuerscheinungen Sofortdienst)*
Während die bisher beschriebenen Reihen diejenigen Titel nachweisen, die der Deutschen Bibliothek als Pflicht- oder Belegexemplare zugegangen, dort katalogisiert (Autopsie) und verzeichnet worden sind, enthält die Reihe N bibliographische Angaben zu Publikationen, die noch nicht erschienen sind. Die Anzeige erfolgt bis zu ca. 4 Wochen vor Erscheinen des Buches im Buchhandel.
CIP = Cataloguing in publication
Der an dieser Reihe freiwillig teilnehmende Verlag schickt möglichst 8 Wochen vor dem voraussichtlichen Erscheinen des Buches einen Fahnenabzug der "erweiterten Titelei" (Vorder- und Rückseite der Haupttitelseite, Inhaltsverzeichnis und letzte Seite) an die Deutsche Bibliothek. Diese erstellt aufgrund jenes Materials, also per Teilautopsie, eine *Titelaufnahme* nach RAK-WB mit geringfügigen Abweichungen. Nebeneintragungsvermerke und Fußnoten, die sich nicht aus dem Material ergeben, fehlen. Diese Titelaufnahme wird an den Verlag zurückgeschickt, der sie auf die Titelblattrückseite des Buches druckt (ohne Seitenzahl, Einbandart, Preis und Erscheinungstermin). Die Deutsche Bibliothek veröffentlicht die Titelaufnahme mit ca.-Angaben für Seitenzahl, Preis und Erscheinungstermin in der Reihe N.

Berichtszeit:	1975-
Erscheinungsweise:	wöchentlich, geheftet
formaler Umfang:	Bücher und Zeitschriften, nicht aber Musikalien, Schulbücher, religiöses Kleinschrifttum, Karten und Kioskliteratur
geographischer Umfang:	Veröffentlichungen aus der Bundesrepublik, Berlin, Österreich und der deutschsprachigen Schweiz
Inhalt:	ca. 35 000 neu erscheinende oder neu aufgelegte Titel
Titelaufnahme:	nach RAK-WB mit Abweichungen
Ordnung:	nach 65 Sachgruppen
Register:	Verlagsregister, Verfasser-, Titel- und Stichwortregister
Kumulationen:	Titelmaterial keine, Register monatliches Verfasser-, Titel- u. Stichwortregister.

Weitere Verzeichnisse bzw. Dienstleistungen der Deutschen Bibliothek (in Auswahl)

- *Informationsbank* BIBLIO-DATA (Literatur-Datenbank aller deutschen Neuerscheinungen aus den Reihen A, B, C, H und N)
- *Magnetbanddienst* (im Datenformat MAB 1 gespeicherte Titelaufnahmen im nationalen Teil von den Reihen A, B, C, G, H und N und im internationalen Teil der British National Bibliography)
- *Diskettendienst* (Daten der Reihen A, B und N sowie auf Wunsch eine Auswahl der für Öffentliche Bibliotheken relevanten Titel der Reihe A)
- *ISBN-Register* (auf Mikrofiche alle ISBN von Publikationen, die in den Reihen A, B, und C seit 1972 angezeigt worden sind, halbjährlich kumulierte Neuausgaben)
- *CIP-Vorauskopien* (wöchentlich, Katalogkarten der in der Reihe N angezeigten Neuerscheinungen)
- *Titelkartenvorausdienst* (Katalogkarten der in den Reihen A und B angezeigten Titel; wöchentlich oder monatlich kumuliert)
- *Titelkartendienst* (Katalogkarten der in den Reihen A, B, C, G, H, M und T angezeigten Titel; unterschiedliche Erscheinungsweise; Bezug einzelner Reihen oder Sachgruppen möglich)
- Auswahl *ÖB-relevanter Titel* (jährlich ca. 27 000) aus dem Titelkartenvorausdienst und Titelkartendienst der Reihe A
- *Magnetbanddienst und Mikrofiche-Ausgabe* Schlagwortnormdatei
- *Bibliographische Auskünfte* (Bibliographische Ermittlung, Literaturzusammenstellungen, besondere Sachermittlungen).

3.2.6 Bibliothekskataloge

Bibliothekskataloge verzeichnen die Bestände einzelner Bibliotheken. Kataloge von großen Bibliotheken mit umfangreichen Beständen dienen dann beim Bibliographieren weniger als Bestandsnachweis, sondern als Hilfsmittel zur Kontrolle bzw. Ergänzung vorliegender Daten.

Als Beispiele seien hier genannt der *Katalog des Britischen Museums (BM),* der insbesondere wertvolle Altbestände aus der ganzen Welt verzeichnet, und der *National Union Catalog (NUC),* der die Bestände der Kongreßbibliothek in Washington und von ca. 700 Bibliotheken der USA und Kanadas nachweist. Dieses Katalogwerk gibt es auch in Mikroficheausgabe und auf CD-ROM.

Neben den Katalogen einzelner Bibliotheken gibt es regionale und überregionale *Bestandsverzeichnisse*, die Bestandsnachweise mehrerer Bibliotheken beinhalten und somit eine wichtige Funktion im Leihverkehr, dort insbesondere für Direktbestellungen haben. Als überregionales Verzeichnis monographischer Titel ist der in Mikroficheausgabe angebotene *Verbundkatalog maschinenlesbarer Katalogdaten deutscher Bibliotheken (VK)* mit 9,5 Mill. Haupteintragungen und 17,7 Mill. Standortnachweisen aus 10 Verbundsystemen zu nennen. Als Datenquelle auch für retrospektive Katalogisierung ist er in reduzierter Form online abfragbar. Beispiele für regionale Bestandsverzeichnisse sind die Mikrofiche-Ausgabe des *Zentralkatalogs II Köln* und der *Verbundkatalog der Gesamthochschulbibliotheken* in NRW, dem sich mittlerweile auch andere Hochschulbibliotheken angeschlossen haben. Von Öffentlichen Bibliotheken wird z.B. der *Sondersammelgebietskatalog (SSG-Katalog)* von Nordrhein-Westfalen genutzt, der die SSG-Bestände von 25 kommunalen Bibliotheken in Bandform und als Mikroficheausgabe nachweist.

Im Bereich der Zeitschriften ist ein überregionales Bestandsverzeichnis vorhanden, die *Zeitschriftendatenbank (ZDB),* die vom Deutschen Bibliotheksinstitut und der Staatsbibliothek zu Berlin – Preußischer Kulturbesitz bearbeitet wird. Die ZDB ist eine überregionale Datenbank, ein Katalog für fortlaufende Sammelwerke (Zeitschriften, auch Zeitungen, zeitschriftenartige Reihen wie Jahrbücher, periodische Statistiken, Berichte von Gesellschaften, Kongreßberichte sowie Schriftenreihen). Es werden hier Sammelwerke aus allen Ländern, in allen Sprachen und aus allen Zeiten, zurückgehend bis ins 17. Jahrhundert nachgewiesen, die hauptsächlich in Wissenschaftlichen Bibliotheken der Bundesrepublik vorhanden sind.

Zeitschriftendatenbank (ZDB)

Erscheinungsweise:	zweimal jährlich
Inhalt:	700 000 Titel mit über 2 Mill. Besitznachweisen von insgesamt über 3000 Bibliotheken
Ordnung:	alphabetisch nach Sachtiteln bzw. Körperschaften
Angaben:	Titel, Erscheinungsort, Beginn und Ende des

	Erscheinens der Publikation, Besonderheiten bei der Zählung, Unregelmäßigkeiten der Erscheinungsweise, Bestandsangaben:N=Nicht vorhanden, L=Lückenhaft, d.h. der Band ist unvollständig
Besitznachweise:	die Sigel der besitzenden Bibliotheken sind nach Leihverkehrsregionen (BAW, BAY, BER, HAM, HES, MEC, NIE, NRW, SAA, SAX, THU) geordnet, innerhalb der Region in aufsteigender Folge. Nach dem Sigel folgen die Bestandsangaben, teilweise mit Angabe der Signatur
Register:	Permutationsindex: das ist ein alphabetisches Stichwortregister, bei dem die sinntragenden Wörter eines Titels bzw. der Körperschaft den Anfang einer Eintragung bilden. Auf das Stichwort folgt der Rest des Titels/Namens, danach der vor dem Stichwort entfallene Teil, als letztes der Hinweis auf die Stelle des Hauptteils, an der die Titelaufnahme zu finden ist.

Die ZDB ist auch als Online-ZDB und als CD-ROM verfügbar. Die Abfrage kann über Stichworte aus Sachtiteln, Zusätzen zu Sachtiteln, über Körperschaftsnamen, Verlagsorte, Erscheinungsjahre, Titelabkürzungen, ISSN und andere Merkmale geschehen.

Zeitungskataloge

Neben den Zeitschriftenkatalogen gibt es besitznachweisende Verzeichnisse auch für den Bereich der Zeitungen.

Hagelweide, Gert: Deutsche Zeitungsbestände in Bibliotheken und Archiven. 1974.

Berichtszeit:	1700-1969
Inhalt:	Auswahl von deutschen Zeitungen aus etwa 500 Bibliotheken und Archiven der Bundesrepublik Deutschland, teilweise auch des Auslands
Ordnung:	Zeitungen geordnet nach 222 deutschen Erscheinungsorten, innerhalb des Ortes nach Titeln; Angabe der besitzenden Bibliothek durch Sigel
Register:	Titelregister, Besitznachweis nach Standorten.

Daneben gibt es das besitznachweisende Verzeichnis der Staatsbibliothek zu Berlin – Preußischer Kulturbesitz *Internationale Zeitungsbestände in Deutschen Bibliotheken* mit 17000 Titeln deutscher und ausländischer Zeitungen aber auch Illustrierten, Magazinen und Amtsblättern.

3.2.7 Zeitschrifteninhaltsbibliographie

In dieser Art von Verzeichnis werden nicht die Zeitschriften selbst, sondern die in einer Zeitschrift enthaltenen *Aufsätze* nachgewiesen. Es finden sich darin (meist unter einem Schlagwort) Titelaufnahmen von Aufsätzen zum gleichen Thema. Außer dem Verfasser und dem Titel des Aufsatzes wird auch die Zeitschrift selbst angegeben, in der der Aufsatz zu finden ist, und zwar mit Nennung des Titels, des Jahrgangs, der Jahreszahl, des Heftes und der Seitenzahlen. Beispiel für die Titelaufnahme eines Zeitschriftenaufsatzes:

Biomineralisation	Schlagwort
Mann, Stephen:	Verfasser
Biomineralisation: ein neuer Zweig der bioanorganischen Chemie.	Aufsatztitel mit Untertitel
In: Chemie in unserer Zeit. Jg. 20.	Zeitschrift, Jahrgang
1986. H.3. S.69-76	Jahr, Heft, Seitenzahlen

Zeitschriftendienst (ZD)

Seit 1965 gibt es die Form der kooperativen Zeitschrifteninhaltserschließung. Die Auswertung erfolgt dezentral in 17 Bibliotheken der Bundesrepublik; die zentrale redaktionelle Bearbeitung, Datenverarbeitung und Veröffentlichung übernahm das dbi. Bis 1988 erschien der ZD monatlich und enthielt die Auswertungen von 200 Zeitschriften mit einer Liste der Mitarbeiter, einer alphabetischen und einer systematischen Liste der ausgewerteten Zeitschriften und den alphabetisch nach Schlagworten geordneten Aufsätzen. Seit 1988 erscheint der Zeitschriftendienst in veränderter Form.

Gedruckte Ausgaben	
Kleine Ausgabe ZD:	zweimonatliche Erscheinungsweise, zum Jahresband kumulierend; Auswertung von 75 populärwissenschaftlichen und allgemeinverständlichen deutschen Zeitschriften
Zeitschriftendienst Musik:	zweimonatliche Erscheinungsweise, zum Jahresband kumulierend; Auswertung von 70 deutsch- und fremdsprachigen Musikzeitschriften
Test-Index:	zweimonatliche Erscheinungsweise, Halbjahres- und Jahreskumulationen; Auswertung von 35 deutschsprachigen Zeitschriften bezüglich Warentests, Produktübersichten und Verbraucherinformationen
Mikrofiche-Ausgaben	
Große Ausgabe ZD:	Auswertung von 170 deutschsprachigen Zeitschriften; im Anhang Nachweise des ZD-Musik und Test-Index; monatliche Erscheinungsweise,

	zur Zwölfmonats-Zusammenfassung kumulierend mit fließender Weiterführung (die Nachweise des neuesten Monats werden eingefügt, die Nachweise des jeweils ältesten Monats herausgenommen). Mehrjahreskumulationen gibt es für die Jahre 1984-1989 und 1990-1992.
Diskettenvertrieb:	Der ZD erscheint auch auf Diskette, wahlweise mit einem vollständigen Nachweis aller Aufsätze oder für einzelne, individuell gewünschte Sachgebiete.

Neben den beschriebenen Bibliographien gibt es eine große Anzahl weiterer Arten von Bibliographien, beispielsweise Zeitungsinhaltsbibliographien, Bibliographien der Rezensionen, solche von Inkunabeln, bibliophilen Drucken, Nachdrucken, Mikroformen, Übersetzungen, Schulprogrammen, unvollendeten Werken, verbotener Literatur, Gesellschaftsschriften, Kongreßberichten u.v.m.

3.3 Leihverkehr

Benötigt ein Leser Literatur, die in der Bibliothek am Ort nicht vorhanden ist, so kann sie ihm aus anderen Bibliotheken beschafft werden. Dies bezeichnet man als Leihverkehr. Er ist eine kooperative Einrichtung aller derjenigen Bibliotheken, die bereit sind, Bücher und Zeitschriften nicht nur von anderen Bibliotheken zu entleihen (*passive Teilnahme*), sondern auch aus eigenen Beständen an andere Bibliotheken zu verleihen (*aktive Teilnahme*).

3.3.1 Leihverkehrsebenen, Leihverkehrsregionen

Man unterscheidet den Leihverkehr auf mehreren Ebenen. Innerhalb eines Bibliothekssystems gibt es in der Regel die Einrichtung des **Internen Leihverkehrs**. Dieser besteht entweder zwischen der Zentralbibliothek und den Stadtteilbibliotheken in einem (groß-) städtischen *Bibliothekssystem*, dann als *Kreisleihverkehr* zwischen einer Kreisbibliothek und Bibliotheken kreisangehöriger Gemeinden; schließlich gibt es auf lokaler Ebene häufig auch einen Leihverkehr innerhalb der Bibliotheken verschiedener Träger. Sie alle werden aufgrund bibliotheksinterner Arbeits- und Dienstanweisungen bzw. Abkommen der Bibliotheksträger durchgeführt. Eine bundes- bzw. landeseinheitliche Regelung, auch hinsichtlich der Form der Abwicklung für den Internen Leihverkehr gibt es nicht. Arbeitsinstrument zur Ermittlung der im Internen Leihverkehr gesuchten Titel sind die örtlichen alphabetischen Zentral- oder Gesamtkataloge bzw. die des Kreises und, falls vorhanden, auch die entsprechenden zentralen systematischen Kataloge. Letztere dienen zur Erledigung von Bestellungen, die sich nicht auf einen konkreten Titel, sondern auf ein Sachgebiet (Themenwünsche) beziehen. Literaturwünsche, die im Internen Leihverkehr nicht zu erfüllen sind, können nach Überprüfung durch die zentralen *Leitbibliotheken* in den Leihverkehr der nächsten Ebene, den Regionalen Leihverkehr übergeleitet werden.

Der **Regionale Leihverkehr** vollzieht sich innerhalb der Bibliotheken eines Bundeslandes. Er dient der allgemeinen Literaturversorgung der Bibliotheken 2. Stufe, über sie auch der 1. Stufe. Er wird aber noch nicht in allen Bundesländern durchgeführt. Zweckbestimmung und die Zulassung von Bibliotheken zum Regionalen Leihverkehr werden geregelt durch Erlasse der jeweils zuständigen Bundesländer (Kultusministerien). In Nordrhein-Westfalen z.B. beruht der Regionale Leihverkehr auf dem Sondersammelgebietsplan der Öffentlichen Großstadtbibliotheken. Das ist eine Vereinbarung, an der sich 25 Bibliotheken beteiligen, die jeweils aus einem Sachgebiet (*Sondersammelgebiet*) die wesentliche Literatur (nach der Reihe A der *Deutschen Nationalbibliographie*) anschaffen und im Leihverkehr zur Verfügung stellen. Ergänzt wird das SSG-Programm durch jährlich erscheinende *SSG-Kataloge* und das *ZVNW* (Zeitschriftenverzeichnis Nordrhein-Westfalen). Sie ermöglichen Direktbestellungen im Leihverkehr. Als Formulare im Regionalen Leihverkehr werden einheitliche gelbe oder andersfarbige Leihscheine verwendet, die sich von den roten Leihscheinen des Überregionalen Leihverkehrs unterscheiden.

Der **Überregionale Leihverkehr**, auch Deutscher Leihverkehr oder Leihverkehr der deutschen Bibliotheken genannt, erstreckt sich auf die Bundesrepublik Deutschland. Er dient der Förderung von Forschung und Lehre und vermittelt wissenschaftliche Literatur zur Ausbildung, zur Fort- und Weiterbildung sowie zur Berufsarbeit. Alle zum Leihverkehr auf Grundlage der *Leihverkehrsordnung der deutschen Bibliotheken (LVO)* zugelassenen Bibliotheken werden in die amtliche Leihverkehrsliste des jeweiligen Bundeslandes aufgenommen. Diese wird vom entsprechenden Kultusminister bekannt gemacht, bei der zuständigen Leihverkehrszentrale, meist dem *Zentralkatalog* der Leihverkehrsregion geführt und in amtlichen Veröffentlichungen sowie bibliothekarischen Fachzeitschriften publiziert. Über Aufnahme in die Liste bzw. Streichung aus ihr entscheidet auf Vorschlag bibliothekarischer Verbände das Kultusministerium des jeweiligen Bundeslandes.

Es nehmen allgemein zugängliche Wissenschaftliche und Öffentliche Bibliotheken am Überregionalen Leihverkehr teil. Darüber hinaus sind aber auch Firmenbibliotheken zugelassen, wenn sie fachlich geleitet sind, einen angemessenen bibliographischen Apparat (Bestände an Bibliographien) und für den Leihverkehr wichtige Bestände besitzen. An jedem Ort soll nur eine Bibliothek am Überregionalen Leihverkehr teilnehmen. Ausnahmen sind aber möglich, wenn der Umfang des Leihverkehrs, die Bedeutung der Bestände einer Bibliothek und das Vorhandensein kooperativer Maßnahmen am Ort dieses rechtfertigen.

Alle teilnehmenden Bibliotheken sind verpflichtet, die Bestimmungen der *Leihverkehrsordnung* einzuhalten, ihre Bestände im Leihverkehr zur Verfügung zu stellen, auf Wunsch die Bestände in die regionalen und überregionalen Verbunddatenbanken und Gesamtverzeichnisse einzubringen und die geforderte Leihverkehrsstatistik zu führen. Zu unterscheiden sind die unmittelbare und die indirekte Teilnahme am Leihverkehr. Unmittelbar geschieht das dort, wo Bibliotheken den formalen Anforderungen genügen, die von einer ordnungsgemäßen und selbständigen Teilnahme erwartet werden. Indirekt können alle übrigen zugelassenen Bibliotheken teilnehmen, indem sie ihre Bestellungen an ihre zuständige *Leitbibliothek* schicken. Kann diese die Bestellung aus ihrem eigenen Bestand nicht erledigen, so überprüft sie die Bestellung bibliographisch sowie auf Einhaltung der *Leihverkehrsordnung* und leitet sie (unter Umständen nach entsprechender Bearbeitung) im Leihverkehr weiter. *Leitbibliotheken* müssen die Eignung zur unmittelbaren Teilnahme haben, die Befähigung, die zugeordneten Bibliotheken bei der Abwicklung des Leihverkehrs zu beraten und zu betreuen, einen geeigneten bibliographischen Apparat besitzen, Zugriff auf leihverkehrsrelevante Datenbanken haben und über einen Bestand zur Bedarfsdeckung der Bestellungen der angeschlossenen Bibliotheken verfügen.
Beispiel aus der amtlichen Leihverkehrsliste:

Essen	Universitätsbibliothek (465)	
	Stadtbibliothek (64)	
	Bergbaubücherei (E 1)	Leitbibliothek: UB Essen
Bottrop	Stadtbücherei (242)	Leitbibliothek: Stadtbibl. Essen
Gladbeck	Stadtbücherei (445)	Leitbibliothek: Stadtbibl. Essen
Dorsten	Stadtbücherei (413)	Leitbibliothek: Stadtbibl. Essen

Die Zahlen/Buchstaben in Klammern geben die Sigel der jeweiligen Bibliotheken an.

In der Bundesrepublik gibt es **11 Leihverkehrsregionen** mit jeweils zuständigen Leihverkehrszentralen mit Zentralkatalogen (ZK) bzw. Verbundzentralen: Baden-Württemberg, Saarland und Teile von Rheinland-Pfalz mit dem ZK in Stuttgart; Bayern mit dem ZK in München; Berlin-Brandenburg mit dem Gesamtkatalog in Berlin; Hamburg, Bremen und Schleswig-Holstein mit dem ZK in Hamburg; Hessen und die südlichen Teile von Rheinland-Pfalz mit dem ZK in Frankfurt am Main; Mecklenburg-Vorpommern mit dem ZK in Rostock; Niedersachsen mit dem ZK in Göttingen; Nordrhein-Westfalen und die Regierungsbezirke Trier und Koblenz von Rheinland-Pfalz mit dem ZK in Köln; Sachsen-Anhalt mit dem ZK in Halle; Sachsen mit dem ZK in Dresden; Thüringen mit dem ZK in Jena.

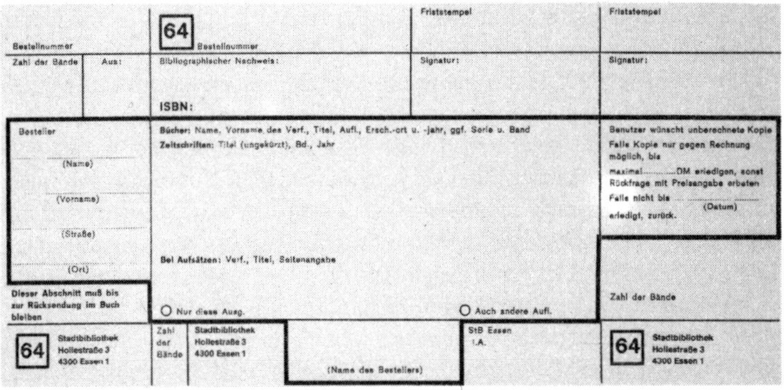
64
Bestellnummer
Bestellnummer
Friststempel
Friststempel
Zahl der Bände
Aus:
Bibliographischer Nachweis:
ISBN:
Signatur:
Signatur:
Besteller
(Name)
(Vorname)
(Straße)
(Ort)
Bücher: Name, Vorname des Verf., Titel, Aufl., Ersch.-ort u. -jahr, ggf. Serie u. Band
Zeitschriften: Titel (ungekürzt), Bd., Jahr
Bei Aufsätzen: Verf., Titel, Seitenangabe
○ Nur diese Ausg.
○ Auch andere Aufl.
Benutzer wünscht unberechnete Kopie
Falls Kopie nur gegen Rechnung möglich, bis maximal ....DM erledigen, sonst Rückfrage mit Preisangabe erbeten
Falls nicht bis .... (Datum) erledigt, zurück.
Dieser Abschnitt muß bis zur Rücksendung im Buch bleiben
Zahl der Bände
64 Stadtbibliothek Hollestraße 3 4300 Essen 1
Zahl der Bände
Stadtbibliothek Hollestraße 3 4300 Essen 1
(Name des Bestellers)
StB Essen
I.A.
64 Stadtbibliothek Hollestraße 3 4300 Essen 1

Abb. 18a. Leihschein für den Überregionalen Leihverkehr (Vorderseite)

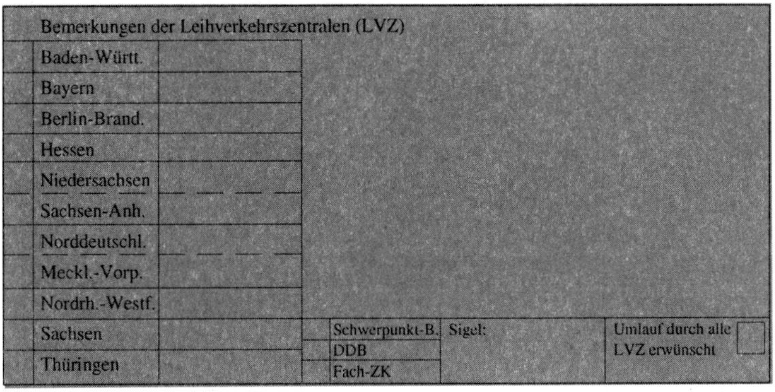
Bemerkungen der Leihverkehrszentralen (LVZ)

Baden-Württ.				
Bayern				
Berlin-Brand.				
Hessen				
Niedersachsen				
Sachsen-Anh.				
Norddeutschl.				
Meckl.-Vorp.				
Nordrh.-Westf.				
Sachsen		Schwerpunkt-B.	Sigel:	Umlauf durch alle LVZ erwünscht
		DDB		
Thüringen		Fach-ZK		

Abb. 18b. Leihschein (Rückseite)

Aufgabe der Leihverkehrszentralen ist es zunächst, die Fundorte, d.h. die besitzenden Bibliotheken für die Bestellung zu ermitteln. Ist dies erfolgt, so leiten sie die Bestellungen an die besitzende Bibliothek oder Bibliotheken weiter und legen den *Leitweg* fest, das ist die Reihenfolge, in der die Bestellung an die in Frage kommenden Bibliotheken geschickt werden. Ist die Bestellung in der eigenen Leihverkehrsregion nicht positiv zu erledigen und darf die Bestellung die Region verlassen, so leitet die Leihverkehrszentrale die Bestellung an einen Fundort außerhalb der Region oder legt den weiteren Leitweg bei Berücksichtigung in Frage kommender Bibliotheken und Leihverkehrszentralen fest (vgl. hierzu Abb. 18b, oben). Für alle Bestellungen gilt, daß zunächst alle Möglichkeiten der eigenen Leihverkehrsregion auszuschöpfen sind, bevor die Bestellung in eine andere Region geschickt wird (*Regionalprinzip*).

3.3.2 Leihverkehrsbestellungen

Für Bestellungen im Überregionalen Leihverkehr werden genormte, rote *Leihscheine* (Bestellscheine) verwendet. Alle Leihscheine werden mit Schreibmaschine ausgefüllt und mit einer laufenden Bestellnummer und dem Ausgangsdatum versehen. In manchen Bibliotheken werden auch hauseigene Formulare verwendet, von denen die bibliographischen Angaben dann aber auf den Leihschein übertragen werden müssen. Zwei Durchschläge des Leihscheins und ggf. das hauseigene Formular verbleiben in der Bibliothek als Nachweis und werden nach Lesernamen oder Bestellnummern sortiert.

Jede Bestellung muß die genauen bibliographischen Angaben des gesuchten Titels enthalten. Kein Leihschein geht ohne bibliographische Fundstelle in den Leihverkehr. Die *Bibliographien*, die bei der bibliographischen Recherche verwendet wurden, sind aufzuführen (Abkürzungen), auch wenn kein Nachweis gefunden wurde. In diesem Fall wird ein oo dahinter vermerkt. Ersatzweise kann unter Umständen, wenn kein bibliographischer Nachweis gelingt, auch eine Quellenangabe als Nachweis dienen. Auf dem Leihschein ist außerdem der Zeitpunkt zu vermerken, an dem die Bestellung nicht mehr benötigt wird.

Die besitzende Bibliothek behält den mittleren Teil des Leihscheins in Form einer *Belastungskartei* während der Ausleihe an die bestellende Bibliothek. Die Kartei ist nach Bibliotheken, innerhalb derer nach Bestellnummern geordnet. Der rechte Abschnitt des Leihscheins wird heute meist nicht mehr benötigt. Nach der Verbuchung des Buches auf die bestellende Bibliothek wird dieses mit dem linken Abschnitt des Leihscheins, auf dem das *Sigel* und die Anzahl der Bände angegeben sind, mit einem Begleitschreiben an die bestellende Bibliothek geschickt (vgl. Abb. 18a, S. 235).

Dort werden anhand der *Bestellnummer* die zwei Durchschläge des Leihscheins gezogen, der Leser benachrichtigt und die Leihgabe für ihn verbucht. Bei Abholung hat der Leser eine Gebühr für die positive Erledigung der Bestellung zu entrichten. Das Buch, in dem sich weiterhin der linke Leihscheinabschnitt befindet - manche Bibliotheken lassen diesen Abschnitt nicht im Buch wegen etwaigen Verlustes -, darf er für die festgelegte Leihfrist mitnehmen.

Ein Duplikat wird in eine *Absenzkartei*, die nach den gebenden Bibliotheken geordnet ist, einsortiert. Das zweite Duplikat dient als *Belastungsschein* für den Leser, auf dem er den Empfang des Buches quittiert, später als Rückgabequittung. Nach Rückgabe wird das Buch mit dem linken Abschnitt und einem Begleitschreiben an die besitzende Bibliothek zurückgesandt.

Nach der *Leihverkehrsordnung* ist das Führen einer **Leihverkehrsstatistik** vorgeschrieben. Hierfür werden u.a. die eingegangenen Bestellungen im Gebenden Leihverkehr gezählt, differenziert nach angeschlossenen Bibliotheken, dem Regionalen, dem Überregionalen und dem Internationalen Leihverkehr. Vermerkt wird die Zahl der positiv erledigten Bestellungen, wiederum differenziert nach den Leihverkehrsebenen. Gesondert festgehalten wird die Zahl der durch

Kopien erledigten Bestellungen. Ebensolche Statistiken werden auch für die abgesandten Bestellungen im Nehmenden Leihverkehr geführt.

Es gibt zwei **Arten von Leihverkehrsbestellungen**: *Direktbestellungen* und *Bestellungen über den Zentralkatalog*. Zur Entlastung der Zentralkataloge wird zunächst immer versucht, eine Direktbestellung durchzuführen, d.h. die bestellende Bibliothek bzw. deren Leitbibliothek versucht selbst, Besitznachweise zu finden. Als Hilfsmittel dienen ihr mittlerweile zahlreiche Kataloge, wie verfilmte Zentralkataloge, ISBN-Register, Verbundkataloge, die Zeitschriftendatenbank (ZDB), Bestandsverzeichnisse einzelner Bibliotheken.

Die Leihverkehrsordnung sieht aber auch Direktbestellungen dann vor, wenn keine Besitznachweise gefunden werden konnten. Diese Regelung gilt für deutsche Zeitschriften nach 1945, ausländische Zeitschriften, Zeitungen, Literaturgruppen, die nicht in den Zentralkatalogen erfaßt sind (Orientalia, nicht im Buchhandel erschienene deutsche Dissertationen, Karten, Musikalien, AV-Medien u.a.), für Veröffentlichungen außerhalb des deutschen Buchhandels und seltene oder sehr spezielle Werke.

Diese Direktbestellungen werden zumeist an die überregionalen *Schwerpunktbibliotheken* gesandt. Hierunter sind Zentrale Fachbibliotheken sowie Universal- und Spezialbibliotheken mit Sondersammelgebieten zu verstehen. Die Direktbestellung ist auch zulässig, wenn das gesuchte Werk bereits früher von einer Bibliothek geliefert wurde. Veröffentlichungen, die Die Deutsche Bibliothek aufgrund des Pflichtexemplarrechts besitzt, können dort nur bestellt werden, wenn im gesamten Bundesgebiet kein Besitznachweis ermittelt werden konnte.

Eine weitere Form der Leihverkehrsbestellung ist die der *vereinfachten Bestellung*. Auf diesem Wege können Monographien ohne bibliographische Überprüfung beim *Zentralkatalog* der Leihverkehrsregion bestellt werden. Diese Bestellung darf nur innerhalb der Leihverkehrsregion bearbeitet werden und muß besonders gekennzeichnet sein. Voraussetzung hierfür sind bibliographische Mindestangaben, wie Verfasser, Sachtitel und Erscheinungsjahr.

Bearbeitung von Bestellungen

Leihverkehrsbestellungen werden sowohl bei den Leihverkehrszentralen als auch bei den Bibliotheken unverzüglich bearbeitet. Geht einer Bibliothek eine Bestellung zu und kann sie diese nicht ausführen, wird dies auf der Rückseite des Bestellscheins mit entsprechender Begründung vermerkt (meist mit Stempelaufdruck), z.B. durch: *Verliehen; Nicht verleihbar; z.Zt. nicht auffindbar; Vermißt; Nicht vorhanden; Nicht mehr vorhanden; Noch im Geschäftsgang* u.a. Die Bestellung wird dann auf dem festgesetzten *Leitweg* weitergeleitet. Zurückgeschickt an die bestellende Bibliothek werden Leihscheine, die nicht erledigt werden konnten und die den Leitweg ohne positive Erledigung durchlaufen haben.

Grundsätzlich **von jedem Leihverkehr ausgeschlossen** sind Bestellungen, die im Bestand der bestellenden Bibliothek oder in einer anderen öffentlich zugänglichen Bibliothek am Ort vorhanden sind, Bücher bis zu einer Preisgrenze von DM 20,–. Schließlich gibt es Bestellungen, deren Erfüllung auf die eigene Leihverkehrsregion beschränkt bleibt. Dies gilt für Titel mit mindestens drei Besitznachweisen, für spezifische Lesesaalliteratur, für Neuerscheinungen und für vereinfachte Bestellungen sowie für elementare oder rein praktische Bücher und neuere Reiseführer.

Die verleihende Bibliothek kann, wenn sie es für notwendig erachtet, der entleihenden Bibliothek **Auflagen für die Benutzung** machen, z.B. daß das Buch nur im *Lesesaal* zu benutzen ist oder nicht kopiert werden darf. Die Leihfrist beträgt im allgemeinen für Monographien einen Monat, für Zeitschriften zwei Wochen. Aufsätze aus Zeitschriften und Zeitungen werden nach Möglichkeit durch Kopien erledigt. Bis zu 20 Kopien werden ohne Verrechnung verschickt. Die Rücksendung der Leihgaben muß frist- und sachgerecht geschehen. Für Beschädigungen und Verluste haftet die entleihende Bibliothek. Sie muß dann ein gleichwertiges Ersatzexemplar zur Verfügung stellen. Die Kosten, die durch den Leihverkehr entstehen, werden im allgemeinen von derjenigen Bibliothek getragen, bei der sie anfallen. Für den Leihverkehr mit Handschriften und wertvollen Beständen gelten Sonderbestimmungen.

Eine wichtige Grundlage für den Überregionalen Leihverkehr bieten die *Sondersammelgebietsbestände*. Dieses System überregionaler Literaturversorgung durch Schwerpunktbibliotheken wird von der Deutschen Forschungsgemeinschaft gefördert. An ihm sind die Staats- und Hochschulbibliotheken, die Zentralen Fachbibliotheken und einige Spezialbibliotheken beteiligt. Sie gewährleisten mit ihren Beständen, daß von allen für die Forschung wichtigen Titeln mindestens ein Exemplar in der Bundesrepublik bereitsteht.

Unentbehrliches Hilfsmittel für den Leihverkehr ist das **Sigelverzeichnis für die Bibliotheken der Bundesrepublik Deutschland**, in dem 1710 westdeutsche und 972 ostdeutsche Bibliotheken mit den ihnen zugewiesenen Sigeln (Zahlen und Buchstaben) verzeichnet sind. Es erscheint als Monographie und in Mikroficheausgabe.

Für die Buchform gilt: Teil I enthält die Sigel numerisch geordnet mit Namen, Adresse, Telefonnummer, ggf. Telefax und Telex der entsprechenden Bibliothek, der Leihverkehrsregion, zu der die Bibliothek gehört, zu welchem Leihverkehr die Bibliothek zugelassen ist, ob ihre Bestände im Zentralkatalog der Leihverkehrsregion nachgewiesen sind und ob nur eine Präsenzbenutzung möglich ist. Teil II ist alphabetisch nach Orten angelegt und verzeichnet die mit Sigel versehenen Bibliotheken der Stadt, zunächst die mit Zahlensigeln, dann die mit Buchstabensigeln. Teil III beinhaltet deutsche Bibliotheken im Ausland. Hinzu kommt ein Register der Ortskennungen, in dem der Buchstabenteil der Sigel aufgelöst wird.

Bei einer ergebnislosen Suche innerhalb bundesdeutscher Leihverkehrsbibliotheken besteht die Möglichkeit, die Bestellung in den **Internationalen**

Leihverkehr zu geben. Zu dessen Durchführung hat die IFLA (internationale Bibliotheksvereinigung) verbindliche "Prinzipien und Richtlinien zur Durchführung des internationalen Leihverkehrs" herausgegeben. Die Bestellungen erfolgen auf genormten, weißen Formularen. Der Internationale Leihverkehr beschränkt sich ebenso auf die Beschaffung von Titeln, die für die Forschung notwendig sind. Anlaufstellen für Bestellungen, die aus dem Ausland in die Bundesrepublik gelangen, sind die jeweiligen Bundesländer bzw. deren Zentralkataloge. Bestellungen aus der Bundesrepublik werden direkt an die zuständige nationale Zentralstelle (Nationalbibliothek bzw. Nationalkatalog) des jeweiligen Auslandes geschickt. Allerdings gibt es in der Praxis sehr unterschiedliche Verfahrensweisen. So schreiben die USA z.B. zwingend Direktbestellungen aufgrund von Besitznachweisen im NUC (National Union Catalog) vor.

3.4 Bibliothekstechnische Geräte und Ausstattung

Arbeiten in der Bibliothek ist ohne Unterstützung durch technische Einrichtungen nicht vorstellbar, bei der ständigen Zunahme an Bestandsumfang und Bestandsnutzung auch nicht durchführbar. Technische Ausrüstungen, Maschinen, Apparate und Geräte, aber auch ganze technische Anlagen erleichtern nicht nur die Arbeitsausführung, sie sorgen auch dafür, daß die Arbeitsabläufe einwandfrei, wirtschaftlich und zeitgerecht vonstatten gehen. Bibliotheksträger, -benutzer und -personal erwarten, daß heute mehr als nur ein Minimum an Technik bereitsteht und für ein zuverlässiges, zügiges und exaktes Abwickeln der Arbeiten sorgt.

Die Anwendung von Technik (Technologie) in der Bibliothek läßt sich unter folgenden Gesichtspunkten aufteilen

- Bürotechnik
- Vervielfältigungs- und Wiedergabetechnik
- Transporttechnik, Lagertechnik
- Nachrichtentechnik
- Sicherungstechnik
- Werkstattechnik
- EDV-Technik.

3.4.1 Bürotechnik

Sie umfaßt zunächst den Bereich der *Textverarbeitung* (s. auch S. 56 ff). Bei der Aufnahme zu schreibender Texte werden im Schreibdienst (Sekretariat) bzw. in der Verwaltung bereits mittelgroßer Bibliotheken *Diktiergeräte* zur Aufnahme und Wiedergabe von Diktaten benutzt. Dabei geschieht das Textansagen über ein Handmikrofon mit Tonkassettenaufzeichnung; das Empfangen des gesprochenen Textes erfolgt über Kopfhörer. Fußhebelschaltung ermöglicht Vor- und Rücklauf, Schnell- und Langsamgang des Bandlaufs. Ein Zurückschalten ist auch beim Einsprechen gegeben. Wo keine eigene Schreibkraft zur Verfügung steht, finden sich nicht selten zentrale *Ferndiktateinrichtungen,* etwa innerhalb einer Stadt- oder Kreisverwaltung. Sie werden seitens der Bibliothek über Telefon angewählt, der vorliegende Text wird eingesprochen, automatisch aufgezeichnet und dann in der Schreibstelle verarbeitet. Das fertige Schriftstück wird der Bibliothek, eventuell erst noch zur Korrektur, zugestellt.

Maschinenschriftliche Arbeiten größeren Umfangs im Büro, aber auch in der Katalogstelle werden zweckmäßig auf einer elektrischen oder elektronischen *Schreibmaschine* vorgenommen. Im Unterschied zur mechanischen Schreibmaschine, bei der zum Anschlagen des Typenhebels die ganze Druckenergie auf die Taste gebracht werden muß, wird bei der elektrischen bzw. elektronischen Schreibmaschine der Schreibvorgang durch leichtes Drücken der entsprechenden Taste ausgelöst und das Schreiben entsprechend beschleunigt. Bei Einsatz von Maschinen mit Schreibkopf (Kugelkopf) als Typenträger läßt sich die Schreibgeschwindigkeit noch erhöhen. Auswechseln des Kugelkopfes bzw. des Typenrades oder der Typenscheibe ermöglicht außerdem noch den Übergang in eine andere Schriftart. Elektronische Schreibmaschinen verfügen über Arbeits- und Korrekturspeicher, die Texteinschübe, -weglassungen, -ergänzungen, Satzspiegelveränderungen u.a.m. zulassen, indem sie den geschriebenen Text im Bedarfsfall speichern und wieder abrufbar machen. Zur technischen Büroausstattung gehören auch *Schnellkopierer* (Trockenkopiergeräte) für Papierformate DIN A3 bis A6. Sie werden für Ablichtungen in geringer Auflagenhöhe benötigt, die im Geschäftsverkehr anfallen.

Selbstfärbende Datum-, Eingangs- und Paginierstempel erleichtern die Büroarbeiten in der Verwaltung, in der Zugangs- und Einbandstelle. Die Verwendung von Taschenrechnern ist unumgänglich für Arbeiten im Bestellwesen, in der Statistik, der Haushaltsüberwachung - auch innerhalb der Lektoratsarbeit. Rechengeräte mit Zahlenausdruck werden zur Rechnungskontrolle verwendet; häufig muß der Kontrollstreifen der Rechnung beigefügt werden.

Auch bei der *Möblierung* eines Büros spielt die Technik eine wesentliche Rolle. Die Ausstattung eines *Arbeitsplatzes* erfolgt am günstigsten mit Organisationsmöbeln. Sie sind kombinierbar, ihre Einzelteile leicht austauschbar, in den Arbeitshöhen verstellbar. Bei Schreibmaschinentischen wird auf Standfestigkeit und arbeitsphysiologische Anpassung geachtet, da vor allem das Schreiben auf elektrischen Maschinen nicht ohne Vibrationen erfolgt. Fußstützen sind verstellbar in ihrem Neigungswinkel.

Duroplastische Überzüge auf Schreibtischplatten sorgen für blendfreies Arbeiten bei Kunstlicht; außerdem kann Papier mit Kugelschreiber problemlos ohne Unterlage beschrieben werden. Ecken und Kanten aller Tischplatten - auch im Benutzerbereich - sind abgerundet, um Verletzungen zu vermeiden. Fernsprechapparate sind auf Schwenkarmen montiert, damit sie bei wechselndem Arbeitsplatz leicht erreichbar bleiben.

Unterschränke zu Schreib- und Schreibmaschinentischen eignen sich besonders in Form fahrbarer Container, sind somit flexibler in der Benutzung. Schubladen auf Teleskopschienen lassen sich weiter herausziehen als gewöhnliche. Einsätze in Schubladen schließen auch solche mit Hängevorrichtung ein; sie erleichtern die Unterbringung und den Zugriff vor allem von Handakten. Die Aufbewahrung von Ablageakten in Rotiersäulen ist bei häufiger Benutzung angebracht, zusätzlich arbeitsentlastend, wenn sie auf Rollen montiert sind (vgl. hierzu Abschn. A 6.5, S. 58 f).

Drehstühle sind grundsätzlich in der Sitzhöhe und im Stützbereich der Rückenlehne individuell verstellbar. Daß das Untergestell, soweit mit Rollen ausgestattet, fünf Ausleger haben muß, ist Vorschrift zur Unfallverhütung; es vermindert die Kippgefahr. Bei Ausrüstung mit Gleitern genügen vierfüßige Untergestelle.

Die künstliche *Beleuchtung* eines Büros erfolgt mit Leuchtstoffröhren. Das günstigste Licht auf einer Arbeitsfläche liegt bei einer Beleuchtungsstärke von 800 Lux für Allgemeinbeleuchtung, für Individualbeleuchtung am Schreib- bzw. Schreibmaschinentisch bei 500 Lux. Höhenverstellbare und schwenkbare Büroleuchten sind angebracht. Leuchtstoffröhren werden in weißer Lichtfarbe empfohlen, da sie zusammen mit dem einfallenden Tageslicht ein neutrales Farbklima erzeugen und störendes Zwielicht ausschließen.

3.4.2 Vervielfältigungs- und Wiedergabetechnik

Vervielfältigungstechnik

Sie ist zunächst dort von besonderer Bedeutung, wo Kartenkataloge im Gebrauch sind. Je nach technischem Verfahren unterscheidet man Schablonenvervielfältigung, Kleinoffsetdruck und Kopierverfahren.

Schablonenvervielfältigung setzt voraus, daß der Text, z.B. die Titelaufnahme mit der Schreibmaschine bei ausgeschaltetem Farbband unmittelbar auf Schablone geschrieben wird. Die Schablone hat dabei bereits das internationale Bibliotheksformat. Häufig geschieht das Schablonenschreiben auch in der Katalogstelle. Von der Schablone lassen sich anschließend mit einem Schablonendrucker Abzüge in der benötigten Anzahl herstellen.

Die Schablone besteht aus kollodiumbeschichtetem Seidenpapier und ist zunächst farbundurchlässig. Durch den Aufschlag einer Schreibmaschinentype wird die Kollodiumschicht an dieser Stelle durchbrochen, so daß beim anschließenden Drucken die Druckfarbe an dieser Stelle durch die Schablone auf das Papier dringen kann (Durchdruckverfahren). In kleineren und mittleren Bibliotheken mit geringerem Katalogkartendurchlauf benutzt man z.B. das handliche MINIGRAPH-Gerät o.ä.

Beim *Kleinoffsetdruckverfahren* verwendet man entweder Papierfolien oder Kunststoffolien. Für sehr hohe Auflagen bis zu 30 000 Stück kommen Aluminium- oder Zinkfolien als Druckträger infrage. Auch sie gibt es im internationalen Bibliotheksformat.

Das Beschreiben mit Maschine erfolgt über ein fetthaltiges Spezialfarbband. Das ist erforderlich, weil das Offsetdruckverfahren auf dem Prinzip der gegenseitigen Abstoßung von Fett und Wasser (druckfarbenannehmend bzw. -abstoßend) beruht.

Druckträger können von fast allen Vorlagen auch auf elektrostatischem Wege hergestellt werden. Kleinoffsetdruck läßt sich für verschiedene Papierformate einsetzen, vom Plakat bis zur Einladungskarte etwa. Auflagenhöhen sind bis zu 20 000 Stück möglich, wirtschaftliche Nutzung ist schon ab 15 Stück gegeben.

Schließlich gibt es noch das *Kopierverfahren*. Hierzu ist immer eine Papiervorlage (Reinschrift) notwendig. Von diesem Original werden dann ein oder mehrere Abzüge gefertigt. Bei direktem Verfahren braucht man beschichtetes Papier, bei indirektem (Xerokopie) genügt Normalpapier.

Das ist z.B. beim *Münzkopierer* der Fall, einem Kopierautomaten, der im Benutzungsdienst der Bibliothek zu finden ist. Er wird vom Leser vor allem für Ablichtungen aus Zeitschriften (Zeitschriftenaufsätzen) und aus Büchern, hier vor allem aus Nachschlagewerken gegen Gebühr benutzt. Die Anforderungen an Bibliothekskopierer sind doppelte, sie müssen sowohl für das Kopieren von Blattvorlagen als auch für Buchseitenkopien geeignet sein. Letzteres erfordert eine Vorrichtung, die das Auflegen des ganzen Buchkörpers auf den Kopiertisch ermöglicht; außerdem muß Verkleinerungs- bzw. Vergrößerungsmöglichkeit gegeben sein.

Bei Einsatz von Kopiergeräten zur *Katalogkartenvervielfältigung* können von einer Einzelvorlage (Katalogkarte) Einzelkopien als *Eintitelkarte* in beliebiger Anzahl hergestellt werden. Es können aber auch mehrere unterschiedlich betextete Kopiervorlagen (*Mehrfachnutzen*) in einem Arbeitsgang, z.B. vier verschiedene Katalogkarten in der gleichen Stückzahl vervielfältigt werden. Allerdings sind bei Anfertigung großer Stückzahlen Kopien immer teurer als im Druckverfahren hergestellte Abzüge. Bis zu 20 Kopien arbeiten Kopiergeräte allerdings noch wirtschaftlich.

Es gibt auch computergesteuerte Katalogkartenvervielfältiger, die Karten von der Rolle aus bedrucken und jeweils automatisch abschneiden. Ferner gibt es auch elektronische Schreibmaschinen zur Mehrzwecknutzung, die sich unter anderem zur Vervielfältigung von Katalogkarten im Endlosformat verwenden lassen. Dabei wird der einmal geschriebene Katalogkartentext (Titelaufnahme) eingespeichert und kann anschließend beliebig oft abgerufen werden.

Fertige Katalogkarten lassen sich auch zur Herstellung von Druckkatalogen, Neuerwerbungslisten etc., aber auch von Mikrofichekatalogen als Vorlage verwenden. Dazu werden sie schuppenförmig übereinandergelegt, sodaß die Texte lesbar bleiben, der übrige Platz auf der Katalogkarte aber abgedeckt ist. Das Ganze wird auf einen Druckträger abfotografiert, unter Umständen dann noch verkleinert. Dieses sog. *Foto-list*-Verfahren wenden gewöhnlich Fotostellen, auch die des Bibliotheksträgers an.

Programmgesteuerte Schreibmaschinen ermöglichen auch ohne zusätzliche Schreibarbeiten das sog. "Köpfen" von Titelaufnahmen. Gemeint ist damit das Anbringen einer zusätzlichen Kopfzeile über der ersten Zeile der Titelaufnahme, und zwar für besondere Kataloge wie Titel- und Schlagwortkatalog.

Im Rahmen der Ausleihverbuchung mit *Photocharging* (Fotoverbuchung) werden sowohl Aufnahmegeräte (Halbschrittkameras) wie auch Wiedergabegeräte als Lesekopiergeräte (Readerprinter) benötigt. Zur Verbuchung fotografiert man die im Innern des Buchdeckels befindlichen Buchdaten, daneben eine laufend durchnumerierte Lochkarte sowie den Benutzerausweis in einem Arbeitsgang durch Anschlagen eines Auslösekontaktes ab. Der mit diesen Daten belichtete Film wird außer Hause oder in der Fotostelle entwickelt. Anschließend kann man die Daten zur Ermittlung der Mahnfälle über den Bildschirm des Lesekopiergerätes ermitteln und ausdrucken. Dazu werden, indem man den Film durchlaufen läßt, die Leserdaten zu den noch nicht zurückgekehrten Lochkartennummern auf dem Bildschirm gesucht und, wenn der Mahnfall gefunden ist, durch Knopfdruck auf einem Kopierstreifen ausgedruckt. Dieser wird dem zu mahnenden Benutzer unter Beifügung eines vorgedruckten Erläuterungstextes zugesandt (vgl. S. 211 f).

Wiedergabegeräte

Zum Lesen von Mikroformen, also *Mikrofilmen* (in Rollfilmform) und *Mikrofiches* (in Karten- und Blattform) dienen entsprechende Lesegeräte, die die stark verkleinerten Texte im Ausschnitt vergrößert wiedergeben. Die Bedienung dieser Geräte erfolgt in der Regel durch den Benutzer selbst, entweder nach vorhergehender Einweisung oder unter Zuhilfenahme einer nahe dem Lesegerät ausgelegten oder ausgehängten gedruckten Anleitung. *Mikrofilm-Lesegeräte* werden häufiger in Wissenschaftlichen Bibliotheken eingesetzt; hiermit werden Dokumente, wissenschaftliche Texte, Dissertationen auf Mikrofilm gelesen.

Mikrofiche-Lesegeräte finden sich in Wissenschaftlichen und Öffentlichen Bibliotheken. Sie dienen zunächst der Wiedergabe von "verficheten" Bestandskatalogen anderer Bibliotheken und von Bibliographien in Mikroformat. Daher stehen die Geräte in der Fernleihstelle wie auch am Arbeitsplatz Auskunftsdienst und Leihverkehr. Dann finden sich zur Nutzung hauseigener Bestandskataloge auf Mikrofiches entsprechende Lesegeräte sowohl für den Leser in den Freihandbereichen bzw. im Lesesaal als auch in den Lektoraten/Fachreferaten, in der Katalogstelle und/oder beim Zentralkatalog.

Zur Wiedergabe von *auditiven* (akustischen) und visuellen (optischen) bzw. *audiovisuellen* Aufzeichnungen verfügt die Bibliothek, vor allem in ihren Mediotheken zunächst über die auch fast überall privat verwendeten Geräte wie Plattenspieler, CD-Player, Kassetten- und Videorecorder, dann auch Diaprojektoren, Rundfunk- und Fernsehempfänger; unter den Projektionsgeräten auch über die in ihrer Arbeitsweise weniger bekannten Episkop, Tageslichtprojektor und Filmvorführgerät.

Das *Episkop* ist im Unterschied zum Diaprojektor nicht zum Betrachten von durchsichtigen Bildern geeignet, sondern dient der Projektion von undurchsichtigen Abbildungen etwa aus Büchern, Zeitschriften, auch einzelner Blätter, Zeichnungen, Karten und Pläne, sogar flacher Gegenstände. Dazu wird die zu projizierende Vorlage, z.B. das aufgeschlagene Buch unter eine, an der Unterseite des Geräts befindliche Glasscheibe gelegt und durch Hebelbedienung angedrückt. Eingebaute Projektionslampe, Reflektor und Objektiv sowie ein Umlenkspiegel werfen das Bild vergrößert auf die Leinwand. Ohne den Spiegel würde das Bild seitenverkehrt erscheinen. Da die Projektionslampe eine nicht geringe Wärme erzeugt, wird zusätzlich ein Ventilator eingeschaltet. Trotzdem empfiehlt es sich, die Bildvorführung aus Büchern zur Schonung von Buchkörper und Buchseiten zeitlich begrenzt zu halten.

Das *Epidiaskop* ist ein Bildwerfer, der wahlweise als Episkop oder als Diaprojektor benutzt werden kann.

Der *Tageslichtprojektor*, auch Arbeitsprojektor oder Overhead-Projektor genannt, benötigt im Unterschied zum Episkop und anderen Projektionsgeräten nicht unbedingt abgedunkelte Räume. Er dient als Begleitgerät zu textgebundenen Veranstaltungen wie Vorträgen, Vorlesungen, Unterricht, Seminar, Einführungen und wird vom Vortragenden selbst, vorne vor dem Publikum bedient. Zur Projektion sind ausschließlich transparente Vorlagen, etwa Zeichnungen, Diagramme, auch Texte auf Transparentfolien verwendbar. Sie können während der Projektion im Verlauf des Vortrags mit Transparentstiften zeichnerisch und textlich verändert, ergänzt, erläuternd gekennzeichnet werden.

Zur Projektion wird die Vorlage auf eine horizontale Glasscheibe gelegt, die von unten durchleuchtet wird. Ein entsprechendes optisches System sorgt für Übertragung des Bildes durch einen oben angebrachten Spiegel über den Kopf des Vortragenden hinweg (daher overhead) an die Raumwand. Eine Leinwand ist nicht erforderlich. Eingesetzt wird der Tageslichtprojektor im Schulbereich (Schulmediotheken), für Kurse der Volkshochschule o.ä. Veranstaltungen in der Bibliothek (Mediothek), in der Artothek, aber auch für bibliothekseigene Zwecke wie Unterrichte, Informationen und Arbeitseinweisungen.

Der *Filmprojektor* dient zum Vorführen beweglicher (kinematographischer) Bilder. Der technische Vorgang beim Vorführen ist, vereinfacht dargestellt, folgender: der 16mm- oder 8mm-Film läuft aus einer oben am Gerät eingesetzten Filmspule (Vorwickelrolle) zunächst über Transportrollen und über eine Vorrichtung zur Erzeugung ruckweiser Filmbewegung zu einer Fortschalteinrichtung; vor dieser und hinter ihr wird je eine Filmschleife gebildet; beide dienen zum Ausgleich der ruckartigen Bewegungen. Der Filmweg führt weiter an einer Andruckplatte vorbei zur unteren Aufwickeltrommel. Hinter der Andruckplatte befinden sich Lampe, Umlaufblende und Filmfenster, die für die Bildprojektion sorgen. Bei der Tonaufnahme und auch Tonwiedergabe von 16mm-Filmen unterscheidet man *Lichtton-* und *Magnettonverfahren.* Je nachdem läuft am Filmrand eine Lichtton- oder eine Magnettonspur mit, die in Übereinstimmung mit dem Bildvorgang für die dazugehörige Toneinspielung sorgt. Der Magnettonfilm ist der heute gebräuchlichere. Zur öffentlichen Filmvorführung wird meistens der Besitz eines Filmvorführscheines mit entsprechender Ausbildung erwartet.

3.4.3 Transport- und Lagertechnik

Technische Möglichkeiten zum **Transport** von Büchern/Medien innerhalb der Öffentlichen Bibliothek sind vertikale, horizontale oder kombinierte Beförderungsweisen. Der Vertikaltransport erfolgt in elektrisch betriebenen Kleinlastenaufzügen (Bücheraufzügen) mit Nutzlasten von 50 bis 100 kg. Die Bücher/Medien können hierin ohne Behälter befördert werden. Zum Be- und Entladen gehört außer dem notwendigen Personal eine Wechselsprechanlage, mindestens aber eine optische oder akustische Signalanlage. Am Zielstockwerk steht in der Regel ein Büchertransportwagen bereit zum sofortigen Entladen, da das Fassungsvermögen des Aufzugs häufig geringer ist als der anfallende Transportbedarf, vor allem in Zeiten des täglichen Büchereinstellens. Größere, vor allem Wissenschaftliche Bibliotheken verwenden zur schnelleren Abwicklung der Transportvorgänge Umlaufaufzüge nach dem Paternostersystem (ständig umlaufend) oder bei Turmmagazinen spezielle Bücherrutschen. Umlaufaufzüge transportieren Bücher einzeln oder auch in Bücherkörben. In der Freihandausleihe stehen dem Benutzer häufig Tragekörbe für seine ausgesuchten Medien zur Verfügung.

Bestellscheine (Bestellzettel) werden in vielen Wissenschaftlichen Bibliotheken über pneumatische Rohrpostanlagen durch Saug- oder Drucklufttechnik ins Magazin befördert.

Für den *Personentransport* haben schon kleinere Bibliotheken, insbesondere unter Berücksichtigung der zunehmenden Zahl an alten und behinderten Lesern, einen Personenaufzug (Lift), der auch, wenn es die versetzte Bauweise des Hauses erfordert, in Zwischengeschossen halten kann. Außerdem gibt es Aufzüge, in denen ein oder mehrere Bücherwagen mit und ohne Personalbegleitung befördert werden können. Schließlich sind Rolltreppen anzutreffen, weniger in Bibliotheken selbst als in den Gebäuden, die sie mitbenutzen; sie dürfen nicht zur Lastenbeförderung verwendet werden.

Zur horizontalen Bücher-/Medienbeförderung dienen *Bücher(transport) wagen.* Sie werden in der Regel von Hand geschoben, selten haben Öffentliche Bibliotheken solche mit Elektroantrieb. Ein Laufwerk, dessen Räder mit Hartgummi- oder Plastikbelag versehen sind, gewährleistet auch auf Teppichböden relativ leichtes Fortbewegen und Lenken. Hinsichtlich der Radanordnung sind drei Wagentypen zu unterscheiden: 1. ein zwei- oder dreirädriger, zur vertikalen Beladung geeigneter Wagen, der geringere Ladefläche, aber gute Lenkeigenschaften hat und vor allem in kleinen Magazinen und in der Buchbearbeitung verwendet wird. 2. Dagegen wird in der Freihandausleihe zum Büchereinstellen der längliche Wagentyp bevorzugt; er wird horizontal beladen und besitzt unter jeder Wagenecke ein schwenkbares Rad; gewöhnlich lassen sich davon zwei Räder blockieren, falls der Wagen zur Ablage verwendet wird oder auf schräger Ebene stehen muß.

Der 3. Typ ist im Magazinbereich gebräuchlich und hat folgende Radanordnung: je ein schwenkbares Rad vorne und hinten sowie zwei etwas größere Räder, die etwas niedriger angebracht sind, an starrer Achse in der Wagenmitte. Der Wagen kann also leicht gewippt werden, steht oder fährt aber immer nur auf drei Rädern. Insofern kann er, ähnlich wie Typ 1, sehr gut und leicht dirigiert bzw. gewendet werden und läßt sich darüber hinaus noch erheblich stärker beladen bzw. belasten als der erste. Typ 1 und 3 ist gewöhnlich in Metallausführung, den Typ 2 gibt es in Holz oder Metall oder kombiniert. Spezielle Bücherwagen, die dem Transport und zugleich der Präsentation von Büchern dienen, verwenden insbesondere auch *Patientenbibliotheken.*

Transportbänder dienen der laufenden Beförderung von Büchern mit und ohne Transportbehältern. Sie benötigen lange Auslaufbahnen. Bei Nutzung schräger Steigebänder stellen sie eine kombinierte horizontale und vertikale Transportart dar. Sie sind in wissenschaftlichen Magazinbibliotheken eher anzutreffen als in Öffentlichen Bibliotheken.

Zu den Büchertransportmitteln außerhalb des Bibliotheksgebäudes zählen die *Kraftfahrzeuge* der Fahrbibliotheken (Autobüchereien) und die der Bücherhausdienste, in großen Bibliotheken noch die der Botendienste.

Autobüchereifahrzeuge weisen im wesentlichen vier Größentypen mit entsprechendem Fassungsvermögen auf: Kleinbus mit bis zu 1000 Bänden; Bus (zwei- oder dreiachsig) mit 1500 bis 5500 Bänden; Sattelzug mit bis zu 4000 Bänden und Gelenkzug mit bis zu 8000 Bänden.

Ein *Sattelzug* besteht aus Sattelschlepper und Sattelanhänger. Nur auf dem letzteren befinden sich die Ladefläche bzw. die bibliotheksspezifischen Aufbauten. Dagegen besitzt die Zugmaschine (Sattelschlepper) hinter dem Fahrerhaus eine Vorrichtung, auf der das Vorderteil des Sattelanhängers drehbar gelagert ist. Der Anhänger hat kein vorderes Fahrgestell, an dessen Stelle lediglich eine ausklappbare Stützvorrichtung, die ein Abstellen in abgekoppeltem Zustand ermöglicht. In diesem Fall kann die Zugmaschine einen weiteren Anhänger abholen und zu einem anderen Haltepunkt bringen. Der Vorteil des Sattelzuges gegenüber dem Bus liegt also in der Mehrfachnutzung.

Der *Gelenkzug* (Gelenkbus) besteht aus zwei, durch eine spezielle Gelenkkonstruktion verbundene Teilfahrzeuge mit durchgängigen Aufbauten von großem Rauminhalt. Im vorderen Teil befindet sich auch die Antriebsmaschine (Motor). Der Übergang zwischen beiden Fahrzeugteilen ist nach außen durch einen Faltenbalg (ziehharmonikaartig) abgeschlossen.

Bei allen Typen liegen die Ein- und Ausstiege in Fahrtrichtung auf der rechten Fahrzeugseite zum Gehweg hin. Viele Fahrzeuge können im Stand hydraulisch abgesenkt werden, um Kindern und behinderten Lesern das Einsteigen zu erleichtern. Die übrige technische Ausstattung besteht vor allem bei den größeren Typen aus durchgehender Innenbeleuchtung, Heizung, Be- und Entlüftung, automatischer Türbedienung, häufig einer Gegensprechanlage, seltener einer Funksprechverbindung (Mobilfunk) zu der Bibliothekszentrale. Über getrennte Stromkreise sind sie in der Lage, ihre Verbuchungsgeräte (Foto- oder EDV-Verbuchung) anzuschließen. Viele Wagen verfügen auch über Toilette und Waschbecken.

In die Längswände eingebaut, befinden sich Bücherregale, die vom Fahrzeugboden bis zur -decke reichen, ferner ein Bilderbuchtrog, Taschenbuch- bzw. Medienständer sowie Zeitschriftenauslagen. Es gibt nur wenige Sitzgelegenheiten für die Benutzer. Tageslicht dringt seltener durch Seitenfenster als durch Kuppelfenster, die aus eingefärbtem Kunstglas bestehen und sich durch eine Hebe-Kipp-Vorrichtung öffnen lassen. Auch vom Fahrzeug und seinem Aufbau her wird deutlich, daß Fahrbibliotheken - wenn auch überaus notwendige - Ersatzlösungen in der allgemeinen Literaturversorgung darstellen.

Im *Bücherhausdienst* werden meistens Personenkraftwagen in Kombiausführung benutzt oder kleine Lieferwagen. Die vom Leser gewünschten Bücher/ Medien werden in Transportbehältern oder Plastikkörben verstaut, abgepackt in Tragetaschen o.ä., die geordnet in der Reihenfolge der zu fahrenden Route stehen. Mitunter werden noch unbestellte Reservetitel, gesondert gepackt, mitgeführt für den Fall, daß sich Neuzugänge einstellen oder ein Leser keinen konkreten Wunsch geäußert hat.

Lagertechnik

Zur Lagertechnik sehr großer Magazinbestände gehört auch in Öffentlichen Bibliotheken das *Kompaktsystem*. Darunter ist eine Stahlregalkonstruktion zu verstehen, die bei geringem Grundflächenangebot eine optimale Stellflächenausnutzung sicherstellt, indem sie auf Gänge zwischen den Regalen bis auf einen jeweiligen Arbeitsgang verzichtet. Beim Compactus-Typ stehen die Doppelregale dicht aneinander, sind aber beweglich, d.h. auf Rollen montiert, die auf Schienen laufen. Im Bedarfsfall wird durch Bedienen einer Handspindel oder auch automatisch durch pneumatischen bzw. elektromotorischen Antrieb eine Regalgasse zur Buchentnahme oder zum Einstellen geöffnet. Die Regale stehen in Blöcken zusammen, jeweils beginnend mit einem einfachen feststehenden Wandregal, dem bewegliche Doppelregale folgen bis am Ende wieder ein Wandregal steht. Es gibt noch andere Kompaktregalausführungen. Die Erfahrung spricht von einer um das Vierfache zu vergrößernden Stellfläche als bei normaler Magazinregalausstattung.

Über Freihandregale s. S. 109 ff.

3.4.4 Nachrichtentechnik

Zu den nachrichtentechnischen Geräten in der Bibliothek zählen zunächst die *Fernsprecher*. Sie befinden sich an jedem Arbeitsplatz bzw. in jedem Dienstraum. Telefonische Hausanschlüsse dienen der Abwicklung interner Gespräche; Amtsanschlüsse sind dort erforderlich, wo Teilnehmer außerhalb des Hauses ständig erreichbar sein müssen. Das sind nicht nur die Bibliotheken im System sondern auch die Benutzer ebenso wie der Buchhandel und andere Partner. Der Benutzungsdienst mit Auskunft und Fernleihe sowie der Thekenbereich mit Bestell- und Mahnwesen haben gewöhnlich getrennte, in größeren Bibliotheken auch mehrere Amtsanschlüsse. Gegensprechanlagen befinden sich häufig an Bücheraufzügen.

Telefonzentralen zur Vermittlung von Ferngesprächen haben in der Regel ihre Unterbringung in den Amtsgebäuden der Bibliotheksträger. Die Möglichkeit, bestimmte Fernteilnehmer direkt anzuwählen, hat meistens nur die Bibliotheksleitung (Vorzimmer). Ein Münzfernsprecher für das Publikum ist fast in jedem Bibliotheksgebäude vorhanden.

Telefax-Geräte (Fernkopierer). Sie übertragen ganze Dokumente (Briefe, Bestellunterlagen, Zeitschriftenaufsätze etc.) vorlagengetreu innerhalb weniger Minuten über die Telefonleitung zu dem Empfänger. Sie haben die *Telex-Geräte* (Fernschreibanschlüsse) weitgehend abgelöst und werden in Zukunft noch weitere Verbreitung finden. Die Bibliotheksleitung nutzt die *Telefax-Geräte* für ihre Kontakte mit den Zweigbibliotheken und der (Stadt- oder Hochschul-) Verwaltung. Die Erwerbungsabteilung läßt mit Telefax ihre Bestellungen den Buchhändlern zukommen, und die Leihverkehrsabteilung kann ihre Bestellunterlagen zu den anderen Bibliotheken faxen. Stadtteilbibliotheken erhalten Informationen aus Nachschlagewerken, Zeitschriftenaufsätze etc. aus den Beständen der Zentralbibliothek über Telefax für ihre Leser. In sehr vielen Bibliotheken wird Telefax auch für den normalen Schriftverkehr eingesetzt.

In die Nutzungsmöglichkeiten der Nachrichtentechnik fallen auch *Rundfunk- und Fernsehgeräte*. Sie dienen den Benutzern nicht nur zu Gemeinschaftsempfangsangeboten, sondern ermöglichen auch das Übertragen bestimmter Programme auf Einzelempfangsplätze etwa in Musikbibliotheken und/oder Mediotheken.

Zentrale *Rundsprechanlagen* zur Durchsage allgemeiner Informationen für die Benutzer sind in großen Bibliotheken notwendig. Das Einsprechen erfolgt entweder vom Beratungsplatz oder vom Thekenbereich aus. Über Lautsprecher kündigt z.B. ein Gong das Ende der Öffnungszeit an.

Im Bereich des *Sprechfunks* gibt es – wenn auch erst noch vereinzelt anzutreffen – Einsatzmöglichkeiten in Autobüchereien, besonders bei Betrieb mit Sattelzügen. Der Fuhrpark des Bibliotheksträgers stellt dann die Mitbenutzung seines Netzes sicher.

Noch nicht in Bibliotheken anzutreffen, aber schon sehr verbreitet ist die drahtlose Kommunikationstechnik in Form des schnurlosen Telefons, des Mobiltelefons und der Funkrufdienste.

Das deutsche Fernmeldenetz wird gegenwärtig ausgebaut zum ISDN (Integrated Services Digital Network). Mit Hilfe der Digitaltechnik ist es möglich, die Vielzahl der bisher für unterschiedliche Geräte und Dienstleistungen erforderlichen Anschlüsse auf einen einzigen zu reduzieren, über den alle Dienste verfügbar sind. Somit können auf herkömmlichen Telefonleitungen Informationen aller Art übertragen werden.

3.4.5 Sicherungstechnik

Es gibt verschiedene Möglichkeiten, Bibliotheksbestände vor Diebstahl zu schützen. Bücher/Medien aus den Lesesaal- bzw. Präsenzbeständen werden bereits durch ihre besondere Kennzeichnung außen und innen im Buchdeckel bei der Ausleihverbuchung sofort erkannt und nicht verliehen oder nur über Wochenende, und dann gesondert verbucht. Natürlich sind Garderoben- und Taschenschränke mit Pflichtbenutzung bereits vorbeugende Mittel zur Diebstahleinschränkung. Ein Höchstmaß möglichen Diebstahlschutzes bieten jedoch nur Einrichtungen, die jedes Buch/Medium einzeln sichern. Wo die Kontrolle von Taschen etc. durch eine eigene Dienstkraft der Bibliothek zu aufwendig oder auch dem Benutzer gegenüber als nicht zumutbar angesehen wird, bleibt nur die Verwendung technischer Sicherheitseinrichtungen.

Dazu entscheidet die Bibliothek zunächst über den Umfang der zu sichernden Bestände; meistens fallen nur die teureren oder neuen Bücher/Medien darunter. Diese werden dann bereits bei der Bestandsbearbeitung mit *magnetischen Streifen* oder *Aufklebern* (Etiketten) ausgerüstet. Da sie selbstklebend sind, können sie leicht und unauffällig in dem Hohlrücken der Bücher oder in dem Falz zwischen den Seiten angebracht werden. Wenn die Ausleihverbuchung mittels EDV erfolgt, besteht auch die Möglichkeit, die Sicherungsstreifen in die EDV-Verbuchungsetiketten zu integrieren. Die magnetischen Streifen wirken auf ein alarmauslösendes Kontrollgerät, das innerhalb einer elektromagnetischen *Schleuse* untergebracht ist. Diese Schleuse befindet sich zwischen Bibliotheksausgang und Verbuchungstheke und muß vom Benutzer vor dem Verlassen der Bibliothek durchschritten werden.

In Freihandbibliotheken werden nun zwei unterschiedliche Verfahren angewendet, das Zirkulations- und das Passierverfahren. Das erstere arbeitet mit de- und reaktivierbaren Sicherungsstreifen bzw. -etiketten. Sie werden bei der Ausleihverbuchung deaktiviert, also magnetisch unwirksam gemacht und sprechen so nicht auf die Kontrollanlage an. Bringt ein Benutzer seine Bücher/Medien zurück, so werden bei der Rücknahme die Streifen wieder reaktiviert, womit die Bücher/Medien wieder kontrollierbar werden. Das Deaktivieren läßt sich mit der EDV-Ausleihverbuchung online koppeln, sodaß nur ein Arbeitsgang anfällt.

Beim zweiten Verfahren, dem Passierverfahren werden daueraktive Streifen bzw. Etiketten verwendet. Da sie ständig aktiv sind, müssen die Bücher/Medien vom Verbuchungspersonal auf dem Thekentisch außen um den Schleusenbereich herum dem Entleiher nach vorgenommener Verbuchung wieder ausgehändigt werden. Umgeht der Entleiher die Verbuchung, so wirkt bei beiden Verfahren der Sicherungsstreifen etc. elektromagnetisch auf das Kontrollsystem in der Schleuse, dieses löst ein akustisches Signal aus und blockiert gleichzeitig einen vor dem Ausgang befindlichen Sperrbügel oder ein Drehkreuz.

3.4.6 Werkstattechnik

Sie erstreckt sich zunächst auf Bereiche wie Buchbinderei, Einbandstelle, Buchpflege und technische Buchbearbeitung. Der Maschinenpark einer *Hausbuchbinderei* umfaßt Papier- und Pappschneidemaschinen, Prägemaschinen, Heftmaschinen für Draht- und Fadenheftung sowie Vorrichtungen zur Klebebindung, Preßvorrichtungen, Rückenrundungsmaschinen u.a.m., deren Bedienung von Buchbinderfachkräften vorgenommen wird. In der *Einbandstelle* findet mehr in Handfertigung das Heften von Buchrohblöcken statt. Dazu dient die Heftlade; auf ihr werden die gefalzten Bogen mit den Heftbünden und untereinander durch einen Faden verbunden. Zum Weiterverarbeiten gehört das Rückenrunden und Pressen sowie das Einhängen des Buchblocks in die Buchdecke (vgl. hierzu Abschnitt B 2.5, S. 191 ff).

Das Beschneiden des Blocks versehen kompakte elektrische Stapelschneidemaschinen mit kombinierter Schnellpressung; es gibt aber auch Stapelschneider als Tischgeräte, geeignet für Papierstapel bis zu 4 cm Höhe, ferner Schneidegeräte für Papier, Folie und Karton mit Schnittleistungen bis zu 50 Blatt übereinander als Tischgeräte. Sie verfügen über Seiten- und Rückanschlag, Winkelanlage mit Zentimeter- und DIN-Teilung (A4 bis A6), oft auch über eine Schmalschnitteinrichtung und automatische Pressung an der Schnittstelle; sie können mit Handhebel- oder mit Rundmessern ausgerüstet sein.

Auf weitere Geräte bzw. Apparate für *Buchpflegearbeiten*, auch zum Prägen von Rückensignaturen sowie zur Buchreinigung wurde bereits eingegangen (s. S. 196 f, 198 f).

Arbeiten im Bereich *Druck und Vervielfältigung* werden in großen Bibliotheken durch entsprechende Werkstätten (Druckerei, Kopier- und Fotostelle) vorgenommen. Deren Aufgaben reichen vom Formulardruck über die technische Fertigung von Neuerwerbungs- oder Ausstellungskatalogen, von Benutzungsführern, Titelkarten, Beschriftungsschildern, auch Plakaten usw. bis hin zur Herstellung von Offsetfolien und zu reprografischen Arbeiten unter Nutzung entsprechender maschineller oder Apparateausstattung. Die Werkstätten verfügen auch über dazugehörige Papierlager.

Um ungelochte Katalogkarten, die die Bibliothek häufig auf Lager hat, gebrauchsfertig zu machen, verwendet man *Stanzapparate*, die als Tischgeräte zur Lochung von Leit- und Katalogkarten bei Flach- und Rundstangenlochung geeignet sind. Stanzgeräte werden auch zur Herstellung von Klebebuchstaben bzw. -ziffern verwendet.

Auch einer *Artothek* ist häufig eine Werkstatt angegliedert. In ihr werden die zu entleihenden Bilder gerahmt bzw. verglast, die Plastiken verpackt.

In kleineren Bibliotheken werden Werkstattarbeiten meistens an gewerbliche Betriebe in Auftrag gegeben.

Schließlich gehört auch die *Post- und Verpackungsstelle* im weitesten Sinne zum Werkstattbereich. Adressier- und Frankiermaschinen verwenden nur große Bibliotheken, aber über eine Waage (Hebel- oder Tafelwaage) verfügen bereits mittlere, über eine Briefwaage selbst die kleinsten. Da für den Fernleihverkehr häufig Pakete gepackt werden müssen, gibt es Vorrichtungen zum Lagern, Abrollen und Abschneiden des Verpackungsmaterials in benötigter Bogengröße, darüber hinaus Geräte zum Abrollen und Abschneiden von Bindfaden und auch Metallbändern sowie zur Metallbandverschnürung.

EDV-Technik wird in Abschnitt B 4 (S. 267 ff) behandelt.

3.5 Bibliothek und Öffentlichkeit

Neben die klassischen Aufgaben einer jeden Biblitothek, der Erwerbung, Erschließung und Vermittlung von Büchern und anderen Medien, tritt eine weitere und ebenso wichtige, die der Kommunikation. Gemeint ist damit die Pflege der Verbindung zum Publikum. Das sind nicht nur diejenigen Teile der Bevölkerung, die zu den Benutzern einer Bibliothek zählen; Publikum schließt auch jene ein, die einer Bibliothek bisher fernbleiben. Sie als neue Benutzer zu gewinnen, ist Verpflichtung der Bibliothek aus zweierlei Gründen: aus bildungspolitischen und aus wirtschaftlichen (Effektivitäts-)Gründen.

Zum einen hat nach dem Grundgesetz jedermann das Recht, sich aus allgemein zugänglichen Quellen - also auch aus Bibliotheksbeständen - ungehindert zu unterrichten; das verpflichtet die Bibliothek, jede mögliche Hinderung eines möglichen Nutzers auszuschließen. Zum anderen sollen sich die Aufwendungen zur Einrichtung und Unterhaltung einer Bibliothek insoweit lohnen, als ihr Einsatz einen zunehmenden Informations- und Bildungsgewinn in der Bevölkerung bewirkt. Die Zugewinnung neuer Bibliotheksbenutzer wird möglich mit Hilfe der Öffentlichkeitsarbeit.

3.5.1 Öffentlichkeitsarbeit

Hierunter versteht man die Pflege von Beziehungen zwischen einem Anbieter - hier der Bibliothek - und einem für ihn wichtigen Teil der Öffentlichkeit - in diesem Fall dem möglichen (potentiellen) Nutzer der Bibliothek. Die Gründe dafür, daß ein großer Teil unserer Bevölkerung noch immer nicht Bibliotheken aufsucht und nutzt, sind vielfältig und auch individuell verschieden. Es kann am Standort der Bibliothek liegen, an den Öffnungszeiten, an fehlenden Zweigbibliotheken, an unzureichenden Haltepunkten bzw. Haltezeiten einer Fahrbibliothek, an den Gebühren, am Bibliotheksbestand, aber ebensogut auch an der Scheu des einzelnen, eine Bibliothek zu betreten, seiner Sorge, sich dort nicht zurechtzufinden, oder der Abneigung, ein Leihbuch in die Hand zu nehmen, und anderem mehr.

In der Öffentlichkeitsarbeit muß die Bibliothek alle diese Faktoren berücksichtigen. Viele Schranken, die jemandem das Aufsuchen einer Bibliothek erschweren oder ihn daran hindern, werden gegenstandslos durch Maßnahmen, die helfen, das Vertrauen der Öffentlichkeit zu gewinnen. Sie beginnen zu allererst beim *Bibliothekspersonal*, seinem Auftreten, Verhalten und Bemühen gegenüber dem Benutzer, wie das im kommerziellen Bereich ja ebenso der Fall ist. In eine Bibliothek einzuladen, das hängt natürlich auch von ihrer örtlichen Lage ab, wie sie von außen kenntlich gemacht ist, wie publikumsbezogen die *Öffnungszeiten* sind, hängt ferner von den möglichen Diensten für *bestimmte Benutzergruppen*, alte Menschen, Behinderte, Ausländer, Kinder ab, dann von der Angemessenheit und Atmosphäre ihrer Räume, von den Erschließungsmitteln und nicht zuletzt von den Beständen, ihrer Vielfalt, ihrer Präsentation, ihrem äußeren Zustand, den Möglichkeiten ihrer Inanspruchnahme.

Öffentlichkeitsarbeit ist Bemühen um Vertrauen. Im Bibliothekswesen geschieht das z.B. in der Durchführung von **Veranstaltungen**. Da geht es zunächst gar nicht direkt um Buch und Leser. Ein Vortrag, eine Autorenlesung, eine Diskussion, ein Konzert, eine Bilderausstellung oder auch eine Puppentheateraufführung u.a.m. wecken erst das Interesse, einmal in ein Buch zu schauen, eine Kassette zu entleihen oder ein Bild. Der Veranstalter ist auch nicht immer die Bibliothek selbst. Nicht selten sind Volkshochschule, Musikschule, das örtliche Theater oder Museum oder auch eine kulturelle Vereinigung Partner der Bibliothek bei Veranstaltungen in ihren Räumen.

Oder die Bibliothek geht selbst einmal auf die Straße: sie macht auf sich aufmerksam am Tag der Offenen Tür, auf Schul-, Straßen- und Stadtteilfesten mit Autorenlesungen, mit Frage- und Anwortspielen, Wettbewerben mit Buchgewinnen, Flohmarkt mit (abgesetzten) Büchern, mit Stegreifdarbietungen beim Auftreten kostümierter Romanfiguren, sie läßt etwa vor der Kulisse ihrer Fahrbücherei oder ihres Hauses in Zusammenarbeit mit Volkshochschule, Musikschule o.ä. Schauspiel-, Musik- und Tanzgruppen auftreten.

Vor allem in der Kinder- und Jugendbibliotheksarbeit ist der begleitende Veranstaltungsdienst (*Programmarbeit*) von Bedeutung. Da gibt es Vorlese- und Märchenstunden, Kinderbuchautoren sind zu Gast, Clowns und Zauberkünstler unterhalten, Puppentheater laden ein; es werden Kostümfeste durchgeführt oder es wird gemeinsam gebastelt, gesungen, musiziert, gespielt u.a.m. Wichtig ist es, daß die Kinder erst einmal kommen, zueinander Kontakt finden, dabei gemeinsam die Bibliothek erleben, die Scheu vor ihr verlieren und die Mitarbeiter/innen kennen lernen, ihnen vertrauen, wenn sie ihnen die Welt der Bücher nahebringen.

Häufig ergibt sich dann, daß die Kinder bzw. Jugendlichen selbst zu Veranstaltern werden: sie lesen sich einander vor, erzählen, diskutieren, musizieren, basteln, spielen Theater, binden selbst Bücher in Folie ein, schreiben selbst Geschichten, die sie vorlesen - die Bibliothek als Institution bleibt dabei zunächst im Hintergrund, sie schafft die notwendigen Voraussetzungen, den Rahmen, oft auch die Mittel zur Vorbereitung oder zur Weiterbeschäftigung mit geeigneten Büchern, Medien, Noten etc. Kinder, die die Bibliothek als Leser gewonnen hat, sind ihre bleibenden Benutzer auch in Zukunft.

Veranstaltungen der Bibliothek sind also nicht Selbstzweck, sie dienen der Bibliotheksbenutzung. Außerhalb der Bibliothek können sie auch in Schulen, Jugend- und Altenheimen, in Ausländertreffs, in Krankenhäusern, sogar in Vollzugsanstalten stattfinden. Veranstaltungen sind möglich aus einem bestimmten Anlaß, in regelmäßigen Abständen oder zu jährlich wiederkehrenden Zeitpunkten (Sommerferien, Buchmesse). Sie bedürfen einer sorgfältigen Vorbereitung.

Die nötigen *Arbeitsschritte* von der Planung bis zur Durchführung sind in zeitlicher Abfolge etwa folgende: Erfassen eines Grundgedankens (durch Anregung von außen, eigene Ideen); Festlegen eines Themas; Auswahl geeigneter Mitarbeiter; Entwickeln grober Programmvorstellung; Ermitteln eines Veranstaltungsraumes, -platzes; Berücksichtigung evtl. anfallender Mietkosten; Entscheidung über Mitveranstalter; Errechnen des Kostenrahmens; Entscheidung über Mitwirkende/Vortragende(n); Korrespondenz mit diesen; endgültige Themen-, Termin-, Honorarfestlegung; Erarbeitung begleitender Literaturlisten, Buchausstellungen; Sorge für die Unterbringung des/der Mitwirkenden, Vortragenden; Entscheidung über den Teilnehmerkreis (Öffentlichkeit, Zielgruppe); Festlegen der Art der Werbung (Plakate, Handzettel); Veranlassen von graphischen Entwürfen, Text- und Bildgestaltung (Layout); Auswahl und Auftragserteilung zur Herstellung der Werbemittel; Texterstellung für die Einladungsschreiben; Textabfassen für Pressenotizen; Beantragung geldwerter Eintrittskarten; Versand der Einladungen, auch an Presse; Durchführung der Raumeinrichtung und Bestuhlung, einschl. Podium, Rednerpult, Lesetisch mit Lampe etc.; Bereitstellen von technischen Einrichtungen (Leinwand, Projektor, Videoanlage, Mikrofon, Lautsprecher); Klärung des Einsatzes von Hausmeister, Garderoben-, Reinigungs- und technischem Hilfspersonal; Abholen des/der Mitwirkenden; Übernahme der Begrüßung, der einführenden und Schlußworte; Aushändigung des Honorars; Begleitung des/der Mitwirkenden ins Hotel bzw. zum Bahnhof; Abrechnen der Eintrittskarten mit der Verwaltung; nachherige Ordnungsarbeiten im Veranstaltungsraum; Erfolgskontrolle der Veranstaltung (anhand von Teilnehmerstatistik und Presseecho); Auswerten der Pressebesprechungen für den Jahresbericht.

Aus dieser beispielhaften Zusammenstellung ist zu ersehen, mit welchem Aufwand die Bibliothek sich um Publikumsbeziehungen (public relations) bemüht, um ihre Einrichtung wirksam werden zu lassen, und welche vielseitigen, oft gar nicht unmittelbar bibliothekarischen Arbeiten dabei anfallen.

Buchausstellungen. Sie sind ein Teil der Öffentlichkeitsarbeit. Wie den Veranstaltungen, so liegt auch ihnen stets ein bestimmtes Thema zugrunde, und seien es nur "Neuerwerbungen" der Bibliothek. Anlaß zu Buchausstellungen können aktuelle örtliche und überörtliche Ereignisse sein, Tagungen, Bibliothekswochen, Preisverleihungen, Gedenktage, Feste, dann aber auch Autorenlesungen im Hause, Vorträge, Konzerte, Kunstausstellungen.

Als Dauereinrichtung sind Buchausstellungen üblich etwa zum Theater- und Konzertprogramm einer Stadt, zum Veranstaltungsplan der Volkshochschule, zu ihren Kursen, zu Funk- und Fernsehprogrammen u.ä.m. Anregungen zu Buchausstellungen kommen auch aus den Reihen der Benutzer, z.B. kulturellen und anderen Vereinigungen. Die Bibliothek stellt auch fremden Ausstellern ihre Ausstellungsflächen zur Verfügung für thematisch begrenzte Sachausstellungen aus unterschiedlichen Bereichen z.B. aus Kunst und Kunstgeschichte, Kulturgeschichte (etwa Medaillen, Münzen, Briefmarken, alte Gläser, Uhren und Gebrauchsgegenstände), aber auch aus anderen Gebieten, wozu die Bibliothek selbst dann die themenbegleitende Literatur ausstellt.

Manchmal werden auch die Bürger aufgerufen, zu bestimmten Ereignissen selbst Ausstellungsobjekte zur Verfügung zu stellen; die besten können in einem Wettbewerb sogar noch prämiert werden. Publikumsarbeit und ihre Ergebnisse können kaum besser vor Augen geführt werden. Natürlich stellt eine Bibliothek, wenn sie selbst über geeignete und repräsentative Ausstellungsstücke in ihren Beständen verfügt wie etwa wertvolle Handschriften und Bücher (Zimelien), kostbare Bucheinbände, Buchillustrationen, alte Stiche und Landkarten, diese auch aus. Sie werden aus Sicherheitsgründen in Vitrinen aufbewahrt.

Aktuelle Literatur hingegen ist offen zugängig. Dann stehen die Bücher auf Buchträgern, die zur Präsentation an Ausstellungswänden befestigt sind, oder sie stehen mit dem Titel nach vorn (in frontaler Aufstellung) auf Ausstellungsregalen oder sie liegen auf Tischen. Der Besucher muß die Bücher in die Hand nehmen können, darin blättern können, deshalb stehen/liegen sie auch nicht zu hoch oder zu tief unten. Wenn Bücher etwa wegen der Illustrationen aufgeschlagen präsentiert werden, trägt ein beigefügtes Kärtchen die nötigen Informationen.

Anlesezonen mit Tischen und Stühlen, auch Sesseln oder Hockern stehen bereit. Buchkarussells, drehbare Büchersäulen, Bücherkrippen sind die gängigen *Ausstellungsmöbel*, insbesondere wenn die Ausstellungsfläche eng bemessen ist. Wo genügend Platz und ausreichende Beleuchtung vorhanden ist, werden Ausstellungswände bzw. -regale harmonikaartig (in Leporelloform) in der Raummitte gereiht und von beiden Seiten bestückt. Lochplatten und Ausstellungsgitter nehmen nach abgebauter Ausstellung im Lagerraum wenig Platz in Anspruch.

Ausstellungsstücke werden häufig von Plakaten und Schrifttafeln begleitet. Erläuternde Texte unterbrechen das Anschauen und Anlesen; bunte Poster, Großfotos etc. lockern das oft etwas eintönige Gesamtbild optisch auf. Mitunter werden auch einmal Schaufensterpuppen (in bücherlesender oder bücherstapelnder oder besonderer inhaltsbezogener Pose und Kleidung) zwischen die Ausstellungswände postiert. Aber alle Beigaben stehen hinter dem Buch als dem eigentlichen Ausstellungszweck zurück.

Ausstellungen werden wie Veranstaltungen von langer Hand geplant. Die Vorarbeiten reichen von der Themenfindung (Anlaß) und dem Termin über die Mitarbeiterauswahl, Absprache mit Ausstellungspartnern (insbesondere bei *Wanderausstellungen*), Finanzierung, Titelwahl, Auswahl der Ausstellungsstücke (eventuell auch unter Nutzung des Auswärtigen Leihverkehrs) bis hin zu Fragen des Zeitrahmens, der Werbung, Möblierung und Präsentationsweise.

Alle Ausstellungsstücke aus fremder Hand unterliegen der *Versicherungspflicht*. Den Versand versichert in der Regel der Verleiher, den Rücktransport die entleihende Bibliothek; der Versicherungswert wird vom Verleiher mitgeteilt, die austellende Bibliothek meldet Versicherungssumme und -dauer dem Rechts- bzw. Versicherungsamt der Stadt. Auch die hauseigenen, offen ausliegenden Ausstellungsbücher werden - wenn zwar unauffällig - laufend vom Bibliothekspersonal im Auge behalten.

Zugängig ist die Ausstellung stets zu den Öffnungszeiten der Bibliothek, denn ihr Zweck ist ja die Gewinnung von Bibliotheksbenutzern. Am Schluß der Ausstellung steht auch hier die Wirkungskontrolle; die Besucherzählung wird durch Mitarbeiter mit einem kleinen *Handzählapparat* (im Handel, auch bei der ekz erhältlich) durchgeführt oder - wo vorhanden - über ein automatisch zählendes Drehkreuz am Eingang.

Bücher stellt die Bibliothek auch in *Schaukästen*, beispielsweise vor dem Bibliotheksgebäude oder den Bibliotheksräumen aus. Nicht selten stehen Vitrinen mit Bibliotheksbüchern auch in Theaterfoyers, in Eingangshallen zu Volkshochschulen, zu Bürgerhäusern, Sparkassen oder der Post, dann aber auch in Schulzentren, in Jugendhäusern, Jugendheimen. Die Ausstellungsbücher werden häufig gewechselt, sonst verfehlen sie ihren Werbezweck. Gewöhnlich werden in Vitrinen nur Buchattrappen hinter aktuellem Schutzumschlag ausgestellt, die Titel selbst hält die Bibliothek zur Ausleihe bereit. Wichtig ist das zusätzliche Aushängen von Anschrift und Öffnungszeiten der Bibliothek im Schaukasten.

Bibliotheksführungen sind ebenso ein Teil der Öffentlichkeitsarbeit; sie finden in unterschiedlicher Weise statt. Da kommen Interessenten in die Bibliothek, die wollen erst einmal mehr oder weniger verbindlich erkunden, was eigentlich eine Bibliothek ist, was die so alles bietet, wie man an die Bücher herankommt u.ä.m. Diese Erstinformanden erscheinen einzeln oder in Gruppen, die sich zu Führungen anmelden, oder die Bibliothek bietet von selbst aus einem bestimmten Anlaß (Neueröffnung, Bibliothekswoche, Tag des Buches, Tag der Offenen Tür, einem Schulfest, Semesterbeginn o.ä.) öffentliche Führungen an. Der berechtigten Neugier ihrer Besucher angemessen, wird dabei, ohne zu sehr ins einzelne zu gehen, im Durchqueren der wichtigsten Benutzungsbereiche ein grob orientierender Überblick über Aufgaben, Bestandsangebot und Benutzungsmöglichkeiten einer Bibliothek geboten.

Äußert der Besucher danach den Wunsch, Benutzer der Bibliothek zu werden, so wird eine ausführliche **Benutzereinführung** vorgenommen. Dabei geht es über die erste Orientierung hinaus um eine regelrechte Unterweisung, z.T. sogar Belehrung. Eingehend werden Mittel und Methoden vorgeführt, wie man eine Bücher-/Mediensammlung für seine jeweiligen Zwecke und Absichten gezielt nutzen kann, wie man dabei planmäßig vorgehen muß. Dem Benutzer wird eine bestimmte *Suchtechnik* (Benutzungsstrategie) vermittelt. Dazu gehört vor allem die mit Beispielen begleitete Erklärung der Gliederung der Bestände, evtl. ihrer Aufstellung und des Systems ihrer Ordnung (Klassifikationsschema), dann die Vorführung der unterschiedlichen Erschließungsmittel und deren Handhabung. Mit Hilfe von Musterkarteikarten wird die Ansetzung von Verfassernamen und Sachtiteln, die Bedeutung von Haupteintragung, von Nebeneintragung und Verweisung erklärt usw.

Danach erfolgt das Vorführen, wie man einen gesuchten Titel im Bestand findet (bei Freihandaufstellung), den Weg von der Notation im Katalog bis zur Signatur auf dem Buchrücken geht, wobei auch auf die optischen Orientierungshilfen oder das Leitsystem (Übersichtstafeln, Hinweisschilder, Regalbeschriftungen etc.) hingewiesen wird. Es gehört ebenfalls dazu das Vorstellen der verschiedenen Nachschlagewerke und ihrer Verwendungsmöglichkeiten, vor allem die Nutzung von Bibliographien zur weiteren Literaturfindung. Ergänzend werden die Sonderbestände (z.B. Lehrbuchsammlungen, fremdsprachige Abteilungen, Lesesaalbestände, Magazinbestände u.a.m.) berücksichtigt, die Zeitschriften- und Zeitungsauslagen, dazu die Kopiermöglichkeiten, AV-Medien und deren Benutzung. Wie ausführlich diese Einführung erfolgt, richtet sich danach, ob es sich dabei um Erstbesucher oder um erfahrenere Bibliotheksbesucher handelt, die vielleicht schon Vorkenntnisse aus der Benutzung anderer Bibliotheken mitbringen.

Anschließend erfolgt die Einweisung in die *Technik der Bibliotheksbenutzung*: das Anmeldeverfahren, das Ausleihregistrier- und Vormerkverfahren, die Inanspruchnahme des Auswärtigen Leihverkehrs, die Leihfristverlängerungen, das Mahnverfahren, die Gebühren etc. Hierüber wird in der Regel ein *Merkblatt* ausgegeben, das natürlich auch die Öffnungszeiten enthält. Gewöhnlich stellt es einen Auszug aus der Benutzungsordnung dar, die über die Rechte und Pflichten eines Bibliotheksbenutzers - manchmal auch in Form einer Satzung - informiert. Benutzereinführungen können regelmäßig stattfinden, z.B. jeweils zu Beginn eines Schuljahres, eines Volkshochschulsemesters, eines Hochschulsemesters oder bei Bedarf von Fall zu Fall. Klassen, Seminare, Kurse, Vereine, Senioren- oder Jugendgruppen u.a.m. melden sich an. Je nach der Zielgruppe werden die Führungsschwerpunkte gesetzt.

Es gibt auch fertig erarbeitete Programme zur Einführung in die Bibliotheksbenutzung. In Form einer *Tonbildschau* oder eines *Videofilmes* bieten sie zunächst eine allgemeine Orientierung, erleichtern damit die Vorarbeit, ehe sich die persönliche bibliothekarische Führung anschließt, die dann vor allem auch auf Einzelfragen der Teilnehmer eingehen kann.

Große Bibliotheken stellen gedruckte **Bibliotheksführer** her, meist Faltblätter, die in Wort und Bild den Aufbau der Bibliothek erklären, die Bestände, deren Aufstellung, die Erschließungsmittel und die übrigen Angebote vorstellen und dazu mit Hilfe von Grundrißskizzen die notwendige Raumorientierung vermitteln. Letzteres geschieht in kleineren Bibliotheken auf Wandtafeln o.ä.

Benutzerschulung ist die für Unterrichtszwecke geeignete Art der Benutzereinführung. Sie ist oft in Schulen, vor allem in Schulzentren, die über eine Öffentliche Bibliothek verfügen, fest in den Unterrichtsplan verankert. Hierbei erfolgt neben der Einführung auch das praktische Einüben in das Benutzen einer Bibliothek anhand von Fallbeispielen. Universitäts- und Hochschulbibliotheken bieten regelmäßig Lehrveranstaltungen an für Studenten - meist Erstsemester - zum Thema Bibliotheksbenutzung. Das können Gruppenunterrichte, Übungen, auch Vorlesungen sein, in denen die Möglichkeiten der Ermittlungstechnik und der Literatursuche vorgeführt werden. Geübt wird auch die Literaturbenutzung, d.h. die Arbeit mit Literatur, wie z.B. die verschiedenen Arten von Registern, die Inhalts- und Literaturverzeichnisse eines Buches, wie *Zitate* u.a.m. für Seminararbeiten, Examens- oder wissenschaftliche Arbeiten zu handhaben und zu nutzen sind. Ferner werden auch Themen wie die Technik des Lesens oder die Technik des wissenschaftlichen Arbeitens behandelt.

Eine Sonderform der Öffentlichkeitsarbeit ist die **Kontaktarbeit**. Damit ist gemeint das Herstellen einer Verbindung zwischen Bibliothek und Benutzern bzw. Benutzergruppen in der Absicht, die Dienstleistungen der Bibliothek, vor allem hinsichtlich des Bestandsaufbaus zu verbessern oder zu spezialisieren, was natürlich einer besseren Nutzung zugute kommt. In Wissenschaftlichen Bibliotheken sind die Ansprechpartner meistens Institute, Institutionen, Betriebe, Forschungsgruppen, wissenschaftliche Vereinigungen u.ä.; in Universitäts- und Hochschulbibliotheken ist es vor allem der Lehrkörper (Professoren, Dozenten, Assistenten etc.). Öffentliche Bibliotheken pflegen Kontakte zu Bildungseinrichtungen und kulturellen Institutionen, etwa zu Volkshochschulen, Schulen, Jugendhäusern, auch zu Berufsverbänden, Vereinen und Gesellschaften, dann zu Heimatmuseen, Kunstmuseen, Archiven, Theatern. Musikbibliotheken stehen in Verbindung zu Musikschulen, Musikvereinigungen, Orchestern, Gesangsvereinen usw., Artotheken zu Kunst- und Künstlervereinigungen, auch zu Museen.

Nicht selten beginnt dann Kontaktarbeit mit einer Einladung zum Besuch, wobei eine Führung durch die Bibliothek/Artothek häufig dem Besucher Gelegenheit gibt, spezielle Wünsche zu äußern bzw. auf mögliche Leistungsverbesserungen hinzuweisen. Unabhängig von der Kontaktarbeit zu Benutzergruppen liegt in jeder Bibliothek auch ein *Wunschbuch* (Desideratenbuch) aus, in das jeder Einzelbesucher jederzeit Anschaffungsvorschläge eintragen kann.

3.5.2 Werbung

Sie ist im Unterschied zur Öffentlichkeitsarbeit stets auf etwas Bestimmtes bezogen. Sie möchte Bedarf an einem bestimmten Gegenstand wecken und ihn festigen. Das ist auch im Bibliothekswesen so. In der Regel treten Bibliotheken mit einem eigenen optischen bzw. visuellen Erscheinungsbild, ihrem *Markenzeichen*, dem **Bibliothekssignet** an die Öffentlichkeit, um zu werben. Vom dbi wurde ein im Öffentlichen Bibliothekswesen verbreitetes Signet entwickelt. Es stellt ein aufgeschlagenes Buch, ähnlich sechs übereinander liegenden weißen Schwingen auf blauem Grund dar. Mit entsprechendem Eindruck findet es Verwendung auf Werbematerialien meist mittlerer und kleiner Bibliotheken. Größere Städte und Gemeinden mit eigenem Stadtwappen oder Schriftzug legen häufig Wert darauf, daß ihre kommunalen Einrichtungen - auch die Bibliotheken - dieses in ihrem Signet (Logo) berücksichtigen. Das Bibliothekssignet erscheint zunächst als Außenbeschriftung der Bibliothek, ihrer Zweigstellen, der Fahrzeuge, in Schaukästen, auf Hinweisschildern. Dann steht es auf allen Geschäftspapieren vom Briefkopf bis zum Benutzerausweis.

Es begegnet nicht nur auf allen Lesezeichen, Neuerwerbungslisten, auf Literaturverzeichnissen, Druckkatalogen der Bibliothek wie auch auf Tragetaschen, sondern ebenso auf allen Veranstaltungseinladungen, Plakaten, auf Stundenplänen, Aufklebern und Luftballons, sogar auf Sonnenschirmen bei Veranstaltungen im Freien. Es findet Verwendung auf Handzetteln, Faltblättern, in Anzeigen (z.B. in Schülerzeitschriften), auf Jahresberichten, Festschriften, erscheint in der Kinowerbung ebenso wie bei der Werbung in öffentlichen Verkehrsmitteln. Immer und überall wiederkehrend, prägt es sich so der Bevölkerung ein. Das Signet ist gleichbedeutend mit der Einrichtung, die es vertritt; steht die Einrichtung in gutem Ruf, so versinnbildlicht das Signet Vertrauen.

Werbematerialien muß die Bibliothek entweder nach ihren Vorstellungen anfertigen bzw. anfertigen lassen oder, wenn es sich um Anwendungsformen handelt, die im Bibliotheksverbund gebräuchlich sind, kaufen. Die ekz hat hier ein reiches Angebot. Finanzielle Voraussetzung zur Durchführung von Werbemaßnahmen ist ein entsprechender Ansatz im Haushalt (Werbeetat).

Im Bereich der **Plakatwerbung** bietet sich die Verwendung von *Rahmenplakaten* an. Sie werden in hohen Auflagen gedruckt, womit sich der Stückpreis vergünstigt. Der Rahmen, das meint den für alle anzuzeigenden Veranstaltungen gleichlautenden Text (z.B. das Signet, der Bibliotheksname, die Bibliotheksanschrift usw.), ist vorgedruckt, der übrige Raum ist freigehalten und kann jeweils bei Bedarf, wenn der aktuelle Anlaß gegeben ist, gesondert bedruckt, illustriert und/oder betextet werden. Rahmenplakate auch mit Eindruck "Jugendbuchwoche", "Ferienprogramm" u.ä. können immer wiederverwendet werden. Auch bei häufig wiederkehrenden Veranstaltungen gemeinsamer Partner wird mit Rahmenplakaten geworben.

Die Vervielfältigung der ausgefüllten Plakate findet im *Offsetdruck* statt. Auf Einzelheiten zur Selbstgestaltung von Werbemitteln kann hier nicht näher eingegangen werden; sie sind ausführlich und anschaulich dargestellt in einem *Arbeitshandbuch* des dbi, herausgegeben von *Martha Höhl* unter dem Titel *Öffentlichkeitsarbeit und Werbung Öffentlicher Bibliotheken*, Berlin 1982. Hier findet man Beispiele zur optischen und graphischen Gestaltung eines Plakates. Dabei bieten sich Möglichkeiten an wie die Verwendung von Bildelementen, dann reine Textausführungen, schließlich eine etwa gleichgewichtige Verteilung von Wort und Bild. Ausschlag gibt meistens die Zwecksetzung.

Schrift als Gestaltungselement setzt Kenntnisse voraus zur Bestimmung von Schriftgrößen (Schriftgraden), Schriftarten, von den Möglichkeiten des Satzbildes (auf Mittelachse gesetzt, im Blocksatz oder Flattersatz), von Schriftschnitt u.a.m. Erläuterungen hierzu bietet das o.a. Arbeitshandbuch. Vorschläge zur inhaltlichen Gestaltung, die nicht den Text selbst sondern seine künstlerische Anbringung und Ausführung (Design) betreffen, werden oft in Partnerschaft mit einer entsprechenden Arbeitsgemeinschaft (Kursus) der örtlichen Volkshochschule oder auch Kunsthochschule erarbeitet. Handzettel als Werbemittel, auch Prospekte und Faltzettel, auf Veranstaltungen verteilt, können auch von der verkleinerten Plakatvorlage angefertigt werden; das gleiche Layout erhöht die Werbewirksamkeit.

Lesezeichen erfüllen einen doppelten Zweck: sie werben und informieren den Benutzer. Dazu verhelfen das aufgedruckte Bibliothekssignet, die Anbringung der Öffnungszeiten mit der/den Anschrift/en etc., evtl. noch ein Feld zum Einstempeln des Fristdatums. Aufwerten läßt sich der allerdings trockene Text durch Eindruck eines zusätzlichen heiteren Werbeslogans, begleitet von einer Karikatur oder sonstigen Illustration. Diese Art der *Infowerbung* erfolgt noch umsonst, wenn man auf der Rückseite z.B. eine Buchhandlung o.ä. werben läßt, die die Kosten übernimmt.

Druckkataloge sind einerseits vervielfältigte Bestandskataloge einzelner Bibliotheken, die anderen Bibliotheken zur Titelermittlung verfügbar gemacht werden, um z.B. Leihverkehrs-Direktbestellungen zu ermöglichen. Ein Beispiel dafür sind die *SSG-Kataloge* in Nordrhein-Westfalen.

Andererseits spricht man auch dann von Druckkatalogen, wenn es sich um gedruckte *Auswahlverzeichnisse* zu bestimmten Sachgebieten handelt, z.B. zu Hobbys, Handarbeiten, Ernährungsfragen, Reisen, Politik, Berufen usw. Sie werden an die Benutzer verteilt und verhelfen zu gezielter Buchauswahl. Bei eng begrenzten Themen erscheinen sie auch nur als Literaturlisten, etwa zu Gedenktagen, zu Vorträgen, Vorlesungen, auch Ausstellungen. Schließlich dienen sie als *Neuerwerbungslisten* und informieren über Neuzugänge in der Bibliothek.

In Wissenschaftlichen Bibliotheken leisten Literaturlisten häufig *Hinweisarbeit* für Benutzer (-gruppen) aus bestimmten Wissenschafts- und Forschungsbereichen; dabei beziehen sie in die Titelaufzählung stets Zeitschriftenaufsätze ein. Neuerwerbungslisten in Öffentlichen Bibliotheken enthalten gewöhnlich einen Querschnitt durch die Vielfalt ihrer neuangeschafften Bücher. Die Erscheinungsweise ist meistens periodisch (regelmäßig). Druckkataloge jeglicher Art stellen eine Vorstufe zur Auskunfts- und Beratungsarbeit der Bibliothek dar; auch sie versehen die Doppelfunktion von Information und Werbung. Meistens werden sie auf farbigem Papier oder Karton hergestellt bzw. mit einem bunt illustrierten, zum Thema passenden Umschlag bzw. Kopf versehen.

Die Textanordnung hat in der Regel eine feste Form: die ein- oder zweispaltig aufgeführten Titel mit den nötigen bibliographischen Angaben werden meistens nach sachlichen Gesichtspunkten gruppiert, mit Themenüberschriften versehen und innerhalb derer in alphabetischer Folge gereiht. Hinzugefügte Untertitel nehmen knapp zu Inhalt und Verwendungszweck eines Buches Stellung; oft wird darauf auch verzichtet. Druckverzeichnisse bzw. -kataloge werden in der Bibliothek ausgelegt, aber auch zu bestimmten Gelegenheiten verteilt oder an bestimmte Adressaten versandt.

Die *Druckausführung* des Innenteils geht so vor sich, daß der in der Bibliothek geschriebene oder auf Disketten erfaßte Text in einer Druckerei gesetzt und der Schriftsatz dann der Bibliothek als *Korrekturabzug* auf losen Blättern (Fahnen) zugesandt wird. Wer in der Bibliothek mit dem Korrekturlesen beauftragt wird, muß die gebräuchlichen *Korrekturzeichen* (nach Normblatt DIN 16511) kennen und beherrschen. Man findet die wichtigsten Korrekturvorschriften z. B. in Band 1 des *Duden, Rechtschreibung der deutschen Sprache und der Fremdwörter.* Je nach Sorgfalt des vorgelegten Satzes, auch bei nachträglichen Textänderungen, müssen mitunter noch weitere Korrekturvorgänge erfolgen, ehe der *Umbruch* vorgenommen werden kann. Darunter versteht man die Tätigkeit, die den korrigierten Schriftsatz unter Einbeziehung etwaiger Illustrationen etc. zu Seiten zusammenstellt. Dem Umbruch schließt sich der Druck an, danach werden die Blätter geheftet und beschnitten, evtl. noch gebunden.

Anzeigenwerbung. Beliebt sind *Inserate* in Semesterplänen der Universität, der Volkshochschule, auch in Schülerzeitschriften. Musikbibliotheken werben häufig mit einer Anzeige in örtlichen Konzertprogrammen; Artotheken mit Faltblättern, die in Museen, Galerien ausliegen. Die entsprechenden Werbetexte sind knapp und treffend und schließen immer die Öffnungszeiten mit ein. Inserate in Tageszeitungen sind kostspielig und werden vom Leser zu wenig beachtet; werbewirksamer und dabei kostenlos ist - soweit ein entsprechender Anlaß vorliegt - eine *Pressenotiz* im örtlichen Veranstaltungskalender (Kulturteil der *Tageszeitung*) oder die Nutzung des *Lokalfunks*. Noch erfolgversprechender ist ein gut aufgemachter Artikel im lokalen Teil der Tagespresse. Dem geht in der Regel eine vom kommunalen Presseamt oder der Pressestelle des Bibliotheksträgers anberaumte Pressekonferenz voraus, die aus einem bestimmten Anlaß stattfindet.

Medienwerbung. Es werden auch *Tonbildschauen* (mit Hilfe eines Tonträgers erläuternde Diareihen), Video- und Schmalfilme zur Bibliothekswerbung eingesetzt. Gemeinsam mit einem Amateurfilmkreis o.ä. oder einem entsprechenden Kursus der Volkshochschule ist die Herstellung einer Bildschau oder eines Kurzfilmes möglich. Allerdings setzen Filmaufnahmen stets bewegliche

Objekte voraus, so z.B. eine Fahrbibliothek auf dem Weg zum Haltepunkt, einen mobilen Bücherhausdienst im Einsatz, Veranstaltungen in der Kinderbibliothek, publikumsreiche Straßenfeste mit Bibliotheksaktionen, Ausstellungseröffnungen, Konzertaufführungen in der Musikbibliothek und dergleichen mehr.
Für die überörtliche Öffentlichkeitsarbeit ist die zuständige Schaltstelle der regionale Bibliotheksverband oder der DBV oder das entsprechende Referat beim dbi, die zu bestimmten Anlässen wie etwa dem Tag des Buches, einer Bibliothekswoche, Buchmesse o.ä. eine Sendung in oder aus einer Bibliothek in die Wege leiten. *Dokumentarberichte* oder *Interviews* finden statt, wenn im Bibliothekswesen Ereignisse vorliegen, die eine breite Öffentlichkeit ansprechen. Das können Neueröffnungen von Bibliotheken mit übergreifenden Aufgaben sein, Bibliothekstagungen mit bibliothekspolitischer Programmsetzung; das kann aber auch der Fall sein, wenn sich Sparmaßnahmen der öffentlichen Hand für die Öffentlichkeit aufsehenerregend auswirken, indem etwa erhebliche Benutzungseinbußen die Folge sind oder dringend anstehende Reparaturen von Bestandsschäden oder Restaurierungen wertvoller Altbestände unterbleiben müssen. Nicht nur hier bedient sich Bibliothekspolitik jeder überzeugenden Möglichkeit, sich für die Interessen ihrer Nutzer einzusetzen, jeden Mittels, das die Öffentlichkeitsarbeit ihr bietet.

3.6 Bibliothek in Zahlen

Statistik ist das Ergebnis einer zahlenmäßigen Erfassung von Sachverhalten und Vorgängen, die über gleiche Merkmale verfügen. Statistisches Material zu sammeln, geschieht in der Absicht, entweder aus vorgefundenen Einzelerscheinungen zur Beschreibung ihrer Gesamtheit zu finden (*deskriptive Statistik*) oder aus ihnen Schlußfolgerungen für zukünftige Erwartungen zu ziehen (*analytische Statistik*).

3.6.1 Statistische Untersuchung

Jede statistische Untersuchung vollzieht sich in vier Arbeitsschritten, in

- Vorbereitung
- Erhebung
- Darstellung
- Auswertung.

Die *Vorbereitung* ist abhängig von der Erwartung, die an die Untersuchung gestellt wird. Sie berücksichtigt dabei folgende Fragen:

- was wird gezählt (Zählelement, Erhebungseinheit)
- unter welchem Gesichtspunkt wird gezählt (was soll erreicht werden, nach welchen Merkmalen ist entsprechend zu gruppieren)
- wann wird gezählt (Zeitpunkt der Zählung)

- wie lange wird gezählt (Zeitraum der Zählung)
- wie wird gezählt (Zählmethode)
- wie wird das Ergebnis dargestellt (in Zahlen oder graphisch).

Die *Erhebung* erfolgt durch Auszählen der Einzelelemente in ihren Merkmalgruppen, durch Bildung ihrer Summe und Errechnung des Gesamtergebnisses. Zu unterscheiden sind zwei Möglichkeiten der Erhebung, zwei Zählmöglichkeiten: die Gesamterhebung und die Teilerhebung, gerichtet jeweils auf die Gesamtheit mehrerer Sachverhalte mit gleichen Merkmalen oder auf ausgesuchte Teilmengen von ihnen (repräsentative Zählung). In der Methode unterscheidet man die manuelle (Hand-)Zählung, die mechanische Zählung (etwa mit einem Zählapparat oder mit Hilfe durchnumerierter Zählelemente) und die automatische Zählung, die bei Nutzung der EDV per Programm erledigt wird.
Die *Darstellung* hält die Ergebnisse der Erhebung fest. Es gibt vier Möglichkeiten: Darstellung in absoluten Zahlen, in Mittelwerten (Schnittzahlen), in Verhältniszahlen (z.B. Prozentzahlen und Beziehungszahlen) oder in graphischer Form (als Kurve oder Diagramm).
Die *Auswertung* untersucht die Ergebnisse mit dem Ziel, Tatsachen oder Verläufe (Regelmäßigkeiten, Abweichungen) festzustellen. Häufig werden bei der Auswertung statistische Ergebnisse miteinander verglichen; Voraussetzung dafür ist die Vergleichbarkeit (gleiche Merkmale bzw. Merkmalgruppen). Aus der Analyse der Ergebnisse werden Konsequenzen gezogen.

Statistiken werden regelmäßig oder bei Bedarf erstellt. Sie beziehen sich immer auf Vergangenes, Abgelaufenes; ihre Bedeutung liegt aber nicht allein in der rückschauenden (retrospektiven) Darstellung, sondern vielmehr in der Möglichkeit, Schlußfolgerungen für eine zukünftige Planung daraus zu ziehen.

3.6.2 Bibliotheksstatistiken

Bibliotheksstatistiken geben Auskunft über Sachverhalte und Vorgänge in der Bibliotheksarbeit. Mit Hilfe statistisch ermittelter Zahlen ist es möglich, Leistungsstand, Entwicklungstendenzen, Erfolge und Mängel aufzuzeigen. Allerdings sind damit nur quantitative Aussagen möglich; eine Statistik kann so gut wie keine Aussagen über die Qualität geleisteter Arbeit machen.

Bibliotheksstatistiken liefern aussagefähige Daten als Entscheidungshilfen für die Planung künftiger Bibliotheksarbeit. Darüber hinaus dienen sie dem regionalen und überregionalen Leistungsvergleich im Bibliothekswesen sowie z.B. der Darstellung einer kommunalen Bibliothek bzw. ihres Systems innerhalb der Gemeinde, ihres Kultur- und Bildungsbereiches; insofern bieten Bibliotheksstatistiken Material für politische Entscheidungsprozesse.

Die Veröffentlichung der statistischen Daten erfolgt in Jahresberichten der Bibliothek, in Verwaltungsberichten des Unterhaltsträgers der Bibliothek sowie in regionalen und überregionalen Statistiken.

Die Bibliotheksstatistik ist in der Bundesrepublik geregelt durch die Norm DIN 1425 des *Deutschen Instituts für Normung e.V.* Hier werden der Geltungsbereich und Zweck einer einheitlichen Bibliotheksstatistik dargestellt, Begriffe wie *Bibliothek, Verwaltungseinheit* erklärt, eine Einteilung der Bibliotheken nach Bibliothekstypen vorgenommen und im Abschnitt *Statistische Berichterstattung* die verschiedenen **Zählmöglichkeiten** beschrieben:

Der **Bestand** kann gemessen werden in physischen Einheiten (nach Buchkörpern, Zeitschriftenheften, Ton-/Videokassetten usw.), laufenden Metern, Erwerbungseinheiten oder Titeln. Die Zählung kann jeweils bezogen werden auf den aktuellen Bestand, Zugang und Abgang

- für das gesamte Bibliothekssystem
- je Zweigbibliothek oder Abteilung (Lesesaal, Musikabteilung Mediothek)
- nach verschiedenen Bestandsgruppen
- nach verschiedenen Medien (Büchern, Zeitschriften, Zeitungen, Karten, Patenten, Noten bzw. Stimmen, AV-Medien, Spielen, Bildern usw.)
- nach der Erwerbungsart: Kauf, Geschenk, Tausch, Pflichtexemplar
- nach aktivem, passivem Bestand (bezogen auf die Ausleihe)
- nach der Art der Aufstellung: Freihand, Magazin; entleihbar, Präsenzbestand.

Die **Benutzer** können gezählt werden, jeweils bezogen auf das gesamte Bibliothekssystem und je Zweigbibliothek oder Abteilung

- hinsichtlich des Erfassungsgrades: potentielle (mögliche), eingetragene Benutzer
- hinsichtlich der Ausleihe: aktive, passive Benutzer
- nach Berufszugehörigkeit
- nach Lebensalter
- nach Wohnort
- nach Ausleihaktivität
- nach Geschlecht
- nach Staatsbürgerschaft
- nach Neuanmeldungen.

Die **Ausleihe** und/oder **Benutzung**, jeweils bezogen auf das gesamte Bibliothekssystem und je Zweigbibliothek oder Abteilung, können erfaßt werden

- wöchentlich, monatlich, jährlich
- nach verschiedenen Bestandsgruppen
- nach verschiedenen Medien
- für einzelne Buch-/Medientitel
- für den Internen, Auswärtigen Leihverkehr
- für den aktiven, passiven Leihverkehr
- für Kopierdienste (im Leihverkehr)
- für Auskunftserteilungen
- für Vormerkungen, Fristverlängerungen, Mahnungen.

Zählmethoden
Aufwendig ist die Erhebung der Daten, wenn z.B. *Buchkarten* von Hand gezählt werden müssen; einfacher ist bereits die mechanische Auszählung etwa von durchnumerierten Lochkarten bei der *Fotoverbuchung*; den geringsten Arbeitsaufwand verursacht die automatische Auszählung, auch die Darstellung der Ergebnisse mit Hilfe der *EDV* (vgl. hierzu Abschnitt 4.8.7, S. 303 f).

Weitere spezielle Statistiken im Bibliothekswesen richten sich z.B. auf die Ermittlung von Anschaffungskosten beim Zugang, von Aufwendungen für Buchbinderaufträge, von Buchdurchlaufzeiten beim Bearbeitungsgang, von Ergebnissen in der Öffentlichkeitsarbeit, von Sachverhalten im sozialen Umfeld der Bibliothek (Einwohnerzahl, Altersstruktur, Ausländeranteil u.a.m.), von Personalvorgängen in der Bibliothek (Arbeitsausfällen, Überstunden, Vertretungen etc.)

3.6.3 Darstellungen in Zahlen

Die statistischen Ergebnisse werden gewöhnlich jährlich errechnet und oft, je nach Bedarf, auf Monats- bzw. Wochenergebnisse umgerechnet. Die Darstellung erfolgt in absoluten Zahlen, dann aber auch in Angaben von Mittelwerten (etwa die monatliche Durchschnittsausleihe pro Jahr). Schließlich erscheint nicht selten die Darstellung in bestimmten Relationen (Verhältniszahlen), die aus den absoluten Zahlen errechnet werden und die für Analysen und Vergleiche notwendig sind, z.B.

- Ausleihzahl : Bestand = *Umsatz*
- Bestand : Einwohner = *Medienangebot* pro Einwohner
- Benutzer : Einwohner = Anteil der *Benutzer* an der Bevölkerung
- Entleihungen : Einwohner = *Mediennutzung* pro Einwohner
- Bibliotheksetat : Einwohner = *Aufwand* der Bibliothek pro Einwohner
- Bibliotheksetat : Ausleihzahl = *Aufwand* pro Ausleihe
- Ausleihzahl : Mitarbeiter = *Arbeitsbelastung* pro Mitarbeiter
- Ausleihzahl : Öffnungsstunden = *Ausleihen* pro Stunde
- Ausleihzahl : Leser = *Entleihungen* pro Leser.

Hierbei werden ungleiche Massen einander zugeordnet; das Ergebnis nennt man **Beziehungszahl**. Wird dagegen eine Teilmasse ins Verhältnis zu einer Gesamtmasse gleicher Art gesetzt, etwa bei der Errechnung von Prozentzahlen, spricht man von **Gliederungszahlen** (z.B. 60 % der Bücher sind Sachbücher). Voraussetzung für die Errechnung beider Arten von Relationen ist die Rückfrage, ob die sich ergebenden Verhältniszahlen Aussagekraft haben und verwertet werden können.

Statistiken dienen der Bibliothek als **Leistungsnachweis**. Wenn sie zwar meist nur quantitative und kaum qualitative Aussagen zulassen, dienen sie doch in erheblichem Maße zur Rechtfertigung oder Begründung von Maßnahmen bzw. Planungen gegenüber dem Unterhaltsträger oder den Entscheidungsträgern, d.h. bei kommunalen Bibliotheken gegenüber der Gemeindeverwaltung oder dem Rat der Gemeinde bzw. seinen Fachausschüssen.

Folgende Beispiele von statistisch ermittelten Daten zeigen die mögliche Anwendung für bestimmte **Planungen**:

- Bestands- und Ausleihanalyse, Benutzeranalyse, Buchmarktanalyse dienen der Bestandsplanung
- Analysen zur Ermittlung des Bedarfs an Personal, Etat, Nutzungsfläche, Hilfsmitteln usw. dienen der Kapazitätsplanung
- Zielgruppenanalyse wird benötigt zur Durchführung von Öffentlichkeitsarbeit
- Analysen von Arbeitsabläufen und Personaleinsatz nützen der Organisationsplanung
- Auswertung örtlicher Benutzerstatistik dient als Unterlage für Neubauplanungen bzw. zur Festlegung von Haltepunkten für eine Fahrbibliothek.

3.6.4 Die Deutsche Bibliotheksstatistik

Bibliotheksstatistiken gibt es auf lokaler, regionaler und überregionaler Ebene für verschiedene Aussagebereiche (Bestand, Benutzung, Jahresetat, Personalausstattung u.a.m.). Beispiele für regionale Statistiken sind etwa die Statistik der Staatlichen Büchereistellen oder die Leihverkehrsstatistik einer Zentralkatalogsregion. Kommunale Bibliotheken legen in ihren Jahresberichten regelmäßig Statistiken vor, besonders über Bestand und Benutzung. Die wichtigste überregionale Statistik der Bundesrepublik ist die vom dbi herausgegebene *Deutsche Bibliotheksstatistik (DBS).* Sie erscheint jährlich in vier Teilen:

DBS, Teil A

Inhalt: *Öffentliche Bibliotheken* mit hauptamtlichem Personal bei hohem Vollständigkeitsgrad der Erfassung.

Tabellen: Allgemeine Übersicht; Bestand und Entleihungen nach Materialien; Bestand und Benutzung; Benutzungsmodalitäten und besondere Veranstaltungen; finanzielle Aufwendungen; Personal; Entwicklung der letzten beiden Jahre.

Alphabetisches Register; Kreisregister; Kurzauswertung.

DBS, Teil B

Inhalt: *Wissenschaftliche Bibliotheken*: National-, zentrale Fach-, Regional-Universitäts-, Hochschul- und Fachhochschulbibliotheken.

Die Tabellen entsprechen den Besonderheiten der Wissenschaftlichen Bibliotheken.

Tabellen: Allgemeine Übersicht; Bestand nach Materialien; Zugang nach Materialien; Zugang nach Art der Erwerbung; Zugang nach Fächern; Ausgaben für Bestandsvermehrung; Gesamtausgaben; Benutzung und Ausleihe; Eingang und Erledigung von Leihscheinen; nehmender und passiver Leihverkehr; Kopierdienst; Bibliothekspersonal; sonstiges Personal; Lehrbuchsammlung u.a.m.

Anhang: Statistik der Fachzentralkataloge; Katalogstatistik für die Fachzentralkataloge; Leihverkehrsstatistik und Katalogstatistik der Regionalen Zentralkataloge.

DBS, Teil C

Inhalt: *Wissenschaftliche Spezialbibliotheken* (etwa ein Drittel erfaßt).

Tabellen: Allgemeine Übersicht; Bestand und Zugang; Benutzung und Ausleihe; Eingang und Erledigung von Leihscheinen; nehmender und passiver Leihverkehr.

DBS, Teil D

Gesamtstatistik

Inhalt: Zusammenfassung der statistischen Daten von 15000 Öffentlichen Bibliotheken und von 1500 Wissenschaftlichen Bibliotheken; Länderaufwendungen; Staatliche Büchereistellen; Bibliothekar-Lehrinstitute; Fahr-, Musik- und Krankenhausbibliotheken

Die Teile A, B und C sind auch als Diskette veröffentlicht.

4 Elektronische Datenverarbeitung in der Bibliothek

In einer Bibliothek muß z.B. festgestellt werden können, welcher Leser welche Medien ausgeliehen hat und wann die Rückgabe erfolgen soll. Dafür werden die Lesernamen (Daten) und Buchtitel (Daten) erfaßt und nach Datum geordnet (verarbeitet). Es handelt sich hierbei um einen Vorgang, bei dem meist große Datenmengen regelmäßig in der gleichen Weise verarbeitet werden. Diese Routinearbeiten, die aber trotzdem Genauigkeit erfordern, können manuell erledigt werden. Die Anwendung der elektronischen Datenverarbeitung (EDV) bietet sich hierzu jedoch an. Es ist eine der Stärken der EDV, große Mengen von Daten, die immer wieder in der gleichen Weise verarbeitet werden müssen, schnell und zuverlässig zu bewältigen.

Datenverarbeitung bedeutet, daß bestimmte Daten nach festgelegten Kriterien verknüpft, verändert, gespeichert oder übertragen werden. Der Begriff *elektronische Datenverarbeitung (EDV)* sagt aus, daß dazu elektronische Bauteile (integrierte Schaltkreise, Transistoren etc.) benötigt werden. Der Begriff *automatische Datenverarbeitung (ADV)* betont, daß die Verarbeitung automatisch erfolgt. Beide Begriffe bezeichnen im Grunde dasselbe. Um die Datenverarbeitung durchzuführen, benötigt man einen *Computer.* Der ursprüngliche Begriff aus dem Englischen (to compute = rechnen) bezeichnete nur Rechenanlagen. Ein Computer kann aber auch Aufgaben durchführen, die über die eigentlichen Rechenoperationen hinausgehen, z.B. vergleichen, sortieren, auswählen. Aus diesem Grunde werden Computer auch mit dem Begriff Datenverarbeitungsanlage bezeichnet.

Um die Arbeitsweise von elektronischer Datenverarbeitung in Bibliotheken verstehen zu können, muß man einige Grundbegriffe kennen.

Man unterscheidet bei der EDV zwischen *Hardware* und *Software.* Mit dem Begriff Hardware (engl. hard = hart, fest) bezeichnet man alle Teile, die man sehen und anfassen kann (Bildschirm, Drucker, Kabel etc.). Unter Software (engl. soft = weich) versteht man die Summe aller Anweisungen an einen Computer. Software stellt Gedankengut dar und ist nicht greifbar, ist also “weich”. Ohne Software funktioniert die Hardware nicht.

4.1 Hardware

Computer gibt es in verschiedenen Größenordnungen. Es gibt Großrechenanlagen, die z.B. in den Rechenzentren von Städten oder Universitäten benötigt werden. Daneben existieren Kleincomputer, die an einzelnen Büroarbeitsplätzen als *Personal Computer (PC)* eingesetzt oder in gleicher oder einfacherer Ausführung privat genutzt werden. Sie bestehen in der Regel aus einem Gehäuse mit der notwendigen Zentraleinheit, einem Bildschirm und einer Tastatur; häufig ist auch ein Drucker und eine Maus angeschlossen (vgl. S. 270). Die Mitarbeiter/innen einer Bibliothek benötigen an ihrem Arbeitsplatz für die Tätigkeiten der elektronischen Ausleihverbuchung oder Katalogisierung meist Geräte in der Größenordnung eines PC.

Inzwischen gibt es auch die viel kleineren *Laptops* (engl. lap = Schoß) und *Notebooks*. Diese leicht transportierbaren Computer verfügen ebenso über Bildschirm, Tastatur und Laufwerke, teilweise sogar über Drucker. Mit ihnen kann unterwegs auf dem Schoß gearbeitet werden, oder sie können zu Vorführungen bei Kunden mitgenommen werden. Noch kleinere Computer, die nur etwas größer als eine Hand sind, verzichten sogar auf eine Tastatur, denn sie besitzen die Fähigkeit, Texte zu lesen, die handschriftlich mit einem Stift auf den Bildschirm geschrieben werden.

Da die Entwicklung der Hardware sehr schnell verläuft – die Geräte werden immer kleiner, leistungsfähiger und preiswerter – sind Einteilungskriterien der Hardware nach Leistung oder Größe rasch überholt. Alle Computer arbeiten jedoch nach den gleichen Prinzipien, so daß die Größenordnung einer Rechenanlage bei den folgenden Ausführungen weitgehend unberücksichtigt bleiben kann.

Bei der Hardware unterscheidet man zwischen der *Zentraleinheit* und den *Peripheriegeräten*. Die Zentraleinheit ist für jeden Computer notwendig. Menge und Art der Peripheriegeräte werden je nach Anwendungsfall gewählt.

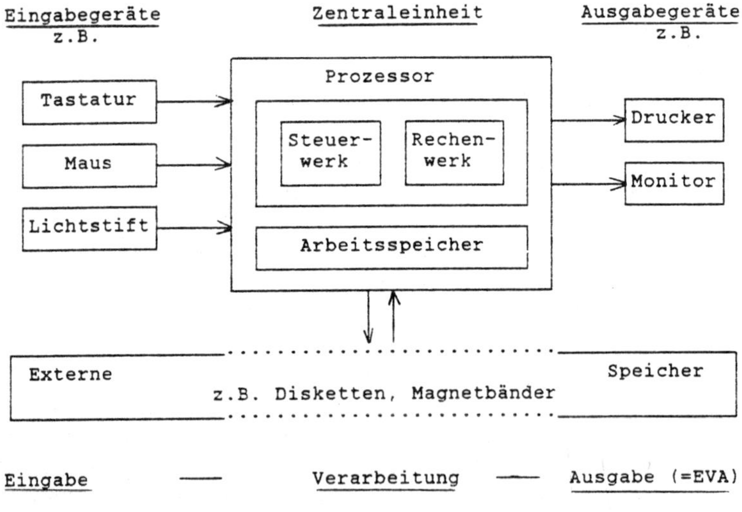

Tabelle 4. Zentraleinheit und Peripheriegeräte

4.1.1 Zentraleinheit

Die Zentraleinheit (ZE) wird auch als *Central Processing Unit (CPU)* bezeichnet. Sie ist der Kern jeder EDV-Anlage und den peripheren Geräten übergeordnet. Sie bestimmt die Leistungsfähigkeit eines Rechners. Die Zentraleinheit besteht aus dem *Prozessor*, dem *Arbeitsspeicher* und den *Ein- und Ausgabeschnittstellen* (s. Tab. 4, S. 268).

Der Prozessor besteht aus dem *Steuerwerk* und dem *Rechenwerk*. Das Steuerwerk steuert die internen Vorgänge in der Zentraleinheit und überwacht den Datenfluß zwischen der Zentraleinheit und den Peripheriegeräten. Im Rechenwerk erfolgt die eigentliche Verarbeitung der Daten. Es werden die Operationen Addition, Subtraktion, Multiplikation, Division und Vergleiche in der Form "größer", "kleiner" oder "gleich" durchgeführt. So werden z.B. Titelaufnahmen alphabetisch sortiert oder der Vormerkzähler (= Anzahl der Vormerkungen für einen Titel) um 1 erhöht.

Im Arbeitsspeicher befinden sich die Daten und Programme, die für die laufenden Operationen benötigt werden.

Neben Prozessor und Arbeitsspeicher gibt es noch die Gesamtheit der Einrichtungen zur Ein- und Ausgabe von Daten, also die Schnittstellen zu den Peripheriegeräten.

4.1.2 Peripheriegeräte

Peripheriegeräte sind Geräte (*Bildschirme*, *Drucker*), die an die Zentraleinheit angeschlossen werden. Sie sind entweder mit einem Kabel mit der ZE verbunden oder auch im gleichen Gehäuse wie die Zentraleinheit untergebracht. Menge und Art der Peripheriegeräte wird je nach dem Anwendungsfall gewählt. So benötigt z.B. ein Ausleihverbuchungssystem, bei dem den Benutzern Ausdrucke über die geliehenen oder zurückgegebenen Bücher mitgegeben werden, einen Drucker. Bei einem Verbuchungssystem ohne Quittungen ist ein Drucker überflüssig.

Die Peripheriegeräte kann man aufteilen in Eingabegeräte, Ausgabegeräte und externe Speicher.

Eingabegeräte

Für die Eingabe von Texten und Zahlen bedient man sich der **Tastatur**. Sie ist entweder mit der Zentraleinheit fest verbunden oder in einem flachen Gehäuse untergebracht und frei beweglich (dann wird sie auch als *keyboard* bezeichnet). Die Tastatur besteht in der Regel aus der normalen Schreibmaschinentastatur, einem separaten Ziffernblock und Sondertasten. Sondertasten sind z.B. *Funktionstasten*, mit denen ein Befehl ausgelöst wird. *Cursortasten* sind Tasten, mit denen man die Position des *Cursors* auf dem Bildschirm verändern kann. Der Cursor ist ein blinkendes Zeichen (Strich oder Kästchen etc.) auf dem Bildschirm, das anzeigt, an welcher Stelle des Programms Daten und Befehle eingegeben werden können. Mit den Cursortasten kann die Stellung des Cursors nach oben, nach unten, nach links oder rechts verändert werden.

Ein anderes Eingabegerät ist die sogenannte **Maus**. Dies ist ein etwa faustgroßes Gerät mit Rollen, das man über ein Tableau oder den Tisch laufen läßt. Der Computer setzt die Impulse der Maus auf den Bildschirm um, so daß man damit die Stellung des *Cursors* verändern oder sogar Zeichnungen durchführen kann. Bei menügeführten Programmen, die Auswahlfelder bieten, z.B.

* suchen *

* löschen *

* speichern *

kann man mit Hilfe der Maus den Cursor zu dem betreffenden Feld bewegen und durch Drücken einer Taste, die sich auf der Maus befindet, den Befehl durchführen lassen. Bei diesem Beispiel müßte man dann nicht die Befehlsfolge *löschen* eintippen.

Ein **Trackball** (engl. track = Spur, Fährte) ist eine Art umgedrehte Maus, bei der sich die Kugel oben befindet. Mit ihrer Bewegung wird der Cursor gesteuert. Ein Trackball ist häufig bei Notebooks und Laptops in die Tastatur eingebaut

Lesepistolen oder **Lesestifte** sind handliche längliche Geräte, die - wie im Kaufhaus - Etiketten mit bestimmten Schrifttypen oder Balkencodes ablesen.

In einem anderen Verfahren, welches man häufig an Supermarktkassen vorfindet, sind sogenannte *Scanner* (Abtaster) in einen Tisch fest eingebaut. Die Ware wird mit ihren Strichcode-Etiketten an dem Scanner vorbeigeführt. In Bibliotheken mit EDV-Ausleihverbuchung werden die Medien mit ihren Verbuchungsetiketten über einen Scanner geführt bzw. mit Lesepistolen oder Lesestiften erfaßt.

Mit einem **Joystick**, einem kleinen Schaltknüppel, werden die Befehle für Computerspiele eingegeben.

Ausgabegeräte

Die Ergebnisse einer Verarbeitung oder die Auswahl zwischen mehreren Befehlen werden auf dem *Bildschirm*, dem **Monitor**, angezeigt. Da der Monitor nicht nur die Aussagen des Computers, sondern auch die Eingaben des Computerbenutzers anzeigt, wird er auch als *Dialoggerät* bezeichnet.

Die Darstellung ist bei monochromen Bildschirmen einfarbig: schwarzweiß, bernsteinfarben oder grün. Bei Farbbildschirmen ist die Darstellung bunt; Helligkeit und Farbabstufungen können ähnlich wie beim Fernsehgerät verändert werden. Die Qualität eines Monitors hängt von der Auflösungszahl und der Bildwiederholfrequenz ab. Die Auflösungszahl gibt die Menge der Punkte an, mit denen ein Bild dargestellt wird. Die Bildwiederholfrequenz bezeichnet, wie häufig sich ein Bild innerhalb einer Sekunde aufbaut und wiederholt. Je höher die Auflösungszahl und Bildwiederholfrequenz ist, desto schärfer und flimmerfreier ist das Bild.

Es gibt auch sogenannte *Touchscreen,* das sind berührungsintensive Bildschirme, für die keine Tastatur benötigt wird. Bei menügeführten Programmen muß lediglich die gewünschte Spalte mit dem Finger berührt werden, um eine Auswahl zu treffen.

Will man sich die Ergebnisse einer Verarbeitung oder Programme auf Papier ausdrucken lassen, benötigt man einen **Drucker**. Die Texte werden auf Endlospapier gedruckt und bei Bedarf getrennt. Wenn ein Einzelblatteinzug vorhanden ist, können auch einzelne Blätter bedruckt werden.

Die Arbeitsweise von Druckern ist unterschiedlich: Impact-Drucker (engl. impact = Aufschlag) drücken die Zeichen mechanisch auf das Papier, können Durchschläge erstellen und verursachen sehr laute Arbeitsgeräusche (Typendrucker, Nadeldrucker). Matrixdrucker (Nadeldrucker, Tintenstrahldrucker) setzen die Zeichen aus einzelnen Punkten zusammen. Je mehr Punkte verwendet werden, um ein Zeichen darzustellen, desto dichter liegen die einzelnen Punkte beieinander und desto exakter sind die dargestellten Buchstaben. Mit einem Matrixdrucker können verschiedene Zeichensätze und beliebige Darstellungen (Graphiken, Linien) ausgedruckt werden.

Es gibt verschiedene Arten von Druckern:

Typendrucker arbeiten, ähnlich wie eine Schreibmaschine, mit einem Typenrad, Kugelkopf etc. Sie drucken relativ langsam, verfügen nur über einen eingeschränkten Zeichenvorrat und sind nicht mehr sehr verbreitet.

Thermodrucker verarbeiten temperaturabhängiges Spezialpapier, dessen Farbe durch gezielte Wärmeeinstrahlung verändert wird, so daß einzelne Zeichen dargestellt werden können.

Tintenstrahldrucker setzen aus winzigen Tintenpunkten, die durch einzelne dünne Röhrchen auf das Papier gespritzt werden, einzelne Zeichen zusammen. Der Zeichenvorrat ist damit nicht begrenzt, der Drucker arbeitet leise, und die Schriftqualität ist sehr gut.

Bei *Nadeldruckern* stoßen einzelne Nadeln hervor, drücken das Farbband auf das Papier und setzen so aus einzelnen Punkten die Buchstaben zusammen. Drucker mit vielen Nadeln (z.B. 24-Nadeldrucker) erzeugen ein schärferes Druckbild als Drucker mit weniger Nadeln (9-Nadeldrucker). Man kann leicht zwischen verschiedenen Schrifttypen und Schriftgrößen variieren. Damit läßt sich jeder Text anders gestalten, ja sogar jedes Wort im Text in einer anderen Schriftart drucken. Außerdem ist es möglich, die Geschwindigkeit und Qualität des Ausdrucks zu beeinflussen. Je nach Bedarf läßt man sich seine Texte in der schnellen *Konzeptqualität* (draft) ausdrucken, bei der man die einzelnen Nadelpunkte noch erkennt, oder man wählt die etwas langsamere *Korrespondenzqualität* (letter quality). Nadeldrucker sind am weitesten verbreitet und verfügen über eine gute Schriftqualität, sie sind jedoch durch die mechanische Arbeitsweise sehr laut.

Laserdrucker arbeiten mit Laserstrahlen und Spezialpapier. Ihre Arbeitsweise ist mit der eines Fotokopierers vergleichbar. Anschaffungspreis und der

Durchschnittspreis pro Seite ist noch relativ hoch, sie arbeiten jedoch wesentlich leiser und auch schneller als Nadeldrucker. Das Schriftbild ist von hervorragender Qualität.

Neben dem Papierausdruck gibt es die Möglichkeit, Texte, Zeichnungen etc. auf Mikroformen ausdrucken zu lassen. Das sind z.B. *Mikrofilme* und *Mikrofiches* (französisch fiche = Zettel, Karteikarte), die nur mit einem *Lesegerät* gelesen werden können. Der Vorteil der Mikroformen liegt darin, daß große Textmengen auf sehr kleinem Raum gespeichert werden können. Im Bibliothekswesen werden häufig Kataloge auf Mikrofiches ausgedruckt. Für den Ausdruck werden große COM-Anlagen benötigt, die schneller als herkömmliche Drucker arbeiten. COM bedeutet *Computer Output on Microform.* Mit COM-Ausdrucken hat man die Vorzüge der Datenverarbeitungsanlagen (die Geschwindigkeit) mit den Vorzügen der Mikroformen (dem geringen Platzbedarf) verbunden.

Externe Speicher

Die schnelle und zuverlässige Verarbeitung von großen Datenmengen ist eines der wichtigsten Merkmale von elektronischer Datenverarbeitung. Für größere Datenmengen und die für ihre Verarbeitung notwendigen umfangreichen Programme reicht aber die Kapazität des internen Arbeitsspeichers der Zentraleinheit nicht aus. Man muß also auf andere, auf externe, Speicher zurückgreifen. Ohne diese externen Speicher (z.B. *Disketten, Magnetplatten*), die auch *Datenträger* genannt werden, können die Kapazitäten moderner Datenverarbeitungsanlagen gar nicht ausreichend genutzt werden.

Die externen Speicher erfüllen folgende Funktionen: Erweiterung der Kapazität des Arbeitsspeichers, Archivierung, Sicherung und Austausch von Daten und Programmen.

Externe Speicher erweitern also die Kapazität des Arbeitsspeichers der Zentraleinheit. Während der laufenden Verarbeitung werden immer wieder Daten und Programme aus den externen Speichern in den Arbeitsspeicher der ZE geladen, dabei erfüllen die externen Speicher die Funktion eines Eingabegerätes. Am Ende der Verarbeitung werden die Ergebnisse wiederum auf externe Speicher geschrieben; sie dienen damit als Ausgabegerät.

Daten, auf die eventuell später noch einmal zurückgegriffen werden muß, werden auf externe Speicher ausgelagert und archiviert. So können Daten jahrelang zur Verfügung gehalten werden.

Eine weitere wichtige Funktion ist die Sicherungskopie. Daten, die im Computer gespeichert sind, werden in regelmäßigen Abständen auf externe Speicher kopiert. So können bei Störfällen Daten, die eventuell "verlorengegangen" sind, von den archivierten externen Speichern wieder eingegeben werden.

Externe Speicher werden außerdem benötigt, wenn Daten oder Programme zwischen Computern, die nicht miteinander verbunden sind, ausgetauscht werden sollen.

Man unterscheidet verschiedene Arten von externen Speichern. Die am weitesten verbreiteten Speicher sind Disketten, Festplatten, Wechselplatten, Magnetbandspulen, Magnetplattenspeicher und CD-ROM Speicher. Die in den Anfängen der EDV verwendeten Lochkarten sind kaum noch verbreitet.

Disketten sind dünne schwarze magnetbeschichtete Scheiben. Sie sind flexibel und werden deshalb auch als *floppy discs* (engl. floppy = schlapp, schlappig) oder *floppies* bezeichnet. Die $5^1/_4$ Zoll-Diskette befindet sich in einer quadratischen Schutzhülle, die einen Schlitz für den Schreib-Lesekopf und ein Indexfeld freiläßt. Daneben gibt es die kleinere $3^1/_2$ Zoll-Diskette, die sich in einer stabilen Plastikhülle befindet. Sie ist unempfindlicher, hat eine höhere Speicherkapazität und wird in Zukunft die $5^1/_4$ Zoll-Diskette ablösen. Um mit einer Diskette zu arbeiten, muß man sie in ein passendes Laufwerk legen. Das Laufwerk ist entweder in das Gehäuse der ZE integriert oder daran angeschlossen.

Die Disketten werden in *Sektoren* und *Spuren* eingeteilt (*Formatierung*). In diese kleinen Einheiten werden die Informationen gespeichert. Die Formatierung der Disketten variiert je nach Diskettenhersteller und Computerhersteller, so daß sich bei dem Datenaustausch zwischen verschiedenen Computern Probleme ergeben können.

Festplatten (*Winchester discs*) sind Magnetplatten, die höhere Kapazitäten als Disketten haben und in der Regel im Computer fest installiert sind. Sie befinden sich in einem staubfreien Gehäuse und arbeiten sehr zuverlässig. Bei Fehlern der Hardware können jedoch Daten verloren gehen.

Wechselplatten vereinigen die Vorzüge der Festplatte (hohe Kapazität, Zuverlässigkeit) mit den Vorzügen der Disketten (Auswechselbarkeit).

Magnetbandspulen, vergleichbar etwa den Tonbandspulen, waren bis vor einigen Jahren das bevorzugte Speichermedium von Großrechenanlagen. Inzwischen wurden sie von **Magnetplattenspeichern** abgelöst. Dies sind mehrere Magnetplatten, die übereinanderliegend in einem Gehäuse untergebracht sind und sehr große Datenmengen speichern können. Sie werden ebenfalls für Großrechenanlagen verwendet und als Einheit ausgewechselt.

CD-ROM (Compact Disc - Read Only Memory) sind optische Speicherplatten, die mit Laserstrahlen beschrieben und gelesen werden. Sie sind den Musik-Compakt-Disks vergleichbar, werden vom Hersteller beschrieben, sind beliebig oft benutzbar und nicht veränderbar (Nur-Lese-Speicher). Die Kapazität von CD-ROM liegt weit über der von Disketten.

Während eine CD-ROM von einem Hersteller beschrieben werden muß, kann eine **CD-WORM** (Write Once Read Many) von einem Anwender beschrieben werden. Auch die **CD-MO** (Magneto Optical), die mit Hilfe von magnetischen Impulsen beschrieben und mit Laserstrahlen gelesen wird, kann vom Anwender beschrieben werden. Sie kann später unter bestimmten Bedingungen sogar wieder gelöscht und verändert werden.

CD-ROM, CD-WORM, CD-MO und auch einige andere Formen von CDs benötigen als Abspielgerät ein CD-Laufwerk, welches an einen PC angeschlossen wird, sowie Retrievalsoftware, die entweder auf der CD gespeichert ist oder auf einer Diskette mitgeliefert wird.

Auf diesen CD-Formen werden z.B. Literatur-, Fakten- oder Volltextdatenbanken gespeichert. Literaturdatenbanken sind Kataloge einzelner Bibliotheken oder Literaturnachweise zu einzelnen Themenbereichen oder Fachgebieten. Faktendatenbanken weisen einzelne Fakten, z.B. chemische Formeln, nach. In Volltextdatenbanken sind vollständige Bücher oder Zeitschriften abgespeichert.

Eine andere Variante von CDs sind die **CD-I** (Interactive). Auf ihnen werden Texte, Bilder, Töne und Bewegungsabläufe gespeichert und der Anwender kann interaktiv in das Geschehen eingreifen und es bestimmen. Als Abspielgerät dient ein CD-Player, der einem Videorecorder ähnelt. Die Vorführung läuft über einen Fernsehapparat oder einen PC mit Soundkarte, die Töne ermöglicht. Auf einer CD-I ist z.B. ein Musiklexikon gespeichert. Beim Stichwort Geige sieht man eine sich bewegende Geigenspielerin und hört die Musik dazu.

Es gibt noch andere CD-Formen, und in nächster Zeit werden noch zusätzliche Varianten dieses Speichermediums entwickelt werden.

4.2 Software

Software sind die Programme, die einem Computer durch eine Vielzahl von Befehlen "mitteilen", was er tun soll. Ohne Software ist ein Computer sinnlos, da er nichts verarbeiten kann.

Software wird für die verschiedensten Bereiche entwickelt. *Textverarbeitungsprogramme* erleichtern durch ihre Korrektur- und Einschubmöglichkeiten das Schreiben von Briefen und Texten aller Art. Sie sind somit für Büros oder Schriftsteller interessant. *Desktop Publishing Programme* bieten Hilfe bei der optischen Gestaltung von Texten (Spaltendruck, Einbindung von Zeichnungen etc.) und werden von Schriftstellern, Zeitschriften- und Buchverlagen benötigt. *Datenbankprogramme* können große Mengen von Adressen oder Lagerbeständen speichern und verwalten, sie werden in vielen Firmen verwendet. Außerdem gibt es noch Grafikprogramme, Kalkulationsprogramme usw.

Daneben gibt es noch branchenspezifische Software, z.B. für Banken und Sparkassen, für Arztpraxen, für Steuerberatungsbüros, für Buchhandlungen und auch für Bibliotheken.

Im folgenden wird jeweils nur auf den speziellen Bereich der Bibliothekssoftware eingegangen, da nur dieser hier von Interesse ist. Man unterscheidet zwischen Standardprogrammen und Individualprogrammen.
Standardprogramme werden von einer Softwarefirma (Softwarehaus) entwikkelt und den Bibliotheken zum Kauf oder zur Nutzung angeboten. In den

Programmen sind also z.B. Moduln (Funktionseinheiten) zur *Ausleihverbuchung* oder zur *Katalogisierung* enthalten. Die Datenorganisation, die verschiedenen Funktionen und die *Benutzeroberfläche* (Gestaltung des Bildschirms) sind festgelegt. Die Programme der einzelnen Hersteller sind in Funktionsumfang, Leistung und Organisation unterschiedlich. Die Bibliothek entscheidet sich für das Programm, das die eigenen Vorstellungen am besten erfüllen kann.

Außer der Übernahme von Standardprogrammen bieten sich der Bibliothek noch andere Möglichkeiten. In einzelnen Bundesländern wurden Programme entwickelt, die die Bibliotheken des jeweiligen Bundeslandes übernehmen können. In Nordrhein-Westfalen heißt dieses Programmpaket z.B. BASIS.

Wenn die Bibliothek kein Programm findet, das die besonderen Gegebenheiten und Anforderungen ausreichend berücksichtigen kann, besteht die Möglichkeit, bei einem Software- oder Hardwarehaus ein *Individualprogramm* entwickeln zu lassen. Die Herstellung von Individualprogrammen ist meist langwierig, kostenintensiv und erfordert eine längere Versuchsphase, die den Bibliotheksbetrieb sehr belasten kann. Ein erprobtes Individualprogramm kann danach zu einem Standardprogramm werden, das auch von anderen Bibliotheken eingesetzt wird.

Software kann menü- oder befehlsgesteuert sein. *Menü-gesteuert* bedeutet, daß der Anwender jeweils mehrere Möglichkeiten auf dem Bildschirm aufgeführt bekommt (wie auf einer Speisekarte) und auswählen kann.

Befehls-gesteuert bedeutet, daß der Anwender kurze Befehle (z.B. "A3") für bestimmte Funktionen verwendet. Dies setzt voraus, daß der Benutzer die Befehle gut kennt. Mit befehlsgesteuerter Software kann man in der Regel schneller arbeiten als mit menügesteuerten Programmen. Bei ausgereifter Software ist es möglich, daß jeder Anwender zwischen Menü- und Befehlssteuerung wählen kann.

Als *Benutzeroberfläche* bezeichnet man das, was der Benutzer von der Software sieht, nämlich die Gestaltung des Bildschirms. Es werden z.B. die möglichen Befehle angezeigt oder die Daten, die man gerade erfaßt hat. Die Schrift kann, je nach Software und Bildschirm, farbig oder schwarzweiß sein.

Es gibt Software, die nur einen Bereich abdeckt, also z.B. die *Katalogisierung*. Es ist jedoch sinnvoll, mehrere Bereiche der Bibliothek mit Hilfe der EDV zu verwalten, da damit der Rationalisierungseffekt und die Leistungsverbesserung noch gesteigert werden können.

Zu diesem Zweck sind *integrierte Softwarepakete* entwickelt worden, die Moduln zur Ausleihverbuchung, Katalogisierung und Erwerbung enthalten. Alle Bereiche laufen unter der gleichen *Benutzeroberfläche*, die Funktionstasten sind mit den gleichen Befehlen belegt, so daß das Bibliothekspersonal sich nicht mehrmals neu einarbeiten muß.

Der wichtigste Vorzug der integrierten Softwarepakete ist, daß man die Daten nur einmal erfassen muß und von allen Programmbereichen Zugriff darauf hat. So hat man nach der Katalogisierung eines Buches die Titelaufnahme für alle Kataloge erfaßt und zusätzlich den Effekt, daß bei Mahnung dieses Buches automatisch der Titel auf dem Mahnschreiben an den Leser ausgedruckt wird.

4.3 Betriebssysteme

Zwischen der Hardware und der speziellen Anwendersoftware (z.B. Katalogisierungsprogramm) steht organisatorisch das Betriebssystem, auch Systemsoftware genannt. Das Betriebssystem ist das Kernprogramm oder Überprogramm zu allen anderen Programmen. Es sorgt für den Ablauf von Routineanwendungen (z.B. Speicherverwaltung, Sortierung, Ladung von Programmen), die für jede Art Software notwendig ist und ermöglicht der Software den Zugriff darauf. Das Betriebssystem dient gewissermaßen als Manager eines Computers und gewährleistet, daß sich Hardware und Software "verstehen". Hardware, Betriebssystem und Software müssen aufeinander abgestimmt sein. Ein Computer hat im allgemeinen nur ein Betriebssystem, mit dem aber viele andere Programme (z.B. Ausleihverbuchung-, Katalogisierungs- und Textverarbeitungsprogramm) verarbeitet werden können.

In den Anfängen der EDV gab es viele verschiedene Betriebssysteme, mit denen jeweils nur Software einer bestimmten Firma ablauffähig war. Inzwischen haben sich einige Betriebssysteme als Standardbetriebssysteme durchgesetzt. Für den Bereich der Personal Computer ist dies das heute am weitesten verbreitete *MS-DOS* (Disc Operating System der Firma Microsoft). Bei der Firma IBM heißt dieses Betriebssystem *PC-DOS*, die Firma Digital Research entwickelte die Version *DR-DOS*. Da die Bedienung dieses Betriebssystems wegen der Art der Befehle sehr umständlich ist und die Kapazitäten von DOS nicht ausreichen, um alle Möglichkeiten der neuen leistungsstarken Hardware auszuschöpfen, wurde die Betriebssystemerweiterung WINDOWS (engl. = Fenster) geschaffen. *WINDOWS* erleichtert durch die optische Darstellung auf dem Bildschirm (grafische Symbole, teilweise überlappende Fenster) dem Anwender die Arbeit, kann aber nur in Teilbereichen über die Möglichkeiten des Betriebssystems DOS hinausgehen. Neue Betriebssysteme, die mehr Möglichkeiten als MS-DOS bieten, sind OS/2 (Operating System 2) und *WINDOWS NT* (New Technology). Ein bekanntes Betriebssystem für Großcomputer ist UNIX oder eine Variante davon.

4.4 Wissenswertes

4.4.1 Programmiersprachen

Wenn ein Computer Funktionen (z.B. Berechnungen) ausführen soll, müssen ihm dazu Befehle und Anweisungen eingegeben werden, die ihm Schritt für

Schritt mitteilen, was er tun soll. Eine Folge von Befehlen und Anweisungen nennt man *Programm*. Eine Datenverarbeitungsanlage versteht aber keine menschliche Sprache, diese wäre auch für die Erklärung genauer Funktionsabläufe zu unpräzise und mißverständlich. Es wurden daher für die Mitteilungen an Computer Programmiersprachen entwickelt. Diese unterliegen einem künstlich geschaffenen System von Regeln. Man verlangt von einer solchen Sprache, daß sich ein Problem für den Benutzer bequem formulieren und sich eine Rechenanlage optimal nutzen läßt. Die Programmiersprachen müssen intern durch *Interpreter* oder *Compiler* in die Maschinensprache übersetzt werden, die einzige Sprache, die ein Computer versteht.

Man unterscheidet die Programmiersprachen nach dem Grad, mit dem die Hardware bei der Programmierung beachtet werden muß:

Die *Maschinensprachen* sind direkt, ohne Übersetzungsprogramm, ablauffähig. Die Befehle werden in Maschinencode eingegeben, sind sehr mühsam zu konstruieren und zu lesen.

Die *niederen maschinenorientierten Programmiersprachen* oder *Assemblersprachen* sind noch nah an der Hardware orientiert und nutzen die Besonderheiten einer bestimmten Anlage optimal aus. Sie werden intern in Maschinensprache übersetzt.

Für die meisten Programme werden aber die *problemorientierten höheren Programmiersprachen* verwendet. Die Sprachen sind relativ leicht zu erlernen. Sie sind von der eingesetzten EDV-Anlage weitgehend unabhängig, so daß man beim Wechseln der Hardware die Programme weiter verwenden kann. Es gibt viele verschiedene höhere Programmiersprachen, die jeweils auf verschiedene Anwendungsgebiete spezialisiert sind.

BASIC (Beginners All-purpose Symbolic Instruction Code = Allzweckinstruktionscode) ist wohl die bekannteste höhere Programmiersprache. Sie ist weit verbreitet, leicht erlernbar und für eine große Zahl von Anwendungen geeignet. BASIC ist jedoch nicht standardisiert, vielmehr gibt es viele verschiedene Dialekte, so daß in BASIC geschriebene Programme nicht auf allen EDV-Anlagen ablaufen können. Die Programme werden außerdem durch die besondere Struktur der Sprache schnell umfangreich und unübersichtlich.

Mit der Entwicklung von FORTRAN (Formular Translator = Formelübersetzer) wurde bereits 1954 begonnen. FORTRAN ist vor allem für technisch-naturwissenschaftliche Anwendungen gedacht. Bei dieser Art von Programmen sind vor allem Rechenoperationen durchzuführen, so daß die Sprache eng an mathematische Formeln angelehnt ist.

COBOL (Common Business Oriented Language = allgemeine geschäftsorientierte Sprache) wurde speziell für den kommerziellen und kaufmännischen Bereich entwickelt. Die Struktur von COBOL ist eng an die englische Umgangssprache angelehnt. Damit wirken COBOL-Programme leicht verständlich, sind aber sehr schreibaufwendig.

Die Grundlagen von PASCAL wurden an der Technischen Hochschule in

Zürich entwickelt, um den Studenten damit das richtige Programmieren beizubringen. Die einzelnen Programmteile sind klar gegliedert und strukturiert. Damit sind die Programme sehr übersichtlich, und es ist möglich, daß mehrere Programmierer an einem großen Programm arbeiten. Die Sprache wurde nach dem französischen Mathematiker und Philosophen Blaise *Pascal* benannt.

Die Programmiersprache C kann die wichtige Programmiersprache der Zukunft werden. Der Name C war nur als Numerierung gedacht (Sprache A,B...) Das Betriebssystem UNIX ist fast ausschließlich in C geschrieben.

4.4.2 Offline- und Online-Verarbeitung

Als wichtigste Unterscheidung bei den Verarbeitungsverfahren gilt die Unterscheidung in Offline- und Online-Verarbeitung.

Offline bedeutet soviel wie "nicht angeschlossen","ohne Kabel". Die Daten werden an einem Gerät (z.B. einem Terminal) auf einen Datenträger (z.B. Diskette) erfaßt. Dort werden die Daten gespeichert und erst später von der Zentraleinheit verarbeitet. Die Zentraleinheit kann kilometerweit von dem Erfassungsgerät entfernt sein, die Datenträger werden per Boten oder per Post zu ihr befördert. Der Zeitpunkt der Verarbeitung kann frei gewählt werden, nach Menge der Daten, nach freien Kapazitäten der Zentraleinheit oder nach festgelegten Zyklen (periodisch ablaufend).

Online bedeutet soviel wie "angeschlossen". Die Ein- und Ausgabegeräte sind mit der Zentraleinheit verbunden. Die Verarbeitung der Daten erfolgt sofort. Die Daten sind immer auf dem aktuellen Stand.

4.5 Einführung von EDV in der Bibliothek

Wenn eine Bibliothek sich zur Einführung von EDV entschließt, müssen zuerst einige Entscheidungen getroffen werden.

In einem *Pflichtenheft* werden die Bedingungen festgelegt, die die Bibliothek mit der Einführung der EDV erreichen will. Dies sind z.B. im Bereich der *Ausleihverbuchung* die Forderung nach der Möglichkeit der *Vormerkung* von Büchern oder der *Sperrung* von Lesern.

Anschließend werden die Angebote der verschiedenen Softwarefirmen eingeholt und die Programme in Bezug auf die eigenen Anforderungen begutachtet. Die Bibliothek kann sich für eines dieser Angebote entscheiden. Sie kann sich aber auch an spezielle *Bibliotheksprogramme* anschließen, die in verschiedenen Bundesländern erarbeitet wurden, wie z.B. BASIS in Nordrhein-Westfalen. Die Bibliothek kann auch selbst oder zusammen mit einer Softwarefirma ein eigenes Programm entwickeln.

Abhängig von der Software ist die benötigte Hardware. Wenn die Software nicht auf einem Standardbetriebssystem wie MS-DOS oder UNIX ablauffähig ist, muß auch die Hardware von der betreffenden Softwarefirma bezogen werden. Für die Hardware werden Wartungsverträge abgeschlossen, so daß bei Ausfall der EDV-Anlage die Reparatur gesichert ist.

Es wird entschieden, ob die Verarbeitung online oder offline erfolgt und ob die Bibliothek ein *autonomes* (selbständiges) System erhält oder an ein Rechenzentrum angeschlossen wird. Dies ist abhängig von der besonderen Situation der Bibliothek, z.B. vom Vorhandensein eines städtischen oder anderen Rechenzentrums, bei dem die Bibliothek ihre Daten verarbeiten lassen kann.

Bereits in der Planungsphase wird eine *Systemanalyse* der Arbeitsabläufe der Bibliothek erstellt. Art und Organisation der Arbeitsabläufe werden sich durch die Einführung der EDV verändern, die Bibliothek bereitet sich darauf vor. Die Mitarbeiter/innen, deren Arbeitsgebiete durch die EDV verändert werden, müssen mit den Programmen vertraut gemacht und an der Umstrukturierung der Arbeitsplätze beteiligt werden.

Die Einführung von EDV in einer Bibliothek erfordert also eine gründliche und ausreichend lange Vorbereitungszeit. Die Entscheidungen, die getroffen werden, sind abhängig von der besonderen Struktur und Größe der Bibliothek, ob es sich z.B. um eine kleine Öffentliche Bibliothek, eine kleine Wissenschaftliche Spezialbibliothek oder große Universitätsbibliothek handelt.

Es gibt Bibliotheken, die nur ihre Ausleihverbuchung oder nur ihre Katalogisierung automatisieren wollen. Der Trend geht heute jedoch zu *integrierten Softwarepaketen*, die mehrere Bereiche der Bibliothek mit EDV verwalten können. Da man nicht alle Bereiche zum gleichen Zeitpunkt auf EDV umstellen kann, entscheidet die Bibliothek, mit welchem Bereich sie beginnt.

Öffentliche Bibliotheken beginnen meist mit der Umstellung der *Ausleihverbuchung*, weil sich damit relativ schnell eine gewisse Zeitersparnis bei der Verbuchung der Bücher/Medien erreichen läßt.

Große *Wissenschaftliche Bibliotheken* beginnen eher mit der *Katalogisierung*, da der Mengenanteil an Daten hier größer ist und außerdem die gespeicherten Katalogdaten für die spätere Ausleihverbuchung Verwendung finden (bei den *Mahnungen* und *Vormerkungen*). Erst nach diesen Bereichen erfolgt in der Regel die Umstellung der *Erwerbung*.

Für die hier vorliegende Darlegung wurde die Reihenfolge Erwerbung - Katalogisierung - Ausleihverbuchung gewählt, weil dies der Reihenfolge des *Buchdurchlaufs* entspricht.

4.6 Erwerbung mit EDV

Bei der Erwerbung mit EDV werden bereits zur Bestellung der Bücher die wichtigsten Daten (z.B. Verfasser, Titel, Erscheinungsjahr) in den Computer eingegeben. Wenn das Buch eingetroffen ist, werden in der Katalogisierungsabteilung nur noch die fehlenden Daten ergänzt oder falsche Daten berichtigt. Auch das Verfahren der Fremddatenübernahme oder der Verbundkatalogisierung kann für Bibliotheken sinnvoll sein.

Es werden in der Regel Dateien für die einzelnen Buchhändler geführt, so daß die Bibliothek immer feststellen kann, welche Bücher von einem Lieferanten noch ausstehen und welche Rechnungsbeträge noch angewiesen werden müssen. Überfällige Lieferungen und fehlende Zeitschriftenhefte werden regelmäßig angemahnt. Statistiken für einzelne Sachgebiete und die bisher ausgegebenen Haushaltsmittel können angezeigt werden.

4.7 Katalogisierung mit EDV

Die in Bibliotheken heute noch verbreitetste Katalogform ist der Kartenkatalog, der gegenüber dem veralteten Bandkatalog bereits Vorzüge hat. Dennoch ist der Kartenkatalog mit folgenden schwerwiegenden Nachteilen behaftet:

- Großer Zeitaufwand bei Herstellung der Katalogkarten. Die Katalogkarten für die verschiedenen Kataloge (AK, SyK etc.) müssen entweder mehrfach geschrieben oder vervielfältigt und *geköpft* werden
- Großer Zeitaufwand durch Sortier- und Einlegearbeiten. Die Katalogkarten müssen vorsortiert und in die verschiedenen Kataloge eingelegt werden. Dies ist eine monotone, zeitaufwendige Arbeit, die hohe Konzentration erfordert
- Eindimensionale Struktur
  Dies bedeutet, daß man in einem bestimmten Katalog nur mit einem bestimmten Suchansatz recherchieren kann, z.B. in einem AK nur nach Verfassern, Körperschaften etc. und in einem Schlagwortkatalog nur nach Schlagwörtern suchen kann
- Großer Platzbedarf
  Selbst kleine Bibliotheken benötigen mehrere Katalogkästen für ihren AK, ihren SyK und häufig noch interne Kataloge. In großen Bibliotheken sind oft mehrere Räume mit Katalogkästen gefüllt
- Ortsgebundenheit
  Alle Mitarbeiter und Benutzer der Bibliothek müssen zum Katalog gelangen können; je größer die Bibliothek ist, desto weitere Wege sind zurückzulegen.

Die Katalogisierung mit EDV kann die Nachteile des Kartenkataloges aufheben.

Je nach EDV-Verfahren entstehen unterschiedliche Katalogformen:

- maschinell erstellte Bandkataloge
- maschinell erstellte Kartenkataloge
- Mikrofiche-Kataloge als Verfilmung von alten Kartenkatalogen

- Mikrofiche-Kataloge (COM-Katalog)
- Kataloge auf CD-ROM
- Online-Kataloge.

Bei den letzten beiden Katalogformen unterscheidet man noch zwischen Katalogen für Bibliotheksmitarbeiter, die meist kommandogesteuert sind, und Katalogen für Benutzer, die meist menügesteuert sind und selbsterklärend sein sollen (OPAC).

Im folgenden wird zuerst der allgemeine Arbeitsablauf der EDV-Katalogisierung dargestellt, der sich gleichermaßen für Offline- und Online-Verfahren ergibt. Danach werden kurz die Unterschiede zwischen den beiden Verfahren geschildert. Im Anschluß daran erfolgt die Erläuterung der unterschiedlichen Katalogformen mit ihren Vor- und Nachteilen.

4.7.1 Strukturierung der Daten

Gemeinsamkeiten von Offline- und Online-Verfahren

Die EDV-Katalogisierung eines Buches beginnt wie bei einem konventionellen Kartenkatalog. Es wird durch Autopsie festgestellt, wer der Verfasser des Buches ist, wie Titel und Untertitel lauten, wann das Buch erschienen ist etc. Diese Angaben werden in einen Computer eingegeben.

Bei der Verarbeitung der Eingaben muß der Computer jedoch die einzelnen Teile (Verfasser, Sachtitel, Verlag, Ort etc.) der Titelaufnahme unterscheiden können. Sie werden deshalb in sogenannte *Kategorien* eingeteilt und erfaßt. Es kann danach nur auf die Teile (Kategorien) der Titelaufnahme zugegriffen werden, die mittels Kategorienschema erfaßt sind.

Diese Gliederung und Eingabe nach Kategorien ist aus verschiedenen Gründen notwendig:

- Die Titelaufnahmen müssen richtig strukturiert und geordnet werden können. Es muß erkennbar sein, daß der Name des Verfassers die Verfasserangabe ist und nicht etwa mit dem Namen des Verlages oder des Buches verwechselt wird
- Für die Umsetzung der ungeordnet eingegebenen Titelaufnahmen in einen alphabetisch geordneten Katalog (z.B. Mikrofiche-Verfasserkatalog) ist es notwendig, bei allen Titelaufnahmen auf eine bestimmte Kategorie (z.B. Verfasser-Kategorie) zuzugreifen, um sie in eine alphabetische Ordnung zu bringen. Anschließend muß es möglich sein, durch den Zugriff auf eine andere Kategorie (z.B. Schlagwort), die gleiche Titelmenge nach einem anderen Kriterium zu sortieren (Schlagwortkatalog)
- Bei der Recherche in einem Online-Katalog muß für das EDV-Programm die Möglichkeit bestehen, bei allen Titelaufnahmen, die sich in einem Datenpool befinden, auf die gleiche Kategorie zuzugreifen und die gesuchten Titel anzuzeigen. Dies bedeutet z.B., daß für die Suche nach allen Werken eines

bestimmten Verfassers die Kategorie "Verfasser" aller Titelaufnahmen kontrolliert und die gewünschten Medien aufgeführt werden.

Die Kategorien, die für die Erfassung der Titelaufnahmen bei der Katalogisierung benötigt werden, werden entweder aufgerufen (befehls-gesteuerte Software) oder das *Kategorienschema* erscheint als Maske auf dem Bildschirm (menü-gesteuerte Software). Es kann z.B. so aussehen (einfaches Beispiel):

Verfasser: ....
Sachtitel: ....
Auflage: ....
Erscheinungsort: ....
Signatur: ....

Die einzelnen Kategorien können auch abgekürzt oder mit Nummern gekennzeichnet werden, das ist bei verschiedener Software unterschiedlich, z.B.

so:	oder	so:
Verf		100 ....
ST		200 ....
Aufl		300 ....
Ort		400 ....
Verl		500 ....
Jahr		600 ....
Sign		700 ....

Diese Bildschirmmaske kann in einem komfortablen EDV-Programm auch in mehreren Varianten vorliegen. So kann es eine Maske für einbändige Werke, eine für mehrbändige Werke, eine für Videos, eine für Musikalien etc. geben. Bei der Katalogisierung erleichtern diese speziellen Masken z.B. die Bandaufzählung bei mehrbändigen Werken oder die Auflistung von Schauspielern und Regisseuren bei Videos.

In die Zeilen der Kategorien werden nun mittels Tastatur die entsprechenden Angaben geschrieben. Bei Datensätzen fester Länge wird nur eine bestimmte Anzahl von Buchstaben oder Zahlen in einer Zeile aufgenommen. Da Sachtitel und Verfassernamen aber sehr lang sein können, ist Software mit Datensätzen variabler Länge vorzuziehen, bei der je nach Bedarf noch Zeilen eingefügt werden können.

Wörter, die bei der alphabetischen Sortierung nicht berücksichtigt werden sollen (z.B. die Artikel der, die, das, ein, eine, eines), werden durch bestimmte *Steuerzeichen* (z.B.**) besonders gekennzeichnet und als *Stopwörter* bezeichnet. Diese Stopwörter können jedoch auch in einer Stopwortdatei erfaßt sein, so daß sie nicht mehr bei jeder Titelaufnahme extra gekennzeichnet werden müssen, sondern vom EDV-Programm automatisch als nicht sortierfähig bearbeitet werden. Das Ende einer Titelaufnahme wird oft noch mit speziellen Steuerzeichen (z.B. §§§) markiert.

Offline-Verfahren
Die Kategorieneingabe der Titelaufnahmen erfolgt bei einem Offline-Verfahren meist auf ein Magnetband oder eine Diskette. Diese Datenträger werden in regelmäßigen Abständen zum Zentralrechner gebracht und dort verarbeitet. Danach erfolgt im allgemeinen der Ausdruck von Korrekturlisten, die in der Bibliothek nach Eingabefehlern durchgesehen werden. Der Computer führt außerdem Plausibilitätsprüfungen durch, indem er z.B. die Ziffern der ISBN abprüft.

In größeren Abständen werden die gewünschten Kataloge hergestellt, z.B. Bandkataloge, Mikrofiche- oder CD-ROM-Kataloge. Erst nach Erstellung der Kataloge existiert ein aktueller Bestandsnachweis, der aber sofort bei der Offline-Erfassung neuer Titelaufnahmen nicht mehr vollständig ist. Aus diesem Grunde werden häufig Supplement-Mikrofiches ausgedruckt oder die Gesamt-Mikrofiche-Kataloge, die dann jeweils den aktuellsten Bestandsnachweis enthalten, werden drei- bis viermal im Jahr neu erstellt.

Online-Verfahren
Das Ergebnis eines Online-Verfahrens ist ein Online-Katalog oder ein OPAC. Die neu eingegebenen Titelaufnahmen stehen sofort dem gesamten EDV-System zur Verfügung und sind damit recherchierbar. Der Katalog ist immer auf dem aktuellen Stand.

Bei der Eingabe der Titelaufnahmen kann eine automatische Dublettenkontrolle durchgeführt werden. Wenn ein integriertes Softwareprogramm verwendet wird, ist es möglich, auf die Daten der Erwerbung zuzugreifen, so daß die Titelaufnahme lediglich vervollständigt werden muß.

Es besteht, neben dem Online-Katalog, die Möglichkeit, Bandkataloge für Auswahlverzeichnisse oder Mikrofiche-Kataloge für nicht angeschlossene Bibliotheken zu erstellen.

4.7.2 Katalogformen

Wie bereits dargestellt, kann man per EDV je nach Verfahren verschiedene Katalogformen erhalten.

Maschinell erstellte Bandkataloge
Dies sind Kataloge in Listenform.
Vorteile:
Bei Bedarf können mehrere Exemplare ausgedruckt werden. Der gleiche Datensatz kann nach mehreren Sortierregeln ausgedruckt werden, z.B. einmal als alphabetischer Verfasser- und einmal als Titelkatalog. Aufwendige Sortier- und Einlegearbeiten wie beim Kartenkatalog entfallen.
Nachteile:
Die Listen müssen zerschnitten und geheftet oder in Ordner eingelegt werden,

bleiben aber trotzdem unhandlich. Ergänzungen sind nicht möglich, der Katalog muß in regelmäßigen Abständen durch Ergänzungsbände oder durch Neudruck aktualisiert werden.

Ein maschinell erstellter Bandkatalog kann für kleinere Bibliotheken mit geringem Bestandszuwachs geeignet sein. Er ist sinnvoll für *Neuerscheinungslisten* oder *Sonderverzeichnisse*, die die Leser mitnehmen können.

Maschinell erstellte Kartenkataloge

Mittels EDV werden Katalogkarten im konventionellen Format ausgedruckt.
Vorteile:
Das mehrmalige Abschreiben der Katalogkarten für verschiedene Kataloge oder das Vervielfältigen und *Köpfen* der Karten entfällt.
Nachteile:
Die anderen Nachteile des Kartenkatalogs (zeitaufwendige Sortier- und Einlegearbeiten, großer Platzbedarf, Ortsgebundenheit etc.) bestehen nach wie vor.

Ein maschinell erstellter Kartenkatalog ist angebracht, wenn eine Bibliothek die neuen Bücher bereits per EDV erfaßt, weil sie einen Mikrofiche- oder einen Online-Katalog plant, aber für eine kurze Übergangszeit den Kartenkatalog weiterführt. Als regulärer Katalog ist ein maschinell erstellter Kartenkatalog wegen des großen Arbeitsaufwandes nicht sinnvoll.

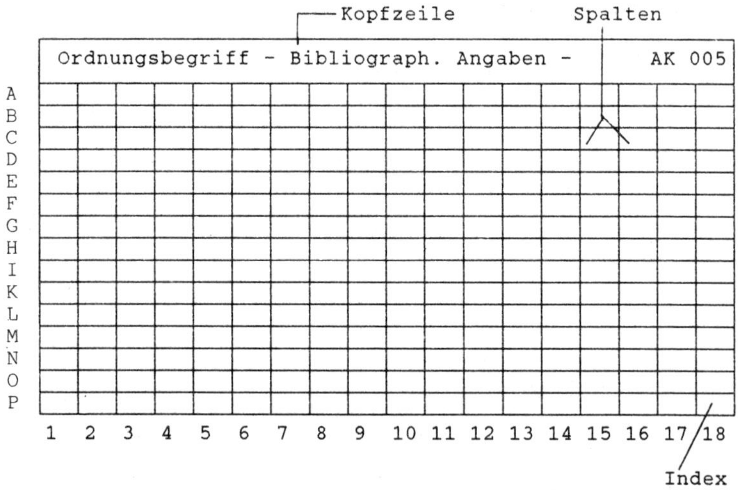

Abb. 19. Schema einer Mikroficheaufteilung

Mikrofichekataloge

Ein Mikrofiche (französisch *fiche* = Zettel, Karteikarte) ist ein transparentes Filmblatt in der Größe einer Postkarte (DIN A 6). Die einzelnen Titelaufnahmen sind stark verkleinert in einzelnen Spalten angeordnet. Ein Mikrofiche kann nur mit einem geeigneten *Lesegerät* benutzt werden. In der "Kopfzeile" ist mit bloßem Auge der Inhalt des Mikrofiches erkennbar. Es sind dort in der Regel die Art des Katalogs, der Berichtsstand und die Bibliothek angegeben. Außerdem wird meist das erste und letzte Ordnungswort des jeweiligen Mikrofiches und eine durchlaufende Numerierung aufgeführt. Damit nicht alle Spalten des Mikrofiches durchgesehen werden müssen, um einen bestimmten Titel zu ermitteln, befindet sich meist auf dem letzten Feld rechts unten ein Index, der auf die einzelnen Spalten verweist (vgl. hierzu auch S. 116). Die Mikrofiches werden in sog. Schuppentafeln aufbewahrt, die sich z.B. in Drehständern, in Ringordnern oder Klappordnern befinden.

Man unterscheidet zwei Arten der Herstellung von Mikrofichekatalogen. Es gibt einmal die Möglichkeit, alte Kartenkataloge auf Mikrofiches zu verfilmen, und dann die Möglichkeit, sich die speziell für den Computerausdruck erstellten Titelaufnahmen auf Mikrofiches ausdrucken zu lassen.

Kartenkatalogverfilmung

Vor der Verfilmung eines Kartenkataloges werden die Katalogkarten möglichst redigiert, d.h. unleserliche, verblaßte oder mit der Hand geschriebene Karten werden neu geschrieben. Danach werden die Katalogkarten in sogenannte *Tableaus* gelegt, z.B. drei Reihen zu je drei Karten, abhängig vom Verkleinerungsfaktor. Ein Tableau entspricht einer Bildschirmseite. Die Tableaus sind in Spalten, meist von oben nach unten, angeordnet.

Vorteile:

Das Verfahren wird häufig angewendet, wenn eine Zentralbibliothek ihren Altbestand den Zweigbibliotheken oder anderen Bibliotheken der Region für den Leihverkehr zur Verfügung stellen will. Zudem können bei der Einführung eines Mikrofichekataloges, wenn auf die Nacherfassung der alten Katalogaufnahmen aus Zeit- und Kostengründen verzichtet werden muß, mit der Kartenkatalogverfilmung wenigstens der alte und der neue Katalog in die gleiche Katalogform gebracht werden. Außerdem können damit alte Kartenkataloge vor Verschleiß geschützt werden.

Nachteile:

Häufig sind die Katalogkarten nicht gut zu lesen. Außerdem lassen die Bibliotheken ihre Kataloge nach unterschiedlichen Kriterien für die Verfilmung ordnen. Dies erschwert dort die Arbeit, wo die Leihverkehr-Abteilung einer Bibliothek mehrere Kataloge benötigt.

COM-Kataloge

Die andere Art der Mikrofichekataloge wird als COM (Computer Output On Microform) bezeichnet. Dabei werden die speziell erstellten Titelaufnahmen stark verkleinert auf Mikrofiches ausgegeben. Ein Mikrofiche kann mehrere tausend Titelaufnahmen aufnehmen.

Vorteile:
Die Mikrofichekataloge sind gegenüber Papierausdrucken relativ preiswert. Sie benötigen, selbst mit Lesegerät, in der Regel weniger Platz als Kartenkataloge. Sie können in mehreren Exemplaren ausgedruckt werden, jede Abteilung kann mit der benötigten Anzahl an Katalogen bestückt werden. Die gleiche Datenmenge kann in verschiedener Weise, z.B. einmal für den AK, einmal für den SyK, sortiert und ausgedruckt werden.
Nachteile:
Die Mikrofichekataloge können, wie die Bandkataloge auch, nicht verändert werden. In regelmäßigen Abständen müssen Neudrucke erfolgen. Die Möglichkeit von *Supplement*-Drucken ist nur bedingt geeignet, da dann für eine Recherche immer in mehreren Katalogausgaben nachgesehen werden muß.

Alle bisher aufgeführten Katalogformen sind *eindimensional*. Einen Katalog, der ja in einer bestimmten Art sortiert ist, kann man nur nach einem Ordnungsmerkmal durchsehen. In einem alphabetischen Verfasserkatalog kann man nur Verfasser, Körperschaften etc. recherchieren, in einem Schlagwortkatalog nur Schlagwörter. Selbst in gut geführten Schlagwortkatalogen ist die Suche nach Themenkombinationen (z.B. französische Mode im 19. Jahrhundert) sehr aufwendig. Hier können *Online-Kataloge* oder Kataloge auf *CD-ROM* bessere Ergebnisse erzielen.

CD-ROM-Kataloge
Die Bibliothek erhält eine CD-ROM (Compact Disc - Read Only Memory), ferner eine Diskette mit der *Retrievalsoftware* und ein *Handbuch*. Neben einem PC ist ein CD-Laufwerk notwendig. Wenn die Möglichkeit gegeben sein soll, die gefundenen Titelaufnahmen auszudrucken, wird ein *Drucker* benötigt.

Eine CD-ROM bietet grundsätzlich dieselben Recherchemöglichkeiten wie ein Online-Katalog, mit dem Unterschied, daß eine CD-ROM abgeschlossen ist und in regelmäßigen Abständen erneuert werden muß. Sie ist zweckmäßig, wenn der neueste Stand der Daten nicht unbedingt erforderlich ist. Dies gilt sowohl für den eigenen Bestand der Bibliothek wie auch für eine *Datenbank* oder *Verbundkataloge*, die mit CD-ROM genutzt werden. Auch wenn in einer CD-ROM so viel recherchiert wird, daß der Festpreis der CD insgesamt preiswerter ist als die jeweilige Abrechnung der durchgeführten Online-Recherchen, ist diese Katalogform interessant. Außerdem müssen CD-ROM-Recherchen wegen der Festkosten nicht so intensiv vorbereitet werden wie Online-Recherchen. Dies bedeutet, daß auch Benutzer wesentlich unbefangener mit dem Katalog arbeiten.
Vorteile:
Es bestehen grundsätzlich dieselben komfortablen Recherchemöglichkeiten wie in einem Online-Katalog (s.u. bei OPAC). Die Bibliothek kann - unabhängig davon, wieviel recherchiert wird - mit einem festen Preis kalkulieren.
Nachteile:
Die CD-ROM ist abgeschlossen, muß also in regelmäßigen Abständen ausge-

tauscht werden. Der Ausleihstatus der Bücher (verfügbar oder ausgeliehen) kann nicht angegeben werden. Die Leser können für die Bücher, die sie im Katalog gefunden haben, keine Vormerkungen machen, wie dies im Online-Katalog möglich ist.

Online-Kataloge
Ein Online-Katalog beinhaltet die aktuellen Katalogdaten einer oder mehrerer Bibliotheken.
Vorteile:
Damit hat eine Bibliothek Zugriff auf ihren gesamten aktuellen Bestand. Es kann der Ausleihstatus der Bücher angezeigt werden und der Leser kann die Möglichkeit erhalten, im Online-Katalog die Bücher für sich vorzumerken. Je nach Software können nicht nur formale Daten (z.B. Verfasser, Titel), sondern auch *Verknüpfungen* abgefragt werden (siehe OPAC).
Nachteile:
Das Verfahren ist noch relativ teuer und benötigt häufig lange Antwortzeiten.

OPAC (Online Public Access Catalog)
Ein OPAC ist ein Online-Katalog, der durch eine spezielle Benutzerführung zur einfachen Selbstbedienung der Benutzer gedacht ist und mehrere Sucheinstiege bietet.

So kann man nach Verfassern, Titeln und auch einzelnen Wörtern aus dem Titel suchen. Die Anzahl der recherchierbaren Elemente (z.B. Verfasser, Titel, Erscheinungsjahr) ist abhängig von der Kategorieneingabe, bei der die recherchierbaren Felder festgelegt wurden.

Außerdem bietet ein OPAC *Verknüpfungsmöglichkeiten*, so daß z.B. ein Buch gefunden werden kann, dessen Verfasser Meyer heißt und in dessen Titel das Wort "Gymnastik" vorkommt. Damit ist ein OPAC im Gegensatz zum Kartenkatalog *mehrdimensional.*

Mit der sog. *Trunkierung* (engl. = Stamm) kann man auch nach ungenauen Angaben und Wortzusammensetzungen suchen. Es gibt die Rechts-, Links- und Mitteltrunkierung. Mit dem Suchwort "Gymnastik" ohne Trunkierung würde man alle Bücher angezeigt bekommen, in deren Titeln das Wort vorkommmt. Mit der Rechtstrunkierung des Wortes "Gymnastik", das dann z.B. als "Gymnastik?" eingegeben würde, würde man zusätzlich auch Bücher angezeigt bekommen, in deren Titeln die Worte Gymnastikkurs, Gymnastikübungen, Gymnastikunterricht etc. vorkommen. Mit der Linkstrunkierung "?gymnastik" würde man auch Bücher erhalten, die das Thema Skigymnastik, Wassergymnastik, Krankengymnastik, Konditionsgymnastik oder Wirbelsäulengymnastik behandeln.

Man kann auch beide Suchstrategien miteinander verbinden. Wenn ein Leser ein Buch sucht, in dessen Titel das Wort Gymnastik vorkommt und er die Schreibweise des Verfassers (Meyer, Meier, Maier oder Mayer) nicht genau angeben kann, wird er mit der Verknüpfungsmöglichkeit "Verfasser und Teil des

Titels" und mit der Trunkierungsmöglichkeit "M??er" seinen Titel "Doris Meyer: Alles über Schwangerschaftsgymnastik" finden. Die Suche im Kartenkatalog wäre hier wesentlich aufwendiger.

Im OPAC ist es auch möglich, nach Stichwörtern aus dem Titel zu suchen. Bei komfortablen Programmen wird auch auf *Synonyme* und verwandte Begriffe hingewiesen, oder sie werden automatisch abgeprüft. Sucht ein Leser z.B. Titel unter dem Stichwort "Vereinigte Staaten", würden so auch Bücher angezeigt, die den Begriff "USA" oder "United States" im Titel führen. Ebenso sind Schlagwörter, die sich auf den Inhalt des Buches beziehen und bei der Katalogisierung festgelegt und eingegeben wurden, recherchierbar. Mit den *Boolschen Operatoren* "und", "oder" sowie "und nicht" können sogar Kombinationen von Stichwörtern und Kombinationen von Schlagwörtern gefunden werden.

Mit der Eingabe der Stichwörter "Mode" und "Frankreich" würden dann Titel wie "Die Mode in England und Frankreich" und "Frankreich und die Mode - gestern, heute, morgen" ermittelt. Mit der Eingabe der Wörter "Mode" und "Frankreich" auch als Schlagwörter würden sogar Titel wie "Die Kleidung der Franzosen" gefunden werden können. Voraussetzung ist hierzu, daß bei der Schlagwortvergabe die Schlagwörter "Mode" und "Frankreich" erfaßt wurden. Die Boolschen Operatoren sind besonders bei der Zusammenstellung von *Literaturlisten* zu einem Thema sehr hilfreich.

Die Recherchemöglichkeiten eines OPAC können ebenso in einem CD-ROM-Katalog gegeben sein, nur sind hier die Einschränkungen der CD-ROM gegenüber einer Online-Recherche zu beachten.

Vorteile des OPAC

- mehrdimensionaler kombinierbarer Zugriff
- Recherchemöglichkeiten auch von unvollständigen Titeln
- Verfügbarkeit innerhalb und außerhalb der Bibliothek
- keine aufwendigen Sortier- und Einlegearbeiten.

Einzelne Funktionen und auch die selbsterklärende Benutzeroberfläche des OPAC sind in der verschiedenen Software noch nicht ganz ausgereift, dennoch gilt der OPAC-Katalog als der Katalog der Zukunft.

4.7.3 Fremddatenübernahme

Um die Katalogisierung zu rationalisieren, gibt es die Möglichkeit, bereits erstellte Katalogaufnahmen von anderen Bibliotheken mit Hilfe der EDV zu übernehmen. Dies nennt man Fremddatenübernahme. Dabei muß jedoch auf mehrere Gegebenheiten geachtet werden.

Beide Bibliotheken, die gebende und die nehmende Bibliothek, müssen nach dem gleichen Regelwerk (meist RAK-WB) katalogisieren. Ansonsten wären größere Veränderungen der Titelaufnahmen notwendig, die den Rationalisierungseffekt aufheben würden.

Die *Kategorienschemata*, mit denen die Bibliotheken ihre Katalogeintragungen eingeben und strukturieren, müssen einander angepaßt werden können. Die meisten Bibliotheken haben unterschiedliche Kategorienschemata. Wenn das Kategorienschema der gebenden Bibliothek ausführlicher als das der nehmenden Bibliothek ist, ist die Anpassung per Programm durch eine Vereinfachung der Struktur relativ leicht zu erreichen; der umgekehrte Fall ist meist nicht möglich. Zur Vereinfachung von Übernahmeproblemen wurde *MAB 1* (maschinelles Austauschformat für Bibliotheken) entwickelt.

Die nehmende Bibliothek sucht die Katalogeintragungen für die Bücher, die sie selbst anschafft, aus dem Datenpool der gebenden Bibliothek heraus, indem sie den Verfasser oder besser die ISBN als Suchbegriff verwendet. Zu den übernommenen und gegebenenfalls umstrukturierten Katalogaufnahmen müssen noch die *Lokaldaten* der nehmenden Bibliothek hinzugefügt werden. Dies sind z. B. Signaturen, Verbuchungsnummern, Ausleihbeschränkungen, Standortangaben.

Je umfangreicher der Bestand der gebenden Bibliothek ist, desto größer ist der Rationalisierungseffekt der nehmenden Bibliothek. Sie muß dann nur noch einen geringen Teil ihres Bestandes selbst katalogisieren.

Besonders günstig ist der Rationalisierungseffekt, wenn die *Signaturen* einfach übernommen werden können, was jedoch die gleiche *Systematik* voraussetzt. Wenn die Bibliotheken die gleichen Regeln zur *Sacherschließung* verwenden, werden sogar die *Schlagwörter* nur einmal vergeben; dies ist eine sehr große Arbeitsersparnis. Leider arbeiten die Bibliotheken in der Regel jedoch mit unterschiedlichen *Klassifikationen* und *Schlagwortregelwerken.*

Die Fremddatenübernahme kann offline oder online erfolgen. Bei der *Offline-Verarbeitung* werden der nehmenden Bibliothek regelmäßig Datenträger (z.B. *Magnetplatten*) mit den Katalogeintragungen der gebenden Bibliothek zugeschickt, aus denen sie dann die benötigten Titelaufnahmen auswählt. Dieses Verfahren ist langwierig, da die nehmende Bibliothek immer erst auf das Eintreffen der Datenträger warten muß. Je nach Lieferrhythmus der Datenträger kann sich die Übernahme der Titelaufnahme verzögern.

Komfortabler ist hier das *Online-Verfahren.* Die nehmende Bibliothek kann immer auf den aktuellen Datenbestand der gebenden Bibliothek zurückgreifen.

4.7.4 Verbundkatalogisierung

Bei der Fremddatenübernahme steht eine gebende Bibliothek einer oder mehreren nehmenden Bibliotheken gegenüber, die keine Verbindung zueinander haben. Bei der Verbundkatalogisierung haben sich mehrere Bibliotheken zusammengeschlossen, die gegenseitig ihre Katalogaufnahmen nutzen. Das Ergebnis ist ein Gesamtkatalog, der die Titel aller beteiligten Bibliotheken nachweist, während bei der Nutzung von Fremdleistungen jede Bibliothek ihren eigenen Katalog erstellt.

Die Bibliothek überprüft vor der Erstellung einer Titelaufnahme erst am

Verbundkatalog, ob eine andere Bibliothek den Titel bereits katalogisiert hat. Ist dies der Fall, werden zu dem Katalogeintrag lediglich das *Sigel* der eigenen Bibliothek, die *Signatur* etc. angefügt.

Die Bibliotheken können insoweit Vereinbarungen treffen, daß z.B. jede Bibliothek Literatur eines bestimmten Gebietes bevorzugt katalogisiert. So können alle Bibliotheken sehr schnell auf katalogisierte Literatur aller Fachgebiete zurückgreifen. Besonders effektiv ist das Verfahren, wenn die beteiligten Bibliotheken die gleiche Größenordnung und Spezialisierung haben, d.h. im Grunde die gleiche Literatur anschaffen.

Bei einer Verbundkatalogisierung kann es auch vorkommen, daß die zweite Bibliothek - trotz gleichem Regelwerk - die Titelaufnahme anders gestalten würde. Es muß also festgelegt werden, welche Bibliothek in welchen Fällen bestehende Katalogeintragungen verändern darf. Es kann sich auch als sinnvoll erweisen, daß eine Art Zentrale bestimmte Koordinierungsfunktionen übernimmt und in Zweifelsfällen entscheidet.

Die Teilnehmer an der Verbundkatalogisierung streben eine Verkürzung der Katalogisierungszeit in den einzelnen Bibliotheken und eine hohe Qualität der Katalogaufnahmen an. Es entsteht außerdem ein gemeinsamer Katalog, der für den Leihverkehr sehr wertvoll ist. Als Zukunftsprojekt wird im allgemeinen ein gemeinsamer OPAC angesehen.

In Deutschland gibt es mehrere regionale Verbundsysteme, die in unterschiedlicher Art und Weise zusammenarbeiten. Es gibt den gegenwärtig größten Online-Verbund in Nordrhein-Westfalen, einen Verbund in Bayern, in Hessen, in Niedersachsen, in Berlin, in Hamburg und den Südwestverbund. Beteiligt sind große Wissenschaftliche Bibliotheken.

Mit fortschreitender Technisierung werden die Verbünde immer enger und effektiver zusammenarbeiten. Es sind jedoch noch große Probleme in Bezug auf einheitliches Datenformat, einheitliche Klassifikation und Sacherschließung etc. zu lösen.

4.8 Ausleihverbuchung mit EDV

Bei einem konventionellen Verfahren zur Ausleihverbuchung müssen z.B. die Leserkarteien sortiert, die Rückgabefristen überwacht und die Mahnungen geschrieben werden. Bei der Ausleihverbuchung mit Hilfe der EDV entlastet der Computer das Bibliothekspersonal von diesen Routinearbeiten.

Die EDV-Ausleihverbuchung kann in einem Offline- oder in einem Online-Verfahren erfolgen.

Bei einem **Offline-Verfahren** werden die Ausleihen und Rückgaben mit einem Computer in der jeweiligen Bibliothek verbucht (z.B. in der Institutsbibliothek einer Universität oder in der Zweigbibliothek eines städtischen Bibliothekssystems). Der Computer ist ohne Verbindung zu dem Hauptrechner in der Bibliothekszentrale oder zum Rechenzentrum der Universität oder der Stadt. Die einzelne Bibliothek hat damit keinen Zugriff auf den gesamten Datenbestand. Die Daten werden auf Magnetband oder Disketten gespeichert und meist abends aus Sicherungsgründen kopiert. In regelmäßigen Abständen, meist einmal wöchentlich, werden die Disketten zu dem Hauptrechner gebracht und dort verarbeitet. Dies bedeutet, daß nur zu diesem Zeitpunkt der Hauptrechner den aktuellen Ausleihstand hat und Mahnungen ausdrucken kann. In der Bibliothek ist der aktuelle Ausleihstand nicht feststellbar. Die Beantwortung der Frage, welche Bücher und Medien ein bestimmter Leser zur Zeit ausgeliehen hat, ist z.B. nicht möglich.

Bei einem **Online-Verfahren** hat die Bibliothek Verbindung zum Hauptrechner und kann jederzeit Auskunft über die von einem bestimmten Leser ausgeliehenen Bücher oder den Verbleib eines bestimmten Buches machen. Mahnungen und aktuelle Statistiken können jeden Tag erstellt werden.

Die Online-Verfahren sind zwar teurer, aber auch komfortabler als die Offline-Verfahren und werden sich deshalb zunehmend durchsetzen.

In der folgenden Darstellung wird bei jedem Vorgang (z.B. Ausleihe, Rückgabe) zuerst das Gemeinsame von Offline- und Online-Verfahren dargestellt und danach auf die Besonderheiten der beiden Verfahren getrennt eingegangen.

4.8.1 Anmeldung

Gemeinsamkeiten von Offline- und Online-Verfahren

Jeder Leser benötigt einen Bibliotheksausweis, mit dem er Bücher und andere Medien ausleihen kann. Der Leser meldet sich bei der Bibliothek an, die seinen Namen, Geburtsdatum, Adresse und gegebenenfalls noch andere Daten von ihm erfaßt.

Die Angabe des Berufes erfolgt meist aus statistischen Gründen. Häufig wird die Berufsbezeichnung nicht vollständig aufgeführt, sondern „Berufs"gruppen (wie z.B. Schüler, Studenten, Rentner, Dienstleistungsberufe) werden in Zahlen oder Buchstaben verschlüsselt. Bei Erstellung einer Leserstatistik erfährt die Bibliothek, wieviel Prozent ihrer Leser zu den einzelnen „Berufs"gruppen gehören und kann diese Kenntnis für den Bestandsaufbau nutzen.

Die Angabe des Geschlechts (männlich/weiblich) ist besonders bei seltenen oder ausländischen Vornamen erforderlich, da dabei nicht immer auf das Geschlecht, bzw. auf die Anrede bei Briefen, geschlossen werden kann. Häufig ist auch die Anmeldung von Institutionen (Schulen, Kindergärten, andere Bibliotheken) möglich, die dann z.B. mit „X" oder „I" gekennzeichnet werden, um auch ihnen eine Buchausleihe zu ermöglichen. Besonders an Schulen oder Kindergärten verleihen Öffentliche Bibliotheken gelegentlich mehrere Bücher oder Medien als sogenannte Blockausleihe.

Die Telefonnummer ist nützlich, damit der Leser über ein für ihn vorgemerktes Buch informiert werden kann oder damit unklare Mahnfälle telefonisch geregelt werden können. Hier sollte die Angabe von zwei Telefonnummern, z.B. eine dienstliche und eine private Nummer des Lesers, möglich sein.

Es sollte auch die Möglichkeit bestehen, zwei Adressen für einen Leser aufzuführen. Dies ist besonders bei Studenten sinnvoll, die an ihrem Studienort, der häufig dem Bibliotheksstandort entspricht, gelegentlich umziehen oder nach Abschluß ihres Studiums die Stadt verlassen. Über ihre Heimatadresse sind sie meist weiter erreichbar, und die Bibliothek muß die neue Adresse nicht über das Einwohnermeldeamt ermitteln.

Wenn alle Daten des Lesers aufgenommen worden sind, erhält der Leser einen Leserausweis. Dieser ist meist im Scheckkartenformat und häufig aus Plastikmaterial, oder er wird in der Bibliothek in Plastik eingeschweißt. Auf den Leserausweis sind Name, Adresse und Telefonnummer der Bibliothek, evtl. ein besonderes Signet und meist auch die Öffnungszeiten aufgedruckt. Der Name und häufig auch das Geburtsdatum des Lesers sind aufgeführt. Außerdem enthält der Ausweis die Lesernummer.

Diese Lesernummer ist entweder in maschinenlesbarer Schrift oder als verschlüsselter Balkencode (ähnlich den Etiketten bei vielen Lebensmitteln oder anderen Waren) aufgedruckt. Unter dem Balkencode ist die Nummer in der Regel noch einmal als Zahlenfolge, evtl. mit einzelnen Buchstaben, aufgeführt. Bei einem verschmutzten oder beschädigten Etikett, welches von Lesestift, Lesepistole oder Scanner nicht gelesen wird, kann so die Lesernummer auch über die Tastatur in den Computer eingegeben werden. Die Lesernummer besteht, auch wenn sie als Balkencode verschlüsselt ist, meist aus acht bis zwölf Ziffern, evtl. mit einem oder zwei Buchstaben. Ein oder zwei Zeichen der Lesernummer dienen als Prüfzeichen, d.h. wenn die Nummer per Hand eingegeben wird, werden Tippfehler weitgehend verhindert, da falsche Nummern nicht angenommen werden.

Es ist möglich, verschiedene Nummernkreise zu vergeben. So kann es Nummernkreise für verschiedene Zweigbibliotheken eines Bibliothekssystems geben. Bei Universitätsbibliotheken besteht häufig die Möglichkeit, die Matrikelnummer der Studenten als Lesernummer zu verwenden. Es ist auch möglich, bestimmte Nummernkreise für bestimmte Benutzergruppen (etwa Studenten, Professoren, Bibliotheksmitarbeiter) zu wählen und damit verschiedene Ausleihfristen oder Mahnformen festzulegen. So könnte ein Professor die Bücher z.B. ein Semester lang entleihen, oder die Bibliotheksmitarbeiter/innen bekommen ihre Mahnungen nicht nach Hause geschickt, sondern auf ihren Schreibtisch. Es können damit auch, wenn dies von der Bibliothekssatzung vorgesehen ist, niedrigere Mahngebühren für Kinder festgelegt werden. Anstatt mit Hilfe der Nummernkreise können unterschiedliche Ausleihmodalitäten auch über den Berufsschlüssel oder sonstige festgelegte Kriterien erfolgen.

Mit dem Ausweis und der Lesernummer werden die Ausleihen des Lesers verbucht.

Offline-Verfahren

Bei den Offline-Verfahren füllt das Bibliothekspersonal oder der Leser ein Anmeldeformular aus, welches die oben aufgeführten Angaben enthält. Der Leser (bei Kindern und Jugendlichen ihr gesetzlicher Vertreter), unterschreibt dieses Formular und erkennt damit die Satzung der Bibliothek an. Die Bibliothek stellt einen Ausweis mit Lesernummer aus, und der Leser kann seine Ausleihen vornehmen, obwohl seine Daten noch nicht per EDV erfaßt sind.

Die Anmeldungsformulare werden gesammelt und meist einmal wöchentlich an das Rechenzentrum oder die Bibliothekszentrale geschickt. Dort werden die Angaben in das EDV-System übernommen und gespeichert.

Falls der neu angemeldete Leser schon bei seiner ersten Ausleihe die Rückgabefrist nicht beachtet und deshalb eine Mahnung erhält, muß diese in der Regel frühestens zwei Wochen nach der Ausleihe erfolgen (meist 2 Wochen Ausleihfrist für Zeitschriften, Kassetten etc.). In diesem Zeitraum ist die Versendung der Anmeldeformulare und die Erfassung per EDV bereits erfolgt, so daß bei den Mahnungen keine Zeitverzögerungen auftreten.

Nach der Erfassung der Daten werden die Anmeldeformulare wieder an die Bibliothek, bei der die Anmeldung erfolgte, zurückgeschickt. Meist erhält die Bibliothek zusätzlich einen Ausdruck auf Papier, um feststellen zu können, ob die Daten vollständig und ohne Schreibfehler erfaßt worden sind.

Die Anmeldeformulare werden in der Regel alphabetisch nach Nachnamen in die Leserkartei eingestellt. Vermerke über die Ausstellung von Ersatzausweisen etc. können auf das Anmeldeformular eingetragen werden. Meist erhält die Bibliothek in regelmäßigen Abständen zusätzlich einen Ausdruck auf Papier oder auf Mikrofiche, der numerisch nach den Lesernummern sortiert ist.

Wenn die Bibliothek eine Jahresbenutzungsgebühr erhebt, gilt diese meist nicht für ein Kalenderjahr, sondern für den Zeitraum von zwölf Monaten, der abhängig vom Zahlungsdatum ist. In der Regel wird der Zeitpunkt der Zahlung oder das Ende des bezahlten Zeitraumes auf den Ausweisen mit Stempeln oder Gebührenmarken vermerkt. Bei den Ausleihvorgängen wird die Gültigkeit der Ausweise vom Bibliothekspersonal beachtet und auf erneute Zahlung hingewiesen.

Online-Verfahren

Bei der Anmeldung in einem Online-Verfahren werden alle Daten vom Bibliothekspersonal sofort in einen Computer eingegeben und stehen damit im gesamten EDV-System zur Verfügung. Der Bildschirm für eine Leseranmeldung könnte etwa so aussehen (vgl. Abb. 20, S. 294):

- LESERSTAMMDATEI -

Ausweis-Nr. ____________ ausgestellt am: __ __ ___
Name: ____________
Vorname: ____________
Straße: ____________
PLZ/Ort: ___ ____________ Geschlecht: ___
Beruf: ____________ Geburtsdatum: __ __ ___
Telefon: ____________
2.Adresse: Straße: ____________
PLZ/Ort: ___ ____________
Bemerkungen: ____________

Abb. 20. Bildschirm „Leserstammdatei" (Online-Verfahren)

Die Angaben entsprechen denen eines Offline-Verfahrens oder sind etwas umfangreicher. Beim Online-Verfahren kann sofort geprüft werden, ob der Leser sich schon einmal angemeldet hatte, so daß Doppelanmeldungen vermieden werden können.

Die Speicherung des Geburtsdatums bei Kindern und Jugendlichen kann zusätzlich dazu dienen, Benutzungsbeschränkungen (z.B. bei Videos) automatisch per EDV zu gewährleisten. Wenn dies von der Bibliothekssatzung vorgesehen ist, ist es außerdem möglich, geringere Mahn- und Ausweisgebühren zu erheben.

In dem Feld „Bemerkungen" können z.B. Ersatzausweise vermerkt oder das Interesse des Lesers an Einladungen zu Bibliotheksveranstaltungen aufgeführt werden.

Der Leser muß bei der Anmeldung mit seiner Unterschrift die Satzung der Bibliothek anerkennen. Da alle Daten in den Computer eingetippt werden, gibt es für diese Unterschrift ein besonderes Formular mit der Satzung, welches der Leser (bei Kindern und Jugendlichen ihr Erziehungsberechtigter) unterschreibt. Dieses Formular bleibt in der Bibliothek, damit man bei schwierigen Mahnfällen den Leser auf diese Unterschrift verweisen kann.

Damit z.B. in Stadtbibliothekssystemen zu erkennen ist, in welcher Zweigbibliothek sich der Leser angemeldet hat und wo somit sein Anmeldeformular liegt, sind Nummernkreise für Zweigbibliotheken sinnvoll. Es kann stattdessen auch in der Leserstammdatei des EDV-Systems aufgeführt werden, in welcher Zweigbibliothek sich der Leser angemeldet hat. Das Datum der Anmeldung wird meist automatisch vom Computer erfaßt.

Auch bei dem Anmelde-Bildschirm ist es, wie bei der Katalogisierung, wichtig, daß häufig Datensätze variabler Länge vorgesehen sind. Es muß möglich sein, lange Personennamen oder Straßennamen ohne Abkürzungen aufzunehmen. Datensätze fester Länge sind eigentlich nur bei Geburtsdaten sinnvoll. Selbst für die Angabe von Telefonnummern sollte ausreichend Platz zur Verfügung stehen, damit Vorwahlnummern, die Bemerkung „dienstlich“ oder „privat“ oder auch Uhrzeiten aufgeführt werden können.

Wenn die Bibliothek Benutzungsgebühren für die Jahresausleihe erhebt, wird dies über das EDV-System gesteuert, d.h. es muß in der Leserstammdatei ein Feld vorgesehen sein, das den jeweils bezahlten Zeitraum, den Zeitpunkt der Zahlung oder den Zeitpunkt der erneuten Zahlung aufführt. Wenn der Ausweis abgelaufen ist, erfolgt bei der Ausleihe automatisch ein optisches und/oder akustisches Signal, und der Leser wird auf die fällige Zahlung seiner Gebühr hingewiesen. Hat der Leser an diesem Tag nicht genügend Geld dabei, ist es meist möglich, trotzdem auszuleihen.

4.8.2 Ausleihe

Gemeinsamkeiten von Offline- und Online-Verfahren

Ebenso wie jeder Leserausweis mit einem Nummern- oder einem Balkencode-Etikett versehen ist, welches die Lesernummer enthält, wird jedes Buch und jedes andere Medium der Bibliothek mit einem Etikett beklebt, welches jeweils eine individuelle Verbuchungsnummer enthält. Dieses Etikett befindet sich immer an der gleichen Stelle (z.B. auf der letzten Seite oder auf der Rückseite des Bucheinbandes). Auch bei den Medien (Kassetten, CDs) ist eine bestimmte Stelle für das Etikett vorgesehen. Für bestimmte Gruppen (z.B. Videokassetten, CDs) können bestimmte Nummernkreise vergeben werden, so daß z.B. für Videokassetten kürzere Leihfristen als für Bücher gelten. Die Verteilung der Nummernkreise und ihre Bedeutung legt die Bibliothek bei Beginn der EDV-Ausleihverbuchung fest, spätere Änderungen sind möglich. Anstelle der Nummernkreise kann die Angabe der Medienart und der daraus folgenden unterschiedlichen Leihfristen auch im Katalogdatensatz des Mediums erfaßt werden.

In großen Bibliotheken gibt es oft Buchsicherungsanlagen, um die Diebstahlsrate gering zu halten. Dabei werden die Bücher und anderen Medien mit versteckten Buchsicherungsstreifen versehen. Es ist auch möglich, die Buchsicherungsstreifen mit den Verbuchungsetiketten zu kombinieren. Wenn ein Leser die Bibliothek mit nicht verbuchten Büchern oder Medien verlassen will, erfolgt am Ausgang ein akustisches Signal (vgl. Abschnitt B 3.4.5, S. 249 f).

Bei der Ausleihe geht der Leser mit seinen ausgesuchten Medien zur Verbuchungstheke. Dort gibt ein Assistent/eine Assistentin die Lesernummer vom Ausweis und die Verbuchungsnummern der Medien in einen Computer ein. Besteht das Etikett nur aus Nummern, werden die Zahlen per Tastatur eingetippt. In der Regel besteht das Etikett jedoch aus maschinenlesbarer Schrift oder einem Balkencode mit zusätzlichen Zahlen und wird mit einem Lesestift, einer Lesepistole oder einem Scanner (ähnlich wie im Supermarkt) eingelesen. Läßt sich die Nummer wegen einem verschmutzten Etikett etc. nicht mehr ablesen, können die Zahlen auf der Tastatur des Computers eingegeben werden.

Auf dem Bildschirm erscheint meist ein Ausleihmenü, in dem die Ausweisnummer und die Verbuchungsnummern nach der Eingabe erscheinen.

Die Ausleihfrist wird in das Buch eingestempelt, oder der Leser legt von der Bibliothek vorbereitete Fristkarten in das Buch, oder es wird für jeden Ausleihvorgang für den Leser eine Quittung ausgedruckt.

Offline-Verfahren

Das Konto eines Lesers wird mit dem von ihm ausgeliehenen Büchern erst nach der meist einmal wöchentlich stattfindenen Verarbeitung belastet. Die Bibliothek hat keinen direkten Zugriff auf die Daten. Fragen des Lesers nach Anzahl und Titel der von ihm ausgeliehenen Medien oder dem Termin ihrer Rückgabe können nicht beantwortet werden.

Der Bildschirm des Computers sieht bei der Ausleihverbuchung etwa folgendermaßen aus:

- A U S L E I H E -

Lesernummer:	01254543		
Verbuchungsnummern:	67889456	66778321	84337609
	88987658	33229930	72561563
	54333331	53679802	
	77654129	89777765	

Abb. 21. Bildschirm „Ausleihverbuchung" (Offline-Verfahren)

Online-Verfahren

Bei der Erfassung der Ausleihe durch das Bibliothekspersonal kann auf dem Bildschirm bei der Lesernummer der Name des Lesers und bei den Buchnummern der (Kurz)Titel der Bücher aufgeführt werden. Dies ist zwar komfortabel, dient aber nur dazu, Verwechslungen auszuschließen und kann bei langen Dateizugriffszeiten die Ausleihgeschwindigkeit beeinträchtigen.

Der Bildschirm sieht bei der Ausleihverbuchung etwa folgendermaßen aus (vgl. Abb. 22, S. 297):

- AUSLEIHE -

Lesernummer:	S-44379852
	Schneider, Charlotte; Kastanienweg 7, 60433 Frankfurt
Verb.-Nr.:	77665429KA - Sgk 1 - Mellert: Englischgrammatik
	99056321FT - Sfb 2 - Klinger/Stein: Goethe und se
	92003147YG - Pbk - Wingert: Physikalische Versu
	93768912AZ - Ibl 3.2 - Lehmann: EDV für den Unt

Abb. 22. Bildschirm „Ausleihverbuchung" (Online-Verfahren)

Das Konto eines Lesers wird mit dem von ihm ausgeliehenen Büchern sofort belastet. Fragen nach der Anzahl der von ihm ausgeliehenen Medien, den Titeln oder dem Termin ihrer Rückgabe können beantwortet werden (vgl. Abb. 23).

- LESERKONTO -

Lesernummer:	S-44379852	
	Schneider, Charlotte; Kastanienweg 7, 60433 Frankfurt	
Verb.Nr.:	92478925SW - M 369 - Mallokosky: Lachen ist im	- 30.05.94
	89223389LT - Cass. - Rock und Pop III	- 03.06.94
	89335674PQ - Cass. - American Songs in the darkn	- 03.06.94
	77665429KA - Sgk 1 - Mellert: Englischgrammatik	- 15.06.94
	99056321FT - Sfb 2 - Klinger/Stein: Goethe und se	- 15.06.94
	92003147YG - Pbk - Wingert: Physikalische Versu	- 15.06.94
	93768912AZ - Ibl 3.2 - Lehmann: EDV für den Unt	- 15.06.94

Abb. 23. Bildschirm „Leserkonto" (Online-Verfahren)

Wenn Leser häufig Auskünfte über ihr Ausleihkonto erhalten wollen (weil sie z.B. den Überblick über ihre ausgeliehenen Medien verloren haben) und dies ausschließlich an der Verbuchungstheke geschehen muß, bedeutet dies Mehrarbeit und Störungen des Arbeitsablaufes für das Bibliothekspersonal. In großen Bibliotheken gibt es deswegen Selbstbedienungsterminals, an denen die Leser mit ihrem Leserausweis und gegebenenfalls einer Codenummer ihren aktuellen Ausleihstand abfragen können. Auch der Ausdruck von Ausleihquittungen, der bei Online-Verfahren häufig erfolgt, erleichtert dem Leser den Überblick.

4.8.3 Rückgabe

Gemeinsamkeiten von Offline- und Online-Verfahren

Bei der Rückgabe werden die Verbuchungsnummern erfaßt, meist ist der Leserausweis dazu nicht notwendig. Der Computer entlastet selbständig das Konto des Lesers von den zurückgebrachten Medien.

Der Computer kontrolliert regelmäßig (bei Offline-Verfahren meist wöchentlich, bei Online-Verfahren täglich) die Rückgabefristen von allen noch ausgeliehenen Medien. Für verspätete Rückgaben werden automatisch Mahnbriefe für die Leser ausgedruckt. Dafür liegen Mahnformulare bereit, die durch den Druckvorgang mit den entsprechenden Daten ergänzt werden. Die Mahnbriefe enthalten danach Name und Adresse des Lesers, Mediennummern und, wenn das Ausleihsystem mit der Katalogisierung verknüpft ist, auch Kurztitel der ausgeliehenen Medien, sowie das fristgerechte Rückgabedatum und die Mahngebühren.

Der Mahnrhythmus, die Höhe der Mahngebühren (vgl. dazu Abschnitt B 3.1.2, S. 203) und der Text der Mahnschreiben wird bei Beginn der EDV-Ausleihverbuchung festgelegt, kann aber jederzeit, z.B. bei Erhöhung der Mahngebühren, geändert werden.

Offline-Verfahren

Das Leserkonto wird von den zurückgebrachten Medien erst nach der Verarbeitung entlastet, also meist einmal wöchentlich. Der Ausdruck und die Versendung der Mahnungen wegen nicht fristgerechter Rückgabe erfolgt zu diesem Zeitpunkt.

Für die Bibliothek wird eine nach Lesernummern geordnete Mahnliste ausgedruckt. Diese dient zur Kontrolle der Mahnfälle. Dabei sind auch die Gebühren, Anzahl der Medien und, wenn der Katalog mit der Ausleihverbuchung verknüpft ist, auch die Kurztitel der Medien angegeben (vgl. Abb. 24, S. 299).

Ob ein Mahnfall vorliegt, wird bei der Rückgabe in der Regel anhand der beiliegenden Fristkarte oder der Stempelaufdrucke im Buch festgestellt. Eine routinemäßige Kontrolle über die Mahnliste mit Hilfe der Lesernummer ist zu zeitaufwendig und erfolgt nur in unklaren Fällen oder bei fehlenden Fristkarten.

Ob eine Vormerkung vorliegt, kann bei der Rückgabe bei einem Offline-Verfahren in der Regel nicht mit Hilfe der EDV festgestellt werden. Die Ermittlung der Vormerkfälle erfolgt mit konventionellen Verfahren (z.B. regelmäßige Regalkontrolle anhand einer systematisch geordneten Vormerkkartei).

Es ist jedoch möglich, auf der Festplatte des Computers oder einer Diskette eine Vormerkdatei einzurichten, in die die Verbuchungsnummern der vorgemerkten Medien eingetragen werden. Die Vormerkung wird jedoch nur an dem Computer wirksam, an dem sie erfaßt wurde. Bei der Rückgabe erfolgt ein optisches und/oder akustisches Signal, um auf das vorgemerkte Buch hinzuweisen. Der Leser wird meist mit Hilfe einer Kartei ermittelt, die systematisch nach Signaturen oder numerisch nach Verbuchungsnummern geordnet ist.

MAHNLISTE

Lesernr.	Name/Adresse	Mediennr.		Kurztitel	Datum	Gebühr
01237776	Melden, Melanie	84556789	Nl	Biologie für..	17.06.94	2,–
	Magnolienweg 6	85321457	Nk	Genetik in d..	17.06.94	2,–
	50345 Köln	85351892	Nd	Chemie an de..	17.06.94	2,–
		86773690	C	Donald Duck ..	17.06.94	2,–
					Gesamt:	DM 8,–
01288345	Müller, August	66345602	SL	Maus: Spionag..	03.06.94	6,–
	Londoner Str. 4	67542103	SL	Kurt: Tatort S..	03.06.94	6,–
	51333 Köln					
					Gesamt:	DM 12,–
01292332	Schürer, Lisa	67332098	SL	Jünchen: Liebe u.	10.06.94	4,–
	Lindenallee 33	68776120	SL	Felder: Glück od.	10.06.94	4,–
	51789 Köln	77345219	Qe	Melz: Lohnste	10.06.94	4,–
		79854321	Xb	Fels: Seidenmal	10.06.94	4,–
					Gesamt:	DM 16,–

Abb. 24. Mahnliste (Offline-Verfahren)

Online-Verfahren
Das Leserkonto wird von den zurückgebrachten Medien sofort entlastet. Der Ausdruck und die Versendung von Mahnungen wegen nicht fristgerechter Rückgabe kann täglich erfolgen.

Ob ein Mahnfall vorliegt, kann bei einem Online-Verfahren sofort festgestellt werden, da der Computer sofort ein Signal gibt, die angemahnten Medien kennzeichnet und die Mahngebühren für den betreffenden Leser aufführt.

Ob eine Vormerkung vorliegt, wird ebenso angezeigt. Häufig ist damit auch der vormerkende Leser ermittelt, und es wird sofort oder am Abend eine Benachrichtigungskarte für den neuen Leser ausgedruckt.

4.8.4 Fristverlängerung

Gemeinsamkeiten von Offline- und Online-Verfahren
Bei der Fristverlängerung legt der Leser erneut seinen Ausweis und die Medien, gegebenenfalls auch nur die Mediennummern, vor. Die Ausleihfrist wird daraufhin verlängert. Meist ist sowohl bei dem Offline- wie beim Online-Verfahren eine schriftliche oder telefonische Fristverlängerung möglich, wenn der Leser seine Lesernummer und die Verbuchungsnummern mitteilt und das Bibliothekspersonal diese in den Computer eingibt.

Offline-Verfahren
Die Fristverlängerung erfolgt noch einmal für die gleiche Frist (z.B. 4 Wochen für Bücher). Es wird jedoch zuerst festgestellt, ob schon eine Vormerkung vorliegt. Bei Offline-Verfahren geschieht dies in der Regel durch konventionelle Verfahren mit Hilfe von Vormerkkarteien (vgl. S. 206 f).

Es besteht auch die Möglichkeit, auf der Festplatte oder einer Diskette des Computers die Vormerkungen der betreffenden Bibliothek zu speichern. In diesem Fall erfolgt eine Anzeige über das vorgemerkte Buch, der Leser kann die Frist nicht verlängern lassen, sondern muß das Buch zurückgeben.

Wenn der Leser wegen der Fristverlängerung persönlich in die Bibliothek kommt, nimmt er Fristkarten mit den neuen Rückgabedaten mit oder erhält neue Stempel in das Buch.

Wenn die Fristverlängerung auf schriftliche oder telefonische Anfrage des Benutzers erfolgt, liegen bei der Rückgabe nur die alten Fristzettel vor, der Leser weist auf seine Fristverlängerung hin, und das Bibliothekspersonal kontrolliert die rechtzeitige Rückgabe anhand der Mahnliste.

Online-Verfahren
Die Fristverlängerung erfolgt in der Regel noch einmal für die gleiche Frist. Bei manchen Ausleihsystemen können jedoch auch freie Termine (wie z.B. Wochenende oder drei Tage) eingegeben werden. Die Bibliothek hat über ihr Online-Verfahren immer die aktuellen Rückgabefristen gespeichert.

Bei einigen Ausleihverbuchungssystemen besteht außerdem die Möglichkeit, per Programm festzulegen, wie häufig für ein Buch die Frist verlängert werden kann (z.B. nur dreimal), danach muß es zurückgegeben werden.

Bei Online-Verfahren ist manchmal auch eine sogenannte Gesamtkontoverlängerung möglich, bei der mit einem Knopfdruck die Leihfrist aller Medien eines Lesers verlängert wird. Für die Medien (Bücher, Zeitschriften, Kassetten etc.) gelten jedoch unterschiedliche Leihfristen, und der Leser muß meist schon vor der Fristverlängerung unterschiedliche Rückgabedaten beachten. Er oder die Bibliothek muß nun festlegen, welche der Fristen verlängert werden, z.B. diejenigen der an dem bestimmten Tage fälligen oder der in der entsprechenden Woche fälligen Medien. Bei unterschiedlichen Medienarten ergeben sich wieder unterschiedliche Rückgabedaten.

In manchen großen Bibliotheken ist es auch möglich, daß der Leser an sogenannten Selbstbedienungsterminals mit seinem Leserausweis und einem Codewort Fristverlängerungen selbst vornimmt und damit das Personal entlastet.

Bei der Fristverlängerung wird auf die bereits vorgemerkten Medien hingewiesen. Eine Verlängerung ist, außer in Ausnahmefällen, nicht möglich, der Leser muß die vorgemerkten Medien zurückgeben. Erfolgt der Antrag auf Fristverlängerung schriftlich oder telefonisch, wird der Leser über die vorgemerkten Medien benachrichtigt und ihre Rückgabe erbeten.

Wenn der Leser wegen einer Fristverlängerung persönlich in die Bibliothek kommt, erhält er meist eine neue Quittung ausgedruckt. Bei schriftlichen oder telefonischen Fristverlängerungen hat er keinen Nachweis über seinen neuen Termin. Dies ist jedoch für die Bibliothek nicht notwendig, da das EDV-System bei jeder Rückgabe die Fristtermine automatisch kontrolliert.

4.8.5 Vormerkung

Gemeinsamkeiten von Offline- und Online-Verfahren
Vormerkungen werden meist für Leser getätigt, die ein bestimmtes Buch benötigen, das zur Zeit ausgeliehen ist. Sie können aber auch von der Bibliothek vorgenommen werden, um z.B. Bücher für den Buchbinder zurücklegen zu lassen.

Offline-Verfahren
Bei Offline-Verfahren erfolgt eine Vormerkung in der Regel mit konventionellen Verfahren, so wird z.B. eine nach Systematikgruppen geordnete Vormerkkartei geführt. Die zurückgegebenen Medien werden täglich daraufhin kontrolliert, oder der Regalbestand wird in regelmäßigen Abständen durchgesehen. Wenn sich das vorgemerkte Medium wieder in der Bibliothek befindet, wird der Leser benachrichtigt.

Es besteht auch die Möglichkeit, auf der Festplatte oder auf der Diskette eine Vormerkdatei einzurichten. Die Verbuchungsnummer des gewünschten Mediums wird ermittelt und in den Computer eingegeben. Die Vormerkung wird aber nur an dem Computer wirksam, an dem sie eingegeben wurde.

Bei der Rückgabe wird die Vormerkdatei automatisch abgeprüft und das vorgemerkte Exemplar gekennzeichnet. Die Bibliothek ermittelt, meist über eine Kartei, den neuen Leser und benachrichtigt ihn.

Auch bei der Fristverlängerung wird die Vormerkdatei geprüft, eine Verlängerung ist nur in Ausnahmefällen möglich, der Leser gibt das Buch zurück.

In der Vormerkdatei wird das zurückgegebene Buch registriert und die Anzahl der Vormerkungen für diesen Titel um 1 reduziert. Wenn ein Leser ein Buch nicht mehr benötigt (weil er es sich inzwischen selbst gekauft hat oder das Referat schon geschrieben hat) und er dies der Bibliothek mitteilt, kann die Vormerkung gelöscht werden.

Online-Verfahren
Die Verbuchungsnummer des gewünschten Mediums wird ermittelt und in die Vormerkdatei eingegeben. Die Anzahl der vorherigen Vormerkungen ist ersichtlich, so daß sich der Leser auf eine Wartezeit einstellen kann. Die Vormerkung ist sofort im ganzen Bibliothekssystem wirksam.

Es ist auch möglich, daß das Bibliothekspersonal oder der Leser mit der Lesernummer ein Buch direkt im Online-Katalog vormerkt, in dem es bei der

Katalogrecherche gefunden wurde. Häufig ist dazu ein Codewort notwendig, damit nicht andere Leser unbefugt vormerken können.

In komfortablen Programmen ist es möglich, nicht nur ein bestimmtes Medium über die individuelle Verbuchungsnummer vorzumerken, sondern auch in einem Arbeitsgang alle vorhandenen Doppelstücke des gewünschten Titels. Das erste Exemplar, welches zurückkommt, wird dann für den Leser zurückgelegt.

Bei der Rückgabe und bei der Fristverlängerung wird auf das vorgemerkte Buch hingewiesen. Eine Fristverlängerung ist nur in Ausnahmefällen möglich.

Es ist meist ein direkter Zugriff auf den Leser möglich, der das Buch vorgemerkt hat, und eine Benachrichtigungskarte kann ausgedruckt werden.

In der Vormerkdatei wird das zurückgegebene Buch registriert und der Vormerkfall gelöscht. Wenn ein Leser ein Buch nicht mehr benötigt und er dies mitteilt, wird die Vormerkung ebenfalls gelöscht.

4.8.6 Lesersperre

Gemeinsamkeiten von Offline- und Online-Verfahren

Bei fast allen Verbuchungsverfahren ist es möglich, Leserausweise mit Hilfe der Lesernummer zu sperren. Ein Leser kann aus verschiedenen Gründen gesperrt werden:

- es liegen Mahngebühren vor
- es stehen noch Bücher oder Medien aus (und Mahngebühren)
- der Leser ist unbekannt verzogen
- es liegt ein Einziehungsverfahren vor
- der Ausweis wurde gestohlen, Mißbrauch wird befürchtet
- für den Leser liegen vorgemerkte Bücher bereit (Positivsperre).

Da sich die Gründe für das Sperren von Lesernummern typisieren lassen, werden die Sperrgründe häufig in Zahlen oder Codes verschlüsselt in den Computer eingegeben. Dies erspart Schreibarbeit und Speicherplatz. Bei Mahngebühren kann häufig die Höhe des Betrages angegeben werden. Der Computer erfaßt meist automatisch das Datum der Sperre und den Ort (z.B. die betreffende Zweigbibliothek). Die größte Anzahl der Sperren wird manuell bei Bedarf eingegeben.

Wenn der Leser nun eine Ausleihe oder eine Fristverlängerung vornehmen will, wird, wie immer, die Lesernummer erfaßt und automatisch die Leser- bzw. Sperrdatei abgeprüft. Bei Vorliegen einer Sperre erfolgt ein optisches und/oder akustisches Signal mit Weiterbearbeitungssperre, so daß das Bibliothekspersonal auf den Leser aufmerksam wird.

Auf dem Bildschirm erscheint der Grund der Sperre. Der Sperrgrund (z.B. Mahngebühren) kann vom Leser bereinigt und die Sperre vom Bibliothekspersonal aufgehoben werden. In Einzelfällen ist es auch möglich, für eine

Ausleihe die Sperre aufzuheben (wenn der Leser z.B. erst das nächste Mal bezahlen kann) und danach die Sperre wieder wirksam werden zu lassen.

Offline-Verfahren
Bei Offline-Verfahren ist eine Lesersperre in der Regel gar nicht möglich.

Es kann jedoch, wie bei den Vormerkungen, auf der Festplatte oder einer Diskette eine Sperrdatei eingerichtet werden. Die Sperre wird in Zahlen verschlüsselt manuell eingegeben, meist auch mit Höhe der Mahngebühren. Bei Ausleihe oder Fristverlängerung wird die Sperre angezeigt, häufig nur verschlüsselt und mit Angabe des Sperrdatums. Genauere Angaben müssen meist aus Karteien oder der Mahnliste herausgesucht werden.

Online-Verfahren
Auch bei Online-Verfahren werden die Sperrgründe häufig verschlüsselt manuell eingegeben. Es können jedoch auch automatische Sperren durch das EDV-System erfolgen (z.B. bei Vorliegen von Mahnungen oder ab einer bestimmten Höhe von Mahngebühren).

Bei einer Ausleihe oder einer Fristverlängerung wird die Sperre angezeigt. Über weitere Befehle kann die Sperr- bzw. die Leserdatei abgefragt werden, und auf dem Bildschirm erscheint eine Übersicht über die Sperrgründe, das Sperrdatum, die Höhe und die Art der Mahngebühren etc.

Sogar bei der Rückgabe, zu der meist kein Leserausweis notwendig ist, kann bei einigen Programmen auf die Sperrdatei zugegriffen werden (z.B. Leser ist unbekannt verzogen).

4.8.7 Statistik

Mit Hilfe der EDV-Ausleihverbuchung können differenzierte Ausleihstatistiken erstellt werden, die bei einer konventionellen Verbuchung gar nicht oder nur mit extrem hohem Zeitaufwand zu erstellen wären.

Es ist jedoch notwendig, daß die Angaben so erfaßt worden sind, daß für die Statistik auf bestimmte Datenfelder zugegriffen werden kann. Es muß z.B. das Datenfeld „Beruf" in der Leserstammdatei so erfaßt worden sein, daß eine Statistikauswertung nach „Berufen" (z.B. Schüler, Dienstleistungsberufe, technische Berufe etc.) möglich ist.

Die Statistik kann z.B. folgende Fragen beantworten (vgl. dazu auch Abschnitt B 3.6.2 und 3.6.3, S. 262 ff):

- Wie hoch ist die Tages-, Wochen- und Jahresausleihe und wie ist ihr Verhältnis zu den Vorjahreswerten?
- Wie hoch ist der Anteil von Sachbüchern, Bellestristik, Kinder- und Jugendliteratur und Medien an der Gesamtausleihe (in absoluten Zahlen und in Prozenten)?

- Wie hoch ist der Anteil der verschiedenen Sachgruppen an der Sachbuchausleihe? Welche Sachgruppen haben eine hohe Ausleihquote, welche nur eine geringe?
- In welchem Verhältnis stehen Größe der Sachgruppen zur Höhe der Ausleihe?
- In welchem Verhältnis steht die Anzahl der neuen Bücher und die Anzahl der ausgeschiedenen Bücher einer Sachgruppe zur Höhe ihrer Ausleihe?
- Wie stark werden einzelne Untergruppen einzelner Sachgruppen frequentiert? z.B.: zu welchen Ländern werden bei Geographie besonders häufig Reiseführer und sonstige Literatur ausgeliehen?
- Wie ist die Zusammensetzung der aktiven Leser? Wieviele Schüler, Studenten, Auszubildene, Berufstätige, Rentner, Hausfrauen etc. sind angemeldete Leser der Bibliothek?
- Wieviele der angemeldeten Leser haben im letzten Jahr Medien ausgeliehen, sind also aktive Leser?
- Wie hoch ist der durchschnittliche Umsatz je Medium in der Bibliothek?
- Wie hoch ist die durchschnittliche Ausleihe je Leser?
- Welche Titel wurden im vergangenen/im laufenden Jahr besonders häufig ausgeliehen? Welche Titel wurden besonders häufig vorgemerkt? (Soll die Bibliothek noch einige Exemplare dieser Titel kaufen?)
- Welche Medien wurden in den letzten zwei, drei Jahren überhaupt nicht ausgeliehen (Soll die Bibliothek diese Exemplare ausscheiden?).

Alle Statistikarten sind in der Regel für das Gesamtsystem und auch für jede Zweigbibliothek oder Institutsbibliothek möglich.

Einige Statistiken werden automatisch erstellt (Tages- oder Wochenstatistik), andere nur auf besondere Anforderung (z.B. eine differenzierte Jahresstatistik am Jahresende). Auch der Ausdruck von sogenannten Passivlisten ist möglich, in der die in einem bestimmten Zeitraum (zwei bis drei Jahre) nicht ausgeliehenen Bücher einer bestimmten Sachgruppe aufgeführt sind. Die Bibliothek kann daraufhin entscheiden, ob diese Titel ausgeschieden werden können.

Die Statistiken werden meist in Listen- oder Tabellenform erstellt, bei ausgereiften EDV-Programmen kann die Darstellung jedoch auch in Balkendiagrammen, Schaubildern u.ä. erfolgen.

Die Bibliotheksstatistiken mit Hilfe der EDV liefern wichtige und differenzierte Ergebnisse, die für den Bestandsaufbau genutzt werden.

Teil C

Assistentin und Assistent im Beruf

Assistentin und Assistent im Beruf

Der/die Assistent/in an Bibliotheken ist als Angestellte/r in Öffentlichen und auch in Wissenschaftlichen Bibliotheken, in Staatlichen Fachstellen für das Öffentliche Bibliothekswesen und in den vielfältigen Formen anderer Bibliotheken tätig. Daneben gibt es den beamteten Mittleren Bibliotheksdienst (*Bibliotheksassistent/in*), der eine vergleichbare Ausbildung erhält, für den aber nur eine geringe Anzahl von laufbahngebundenen Stellen zur Verfügung stehen.

Im Gesamtrahmen aller Dienstgeschäfte, die vor allem in Öffentlichen Bibliotheken anfallen, kommt den Assistenten/innen vornehmlich die praktische Aus- und Durchführung jener Aufgaben zu, die für die Abwicklung des laufenden Bibliotheksbetriebes von Bedeutung sind. Dabei handelt es sich z.T. um die Vorbereitung, z.T. um die Weiterführung (diplom-)bibliothekarischer Arbeiten und Entscheidungsbelange, aber auch um selbständig wahrzunehmende Pflichten.

Ausgesprochene Assistenzfunktionen finden sich in allen Beschäftigungsbereichen einer Bibliothek. Dazu zählen

- Bestand (Inhalt der Bibliothek)
- Benutzung (Inanspruchnahme der Bibliothek)
- Öffentlichkeitsarbeit (Gewinnung von Bibliotheksbenutzern)
- Verwaltung (Ausführung von Anweisungen und Vorschriften des Bibliotheksträgers).

Die Arbeiten am **Bestand** beginnen mit dem *Bestandsaufbau*. Hier sind die literaturkritischen von den ausführungsbezogenen Arbeiten zu unterscheiden. Sichtung des Buchmarktes, Begutachtung, Anschaffungsentscheidung sowie die inhaltliche (sachliche) Erschließung der Bücher/Medien sind ausschließlich (diplom-) bibliothekarische Funktionen. Daß aber diese Arbeiten vorbereitet bzw. anschließend weitergeführt werden, obliegt dem Assistenzdienst. Vorausgehen Kontrollarbeiten an verschiedenen Katalogen und Karteien, das Anfertigen von Bestellzettelsätzen und deren Einordnung, die Anlage bzw. die Pflege der Buchhändlerkartei/-datei sowie die Bestellausführung.

Auf die Lieferung folgen die Akzessionsarbeiten wie Lieferungskontrolle, Bearbeiten von Ansichtssendungen, das Kollationieren von Fortsetzungs- und Lieferungswerken, von Zeitschriften und Loseblattsammlungen sowie das Führen entsprechender Karteien/Dateien; ferner das Inventarisieren und die Durchführung der Bestandsstatistik. Auch die sich anschließende Bearbeitung der Rechnungen ist Aufgabe des Assistenzpersonals; ebenso die Zusammenstellung und Überwachung der Ausgaben in den einzelnen Lektoraten/Fachreferaten bzw. Zweigbibliotheken etc.

Nach dem Bestandsaufbau fallen die Arbeiten zur *Bestandserschließung* an. Die neuerworbenen Bücher/Medien sind zu katalogisieren. Dabei geschieht die

Formalkatalogisierung nach dem in der jeweiligen Bibliothek angewandten Regelwerk zur alphabetischen Titelaufnahme sowie das *Köpfen* der Nebeneintragungen in vielen Bibliotheken schon meist selbständig durch geübte Assistenten/innen. Die inhaltliche Erschließung dagegen erfolgt von (diplom-)bibliothekarischer Seite. Jedoch sind wiederum die maschinenschriftliche Anfertigung der Katalogkarten bzw. bei EDV-Anwendung die Erstellung der Erfassungsbelege, einschließlich der Korrekturvornahmen in der Regel Assistenzarbeiten, ebenso das Dateneingeben, Abspeichern und Ausdrucken per Computer bzw. die Ausgabe auf Mikrofiches im COM-Verfahren oder auf CD-ROM.

In Bibliotheken mit Kartenkatalogen wird das Vorsortieren und meistens das Einordnen der - u.U. auch im Verbund oder durch Fremddatenübernahme erstellten - Karten zumindest in die Formalkataloge durch Assistenten/innen vorgenommen. Das gilt auch für das Anfertigen per EDV ausgedruckter Bandkataloge und entsprechender Ergänzungslisten wie auch für die Herstellung von Mikrofiche-Katalogen durch Kartenverfilmung oder im COM-Verfahren.

Immer und überall sind dabei natürlich der individuelle Kenntnisstand sowie die persönliche Fertigkeit und Leistungsfähigkeit des/der einzelnen Voraussetzung für den Umfang der zu überlassenden Selbständigkeit.

Vor Öffnung der Bibliothek für das Publikum beginnt die tägliche Assistenzarbeit gewöhnlich mit der *Bestandsordnung*, dem Einsortieren der Bücher/Medien in die Freihand- und Magazinbestände. (In großen Magazinbibliotheken übernehmen das die Magazinbeamten bzw. -bediensteten). Die Ordnung im Freihandregal wird überprüft, Stellfehler werden korrigiert.

Außer routinemäßigen Bestandskontrollen erfolgen laufend solche auf den Erhaltungszustand der Bücher/Medien, insbesondere bei Ton- und Videokassetten, Schallplatten, Dias und Spielen; ferner die statistische Ermittlung der Bestandsnutzung.

Der *Bestandserhaltung* dienen Arbeiten zur Pflege und Instandsetzung vor allem der Bucheinbände (Foliieren) sowie zur Anfertigung bzw. Erneuerung von Rückensignaturen etc. Gehen Buchbindeaufträge an Werkstätten außer Hause, sind die entsprechenden Sendungen zusammenzustellen, die Auftragsschreiben zu fertigen sowie die Buchbinderkartei/-datei zu führen.

Zeitschriftenjahrgänge, Fortsetzungs- und Lieferungswerke werden kollationiert und zum Binden vorgerichtet, später die Reparaturrückläufe kontrolliert. Erfahrene Assistenten/innen entscheiden selbständig über die jeweils erforderliche Bindeart. Kleinere Instandsetzungsarbeiten an Einband, Buchblock, Buchrücken werden in der Bibliothek vorgenommen und meistens auch vom Assistenzpersonal ausgeführt. Es weiß mit entsprechendem Material und Geräten umzugehen, nimmt sich auch der Pflege von Dias und Tonkassetten an und fertigt entsprechende Signaturschilder, ebenso Beschriftungen an Regalen, Katalogen etc. an.

Je nach Art des Verbuchungsverfahrens sind die Bücher/Medien mit maschinengeschriebenen Buchkarten sowie mit Buchkartentaschen oder Lochkartentaschen auszustatten, ebenso mit Buchnummern bzw. EDV-Nummernetiketten (unter Beachtung der jeweiligen Nummernkreise) zu versehen. Bei EDV-Anwendung wird der Datensatz Buch erstellt und eine Buchnummernkarte angelegt, ferner die entsprechende Fehlerliste überprüft. Daraufhin sind die ausleihfertigen Bücher/Medien in den Bestand einzuordnen.

Im **Benutzungsdienst** beginnen die Assistenzarbeiten bei der *Benutzeranmeldung*. Es müssen zunächst die erforderlichen amtlichen Unterlagen des Anmeldenden sowie seine Angaben auf der Verpflichtungskarte überprüft werden, ehe die Lesernummern (auch hier unter Berücksichtigung bestimmter Nummernkreise) vergeben und die Benutzerausweise erstellt werden. Dann macht der/die Assistent/in den neuen Leser mit der Benutzungsordnung, den Öffnungszeiten, den Entgelten und Gebührentarifen bekannt.

Auch die *Ausleihregistrierung* wird vom Assistenzdienst erledigt. Je nach dem in der Bibliothek angewandten Verfahren werden Ausleihe und Rücknahme, Fristverlängerung, Vormerkung und Mahnwesen in der Durchführung unterschiedlich gehandhabt. Soweit technische Verbuchungsgeräte eingesetzt sind, stellen Assistenten/innen deren Bedienung sicher. Es sind u.U. Ausleih- und Vormerkkarteien zu führen bzw. Lochkartensätze manuell oder maschinell zu ordnen, Mikrofilmaufnahmen zu identifizieren oder Leser- und Buchdaten einzugeben und zur Weiterverarbeitung an externe Speicher einzulesen oder zu versenden. Außerdem müssen die ausgedruckten Ausleih- und Mahnlisten kontrolliert, u.U. Lesersperrungen vorgenommen werden.

Für Rückgabesäumnis, für Vormerkungen und Bestellungen im Fernleihverkehr sowie für Ersatzleistungen seitens der Benutzer sind Gebühren zu errechnen und die Beträge bar entgegenzunehmen. Außerdem müssen Mahnschreiben gefertigt bzw. ausgedruckt und Abholbescheide für vorbestellte Bücher/Medien geschrieben und versandt werden. Dem Assistenzdienst obliegt schließlich auch die Durchführung der Ausleihstatistiken.

Im Arbeitsbereich der Ausleihe ist die Bedienung von Mikrofiche-Lesegeräten und Kopiergeräten sowie das Einweisen der Leser in deren Benutzung Assistentenaufgabe. Wo in Musikbibliotheken, in Mediotheken, auch in Kinder- und Jugendbibliotheken entsprechende Anlagen vorhanden sind, übernimmt das Assistenzpersonal auch das Einspielen von AV-Programmen, grundsätzlich vor allem die Ausgabe der AV-Medien an der Verbuchungstheke.

Im *Auskunftsdienst* kommt für berufserfahrene Assistenten/innen in gewissen Bereichen die mündliche Auskunftserteilung infrage, etwa bei Hinweisen auf den Standort bestimmter Bestandsgruppen, auf die Systematik, auf die der Suche dienlichen Kataloge, bei Sachfragen auch auf die infragekommenden allgemeinen Nachschlagewerke, auch auf deutschsprachige Bibliographien. Inhaltliche Beratung jedoch sowie bibliographische Recherchen bleiben Bibliothekaren/innen vorbehalten. Bei schriftlichen Auskunftsanfragen ist je nach Schwierigkeitsgrad die inhaltliche Bearbeitung der Korrespondenz nur bedingt eine Assistenztätigkeit; die formale Ausführung in jedem Fall. Das wöchentliche Durchsehen der Eintragungen im Wunschbuch hinsichtlich vorzubereitender formaler Ermittlungen gehört in der Regel zu den Assistenzfunktionen, bevor die weitere bibliothekarische Erledigung erfolgt.

Beim *Leihverkehr* wird die formale Überprüfung von Bestellungen in der Orts- und Fernleihe zumindest vorbereitend durch Assistenten/innen erledigt; ebenso das Ausfertigen der Leihscheine, der Bücherversand, die Eingangskontrolle und alle weiteren Arbeiten einschließlich der Rücksendung und der Vorbereitung zur Leihverkehrsstatistik; dann natürlich die Kopierarbeit für die bestellten Zeitschriftenaufsätze. Bibliographische Ermittlungen einfacher Art, die im Leihverkehr anfallen, wie solche aus den bibliothekseigenen Beständen oder aus Besitznachweisen anderer Bibliotheken übernimmt häufig das schon erfahrenere Assistenzpersonal.

Der *Lesesaaldienst* beginnt für den/die Assistenten/in mit der Eingangskontrolle und Einordnung der Tages- und Wochenzeitungen sowie der Zeitschriftenhefte. Es sind die entsprechenden Karteien zu führen bzw. zu aktualisieren. Präsenzbestände an Monographien und Zeitschriftenbänden müssen ebenso geordnet und die entsprechenden Kataloge geführt, aber auch formale Auskünfte hierzu gegeben werden. Die Aufsichtspflicht im Lesesaal schließt neben Hinweisen auf die Einhaltung der Hausordnung und evtl. Hilfestellung beim Benutzen von Kopier- bzw. Lesegeräten seitens der Leser, auch das Einspielen von Medienlehrprogrammen auf entsprechende Arbeitsplätze ein; schließlich auch das Führen der Lesesaalbenutzungsstatistik.

Vielseitig ist das Tätigkeitsspektrum in der **Öffentlichkeitsarbeit**. Zu *Buchausstellungen* müssen rechtzeitig je nach der Themenwahl, die in Frage kommenden Titel vorgemerkt, aufgelistet und bereitgehalten werden, bei Wanderausstellungen die Lieferung ausgepackt, überprüft und ebenso für deren Weiterversand gesorgt werden. Ausstellungsmöbel und -materialien werden überprüft, aufgestellt, die Kennzeichnung der Exponate sowie die Anfertigung von Beschriftungen, Plakaten usw. nach Anweisung durchgeführt.

Auch im *Veranstaltungswesen* hat der Assistenzdienst Anteil an den notwendigen Arbeitsschritten. Diese beginnen bei der Korrespondenzausführung, der Auftragsfertigung für die Erstellung von Werbemitteln, Einladungen etc. und reichen über die Raumeinrichtung mit Bereitstellen technischer Übertragungsgeräte und deren Bedienung bis zum Verkauf und der Abrechnung von Einlaßkarten, anschließenden Erfolgskontrollarbeiten und solchen zur Dokumentation.

Programmarbeit mit Kindern und Jugendlichen, auch mit Zielgruppen Erwachsener erfordert neben bibliothekarischer Vorbereitung auch die durch Assistenten/innen. Gestalten die Beteiligten das Aktionsprogramm selbst, so müssen die nötigen Materialien und die Aufführungsmittel in ausreichender Anzahl ausgesucht und bereitgestellt sein. Mitgestaltungs- und Aufsichtspflichten fallen an. Es werden ebenso auch Programme bibliotheksseitig erarbeitet, wobei je nach individuellen Talent und Geschick auch Assistenten/innen beteiligt sind.

Bei *Bibliotheksführungen* übernimmt das Assistenzpersonal die Vorbereitung der sachlichen und technischen Hilfsmittel. Begleitmaterial wie Anmeldeformulare, Faltblätter mit Einführungstexten und Raumskizzen, Musterkarteikarten etc. erleichtern den Besuchern Verständnis und Zurechtfinden. Alles das ist in ausreichender Zahl vorzubereiten und auszulegen; ebenso sind ggf. Dias, Tonbildschau oder Videofilm bereitzuhalten und deren Vorführung zu übernehmen. Im Rahmen der Hinweisarbeit beteiligt sich der/die Assistent/in auch an der Textverarbeitung und Vervielfältigung von Neuerwerbungslisten, Druckkatalogen etc.

Soziale Bibliotheksarbeit vom mobilen Bücherhausdienst für behinderte Leser bis zum Einsatz in Patientenbüchereien setzen von Assistenten/innen besondere Kontaktfreudigkeit und Hilfsbereitschaft voraus. Das gilt auch hinsichtlich der Arbeit für ausländische Arbeitnehmer, Aussiedler und Umsiedler, deren Familien und Kinder. Anfertigung besonderer Bestandslisten (z.B. von Großdruckbüchern) fällt für sehschwache bzw. sehbehinderte Leser an.

Die Mitarbeit in der **Bibliotheksverwaltung** reicht von der Materialverwaltung über die Ausführung des Kassen- und Rechnungswesens bis zu Arbeiten im Schreib- und Sekretariatsdienst. Die *Materialverwaltung* schließt Bestellung, Lagerhaltung, Überwachung und Ausgabe von Bibliotheks- und Büromaterial ein. Die Tätigkeiten im *Kassen- und Rechnungswesen* setzen gute Kenntnisse im kommunalen Haushaltswesen voraus. Kassenanordnungen für die laufend zu zahlenden Rechnungen einerseits wie Annahmeanordnungen für die Einzahlungen seitens der Benutzer, aber auch Einziehungsverfahren gegen zahlungssäumige Leser sind auszuführen und deren Befolgung zu überwachen. Verwahrgelder, Handvorschüsse etc. müssen verwaltet und abgerechnet werden. Auch die Assistententätigkeiten in Staatlichen Fachstellen sind erheblich verwaltungsorientiert.

Im *Schreibdienst* (Sekretariat) einer Bibliothek fallen vielseitige Aufgaben in der Textverarbeitung an, ferner gehört die Aktenablage und Aktenverwaltung dazu. Im Vorzimmer der Bibliotheksleitung findet ein/eine besonders versierte/r und vertrauenswürdige/r Assistent/in ein Betätigungsfeld. Hier sind Sichtung der eingehenden Post, Erledigung von Routineschriftwechsel, Korrespondenzausführung, Überwachung und Führung des Terminkalenders, Besucherbetreuung etc. vorzunehmen. Gute Kenntnisse in der Verwaltungsgliederung, im allgemeinen Verwaltungsdienst, aber auch in der Organisation des Bibliothekswesens werden erwartet. Fertigkeiten im Maschinenschreiben (120 Anschläge) sind zwingend erforderlich.

Die Aufgaben für Assistenten/innen werden in **unterschiedlichen Berufsfeldern** bei weitestgehend einheitlicher Durchführung vollzogen. Außer den bereits genannten Bereichen ergeben sich, je nach Größe, Organisation und

Aufgabe einer Bibliothek weitere Einsatzmöglichkeiten in Zweigbibliotheken, Fahrbibliotheken, in Kinder- und Jugendbibliotheken, Schulbibliotheken, in Sonderformen wie Musikbibliothek, fremdsprachiger Abteilung, Artothek, Mediothek, Krankenhaus- oder Altenheimbibliothek; dann aber ebenso in Schulbibliothekarischen Arbeitsstellen, in Staatlichen Fachstellen, in Bibliotheken bibliothekarischer Ausbildungsstätten, schließlich auch in Bibliotheken privater Träger (Firmen-, Betriebs- oder Werkbüchereien, kirchlichen Büchereien bzw. Fachstellen, Bibliotheken von Vereinigungen und Verbänden usw.).

Zur Frage möglicher Vielfalt der Beschäftigungsbereiche im Assistenzdienst gilt dies: je kleiner eine Bibliothek, desto geringer ist die Arbeitsteilung sowie die Festlegung auf ein begrenztes Arbeitsgebiet, umso vielseitiger und anspruchsvoller sind auch die Anforderungen. In der kleinen Bibliothek ist der/die Assistent/in mitunter die einzige Stütze der Bibliotheksleitung.

Natürlich bieten sich, wenn zwar in begrenzterem Umfang, ebenso Möglichkeiten für Assistenten/innen an Bibliotheken im Bereich des *Wissenschaftlichen Bibliothekswesens* an, auch in *Spezialbibliotheken* und in *Dokumentationseinrichtungen*. Dabei muß berücksichtigt werden, daß Arbeitsplätze, die in Öffentlichen Bibliotheken gewöhnlich durch Assistenten/innen besetzt werden, etwa wegen der im Wissenschaftlichen Bibliothekswesen vorauszusetzenden Fremdsprachenkenntnisse (z.B. bei der Titelaufnahme) nicht grundsätzlich und nicht immer in der beschriebenen Vielseitigkeit zur Verfügung stehen.

Möglichkeiten für den/die Assistenten/in, sich selbst etwa durch freiwillige Teilnahme an Fortbildungskursen zu spezialisieren, sind gegeben vor allem im EDV-Bereich, im graphischen und drucktechnischen Bereich, in der Kinder- und Jugendbibliotheksarbeit u.a.m. Sonderkenntnisse und -fertigkeiten für die Arbeit in (Schul-)Mediotheken, in Artotheken, auch Musikbibliotheken lassen sich zusätzlich mittelfristig erwerben bei aufgeschlossener Mitarbeit und entsprechendem Engagement; das gilt vergleichsweise auch für die Arbeiten in der Bibliotheksverwaltung.

Erfahrene und besonders zuverlässige Assistenten/innen finden nicht selten später **selbständige Funktionen** wie in der Führung einer kleinen Zweigbibliothek, Fahrbibliothek oder Kinderbibliothek (-abteilung), soweit diese in ein zentralisiertes Bibliothekssystem eingebunden sind. Auch Funktionen wie die Leitung der Einband- oder der Zugangsstelle, der Mahnstelle oder des technischen Benutzungsdienstes (Verbuchungstheke), des Personaleinsatzes in bestimmten Assistenzbereichen, ebenso dort das Anlernen von Auszubildenden und Praktikanten gehören zum erweiterten Wirkungskreis des Assistenzdienstes bei entsprechender Qualifikation.

Teil D

Anhang

Literatur

Arbeitshilfen für Spezialbibliotheken. Bd. 5 Personalcomputer. Berlin 1992 (dbi-Materialien; 118)

ASB – Allgemeine Systematik für Öffentliche Bibliotheken. 3. Aufl. Nachdruck. Bad Honnef 1993

Becker, Horst und Jürgen Heß: Grundwissen Recht. Stuttgart 1985

Bericht über die Entwicklung des Bildungswesens in der Bundesrepublik Deutschland. 1990-1992. Hrsg. v. Sekretariat der Kultusministerkonferenz. Bonn 1992

Bibliotheksbau und Bibliothekstechnik. Hrsg. von Franz-Heinrich Philipp. Pullach b. München 1973 (Bibliothekspraxis.11)

Bibliotheks-Taschenbuch. 15. Jahrgang. Bad Honnef 1994

Der deutsche Buchhandel. Hrsg. von Helmut Hiller und Wolfgang Strauß. 5. Aufl. Hamburg 1975

Ernestus, Horst und Engelbert Plassmann: Das Bibliothekswesen der Bundesrepublik Deutschland. 2. Aufl. Wiesbaden 1983

Fiebig, Gerhard W.: Verwaltungskunde. 6. Aufl. Homburg v.d. Höhe 1981

Hacker, Rupert: Bibliothekarisches Grundwissen. 6. Aufl. München 1992

Haller, Klaus: Katalogkunde. 2. Aufl. München 1983

Handbuch der bibliographischen Nachschlagewerke. Hrsg. von Hans Jürgen und Dagmar Kernchen. Begr. von Wilhelm Totok. 6. Aufl.
Bd. 1. Allgemeinbibliographien und allgemeine Nachschlagewerke. Frankfurt 1984
Bd. 2. Fachbibliographien und fachbezogene Nachschlagewerke. Frankfurt 1985

Handwörterbuch für Bibliothekare. Hrsg. v. British Council. 2. Aufl. Bad Honnef 1994

Hiller, Helmut: Wörterbuch des Buches. 5. Aufl. Frankfurt 1991

Jahrbuch der Öffentlichen Bibliotheken. Hrsg. v. Verein der Bibliothekare an Öffentlichen Bibliotheken. Ausgabe 1994/95. Bad Honnef 1994

Kluth, Rolf: Lehrbuch der Bibliothekspraxis. Wiesbaden 1979

Krause, Joachim, Helga Kleine und Horst Müller: Sortimentskunde für Buchhändler. 5. Aufl. Düsseldorf 1992

Kroglowski, Walter: Das kommunale Haushalts-, Kassen- und Rechnungswesen. Heidelberg 1984.

Laufer, Bernhard: Basiswissen Satz, Druck, Papier. 2. Aufl. Düsseldorf 1988

Medienkundliches Handbuch. Die Zeitung. Hrsg. v. Peter Brand u. Volker Schulze. 2. Aufl. Aachen 1992

Öffentlichkeitsarbeit und Werbung Öffentlicher Bibliotheken. Hrsg. v. Martha Höhl. Berlin 1982

Die **Ordnung des Leihverkehrs** in der Bundesrepublik Deutschland. Berlin 1993

Regeln für den Schlagwortkatalog (RSWK). Berlin 1986
Regeln für die alphabetische Katalogisierung (RAK)
Bd. 1. Regeln für wissenschaftliche Bibliotheken (RAK-WB). Wiesbaden 1983
Bd. 2. Regeln für öffentliche Bibliotheken (RAK-ÖB). Wiesbaden 1986
Bd. 3. Sonderregeln für Musikalien und Musiktonträger (RAK-Musik). Wiesbaden 1986
Bd. 4. Sonderregeln für kartographische Materialien (RAK-Karten). Wiesbaden 1987
Bd. 5. Regeln für die Ansetzung von Körperschaftsnamen (RAK-Körperschaften). Wiesbaden 1988
Rehm, Margarete: Lexikon Buch - Bibliothek - neue Medien. München 1991
Röhring, Hans-Helmut: Wie ein Buch entsteht. 5. Aufl. Darmstadt 1992
Sollfrank, Hannelore: Katalogisierung für öffentliche Bibliotheken. 2. Aufl. Berlin 1987
Stock, Karl F.: Einführung in die elektronische Datenverarbeitung für Archivare, Bibliothekare und Dokumentare. 2. Aufl. München 1985
Studien- und Berufswahl. Hrsg. v. d. Bund-Länder-Kommission für Bildungsplanung und Forschungsförderung und der Bundesanstalt für Arbeit. 24. Aufl. Bad Honnef 1994
Urheber- und Verlagsrecht. Textausg. mit einer ausführl. Einleitung und einem Sachverzeichnis von Hans-Peter Hillig. 5. Aufl. München 1991
(Beck-Texte im dtv)
Wie funktioniert das? Städte, Kreise und Gemeinden. Bearb. von Wolfgang Haus u.a. Mannheim 1986

Abkürzungen

ADA	Allgemeine Dienstanweisung
ADV	Automatisierte Datenverarbeitung
AGA	Allgemeine Dienst- und Geschäftsanweisung
AK	Alphabetischer Katalog
Anl.	Anlage/n
ASB	Allgemeine Systematik für Öffentliche Bibliotheken
ASpB	Arbeitsgemeinschaft der Spezialbibliotheken
AV-Medien	Audiovisuelle Medien
BA	"Besprechungen, Annotationen"
BASIC	Beginners All-purpose Symbolic Instruction Code, Programmiersprache
BASIS	Bibliothekarisch-analytisches System zur Informationsspeicherung
BBA	Bundesverein der Bibliotheksassistenten/innen und anderer Mitarbeiter/innen an Bibliotheken e.V.
Bd, Bde	Band, Bände
BDB	Bundesvereinigung deutscher Bibliotheksverbände
Bez.	Bezug
BGB	Bürgerliches Gesetzbuch
BGBl	Bundesgesetzblatt
BIBLIO-DATA	elektronisch eingespeichertes Titelmaterial der Deutschen Bibliographie
BLK	Bund-Länder-Kommission für Bildungsplanung und Forschungsförderung
BM	Katalog des Britischen Museums
BNB	British National Bibliography
BPS	Bundesprüfstelle für jugendgefährdende Schriften
Btx	Bildschirmtext
BuB	"Buch und Bibliothek"
C	Programmiersprache; "C" ist als Numerierung gedacht (Sprache A, B ...)
c	Copyright
CD	Compact Disc, Kompakt-Schallplatte
CD-I	Compact Disc - Interactive
CD-MO	Compact Disc - Magneto Optical
CD-ROM	Compact Disc - Read Only Memory, lesbare Compact Disk-Laserplatte, optischer Datenträger
CD-WORM	Compact Disc - Write Once Read Many

CIP	Cataloguing in Publication, Neuerscheinungen Sofortdienst
COBOL	Common Business Oriented Language, Programmiersprache
COM	Computer Output On Microform, Computerausdruck auf Mikroform
CP/M	Control Program For Microprocessors, Betriebssystem
CPU	Central Processing Unit, Zentraleinheit eines Computers
DAT	Digital Audio Tape, digitale Tonkassette
DBI (dbi)	Deutsches Bibliotheksinstitut
DBS	Deutsche Bibliotheksstatistik
DBV	Deutscher Bibliotheksverband e.V.
DDC	Dewey Decimal Classification
DFG	Deutsche Forschungsgemeinschaft e.V.
DIN	Deutsche Industrienorm
DK	Dezimalklassifikation
DOBI	"Dokumentationsdienst Bibliothekswesen"
DR-DOS	Digital Research - Disc Operating System, Betriebssystem
EDV	Elektronische Datenverarbeitung
EKZ (ekz)	Einkaufszentrale für Öffentliche Bibliotheken
EKZD	ekz-Datenbank
E-Musik	Klassische Musik
FORTRAN	Formular Translator, Programmiersprache
FSK	Freiwillige Selbstkontrolle der Filmwirtschaft
GEMA	Gesellschaft für musikalische Aufführungsrechte und mechanische Vervielfältigungsrechte
GjS	Gesetz über die Verbreitung jugendgefährdender Schriften
GK	Gesamtkatalog Berlin
GKD	Gemeinsame Körperschaftsdatei
G.R.	gegen Rückgabe
GV	Gesamtverzeichnis des deutschsprachigen Schrifttums
GVB	Gesamtverzeichnis des deutschsprachigen Schrifttums außerhalb des Buchhandels
GVH	Gesamtverzeichnis deutschsprachiger Hochschulschriften
HÜL	Haushaltsüberwachungsliste

I.A.	Im Auftrag
ID	"Informationsdienst"
IFLA	International Federation of Library Associations and Institutions, Internationaler Verband der Bibliotheksvereine und -einrichtungen
ILZ	Institut für Leihverkehr und Zentralkataloge der Deutschen Staatsbibliothek zu Berlin (Ost)
ISBN	Internationale Standard-Buchnummer
ISSN	Internationale Standard-Seriennummer
IuD	Information und Dokumentation
I.V.	In Vertretung
JÖSchG	Gesetz zur Neuregelung des Jugendschutzes in der Öffentlichkeit
KAB	Klassifikation für Allgemeinbibliotheken
KGSt	Kommunale Gemeinschaftsstelle für Verwaltungsvereinfachung
KMK	Ständige Konferenz der Kultusminister der Länder
KWIC	Key Word In Context, Stichwort innerhalb der Titelfassung
KWOC	Key Word Out Of Context, Stichwort aus dem Text herausgenommen
LVO	Leihverkehrsordnung der deutschen Bibliotheken
MAB	Maschinelles Austauschformat für Bibliotheken
MF-Katalog	Mikrofichekatalog
MS-DOS	Microsoft-Disk Operating System, Betriebssystem
MZ	Methodisches Zentrum für wissenschaftliche Bibliotheken und Informationseinrichtungen
NUC	National Union Catalog
OCR	Optical Character Recognition, mittels Klarschriftleser optisch erfaßbare Schrift
ÖB	Öffentliche Bibliothek
OPAC	Online Public Access Catalog, Online-Katalog zur Selbstbedienung der Benutzer
OS/2	Operating System, Betriebssystem
PAS	Pädagogische Arbeitsstelle
PASCAL	Programmiersprache, benannt nach dem Mathematiker Blaise Pascal

PC	Personal Computer, Kleincomputer
PC-DOS	Personal Computer - Disc Operating System, Betriebssystem
PI	Preußische Instruktionen
PND	Personennamendatei
R	Rücksprache erbeten
RAK	Regeln für die alphabetische Katalogisierung
RR	mit Rückgaberecht
RSWK	Regeln für den Schlagwortkatalog
SBA	Schulbibliothekarische Arbeitsstelle
SfB	Systematik für Bibliotheken
SKJB	Systematik für Kinder- und Jugendbüchereien
SMM	Systematik der Musikliteratur und der Musikalien für öffentliche Musikbüchereien
SSD	Systematik der Stadtbibliothek Duisburg
SSG	Sondersammelgebiet
SWD	Schlagwortnormdatei
SWK	Schlagwortkatalog
SyK	Systematischer Katalog
TI	Test-Index
TIB	Technische Informationsbibliothek
TOP	Tagesordnungspunkt
TSM	Tonträger-Systematik Musik für öffentliche Musikbibliotheken
U	urschriftlich unmittelbar weitergeben
UB	Universitätsbibliothek
U-Musik	Unterhaltungsmusik
UNIX	(Betriebssystem)
U.R.	unter Rückerbittung
VBB	Verein der Bibliothekare an Öffentlichen Bibliotheken e.V.
VDB	Verein deutscher Bibliothekare e.V.
VdDB	Verein der Diplom-Bibliothekare an wissenschaftlichen Bibliotheken e.V.
Vfg.	Verfügung
VG-Bild-Kunst	Verwertungsgesellschaft Bild/Kunst
VG-Wort	Verwertungsgesellschaft Wort
v.g.u.	vorgelesen, genehmigt, unterschrieben

VK	Verbundkatalog maschinenlesbarer Katalogdaten deutscher Bibliotheken
VLB	Verzeichnis lieferbarer Bücher
WB	Wissenschaftliche Bibliothek
wgl	weglegen
Wv	wieder vorzulegen, Wiedervorlage
z.A.	zur Ansicht
ZD	"Zeitschriftendienst"
z.d.A.	zu den Akten zu legen
ZDB	Zeitschriftendatenbank
ZDM	"Zeitschriftendienst Musik"
ZE	Zentraleinheit
ZfBB	"Zeitschrift für Bibliothekswesen und Bibliographie"
ZK	Zentralkatalog
ZPO	Zivilprozeßordnung
z.R.	zur Rücksprache
Zs, Zss	Zeitschrift/en
z.V.	zum Vorgang zu legen
ZVNW	Zeitschriftenverzeichnis Nordrhein-Westfalen
z.w.V.	zur weiteren Verwendung

Fremdsprachige Fachwörter/Fachbegriffe

Absenzdatei, -kartei	Datei/Kartei der ausgeliehenen Bücher/Medien
administrativ	behördlich, Verwaltungs-
Akademie	hochschulartige Ausbildungsstätte; Gelehrtenvereinigung
Akzession	Zugang, Erwerbung
Akzessionsjournal	Zugangsbuch
Analyse	aufgliedernde systematische Untersuchung
Annalen	Jahrbücher; chronologisch geordnete Aufzeichnungen geschichtlicher Ereignisse
Annotation	Kurzbeschreibung eines Buchinhalts
anonymes Werk	Werk eines unbekannten Verfassers
Anthologie	Auswahlsammlung von Dichtung
Antiquariat	Handel mit gebrauchten, oft wertvollen Büchern, Noten, Kunstblättern
Archiv	Einrichtung zur Erfassung, Erhaltung und Betreuung schriftlichen Quellengutes
Archivalien	Urkunden oder Aktenstücke in einem Archiv
Artothek	Einrichtung zur Sammlung, Ausstellung und Entleihung von Kunstgegenständen (Bildern, Skulpturen)
Assemblersprache	maschinenorientierte Programmiersprache
audiovisuell	hör- und sichtbar
auditiv	hörbar
Autobiographie	literarische Darstellung des eigenen Lebens
Autograph	eigenhändig geschriebenes Schriftstück
autonom	selbständig, unabhängig
Autopsie	Inaugenscheinnahme, Einsichtnahme
Barsortiment	Zwischenbuchhandel
Belletristik	Erzählende Literatur, Schöne Literatur
Bibliographie	Bücherverzeichnis
Bibliophile	Bücherliebhaber
Biographie	Lebensbeschreibung
Boolsche Operatoren	Verknüpfungsbegriffe, geeignet zur Ermittlung von Stich- und Schlagwörtern (benannt nach dem engl. Mathematiker und Logiker George Boole)
Boulevardpresse	sensationell aufgemachte Zeitung etc.
Brailleschrift	Punktschrift für Blinde
Broschur	in einen Papier-/Kartonumschlag geheftete Druckschrift

Carrel	Arbeitsplatz, durch Wände seitlich und nach vorne abgeschirmt
Central Processing Unit	Zentraleinheit des Computers
Code	Zeichen-/Zahlensystem zur Verschlüsselung
codieren	eine Information nach einem Code verschlüsseln
Compiler	Computerprogramm zur Übersetzung eines in problemorientierter Programmiersprache geschriebenen Programms in die Maschinensprache der jeweiligen Rechenanlage
Computer	elektronische Datenverarbeitungsanlage
Copyright	Urheberrecht; urheberrechtliche Kennzeichnung
Cover	Einbanddecke; Hülle von AV-Medien
Cursor	Läufer, markiert auf dem Bildschirm die Stelle, an der Daten eingegeben werden können
Daten	Informationen; Angaben zu einer bestimmten Kennzeichnung
Datenbank	zentralisiert gespeicherte große Datenbestände
Delikt	rechtswidrige Handlung
Deputation	Fachausschuß (in Stadtstaaten)
Desiderat	vermißtes und zur Anschaffung empfohlenes Buch/Medium
Design	künstlerischer Entwurf, Zeichnung
Deskriptionszeichen	vorgeschriebene (Satz-) Zeichen vor den einzelnen Teilen einer Titelaufnahme
Deskriptor	Kenn- und Schlüsselwort
Dezernat	Zusammenfassung mehrerer Stadtämter bzw. Behörden; Geschäftsbereich eines Dezernenten
Dezernent	Beigeordneter, Funktionsträger in der kommunalen Verwaltung
Dezimal-	nach dem Zehnersystem geordnet
Diagramm	zeichnerische schematische Darstellung
Dialogverkehr	Informationsaustausch zwischen Bibliotheksbenutzer bzw. Personal und Computer
Diapositiv	durchsichtiges Bild zum Projizieren
Diplom	abgeschlossene Hochschulbildung; akademischer Grad; Urkunde
Diskette	auswechselbarer Datenträger für Computer
Display	Vorrichtung zur Auslage/Ausstellung von Büchern/Medien
Dissertation	schriftliche wissenschaftliche Arbeit zur Erlangung des Doktorgrades
Disziplin	Wissenschaftszweig

Dokument	Information in Schrift, Ton und/oder Bild
Dokumentation	Nachweis von Dokumenten
Dozent	Lehrbeauftragter an Hochschulen/Volkshochschulen
Dublette	Doppelstück
Elektronische Datenverarbeitung	Verarbeitung elektronisch erfaßter und gespeicherter Daten
enumerativ	aufzählend; in aufzählender Reihenfolge
Enzyklopädie	Darstellung des gesamten Wissens oder eines Teilgebietes in alphabetischer bzw. systematischer Anordnung
Epidiaskop	Bildwerfer, wahlweise als Episkop oder als Diaprojektor verwendbar
Episkop	Bildwerfer für nichtdurchsichtige Bilder
Etat	Haushalt; Haushaltsmittel; Hausghaltsansatz
Exekutive	Vollziehende Gewalt in Staat/Gemeinde
extern	außerhalb befindlich
Feuilleton	kultureller Teil einer Zeitung bzw. ein Beitrag darin
Fiche	Zettel; Karteikarte
Floppy Disc, Floppy	auswechselbarer Datenträger für Computer (Diskette)
Foliant	Buch in Folioformat (über 35 cm hoch); altes, unhandliches Buch
Fotostelle	Werkstatt für Reproduktions- und Fotoarbeiten in der Bibliothek
Gaze	weitmaschiges Baumwollgewebe, als Buchbindematerial geeignet
Germanica	Literatur über Deutschland
Graphothek	Bibliothekseinrichtung, die graphische Kunstwerke sammelt, ausstellt und verleiht
Habilitation	Erwerb der Lehrberechtigung an einer Hochschule
Hard cover	Buch mit fester Einbanddecke
Hardware	technisch-physikalische Teile eines Computers
hierarchisch	der Rangordnung nach
Homonyme	gleichnamige/-lautende Wörter mit unterschiedlicher Bedeutung
hydraulisch	mittels Flüssigkeitsdruck

Index	Register, Verzeichnis
Individualklassifikation	Ordnungsprinzip eines Bibliotheksbestandes in eigener Art
Initiale	Anfangsbuchstabe eines Wortes/Titels
Inkunabel	Wiegendruck, Druck aus der Zeit vor 1500
Innovation	Entwicklung neuer Techniken
Instanz	zuständige Stelle; Behörde; Gericht
Institutsbibliothek	Bibliothek eines Hochschul-/wissenschaftlichen Institutes
integriert	aus mehreren Teilen zusammengesetzt; in ein übergeordnetes Ganzes aufgenommen
Interimskatalog	zeitlich befristeter Bestandskatalog
internationales Bibliotheksformat	Katalogkartenformat (125 x 75 mm)
Interpreter	Übersetzer von einer Programmier- in eine Maschinensprache
inventarisieren	in den Bestand aufnehmen
Inventarliste	Zugangsliste
Jurisdiktion	Rechtsprechung
Juristische Person	Körperschaft; Anstalt; Stiftung
Kardex	Flachsichtkartei
Kartonage	Bucheinband aus Karton
Katalog	Verzeichnis/Nachweis eines Bibliotheksbestandes
Katalogisierung	Titelaufnahme eines Buches/Mediums
Kategorie	Gruppe, in die etwas eingeordnet wird; Klasse; Gattung
Keyboard	Eingabegerät für Computer; Tastatur
Keyword	Schlüsselwort
Klassifikation	Ordnungsprinzip nach sachlichen Gesichtspunkten
Klausur	schriftliche Prüfungsarbeit unter Aufsicht
Klischee	Druckstock; Vervielfältigung eines Druckstocks
kollationieren	auf vollständige Seiten-/Lieferungsanzahl prüfen
Kollationsvermerk	Angaben von Umfang, Illustrationen, Format, Begleitmaterial eines Buches
Kolloquium	Fachgespräch z.B. zwischen Hochschullehrer und Student
Kolophon	Druckvermerk am Schluß eines Buches (Copyright, Verlag, Erscheinungsort, Auflage, Drucker, ISBN)

kommunal	gemeindlich; städtisch
Kommune	Gemeinde; Stadt
Kompaktsystem	raumsparendes Regalsystem in Bibliotheksmagazinen
Kontaktarbeit	Verbindungsaufnahme zwischen Bibliothek und anderen Einrichtungen bzw. Benutzergruppen zwecks Bestandsspezialisierung
kopieren	Vervielfältigen eines vorliegenden Originals
korporativ	körperschaftlich, aus einer Personengruppe bestehend
Korrekturabzug	Schriftsatz zum Zweck der Druckberichtigung
Korrekturzeichen	genormte Schriftzeichen zur Kennzeichnung von Satzfehlern in einem Drucktext
kumulierende Bibliographie	Bücherverzeichnis, das in regelmäßigen Abständen erscheint und dabei das jeweils vorangegangene Bücherverzeichnis mit in sich vereinigt
Kuratorium	Aufsichtsbehörde z.B. von öffentlich rechtlichen Körperschaften
Laser	Lichtverstärkung durch Strahlungsaussendung
Layout	graphischer Entwurf zur Text-/Bildgestaltung
Legislative	Gesetzgebende Gewalt; Gesetzgebung
Lektor/in	Literaturbegutachter/in einer Bibliothek oder eines Verlages; Lehrer/in für sprachpraktische Übungen an einer Hochschule
Lektoratskooperation	überregionaler Verbund der Lektoratsarbeit Öffentlicher Bibliotheken
Lizenz	Genehmigung zur Herausgabe eines Buches/Titels
Ludothek/Lusothek	Bibliothekseinrichtung, die Spiele sammelt und verleiht
Magazin	Lagerraum für Bücher/Medien; (unterhaltende) Zeitschrift
magazinieren	in den Magazinbestand einordnen
Magister	unterster akademischer Grad
Magistrat	Verwaltungsbehörde
Magnetplatte	mittelgroßer Datenspeicher
Marketing	auf Umsatzverbesserung ausgerichtetes Planen/Handeln
Matrikel	Verzeichnis der Studenten an einer Hochschule
Medienpaket	Ton-/Bildkassette mit begleitendem Buch
Mediothek	Bibliothekseinrichtung, die audiovisuelle Medien sammelt und verleiht

Memoiren	Lebenserinnerungen; Denkwürdigkeiten
Menü	Liste mit mehreren Auswahlmöglichkeiten, die auf dem Bildschirm angezeigt wird
Mikrofiche	Filmblatt im DIN A6-Format mit stark verkleinerten Kopien
Mikrofilm	Film aus stark verkleinerten Aufnahmen
mnemotechnisch	das Einprägen von Gedächtnisstoff erleichternd
Modul	Funktionseinheit in der EDV
Monitor	Bildschirm eines Computers
Monographie	Buch, im Unterschied zum Periodikum; Einzeldarstellung
Musikalie	Notenwerk
Naturalrestitution	Wiederherstellen des ursprünglichen Zustandes bei Schadensersatzanspruch
Non-books	Nicht-Buch-Materialien, z.B. AV-Medien
Normklassifikation	einheitliches Ordnungsprinzip mit Geltung/Anwendung in vielen/allen Bibliotheken
Normung	einheitlich festgesetztes Ordnungsprinzip
Notation	Bezeichnung für eine bestimmte Systemgruppe/-stelle
numerus currens	laufende (Zugangs-)Nummer
offline	getrennt von einer Datenverarbeitungsanlage arbeitend
Offsetdruck	Flachdruckverfahren von einer Druckplatte über ein Gummituch auf Papier
online	in direkter Verbindung zu einer Datenverarbeitungsanlage arbeitend
Organ	Behörde; Zeitschrift einer Vereinigung
Orientalia	Literatur über den/aus dem Orient
Originaleinband	Verlegereinband, Verlagseinband
Overheadprojektor	Tageslicht-/Arbeitsprojektor
paginieren	mit laufenden (Seiten-)Zahlen versehen
Paperback	in Klebebindung hergestelltes Buch mit Papierrücken
Paraphe	gekürzter Namenszug
Partie	Posten an Reparaturbüchern
Partitur	Zusammenstellung der zu einer Komposition gehörenden Stimmen
Patent	Recht zu alleiniger Benutzung und Verwertung einer Erfindung

Patentschrift	Beschreibung einer Erfindung
Periodikum	regelmäßig erscheinende Schrift
Periodizität	regelmäßiges Erscheinen einer Schrift
Peripheriegeräte	Sammelbezeichnung für alle Geräte, die an die Zentraleinheit eines Computers angeschlossen werden können
Permutation	Umstellung der Wortfolge
Phonodiktat	Diktat mittels Diktiergerät
Phonothek	Tonträgersammlung
Photocharging	Ausleihregistrierung mittels Fototechnik
Piktogramm	Bildsymbol
Plausibilität	Stichhaltigkeit; zutreffende Richtigkeit
pneumatisch	mittels Luftdruck
Präfix	voraufgehender Wort-/Namensbestandteil; Vorsilbe
Präsentation	Darbietungsweise von Büchern/Medien
Präsenzbibliothek	Sammlung nicht ausleihbarer Bücher/Medien
Präsenzkatalog/-kartei	Katalog/Kartei der anwesenden Bücher/Medien
Primärliteratur	Texte der Dichtung als Quellen für wissenschaftliche Bearbeitung; Texte aus erster Hand
Profildienst	fortlaufender Informationsdienst zu einem gleichbleibenden Thema
Projektor	Bildwerfer
Promotion	Erlangung des Doktorgrades
Prozessor	Teil der Zentraleinheit eines Computers
Publikation	Veröffentlichung
Publikumskatalog	Katalog zum Gebrauch durch den Benutzer, im Unterschied zum Verwaltungs- oder Dienstkatalog
publizistisch	die Veröffentlichung betreffend
Readerprinter	kombiniertes Lese-Kopiergerät
Recherche	Ermittlung, Suche, Nachforschung
Referat	selbständiger Vortrag; Sachgebiet eines Referenten; Aufgabengebiet in der öffentlichen Verwaltung
Referateblatt/-kartei	Nachweis von Veröffentlichungen in Fachzeitschriften über bestimmte Fachgebiete
Referent	Sachbearbeiter, z.B. für ein bestimmtes Literatur-/Fachgebiet; Funktionsträger in der öffentlichen Verwaltung
Regiebetrieb	Betrieb in eigener Durchführung

Regionalbibliothek	Bibliothek mit regionalen Aufgaben, z. B. Staats-/Landesbibliothek
Register	alphabetisches Sach- und/oder Namenverzeichnis
Remittende	fehlerhaftes/beschädigtes Buch, vom Sortimenter an den Verlag zurückgeschickt
Repetitorium	Wiederholungsunterricht; Wiederholungsbuch
Report	Bericht über einen Forschungsauftrag
Reprint	unveränderter Nach-/Neudruck
Reprografie	druckendes Kopierverfahren
Ressort	Aufgabengebiet
Retrieval	Suchvorgang; Sucharbeit
retrospektiv	rückblickend (zeitlich)
Revision	Überprüfung
Rezension	kritische Besprechung eines literarischen Werkes, meist in Zeitungen, Zeitschriften
Rezeß	Auseinandersetzung; Vergleich
Scanner	elektronisches Lesegerät zur Erkennung von Daten und/oder Abbildungen
Schablone	Vorlage zur Vervielfältigung im Durchdruckverfahren
Schirting	Baumwollgewebe in Leinwandbindung als Buchbindematerial
Searcher	Informationsvermittler
Sekundärliteratur	(wissenschaftlich-) kritische Literatur über Werke und Verfasser der Dichtung; Literatur über Literatur
selektieren	auswählen
Senat	Landesregierung in Stadtstaaten
Senator	Landesminister in Stadtstaaten
separieren	getrennt aufbewahren
Sigel	Abkürzungszeichen (Zahlen/Buchstaben) zur Bibliothekskennzeichnung im Fernleihverkehr
Signatur	Ordnungskennzeichen eines Buches/Titels
Signet	Bibliothekszeichen; Verlagszeichen
Software	Programme, die zum Betrieb eines Computers notwendig sind
Sortimentsbuchhandlung	Ladenbuchhandlung mit Angeboten verschiedener Verlage
Soziale Bibliotheksarbeit	Bibliotheksarbeit für Behinderte, Blinde, Patienten, alte Menschen, Ausländer, Umsiedler usw., auch Gefängnisinsassen

Spatium	Zwischenraum/Leertaste zwischen Buchstaben und Satzzeichen
Spezialbibliothek	Fachbibliothek (mit Beständen spezieller Fachgebiete)
Standard	Richtwert; Normmaß
Strukturierung	Anordnung der Teile eines Ganzen zueinander; gegliederter Aufbau
Subsidiarität	finanzielle Hilfeleistung seitens des Staates
Subskription	verpflichtende Vorbestellung eines erst später erscheinenden Werkes
Supplement	Ergänzung; Anhang
Synonyme	bedeutungsgleiche Wörter
Systematik	s. Klassifikation
Systematischer Katalog	nach sachlichen Gesichtspunkten (Wissensgebieten) geordneter Katalog
Tableau	Form übersichtlicher Zusammenlegung von Katalogkarten zwecks Verfilmung
Tantieme	an Autoren zu zahlende Vergütung für die Aufführung/Wiedergabe ihrer Werke
Telefaksimileschreiber	Fernbildschreiber
Telefax	Fernkopie; Fernkopieranschluß
Telex	Fernschreiben; Fernschreibanschluß; Fernschreibnetz
Terminal	Ein- und Ausgabeeinheit einer EDV-Anlage
Titelkarte	Titelaufnahme auf einer Katalogkarte im internationalen Bibliotheksformat
Titelkatalog	alphabetischer Katalog z.B. der Romantitel bzw. der Titel von Kinderliteratur
Totalrevision	Vollzähligkeitskontrolle des Gesamtbestandes einer Bibliothek
Touchscreen	berührungsintensiver Bildschirm
Transaktionskartenverfahren	Ausleihregistrierverfahren nach Ausleihnummern, die auf beigelegten Karten angebracht sind
Transistor	Halbleiter-Bauelement z.B. im EDV-Bereich
Trunkieren	Methode der Aufteilung von Wortzusammensetzungen
Typoskript	maschinenschriftlicher Text, auch als Satzvorlage beim Druck
Universalität	inhaltliche Vielfalt eines Bestandes

variabel	veränderlich; abwandelbar
visuelle Materialien	Bildträger
Vitrine	Ausstellungsschrank
WINDOWS	(Betriebssystemerweiterung)
WINDOWS NT	WINDOWS New Technologie, Betriebssystem
Xerokopie	Kopierverfahren mit Wiedergabe auf Normalpapier
Zentralbibliothek	Bibliothek mit zentralen Funktionen in einem städtischen, regionalen oder universitären Bibliothekssystem oder als zentrale Fachbibliothek mit überregionaler Funktion
Zentralkatalog	Katalog, der die Bestände mehrerer Bibliotheken eines Systems, einer Region, einer Universität, eines Landes erfaßt
Zimelie	kostbares altes Buch; wertvolle Handschrift etc.
Zitat	wörtlich angeführte Belegstelle aus einem Text

Abbildungen und Tabellen

Register